上海市档案学会
2024年度学术论文选集

上海市档案学会 ◎ 编

图书在版编目(CIP)数据

上海市档案学会 2024 年度学术论文选集 / 上海市档案学会编. -- 上海：上海财经大学出版社，2025.1
ISBN 978-7-5642-4523-8

Ⅰ.G270-53

中国国家版本馆 CIP 数据核字第 2024RF6619 号

□ 责任编辑　姚　玮
□ 封面设计　贺加贝

上海市档案学会 2024 年度学术论文选集
上海市档案学会　编

上海财经大学出版社出版发行
（上海市中山北一路369号　邮编200083）
网　　址:http://www.sufep.com
电子邮箱:webmaster @ sufep.com
全国新华书店经销
上海叶大印务发展有限公司印刷装订
2025 年 1 月第 1 版　2025 年 1 月第 1 次印刷

787mm×1092mm　1/16　27.25 印张（插页:2）　504 千字
定价:98.00 元

目 录

试论国有企业总部对所属单位的档案监管……………………………江　瀚 / 1
推动区域档案事业高质量发展的路径之一
　　——浅谈新时代档案教育培训工作…………………………………罗嘉峙 / 8
档案在身份认同中的双重影响探析………………………………………王雨晴 / 14
习近平文化思想指引下的红色档案编研实践与启示
　　——以上海市档案馆革命时期红色档案编研为例…………………魏松岩 / 23
公安档案治理体系建设研究………………………………………………袁立超 / 31
国家文化数字化战略下档案馆文化传播研究………………周林兴　殷　名 / 36
新《档案法》背景下档案开放审核协同工作的困境与救济对策初探
　　……………………………………………………………………………刘　伟 / 43
6S精细化管理在多院区医院档案管理中的应用研究
　　——以上海市第六人民医院为例………梅子扬　于琳娜　冯　华　李　斌 / 50
关于城建档案中历史档案开发利用的思考………………………………孙致远 / 59
档案开放审核的现状与策略浅析…………………………………………汪丽媛 / 64
智能技术辅助档案开放审核系统构建研究………………………………王雨思 / 70
以档资政：国家综合档案馆智库服务的实践与探索
　　——以上海市档案馆为例………………………………………………董婷婷 / 78
数字人文对城建档案利用开发的驱动及影响……………………………王业欣 / 84
数字人文视角下高校红色档案开发利用实践研究
　　——以上海交通大学为例………………………………………………许雯倩 / 90
数字人文技术方法在档案开发利用中的探索实践
　　——以"跟着档案观上海"数字人文平台建设为例…………张　新　胡　劼 / 97

学科史视野下高校档案数字资源建设的难点与建设路径思考
　　——以上海财经大学为例……………………………………… 陈玉琴 / 107
艺术档案信息化转型与实际运用…………………………………… 陈紫荆 / 113
电子文件单套归档与电子档案的理论与实践
　　——以上海市规划资源业务电子档案在线接收整理系统建设为例
　　……………………………………………………………………… 郭　煜 / 118
政务服务"一网通办"电子文件一体化归档平台建设探究
　　——以上海市政务服务"一网通办"电子文件归档为例…… 胡明浩 / 126
档案事业数字化转型的协同创新实践研究
　　——以上海建设数字档案馆为例……………………………… 刘中兴 / 134
智慧医院建设背景下基于SWOT分析法的多院区公立医院档案数字化
　　策略研究………………………… 梅子扬　于琳娜　冯　华　李　斌 / 141
基于职业生涯管理的档案数字职业人才培养策略………………… 米丰山 / 150
数智时代的城市记忆保护
　　——以"跟着档案观上海"数字人文平台为研究对象……… 邱志仁 / 156
《档案法实施条例》贯彻实践若干问题研究
　　——国有企业视角下档案信息化建设探索…………………… 沈　洁 / 162
综合档案馆在推进档案资源数字化转型实践中的重点难点……… 吴润夏 / 167
档案数字资源建设的多维度探索分析……………………………… 谢萍华 / 173
政务新媒体信息采集整理归档模型及策略研究…………………… 邢亚琼 / 179
探索人工智能在档案检索中的应用途径………………… 颜　昶　吴梦玥 / 187
创新营业电子档案应用，助力客户服务品质提升
　　——以国网上海市北供电公司为个案………………………… 杨　翼 / 198
某企业电子文件单套归档与电子档案单套管理理论与实践
　　……………………………………………… 张庆飞　吴剑铭　杨小平 / 204
关于建立重点档案专题数据库的思考探索………………………… 郑文超 / 216
智慧医院档案综合管理平台建设与思考………… 周昱琪　徐　倩　吴　越 / 221
应用城建声像档案记录好中国式现代化历程……………………… 楚　雪 / 229

公共文化服务创新实践新案例
　　——谈上海音像资源公共服务平台建设·· 沈小榆 / 234
存量非线性化　增量前端最佳化
　　——构建高品质视频档案数字资源的策略探讨及对相关规范标准更新
　　修订的思考建议·· 吴牧之 / 239
声像档案资源一体化管理探索
　　——以上海城投集团为例·· 徐青萍　周　丽 / 263
上海市档案馆馆藏录音录像档案数字化抢救工作探究
　　··· 徐颖珺　张建明　朱建晨　杜文洁 / 274
数字人制作及其在档案文化传播中的应用······························· 杨安荣　曹义敏 / 282
近现代地图类档案修复探索·· 孟　烨　任翘楚 / 292
基于大模型人工智能技术提升核电科研档案合规性的研究············ 钱　燦 / 299
未来产业科研档案管理工作质量提升探索······································· 张新娴 / 306
数字交互语境下的城建档案探秘类文创设计路径探析
　　——以"探秘虹桥路"互动解谜游戏设计为例······································· 冯　时 / 312
论数智时代档案文化建设路径
　　——以上海音像资料馆艺术视听档案为例·· 贺　僖 / 320
国家文化数字化战略下档案文化数字化传播的困境审视与优化策略
　　··· 黄　星　周林兴 / 326
浅谈长三角地区档案文化创意产品开发与路径推广······················· 李　娜 / 334
高校校史文化传播的实践与思考
　　——以上海理工大学档案馆为例·· 廖　颖 / 338
宸虹园的抢救和修复及其启示·· 娄承浩 / 344
上海红色档案资源品牌化传播策略研究
　　——以短视频为例·· 乔晓聪 / 349
自媒体平台下红色档案宣传工作探析·································· 徐慧琳　黄永勤 / 356
信息化背景下设计院档案文化生态建设的创新路径······················· 张元科 / 362
档案展览展品征集的途径、原则和方法
　　——以上海市档案馆征集工作实践为例··· 章永哲 / 368

融媒体视域下档案文化"破圈"传播研究
——以热播剧《繁花》为例 ………………………………… 周 枫　陆云雯 / 374
大思政课视域下高校档案文化育人的实践路径思考 ………………… 周亚锋 / 382
数字化转型背景下档案文化创新建设路径探析 ………………………… 朱 莉 / 388
勘察设计单位档案信息标签化管理探索 ………………………………… 陈晓潜 / 394
进入 21 世纪以来国内外科学数据开放共享研究热点与趋势分析
……………………………………………………………………… 端木飞雪 / 401
上海院档案创新管理模式在科技档案信息资源深度开发中的应用
………………………………………………… 宋小晓　张慧洁　曹艳妮 / 421

试论国有企业总部对所属单位的档案监管

江 瀚

上海市档案局(馆)

摘 要：国有企业总部对所属单位的档案监管，是国家档案监管体系的重要一环。本文通过分析国企总部开展档案监管的法律依据和理论依据，结合档案行政检查中所见国有企业总部档案监管工作现状，结合实际提出国有企业总部应从整合监管力量、推动分类监管、突出监管重点、提升监管技术等方面着手，推动落实国家关于企业档案监管的要求。

关键词：国有企业总部；所属单位；档案监管

一、引言

2020年6月20日，《中华人民共和国档案法》（以下简称《档案法》）经第十三届全国人民代表大会常务委员会第十九次会议修订。此次修订新增第六章即"监督检查"专章，使《档案法》作为行政法更加完善。[1]2023年12月29日，国务院第二十二次常务会议通过的《中华人民共和国档案法实施条例》（以下简称《实施条例》），根据新修订《档案法》精神，增设"监督检查"专章，实现了档案监督检查制度创新。[2]

值得注意的是，《档案法》以及配套的《实施条例》，其"监督检查"专章均针对档案主管部门所开展的行政监管而言，与该法及法规"档案机构及其职责"部分中要求机关、团体、企事业单位和其他组织对所属单位档案的监督，性质不同。目前学界对档案监管问题关注颇多，着眼点主要从档案主管部门出发，兼论社会力量参与监督的新模式。[3]也有文章述及档案主管部门监督与上级单位监督的不同[4]，但鲜有从上级单位立场出发，论述其对所属单位开展档案监管。本文拟结合上海市属国有企业总部相关工作情况，从档案学视角讨论国有企业总部对所属单位的档案监管，对于推进档案治理体系建设，探索档案事业的中国式现代化具有重要意义。

为行文方便,下文将国企总部对所属单位的档案监管,简称为国企总部档案监管。

二、国有企业总部实施档案监管的依据

国有企业作为推进中国式现代化的重要基础,其档案是国有企业全部活动的真实记录,是企业资产的依据和凭证,是国家档案资源的重要组成部分。除了接受档案主管部门的监管,国有企业也有必要按照"统一领导、分级管理"的原则,对自身档案工作开展监管。

1. 法律依据

首先,《档案法》和相关行政法规、部门规章明确企业有对所属单位档案工作开展监督的职责。《档案法》第二章规定档案机构及职责,于第九条第一款提到"机关、团体、企业事业单位和其他组织应当确定档案机构或者档案工作人员负责管理本单位的档案,并对所属单位的档案工作实行监督和指导"。据此,《实施条例》于第十四条第三项要求,包括企业在内的各组织应"监督、指导所属单位的档案工作"。国家档案局部门规章《企业档案管理规定》第十条规定企业档案部门职责,也于该条第六项列入"监督和指导所属单位的档案工作",从而"明确了企业总部对所属单位的监督、指导义务,压实了企业总部的管理责任"[5]。

其次,《档案法》和相关部门规章,将企业对所属单位档案工作监督的情况,列入档案主管部门监管企业档案工作的检查范围。《档案法》第六章第四十二条规定"档案主管部门依照法律、行政法规有关档案管理的规定,可以对档案馆和机关、团体、企业事业单位以及其他组织的下列情况进行检查",其中第六项即"对所属单位等的档案工作监督和指导情况"。国家档案局部门规章《企业档案管理规定》第八章监督管理部分,在第六十八条规定"企业应当接受并配合档案主管部门依法组织开展的档案检查",检查内容包括"对所属单位等的档案工作监督和指导情况"。

由上述情况可知,《档案法》及相关行政法规、部门规章将对所属单位档案工作的监督,纳入企业档案部门的工作职责,其工作成效要受到档案主管部门的监督检查。企业对所属单位档案工作开展监管,具备清晰的法律依据。

但值得注意的是,国企总部的档案监管,其性质不同于行政监管。后者狭义上"监管主体仅限于享有监管权力、相对于传统行政部门具有一定独立法律地位的行政机构"[6],通常被理解为由国家行政机关开展;前者的监管活动主体明显不同,有业内人士将此类监管活动视做档案业务监督。[7]

2. 理论依据

档案资产理论将档案视作资产的一部分,为国有企业档案管理提供全新的理

论视角。该理论关注到档案的经济价值和市场配置，认为档案资产的本质是经济资源，通过"产权"获得法律认可，并通过符合会计定义标准获得会计学认可，具备能够计量的资产价值。[8]现阶段国有企业总部档案监管应按照资产归属关系开展工作。"对比其他领域的档案工作体制，依据资产所属关系确定企业档案工作监督和指导的权责关系，是企业档案工作的重要特点。"[9]即国有企业将档案视作企业资产的一部分，以资产为纽带建立企业档案监管体制。

三、上海市属国有企业总部档案监管工作现状

截至2024年5月底，上海市国有资产监督管理委员会直接监管的市属国企共计43家，受托监管市属国企1家。前者又分为15家功能保障类国企、6家金融服务类国企和22家市场竞争类国企。[10]上海市档案局已对其中24家开展档案行政检查，初步了解了上海市属国企总部档案监管的工作情况。

1. 上海市属国企总部档案监管措施

除3家企业外，其余市属国企总部均对所属单位档案工作开展了监管。举措主要是对所属单位的年度归档目录开展备案，以及根据国家档案局令第10号要求，对二级公司编制的企业文件材料归档范围和档案保管期限表进行审核。监管所涉及的档案门类，基本能够包括除人事档案之外，企业档案十大类中余下的九大门类。在监管形式上，市属国企总部的档案工作人员依托企业条线的档案工作网络，通过实地检查、建立通讯群组等方式，从线上、线下开展监管工作。

2. 上海市属国企总部档案监管的现存问题

虽然开展了上述监管举措，但行政检查仍然暴露上海市属国企总部在对所属单位档案工作监管方面，与现行档案法律法规体系的要求存在明显差距，主要体现于以下几个方面：

一是监管力量不足。国家档案局在2019年印发的《关于在深化国有企业改革中加强档案工作的意见》中要求，企业要根据《档案法》赋予的档案保管利用和档案业务监督指导两种职能设置档案机构的岗位和配备人员。《企业档案管理规定》也明确，企业应当配备与企业规模相适应的专职档案工作人员，其中档案业务监督指导人员数量可以根据内设部门数量、所属单位数量、项目数量等确定。可见企业应为档案工作配备专职的业务监督、指导人员。

实际工作中，上海市属国企总部虽均能在综合部门设立负责档案工作的岗位，由企业正式员工担任，但除申通地铁集团、华建集团等少数企业外，该职位人员皆为兼职，不仅负担档案工作，而且需兼顾文秘、机要等任务，对于档案监管所能给予

的精力极为有限，档案监管力量严重不足。

二是监管技术落后。各市属国企总部档案监管，依然停留在传统的口头质询、实地检查等方式，没有引入信息化手段开展档案监管。作为考察档案工作信息化水平的参照指标，电子档案管理信息系统在市属国企总部中普及度尚可，仅有5家受检企业没有建立相应系统，但应用领域过于局限。除建科集团等个别国企对接了专业系统外，绝大多数市属国企总部仅将电子档案管理信息系统对接办公自动化系统，无法实现对集团各门类电子档案的集中管理，更难以做到依托该系统，对所属企业开展富含信息化手段的档案监管。

三是监管重点不清。部分市属国企总部将档案监管局限于管理类档案，对于录音、录像、照片、业务数据、公务电子邮件、网页信息、社交媒体等档案的监管严重缺失；监管过程中，未能按照监管对象所涉行业特点，开展有针对性的档案监管。较多市属国企总部未能根据《企业档案管理规定》第六条第四款规定，按照业务监督和指导关系要求所属单位报送年度档案工作情况，更无法通过年报来寻找档案监管的重点方向。

四、国有企业总部实现档案有效监管的路径

上文所归结的上海市属国企总部档案监管中存在的问题，业内已有文章触及，但提出的对策在可行性上尚可商榷。例如，论及监管力量缺乏，现有文章多提议加强人才培养，扩充人员队伍。[11]但近年各级国有企业围绕优化资源配置深化改革，发力提质增效，机构规模在这一过程中受到压缩。如央企中国有色矿业集团在2020年干部人事制度改革中，将公司职能部门从18个精简为14个，减少职能部门管理人员超过120人。[12]扩大档案工作者队伍的愿景与企业当下工作趋势所有抵牾，面临着现实的困难。因此本文拟从实际出发，讨论国企总部如何在资源有限的情况下，推动对所属单位开展档案监管工作。

1. 整合监管力量，提升监管力度

国企总部的档案部门基本设置在综合办公室，在开展档案监管之际，应按照习近平总书记对新时代办公厅工作的指示精神，加强统筹协调和督促检查，形成强大合力。面对档案专职人员缺乏的局面，要善于打统仗，将档案监管与综合办公室职责范围内其他职能的检查，如保密、党建等统合，通过联合检查等方式落实档案监管。如城投集团借防汛安全检查、工作调研等契机，对所属单位开展档案监管，以有限的人力实现档案监管各项要求落地。

国企总部档案兼职人员在人力有限的条件下，应善于借力。一方面利用档案

服务外包方式,从归档装订等档案事务性工作中脱离,顺应建设管理型企业总部的趋势,将更多精力投入档案监管中;同时,在档案监管中可引入第三方机构的力量。如百联集团联合第三方机构,对集团所属重点二级企业的档案工作情况展开调研,形成10份调研报告和56项整改方案,收到了良好的监管成效。另一方面,国企总部还可借助同级档案主管部门的力量,对所属企业重要专项工作的档案情况共同开展检查、验收,以提升档案监管的专业性。如申通地铁集团邀请上海市档案局共同参与在建轨道交通的建设项目档案验收,一定程度上提升了集团对各建设项目档案的监管效果。

在工作流程的设计上,国企总部可融入档案工作要求,凭借各项工作机制开展档案监管。如城投集团将档案工作纳入对所属单位的年度考核,也有企业将所属单位的归档质量嵌入集团质量体系审核检查流程,从而加强了档案监管的力度。

2. 明确监管对象,分类实施监管

上文提及国有企业依据资产所属关系对所属单位开展档案监管,根据国家档案局和国务院国资委在2009年印发的《关于进一步加强中央企业档案工作的意见》,国企总部的档案监管对象包括所属机构、控股企业和境外机构。

目前,国有企业总部主要承担管理职能,各所属单位从事具体经营生产。且国有企业集团所涉及行业多样,各单位所形成的档案资源相应呈现差异化特征,这就对国企总部开展档案监管提出因事制宜的要求。《"十四五"全国档案事业发展规划》即提出,建立企业档案工作分类监督指导机制。根据上述情况,国企总部可尝试对所属单位分类开展档案监管,一方面考虑各单位因行业不同产生的档案多样性,根据行业特点有针对性地调整档案监管着眼点。如光明集团、电气集团将所属单位划分档案工作协作组,根据企业特点展开档案监管。另一方面考虑各单位档案工作水平的参差,对"优等生"和"后进生"采取不同的档案监管手段,如对前者更多通过年度报告等形式,开展间接监管,对后者则坚决落实《企业档案管理规定》第七十一条要求,定期开展档案工作检查考核,并要求反馈结果,确保检查考核工作形成闭环。

3. 厘清监管内容,突出监管重点

国有企业总部在开展档案监管时,应设计监管清单,覆盖档案工作体制、档案设施设备、档案工作各业务环节、档案信息化建设等方面内容。设立企业档案馆的,可参照国家档案局印发的《档案馆安全风险评估指标体系》确定档案监管内容。其他国企总部可参考本地档案主管部门的要求明确监管范畴,如上海市档案局编制的"上海市基层档案部门业务建设检查评价自评表",已融合国家对档案工作的各项要求,上海市属国企总部可在此基础上修改、简化为本集团系统档案监管的依据。

在档案监管过程当中,国企总部应对照当前档案工作热点,突出档案监管重点。如按照《企业境外档案管理办法》,依据"双重遵从"原则[13]对企业境外机构档案工作情况重点监管。根据国家档案局令第17号《国有企业资产与产权变动档案处置办法》,对发生资产与产权变动的所属单位档案着重监管,如电气集团面对较多低层级企业改制的情况,成立企发公司作为处理改制企业档案的工作平台,总部通过直接监管企发公司,实现对全系统资产与产权变动档案处置情况的监管。对照中办、国办《关于加强和改进新形势下档案工作的意见》,加强对所属单位电子档案监管,"确保档案部门实现对电子文件形成、积累和归档的全程监督指导"。按照中央档案馆馆长、国家档案局局长王绍忠2024年在全国档案工作暨表彰先进会议上的报告要求,强化档案服务外包安全管理。针对益发普遍的档案外包现象,及时跟进监管,确保档案实体、信息载体和档案信息绝对安全。

4. 统筹信息建设,优化监管技术

各国企总部需将提升本集团档案信息化水平作为长远目标,以信息化改善档案监管。利用档案机构设置于综合办公室的优势,向集团领导争取资源,将档案信息化纳入集团信息化总体规划。参考会计核算系统的做法,从总部到所属单位布设统一的电子档案管理信息系统,便利系统兼容和信息传输,并在系统中开发监管功能,提升档案监管技术含量。学习小微企业电子会计档案管理经验,为所属规模较小、不具备电子档案保管条件的单位建设电子档案云管理平台[14],统筹开展对所属小微企业档案工作的监管。

国有企业总部的档案监管,是目前档案监督体系的关键组成部分,对于推动企业档案工作开展,开创国家档案事业新局面,服务党和国家工作大局具有重要意义。在有限资源下,国企总部通过整合力量、更新技术、明确重点、分类监管,推动国家关于企业档案监管要求扎实落地,为新时代中国特色档案事业发展保驾护航。

参考文献

[1] 王岚.从档案事业发展体系看新修订的《档案法》[J].中国档案,2020(11).
[2] 丁德胜.《中华人民共和国档案法实施条例》十大亮点[J].中国档案,2024(03).
[3] 聂云霞,卢丹丹.新《档案法》背景下档案监管的内涵与发展[J].档案管理,2022(01).
[4][7] 王芳.新《档案法》下的档案监督体系[J].城建档案,2021(12).
[5] 国家档案局有关负责同志就《企业档案管理规定》答记者问[N].中国档案报,2023-09-25(第一版).
[6] 宋慧宇.行政监管权及其规制研究[M].长春:吉林人民出版社,2019:34.

［8］王小云.档案资产论.档案学通讯［J］,2016(04).
［9］肖妍.企业档案工作的总体原则和基本要求——《企业档案管理规定》解读之二.中国档案［J］,2024(02).
［10］市国资委系统管理单位分类一览表［EB/OL］.[2024-05-30]. http://www.gzw.sh.gov.cn/shgzw_xtdw/index.html.
［11］苏卫花.企事业单位档案管理业务监督与指导研究［J］.兰台内外,2022(25).
［12］国资报告:2020年中央企业提质增效专项行动综述［EB/OL］.[2020-12-18]. http://www.sasac.gov.cn/n2588025/n2588139/c16252207/content.html.
［13］徐拥军.国有企业境外档案监督管理政策研究［J］.中国档案,2018(02).
［14］电子档案系统加速应用［EB/OL］.[2021-04-03]. https://kfqgw.beijing.gov.cn/cxyzkfq/jscxsfq/ggjsfwpt/202104/t20210412_2352783.html.

推动区域档案事业高质量发展的路径之一
——浅谈新时代档案教育培训工作

罗嘉峙

静安区档案局

摘 要：本文从档案教育培训的重要性、目标与任务、主要内容、面临的问题与挑战以及发展前景与战略目标等方面，全面探讨了新时代档案教育培训工作。文章强调档案教育培训在提升档案工作人员素质、推动档案事业发展方面的重要性，提出了培养档案专业人才、提升档案工作人员职业素养、适应档案事业发展需求等培训目标与任务。同时，文章介绍了档案基础理论知识、档案实务培训、档案法制与标准等培训内容。针对档案教育培训存在的问题与挑战，如资源不足、方式单一、师资力量薄弱等，提出了加强资源建设、优化培训方式、加强师资队伍建设等发展前景与战略目标，具有重要的指导意义。

关键词：档案教育培训；档案工作人员素质；档案事业发展

一、引言

随着新时代的到来，档案工作在区域发展中的作用日益凸显。档案教育培训工作作为提升档案工作人员业务素质和实际操作能力的重要手段，面临着新的挑战和机遇。本文结合区域工作实际，从档案教育培训工作的五个方面，对新时代档案教育培训工作进行了探讨。

二、档案教育培训的重要性

1. 档案工作在现代社会的作用与价值

档案是人类社会历史发展的真实记录，具有重要的凭证价值和参考价值。档案工作作为一项基础性工作，对于维护历史真实面貌、保障人民群众合法权益、促进国家治理体系和治理能力现代化具有重要意义。随着信息技术的快速发展及其在社会各领域的广泛应用,档案工作在现代社会的作用与价值日益凸显。

2. 档案教育培训对于提高档案工作人员素质的必要性

档案工作是一项专业性、技术性较强的工作,要求档案工作人员具备一定的专业知识和技能。档案教育培训是提高档案工作人员素质的重要途径,通过系统的培训,使档案工作人员掌握档案管理的基本理论、技术和方法,提高业务能力和工作效率,为档案事业的持续发展提供人才保障。

3. 档案教育培训对于推动档案事业发展的重要性

档案教育培训是档案事业发展的重要推动力量。档案教育培训可以提高档案工作人员的专业素质和综合能力,推动档案工作的规范化、科学化、法治化进程,促进档案事业的创新发展,同时还有利于加强档案工作人员之间的交流与合作,推动档案资源的共享和利用,提高档案服务质量和水平。

三、档案教育培训的目标与任务

1. 培养具备档案专业知识和技能的人才

档案教育培训的目标之一是培养具备档案专业知识和技能的人才。这包括培养档案工作人员掌握档案管理的基本理论、技术和方法,熟悉档案法律法规和标准规范,具备较高的业务能力和工作效率。通过系统的培训,能让档案工作人员适应档案事业发展的需要,为档案工作提供人才支持。

2. 提升档案工作人员的职业素养和业务能力

档案教育培训的任务之一是提升档案工作人员的职业素养和业务能力。这包括培养档案工作人员具备良好的职业道德和职业操守,树立正确的档案观念,提高服务意识和质量意识。同时,通过培训,使档案工作人员掌握档案管理的新知识、新技术和新方法,提高业务能力和工作效率,为档案事业的创新发展提供人才保障。[1]

3. 适应档案事业发展需求,不断更新档案教育内容和方法

档案教育培训的任务之一是适应档案事业发展需求,为此要不断更新档案教育内容和方法。随着社会的发展和科技的进步,档案工作面临着许多新的挑战和机遇。档案教育培训应紧跟时代发展的步伐,及时调整和更新培训内容,创新培训方式和方法,使档案工作人员能够适应新形势下的档案工作需求,推动档案事业的持续发展。

四、档案教育培训的主要内容

1. 档案的基础理论知识

为了提高区域档案干部的专业能力,我们采用了由上海市档案局编写的一套教材。这套教材包括以下四本书:《档案管理理论与实务》《档案信息化建设》《档案保护与安全》和《档案法制与标准》。整体而言,这套教材内容丰富、实用性强,易于学习和掌握,非常适合作为档案干部的培训教材。

在《档案管理理论与实务》一书中,理论部分全面覆盖了从文件到档案的收集、整理、鉴定、保管、统计、检索、利用、编研等业务环节的基本要求。这部分内容强调了档案管理的基础知识,系统地阐述了档案管理的基本理论、原则和方法,将"实际需要的理论"变得易于理解。实务部分则详细阐述了档案工作的基本要求,包括文书档案、科技档案以及档案编研的实际操作,同时还涉及会计、人事和音像等专业档案以及特殊载体档案的管理。这部分内容专注于档案管理的基本技能,充分考虑到基层档案工作者的实际需求,对档案管理的各个业务环节进行了详尽的操作流程和方法介绍,并配有丰富的图示和实例,以提升教材的直观性和实用性。[2]

在《档案信息化建设》一书中,档案信息化建设基础理论和档案信息化建设实务是两大主要内容。全书共分五个章节:首先,介绍了信息技术基本概念、相关设备和档案信息化基本概念、主要工作等。其次,深入浅出地阐述了档案信息化建设的主要内容,包括档案信息化基础设施建设、档案信息资源建设、档案管理信息系统建设等方面。该教材能帮助档案工作者掌握实际工作中迫切需要的理论知识和操作技能,还能介绍档案信息化领域的相关重点、热点问题,包括文档一体化、档案信息资源总库、目录中心、公共网站、数字档案馆(室)等方面的建设。在教学阐述上,力求以简洁、通俗的语言直叙有关理论、原理、技术和方法,并配合相关图表、结构框图和设备图片等,增强知识的直观性,帮助学员理解课程内容,更好地适应档案工作岗位。[3]

在《档案保护与安全》一书中,档案保护技术和安全管理是两大核心内容。全书共八个章节。首先,本书以绪言开篇,概述档案保护与安全的基本内容,强调档案资料的历史价值和对后代的重要性。其次,深入探讨不同载体档案的材料变化及其保护方法,包括纸质档案、胶片档案等。再次,阐述档案馆建筑与设施、设备的功能及作用,档案馆环境温湿度与档案耐久性的关联性,探讨控制与调节库房温湿度的措施。此外,书中分析了库房有害因素对档案的破坏,并介绍防光、防有害气体、防灰尘措施以及档案霉菌与害虫的防治方法。在技术层面,书中详细说明纸质档案修复、字迹恢复与显示、声像档案修复等技术。在安全管理方面,讨论档案库房内外的安全管理措施。最后,介绍档案减灾工作、档案工作突发事件处置方案和数字信息安全容灾方法。为档案工作者提供了全面的理论知识和操作指南,有助于更好地保护和安全管理档案资料。[4]

在《档案法制与标准》一书中,档案相关法律和标准指南是重点。全书内容涵盖档案法制工作的内涵、法定原则、档案法律调整范围等基础知识。书中详细介绍了档案立法的主体、权限、原则、程序以及中国档案法规体系,同时讲解了档案法制宣传教育、档案法定的组织机构类型与职能、法定文件和档案管理工作的要求。对于档案违法行为、法律责任、法律制裁以及档案行政执法的概念、原则、内容和实施方法也有具体阐述。最后,本书还介绍了档案工作标准和标准化建设的基本知识,强调了标准化在提升档案工作质量和效率中的作用。这本书是档案工作者了解和遵守相关法律和标准的实用工具。[5]

2. 档案实务培训

档案实务培训,旨在提升档案工作人员的业务素质和实际操作技能,以适应档案工作的发展需求。培训内容全面覆盖档案管理的各个环节,如收集、整理、鉴定、保管、统计和利用等。培训形式多样,包括课堂讲授、案例分析、实地考察、实践操作等,同时利用现代信息技术手段,如网络、多媒体等,开展在线培训、远程教育,满足不同学员需求。以上海市档案培训中心的实训基地、上海市闵行区档案管理实训基地和上海市静安区档案培训委托单位为例,通过创建实训基地,深化基层档案业务规范化建设,提供沉浸式体验互动和实景观摩,更有效提升档案人员职业素养和业务技能。课程中包括档案整理与归档实训、数字化档案管理实训、档案修复与保护实训等,这些实训案例展示了档案管理在创新、效率和安全性方面的成功经验,为档案管理提供了宝贵启示。

3. 培训与提高

教学中,教师将结合档案部门的实际工作,系统介绍档案工作的基本知识,为档案工作者传授丰富的理论知识,也为指导他们的实际工作提供帮助。今后,档案工作者还能申报上海市档案局组织的职称评审,职称等级有馆员、副研究馆员、研究馆员等。档案工作者通过学术水平、业务能力、工作业绩等方面的评定,获得专业技术职称,可以提升业务能力、获得成长,对档案工作也有较大提升。[6]

五、档案教育培训面临的问题与挑战

档案教育培训作为提高档案工作人员素质、推动档案事业发展的重要手段,在实施过程中面临着一系列的问题与挑战。这些问题与挑战主要表现在以下几个方面：

1. 档案培训资源不足

档案教育培训需要投入大量的资金、人力和物力资源，但目前我国档案教育培训资源相对匮乏，无法满足日益增长的培训需求。尤其是在一些基层档案部门，由于经费紧张、档案工作人员基本身兼数职等原因，档案教育培训工作难以有效开展。

2. 档案培训方式单一

随着社会进步和档案工作的变革，档案工作人员必须不断学习新知识和新技能以适应工作需求。但目前档案教育培训内容与现实工作需求存在脱节，导致学员难以学到真正有用的知识和技能，影响培训效果。此外，传统的档案教育培训主要依赖课堂讲授，缺乏互动性和实践性，难以激发学员的学习兴趣和积极性，导致培训效果不佳。由于档案工作具有较强的实践性，因此单一的课堂讲授方式也难以满足学员的实际操作需求，进一步影响了培训效果。

3. 档案师资力量薄弱

档案教育培训需要有一支既懂理论又会实践的优质师资队伍。然而，目前就静安区而言，档案教育培训师资力量相对薄弱，其他专业培训机构的教师又缺乏区域实际工作经验，难以将理论知识与实际工作相结合，影响培训质量。横向兄弟区比较，其实都存在多多少少的共性问题。

六、档案教育培训的发展前景与战略目标

面对档案教育培训存在的问题与挑战，我们应采取一系列措施加以解决，以推动档案教育培训事业的持续发展。具体发展前景与战略目标如下：

1. 加强档案教育培训资源建设

政府和社会各界应加大对档案教育培训资源的投入，改善培训条件，提高培训质量。同时，通过整合各类培训资源，实现优势互补，提高培训资源的利用效率。[7]

2. 优化档案教育培训方式

为了解决档案教育培训内容与现实工作需求脱节以及培训方式单一的问题，我们需要完善档案教育培训内容体系，根据档案事业发展的实际需求，不断调整和优化培训内容，加强新知识、新技能的培训。同时，注重培训内容的实用性和前瞻性，提高档案工作人员的综合素质和业务能力。此外，积极探索多元化的培训方式，如案例教学、实践教学、在线培训等，提高培训的互动性和实践性。充分利用现代信息技术手段，如网络、多媒体等，提高培训的趣味性和实效性，从而激发学员的

学习兴趣和积极性,提升培训效果。[8]

3.加强档案教育培训师资队伍建设

通过选拔、培养和引进等方式,加强档案教育培训师资队伍建设。提高教师的专业素质和实践能力,建立一支结构合理、素质优良、专兼结合的档案教育培训师资队伍。

七、结尾

习近平总书记对档案工作提出了"四好(把蕴含党的初心使命的红色档案保管好、利用好,把新时代党领导人民推进实现中华民族伟大复兴的奋斗历史记录好、留存好)""两服务(更好地服务党和国家工作大局,服务人民群众)"的要求,为档案事业高质量发展提供了根本遵循。

我们要深入学习贯彻落实习近平总书记关于做好新时代档案工作的重要指示,深入贯彻实施《档案法》,应采取切实有效的措施,加强档案教育培训体系建设,不断创新和改进档案教育培训工作,提高档案工作人员的素质和能力,为推动我国档案事业的繁荣和发展做出积极贡献。

参考文献

[1] 李海英.对"十二五"时期档案教育培训工作的思考[J].中国档案,2011(4):24-25.
[2] 上海市档案局.档案管理理论与实务[M].上海:上海市档案局,2016.
[3] 上海市档案局.档案信息化建设[M].上海:上海市档案局,2016.
[4] 上海市档案局.档案保护与安全[M].上海:上海市档案局,2016.
[5] 上海市档案局.档案法制与标准[M].上海:上海市档案局,2016.
[6] 上海市档案局.关于开展2023年度上海市档案系列中级职称评审工作的通知[EB/OL].[2023-07-03].https://www.archives.sh.cn/tzgg/202307/t20230705_67942.html.
[7] 杨红.转变观念,拓展档案教育培训新平台[J].中国档案,2007(4):22-23.
[8] 张姚俊.红色档案资源服务党员教育培训的新路径——以上海市档案馆为例[J].党政论坛,2020(5):37-39.

档案在身份认同中的双重影响探析

王雨晴

上海大学文化遗产与信息管理学院

摘 要：档案在身份认同实现过程中具有证明身份来源、保障主体权利，维系集体记忆、促进情感内聚，承载文化标识、增强文化自信等正向价值。然而，档案对于个体、群体的身份认同也存在负面影响，包括隐匿个性特征、淡化成员差异，引发情感创伤、影响身份重塑，弱化群体关系、加剧群际冲突。为消解档案在身份认同中的负面影响，提出加强社群档案建设、鼓励成员参与管理，依托档案叙事外化情感问题、尊重主体遗忘权利，共享档案记忆资源、构建共同内群体认同等实践策略。

关键词：档案；身份认同；群体认同；集体记忆

一、引言

档案参与身份认同是后现代档案学理论的核心内容之一，探讨档案与身份认同的关系已成为学界关注的重点议题。加拿大档案学家特里·库克认为，"认同"是后现代档案学范式的核心话语，档案在构架历史、集体记忆和国家与民族认同方面具有重要作用，因为它涉及我们怎么看待我们的个体身份、集体身份和社会身份。[1]我国关于档案与身份认同的研究，主要聚焦于身份认同中的档案价值[2]、档案在建构国家认同[3]、族群认同[4][5]、群体认同[6][7]和自我认同[8][9]中的作用、档案在身份认同中的作用机制[10][11][12]、某一类型档案对个体或群体身份认同强化的实证研究[13][14]等方面。然而，我国现有研究主要关注档案对于身份认同的正向作用，或是阐释档案在身份认同中的作用机制，少有研究关注档案对身份认同的负向作用，仅有个别研究从档案消解个体记忆方面[15]或是针对档案与群体认同问题做出反思[16]，但是上述研究尚未从整体上为档案在身份认同中的双重影响做出辩证阐述。因此，本文在分析档案在身份认同中的正向价值的基础上，对档案建构身份认同过程中可能产生的负面影响做出思考，并提出相应解决策略，以期为学界探讨档案与身份认同关系问题拓展研究视野。

二、档案在身份认同中的正向价值

1. 证明身份来源，保障主体权利

第十七届国际档案大会指出，档案借助其蕴藏的信息提供某个时刻或整个时期的集体记忆、群体故事以及个人身份，帮助社会与其遗产建立联系，帮助人们保护自身的权利。[17]档案通过为个体或群体身份提供合法性认证，使个体或群体权益得到有效保障。一方面，档案能够以其原始的、可信的、经过固化沉淀的，并以合规方式传承下来的信息，为身份认同提供至关重要的合法性依据。[18]档案中记载的姓氏、籍贯等各类身份信息可以证明个人身份，使个人对于"我是谁"产生明确认知，让自我身份能够得到其他人的认可，使个人在实现自我身份认同的同时也能获得他人尊重。例如，人事档案中包含的履历类材料记录了人们在不同人生阶段中所具有的不同角色身份，能够证实人们当下在单位中的职位角色，明确个体的职业身份。党员档案中的入党申请书、入党志愿书、转正申请书、党员登记表等材料记载了个人入党的全过程，它既是证明个体党员身份的重要材料，也是党员个人能够被基层党组织接纳的凭证。另一方面，档案能够帮助弱势群体和边缘群体维护自身合法权益，使社会承认其群体身份存在的合法性，让群体成员平等地享有该群体所应拥有的合法权利。例如，南亚裔美国人数字档案馆通过记录并保存南亚裔美国人的移民经历，证实了南亚裔美国人与美国社会的历史联系，为南亚裔美国人在美国社会争取合法权利和福祉提供凭证依据。[19]我国的农民工档案能够证明农民工在城市务工的身份，使农民工得以在城市中享有相应的医疗、就业、失业等福利待遇。

2. 维系集体记忆，促进情感内聚

档案实现身份认同是档案的凭证属性和记忆属性综合作用的必然结果。[20]档案作为一种刻写记忆，记载了个人和群体的往昔经历，不仅成为集体记忆的承载工具，而且是人们追根溯源的重要依托。哈布瓦赫提出，集体记忆是一个建构的过程，群体的记忆是通过个体记忆来实现的，并且在个体记忆之中体现自身，集体记忆可用以重建关于过去的意象。[21]档案内容中真实的历史信息可以唤起群体成员对集体记忆的回忆，集体记忆通过再现历史意象，使群体成员能够感知历史事件，在情感维度上与群体的过往经历建立联系，从而唤醒成员情绪并使其产生情感共鸣。这一过程必然使身份主体发现自身角色的差异，从而形成"我是谁""我属于哪个群体"的身份认同[22]，也会促进个体实现对所属群体的情感归属。例如，侨批档案作为银信合一的载体,除附有海外华侨寄给家人的汇款凭证外,还承载着他们对所属地及亲人的思念之情。[23]侨批档案承载着海外华侨共同的历史记忆,是海外华侨寻找群体归属的重要凭证,不仅能为其提供根源感、身份感和地方感,更能激发他们的爱国情感和思乡之情,增强他们对群体身份的情感认同。家族档案记录了有婚姻和血缘关系的家族或家庭内的各个成员在家庭或家族中的活动以及社会活动,它是家族记忆的"触媒",是家族记忆得以构建、重构、强化的重要凭证。[24]家族档案通过呈现家族历史,能够延续家族记忆,使家族成员在精神上获得情感支持并实现情感归属,从而增强家族成员对家族身份的认同感。

3. 承载文化标识,增强文化自信

身份认同不只是简单的心理认知过程,更会受到历史文化的影响。认同包括种族认同、民族认同、社会认同、自我认同、文化认同等多种类型,但核心是文化认同,使用相同的文化符号、遵循共同的文化理念、秉承共有的思维模式和行为规范,是文化认同的依据。[25]档案是人们在社会活动中形成的历史记录,记载着不同国家、不同民族、不同种族所用的文字符号、行为规范等内容,能够区分出不同群体所具有的价值体系,见证了不同群体文化的形成与发展。因此,档案能够帮助人们对个体或群体之间的共同文化进行确认,通过建立文化认同来确证"我们"的共同身份,以进一步加强人们对所属群体文化的认同,增强其对群体文化的自信心。例如,非物质文化遗产档案中包含非物质文化遗产实物、非物质文化遗产活动等材料,记录了地方风俗与民间工艺等独具特色的内容,能够反映出地方群体的文化特征,这些档案为非遗传承人群提供了身份保障和文化传承动力,增强了非遗传承人对地方非遗文化的自信心,强化了其保护与传播非遗文化的责任和使命。红色档案见证了中国共产党在新民主主义革命时期和社会主义建设时期艰辛而辉煌的奋斗历程,凝聚了中华民族的集体记忆,展现出中国人民艰苦奋斗、甘于奉献、不懈拼搏的精神风貌。红色档案作为传承红色文化的重要载体,具有重要的价值引领作用,其中所传递的中国精神以及民族价值观念等文化标识能够激发我国公民对民族身份的自豪感,增强其对中华民族的认同感。

三、档案在身份认同中的负面影响

1. 隐匿个性特征,淡化成员差异

美国社会学家米德曾提出"认同对个体的制约性"[26]。社会心理学强调社会对人的影响,认为尽管在社会关系中每个人都是独立的个体,但是人和人之间也互相发生作用,个人会受到规则、期望以及他人主观看法的制约。[27]受到人为主观因素等影响,档案在建构身份认同之时也存在消解、抹去与隐藏个体差异的可能。[28] 一方面,个体为融入某一特定群体会借助档案来隐藏自我个性,摒弃档案中与群体特征不符合的内容,增加符合群体特征的内容,以使自我具有与群体相同的普遍特征,从而成为该群体成员并获得群体认同。在这一过程中,档案成为主体选择性建构身份的工具,使主体原有的个性特征和历史经历得到隐匿。例如,社会中的弱势群体和边缘群体为融入主流群体,往往会对过往生活进行选择性记录,以得到主流群体认可,提高其社会地位。另一方面,个体在利用档案强化群体认同的过程中,档案中所记载的内容和传递的价值标准也会对个体产生潜移默化的影响,使个体在认知、行为等方面逐渐与群体趋同,个体原有的价值观念、行为模式也会发生相应改变,群体内成员的个性差异会逐渐缩小。例如,移居海外的华人在国外就业、生活的过程中会融入新的群体并形成新的档案,这些档案在证明他们海外定居合法身份的同时,也会令其接纳所属群体的文化和行为规范,使华人原有的思维方式和生活习性发生改变,并逐渐与群体其他成员趋同。在当今全球化、多元化的时代,国家认同和民族认同受到挑战,我们更需思考如何运用档案保留原有的身份特征,维持个体差异,防止文化渗透,在差异和趋同之间保持张力。

2. 引发情感创伤,影响身份重塑

创伤性事件档案中的不实记载或歧视性用语,往往会对记录对象或其亲属、后代等造成严重的情感伤害,成为一种"情感武器"[29]。档案在帮助人们确认自身身份之时,有时也会引发人们对过去的痛苦回忆,令其承受负面情绪所带来的情感刺激。一方面,战争、大屠杀、自然灾害等灾难性事件都会造成个体或者集体的创伤,从而形成创伤记忆[30],人们在接触这些承载创伤记忆的档案材料时,容易出现悲愤、难过、伤心等负向情感,这会对人们造成情感层面的创伤。例如,慰安妇档案记载了第二次世界大战时期日军奴隶、摧残女性的悲惨事件,承载着慰安妇在第二次世界大战期间的屈辱经历,对于慰安妇群体而言,这些档案是她们永远不愿面对的回忆,不但会加深她们的情感创伤,而且会令其产生想要逃离这一群体身份的强烈倾向。另一方面,在互联网时代,网络信息存档正在以数字记忆的方式建构着集体记忆,网络空间中的信息已成为个人或群体形成身份认同不可或缺的部分,能够帮助人们实现身份重塑。互联网档案记录着人们的身份信息和生活痕迹,但也会裹挟部分过时、失真的信息,这些信息一旦被公开,便会为人们的现实生活带来负面影响[31],引发人们负面情绪的出现,影响人们自我身份形象的塑造。例如,中欧某国公民曾声称,档案馆网页的某个文件公开了他年轻时服役于旧政权军事单位的信息,尽管这一信息是真实的,但是他所在国家的政权现已发生更迭,而他的邻居却因为他曾经的身份,凭借其在"对立阵营"中担任职务的优势而经常骚扰他。[32]

这一事件的发生会使该公民深受焦虑、不安等消极情感的困扰,使其个人身份不能被他人正确、完整地认知。

3. 弱化群体关系,加剧群际冲突

根据泰弗尔的社会认同理论,个体对于群体的认同包括三个基本历程:类化、比较、积极区分。[33]人们在建立身份认同的过程中,会不自觉地对不同群体作出比较,并在某种程度上主观夸大群体间的差异,以增加对内群体的"热爱"以及对他群体的"不热爱"。[34]一方面,档案作为记录群体记忆和传承群体文化的工具,在增强群体内部成员对群体身份认同的同时,也会在一定程度上加深其对外部群体的排斥,使外部群体成员难以被接纳。例如,户籍档案会影响主体在跨阶层、跨地域流动过程中能否为新群体所接纳。我国古代曾长时间推行重农抑商政策,商人的身份在档案中得到了固化,令其难以实现向上一阶层的身份跨越。如今我国大量外来务工人员流入新的城市后,由于户籍档案并不在当地,因此他们在子女教育、住房保障等方面的待遇与当地居民相比会存在较大差异,这种差异的存在使其很难融入当地的社会群体,会导致他们身份上的边缘化。另一方面,群体认同被视为造成不同冲突的共同因素,强烈的内群体同情往往导致同样强烈的外群体厌恶,进而助长不宽容和冲突,群体敌意的根源可能是强烈的群体认同,以及由此产生的诸多态度、价值观与行为。[35]档案见证了不同民族、种族、国家的历史发展过程,在引发群体成员对群内文化产生共情之时,也会令其产生排外倾向,加剧群体间的矛盾与冲突。

四、档案对身份认同负面影响的消解策略

1. 加强社群档案建设,鼓励成员参与管理

后现代主义思想表现为一种宽容和尊重,即对所有可能性的开放,特别是对被权威、精英、中心、本质等置于对立面的边缘、民众、草根等的包容。[36]社群档案是后现代主义发展的产物,在凝聚社群力量、彰显社群特色方面具有显著优势,为边缘群体发声创造了机会。因此,可通过开展社群档案数字人文项目来维护群体成员个性特征,消解个体差异。一方面,档案机构需重视群体成员参与社群档案数据库建设的权利,鼓励其参与社群档案形成、保存、管理、利用等多个过程,为群体成员展开身份数字叙事、表达自我个性提供平台,以增强个体成员在群体之中的话语权,强化成员对群体的归属感。另一方面,在社群档案建立与管理的过程中,应注重收集并记录不同个体的行为经历,维护个体特征的相对独立性,使群体成员能以更加包容开放的心态来看待群体内的个体差异,尊重各成员原有的行为习惯。以

美国纽约市皇后区记忆项目(Queens Memory)为例,皇后区的居民大多来源于不同种族,而该项目则授权所有居民记录他们的生活和经历,通过"讲述个人故事"系列特色活动鼓励居民分享自己的数字记忆,居民可以文字、图片、音频和视频等媒介形式上传他们的家庭照片、纪念品等记忆资源,从而分享个人的历史故事。"数字化扫描日"活动为馆员与社区居民提供了面对面的交流机会,居民能在皇后区图书馆中对照片等记录进行扫描,参与到社区档案的加工与整理之中。[37] 该记忆项目使当地居民参与社群档案建设成为可能,在保留不同移民文化差异的基础上,既在档案中留存了不同成员的个体记忆,又完成了集体记忆的共建,有利于社区共同体意识的凝聚。

2. 依托档案叙事外化情感问题,尊重主体遗忘权利

情感因素是集体身份建构过程中一个不可忽略的环节,集体身份认同本身就是一种情感表达和情感诉求。[38] 因此,档案在参与身份认同建构的过程中,应综合考虑主体的情感诉求以及档案内容中所蕴含的情感力量,重视档案情感价值的发挥。

一方面,对于创伤记忆引起主体情感创伤的问题,可借助档案叙事的方式帮助主体实现情感疗愈。叙事疗法强调个人经验以及对意义的阐述[39],它将问题外化视为一种治疗方法,鼓励人们从心里将压迫他们的问题客观化。在问题外化的过程中,问题变成与人分离的客体,即"人是人,问题是问题,人不是问题"[40]。档案工作者在对创伤类档案记忆资源进行开发利用时,应围绕档案内容从多视角展开叙述,对历史事件予以客观化描述,借助档案"重说故事",为事件提供诸如激发爱国主义热情、增加对和平的热爱等具有正向意义的诠释,以使创伤性事件的亲历者或相关群体能够转换看问题的视角,将事件中的问题与自我分离,赋予过往事件新的解读,接纳所属的群体身份,在档案中重新定义经历的意义,获得情感安抚。

另一方面,面对网络档案信息影响个体身份塑造的问题,档案机构应尊重个体的遗忘权利。美国学者杰森·希尔认为"个人有权忘记他们来自哪里,以便建立新的、反本质主义的身份认同"[41]。英国学者舍恩伯格认为"对于人类而言,遗忘一直是常态,而记忆才是例外。然而,由于数字技术与全球网络的发展,这种平衡已经被打破了"[42]。在数字时代,被遗忘权起着调节数字记忆的作用,它是个人"身份特质权"的体现,调整的是与现时人格特质不相符的过往形象。[43] 因此,在档案开放利用的过程中,档案机构应重视对个体权益的保护,对档案中涉及个人身份信息的内容做出脱敏处理,允许个体在网络环境中删除那些会对自己产生不利影响的过时信息,以帮助个体塑造符合其特质的身份形象,使他人能够对个体身份建立正确的认知。

3. 共享档案记忆资源，构建共同内群体认同

共同内群体认同理论认为，两个原本分离的群体形成一个包摄水平更高的上位群体，群体成员身份会从"我们"和"他们"转变为共同的"我们"，对内群体的积极情感也可以延伸到新形成的共同内群体，进而减少群际冲突和竞争，促进群际互助和合作。[44]集体记忆是对过去事物形成的群体认同的共同表征，可以通过社会信息传播、认同建构、符号互动等途径在社会中被社会成员所共享、内化与认同。[45]档案参与集体记忆的选择与建构，它所记载的国家、社群以及个体的过往历程正是集体记忆所需留存的内容，借助档案共享记忆能够将个体记忆与集体记忆联结起来，使原来只属于某一群体内部的记忆得以成为一种具有共同历史意识和身份观念[46]的集体记忆。共享档案记忆资源能够引发群体成员对共同历史的回忆，当群体成员在文化、情感、个性特征等方面感知到相似时，不同群体成员之间的心理距离便会逐渐缩小，内群体成员对于外群体的印象会变得更为积极，从而会产生更多的接触意愿。因此，可通过共享档案记忆资源来扩大群体认同边界，增强多民族国家的国家认同，缓解身份认同过程中内群体成员对外群体的排斥问题，减少群体之间的分歧与冲突。

具体而言，档案机构需加大对档案记忆资源的开放、共享和传播力度，以档案展览、档案编研成果、档案纪录片等形式，揭示并传递档案中所蕴含的历史信息和情感信息，使集体记忆得以再现和共享，从而强化不同群体成员共有的社会身份，维系和谐的群际关系。以新冠疫情防控档案为例，新冠疫情防控档案记录着党和政府带领人民抗击疫情的情况，在疫情暴发期间，北京市、上海市、四川省、湖北省等多地档案馆举办了防控新冠疫情主题展览，展览中所呈现的抗疫照片、视频等内容展现了当地百姓的抗疫历程，能够触发公众对自身疫情经历的回忆，令其感悟到抗疫过程中团结协作、顽强拼搏的民族精神，使不同职业、不同地域的群体在历史记忆、情感认知等方面能够产生共同感，认识到共有的中华民族身份，促使不同群体在面对疫情冲击时能够互帮互助，保持国家内部群际关系的稳定与和谐。

五、结语

就身份认同的本质而言，它是同与异的对立统一。身份认同既是个体或集体对一个国家、地域、族群、家庭、职业等属性的认可，又表明与其他国家、地域、族群、家庭、职业等属性的区别与排斥。[47]档案作为个体或群体实现身份认同的工具，在帮助个体或群体获得身份认可的同时，也会在一定程度上加剧不同个体、群体之间的差异和分歧。为此，在利用档案建构身份认同的过程中，既需重视档案在证明身

份来源、维系集体记忆、增强文化自信等方面的正向价值,又需正视档案在淡化个性差异、引发情感创伤、加剧群际冲突等方面的消极影响,并通过鼓励群体成员参与社群档案管理、以档案叙事帮助情感疗愈、共享档案记忆资源等途径,来缓解档案在身份认同中的负面影响,彰显档案在个体或群体身份认同建构中的人文关怀。

参考文献

[1] Cook T. Evidence, Memory, Identity, and Community: Four Shifting Archival Paradigms[J]. *Archival Science*, 2013, 13(2-3): 95-120.
[2][18][47] 冯惠玲.当代身份认同中的档案价值[J].中国人民大学学报,2015,29(1):96-103.
[3] 高胜楠,吴建华.档案与国家认同:理论基础、作用维度与现实路径[J].档案学研究,2021(6):35-40.
[4] 余厚洪.族群档案的身份认同论析[J].档案管理,2021(4):47-49.
[5] 陆阳,蔡之玲.档案在族群认同中的价值旨归、功能认知与机制阐释[J].档案学研究,2021(6):13-20.
[6] 黄霄羽,何雅妮.社群口述档案对成员身份认同的作用表现[J].北京档案,2020(4):4-8.
[7] 张晶,陆阳.档案的群体认同强化功能分析[J].档案学通讯,2019(1):9-14.
[8] 罗琳娜,陆阳.论档案在建构自我认同中的作用机理[J].档案与建设,2018(6):13-16.
[9] 陈坚.档案对自我认同的多维作用探析——基于三重自我建构理论[J].档案与建设,2022(4):20-24.
[10][46] 丁华东,杨茜兰.心理需求、记忆共享与伦理约束——论档案实现身份认同功能的作用机制[J].档案学研究,2023(2):4-11.
[11][22] 刘志森,耿志杰.情感仪式视域下档案与身份认同:理论阐释、作用机理及提升路径[J].档案学研究,2022(3):13-20.
[12] 加小双,徐拥军.档案与身份认同:背景、内容与影响[J].档案学研究,2019(5):16-21.
[13][23] 闫静,章伟婷.侨批档案与华侨身份认同——以晋江侨批为中心的考察[J].浙江档案,2022(4):25-29.
[14] 谢丽,冯惠玲,马林青.转型身份认同过程中档案的功用——以中国农民工群体为例[J].档案学通讯,2019(1):4-8.
[15][28] 闫静,刘洋洋.档案中的认同悖论——兼论档案对身份认同的作用机制与机理[J].档案与建设,2021(3):9-14.
[16] 周林兴,章煜.档案作用群体认同的反思与策略探析[J].档案与建设,2021(12):6-11.
[17] 杜梅.2012年国际档案大会:新环境新变化[J].中国档案,2011(4):85.
[19] 南亚裔美国人数字档案馆[EB/OL].[2023-05-23]. https://www.saada.org/mission.
[20][24] 加小双.当代身份认同中家族档案的价值[J].档案学通讯,2015(3):29-34.
[21] 莫里斯·哈布瓦赫.论集体记忆[M].毕然,郭金华,译.上海:上海人民出版社,2002:69-71.
[25] 崔新建.文化认同及其根源[J].北京师范大学学报(社会科学版),2004(4):102-104+107.
[26] 米德.心灵、自我和社会[M].霍桂桓,译.南京:译林出版社,2014:299.

[27] 王纯磊,何丽,冯蕾.身份认同与自我身份叙事的认知路径阐释[J].兰州大学学报(社会科学版),2022,50(5):122-129.

[29] 曲春梅.国外档案学研究的"情感转向"[J].档案学研究,2020(4):128-134.

[30] 陈琴.档案资源在创伤记忆国际认同中的建构作用及实现路径探析[J].档案与建设,2020(2):14-17+8.

[31] 余昊哲.记忆或是遗忘:档案事业如何应对被遗忘权的挑战?[J].档案学研究,2021(6):64-71.

[32][43] Ghezzi, A., Pereira, Â.G., Vesnić-Alujević, L. *The Ethics of Memory in a Digital Age*[M]. London: Palgrave Macmillan, 2014:28-49, 67-70.

[33] TAJFEL H. Social Psychology of Intergroup Relations[J]. *Annual Review of Psychology*, 1982(33):1-39.

[34][38] 聂文娟.群体情感与集体身份认同的建构[J].外交评论(外交学院学报),2011,28(4):83-95.

[35] 王丽萍.政治心理学:一门学科,一种资源[M].北京:北京大学出版社,2022.

[36] 赵静蓉.文化记忆与身份认同[M].北京:生活·读书·新知三联书店,2015:10.

[37] Schreiner, M., de los Reyes, C. Social Practice Artists in the Archive: Collaborative Strategies for Documentation[J]. *Urban Library Journal*, 2016, 22(2):1-8.

[39] Danner, Beatrice, Meg, & Pang. Running from the Demon: Culturally Specific Group Therapy for Depression among Women in a Family Medicine Residency Clinic[J]. *Women & Therapy*, 2007, 30:151-176.

[40] 马丁·佩恩.叙事疗法[M].曾立芳,译.北京:中国轻工业出版社,2012:102.

[41] Jason Hill. *Becoming a Cosmopolitan: What it Means to Be a Human in the New Millennium*[M]. Lanham : Rowman & Littlefield Publishers, 2011:5.

[42] 维克托·迈尔-舍恩伯格.删除:大数据取舍之道[M].袁杰,译.杭州:浙江人民出版社,2013:3.

[44] Gaertner, S.L., Dovidio, J.F., Anastasio, P.A., et al. The common ingroup identity model: Recategorization and the reduction of intergroup bias[J]. *European Review of Social Psychology*, 1993, 4(1):1-26.

[45] 管健,方航.铸牢中华民族共同体意识的结构面向与心理路径[J].西北民族研究,2020(4):17-21.

习近平文化思想指引下的红色档案编研实践与启示

——以上海市档案馆革命时期红色档案编研为例

魏松岩

上海市档案馆

摘　要：习近平文化思想是做好文化工作的强大思想武器和科学行动指南。2024年4月上海市委书记陈吉宁调研上海红色文化传承工作时要求着力建设好习近平文化思想最佳实践地。本文基于上海市档案馆盘活馆藏红色档案资源、健全相关制度规范、智慧化多举措开展红色档案编研实践，提出做好红色档案编研的工作启示和专业思路：以习近平文化思想为指导，坚定文化自信；以系统化的基础业务为依托，保障编研工作质量；探索多元化模式，提升编研成果传播的智慧化水平。

关键词：习近平文化思想；红色档案；档案编研

一、引言

2023年10月，全国宣传思想文化工作会议召开，正式提出并系统阐述了习近平文化思想。这是习近平新时代中国特色社会主义思想的文化篇，是新时代党领导文化建设实践经验的理论总结。[①]

党的十八大以来，习近平总书记着眼文化领域的新形势、新情况、新问题，站在全局和战略高度，作出一系列重要论述和指示批示，指引新时代文化工作取得历史性成就，形成了习近平文化思想。

习近平文化思想立意高远、博大精深，体现了理论与实践、认识与方法的辩

---

① 庄荣文.深学细悟习近平文化思想　切实担负起新的文化使命[N].人民日报，2023-11-01(9).

证统一。作为文化事业组成部分的档案工作,始终受到习近平总书记的重视和关心。早在地方工作时期,他就曾说:"之所以说档案工作是一项非常重要的工作,主要是因为档案工作是一项基础性工作,经验得以总结,规律得以认识,历史得以延续,各项事业得以发展,都离不开档案。"①习近平总书记关于做好新时代档案工作,讲好党的故事,让历史说话,用史实发言的重要论述和重要指示是习近平文化思想的重要组成部分,是档案部门做好红色档案编研的强大思想武器和科学行动指南。

二、红色档案编研是新时代赋予档案事业的一项神圣使命

党的十九大闭幕后,习近平总书记带领中央政治局常委瞻仰中共一大会址和嘉兴南湖红船,强调"我们是为了不忘初心、坚持真理而来,我们的初心、真理就蕴含在这些档案之中。这些珍贵的历史档案对激励全党不忘初心、牢记使命、永远奋斗具有不可替代的重要意义。"

习近平总书记在多个场合发表过关于红色资源保护利用的重要论述,指出"党的历史是最生动、最有说服力的教科书。我们党的一百年,是矢志践行初心使命的一百年,是筚路蓝缕奠基立业的一百年,是创造辉煌开辟未来的一百年。"②"要用好这样的红色资源,讲好红色故事,搞好红色教育,让红色基因代代相传。"③"把蕴含党的初心使命的红色档案保管好、利用好,把新时代党领导人民推进实现中华民族伟大复兴的奋斗历史记录好、留存好,更好地服务党和国家工作大局、服务人民群众!"④

重要指示还详细到具体领域,例如"抗战研究要深入,就要更多通过档案、资料、事实、当事人证词等各种人证、物证来说话。"⑤"要加强对五四运动史料和文物收集、整理、保护,为后人继承和发扬五四精神留下历史记忆。"⑥"要把先辈们的英雄故事讲给大家听,讲给年轻一代听,激励人们坚定不移跟党走,为实现美好生活而奋斗。"⑦"要把革命烈士那些感人至深的文章、诗文、家书编辑成册,用于干部教

---

① 习近平.在考察浙江省档案局、馆时的讲话(2003年5月)[N].浙江档案,2003(6):4.
② 习近平.在参观"'不忘初心、牢记使命'中国共产党历史展览"时的讲话(2021年6月18日)[N].人民日报,2021-6-19(1).
③ 习近平.在参观"半条被子的温暖"专题陈列馆时的讲话(2020年9月16日).
④ 习近平.在中国第一历史档案馆新馆开馆之际的重要批示(2021年7月6日).
⑤ 习近平.在十八届中共中央政治局第二十五集体学习时的讲话(2015年7月30日).
⑥ 习近平.主持十九届中央政治局第十四次集体学习时的讲话(2019年4月19日).
⑦ 习近平.在河南考察时的讲话(2019年9月16日)[N].人民日报,2019-9-19(1).

育,让各级干部常常看、常常思、常常反求己身。"①等。

2024年4月,上海市委书记陈吉宁调研上海红色文化传承工作,强调要牢记习近平总书记殷殷嘱托,持之以恒、扎扎实实推进"党的诞生地"红色文化传承弘扬工程,用好红色资源、弘扬红色文化,更好教育引导干部群众特别是青少年传承光荣传统、赓续红色血脉,着力建设好习近平文化思想最佳实践地。②

保护和利用好红色资源是习近平文化思想的要求,做好红色档案编研是新时代赋予档案事业的一项神圣文化使命。

三、新时代以来上海市档案馆的红色档案编研实践

(一)调查分析,盘活馆藏革命时期红色档案资源

上海是中国共产党的诞生地、初心始发地和伟大建党精神孕育地,红色资源底蕴深厚、数量众多、特色鲜明。2022年公布的全市第一批红色资源名录涵盖重要档案、文献、手稿、声像资料、实物类资源、各类珍贵革命历史文化记录236件/套。③

上海市档案馆拥有丰富的红色档案资源。2020年开展过馆藏革命时期红色档案调查。结果显示,相关档案内容集中在党的重要事件、重要机构、重要遗迹遗址、重要人物等领域。

建党初期和大革命时期(1919—1927年)主要有《新青年》等新文化运动相关的思想启蒙刊物,上海学生参加五四运动相关文件,早期党团组织文件及机关刊物,中共一大会址勘察过程记录等。

土地革命时期(1927—1937年)主要有党开展组织工作、宣传工作的文件,党领导工人、学生、妇女运动的文件,《布尔塞维克》《红旗》《向导》等中央机关刊物,党领导左翼文艺的文件等。

全面抗日战争时期(1931—1945年)主要有上海各界开展抗日救亡活动的文件,党组织策划营救爱国民主人士的文件,党领导下的进步文艺活动的文件,上海

---

① 习近平.在全国党校工作会议上的讲话(2015年12月11日)[M].论中国共产党历史,北京:中央文献出版社,2021:70.
② 习近平.传承光荣传统 赓续红色血脉[N].解放日报,2024-4-9(1).
③ 上海市人民政府关于公布《上海市红色资源名录(第一批)》的通知(沪府发〔2022〕3号)[EB/OL]. https://www.shanghai.gov.cn/202208zfwj/20220503/070a84fa63364af98dced177ec64270b.html.

党组织决策领导的文件,新四军抗敌活动的回忆和报告,斯诺等外国记者对中国抗战的记录和报道等。

解放战争时期(1945—1949 年)主要有上海学生控诉当局残酷压迫开展反抗运动的文件,社会各界反抗黑暗统治的文件,上海党组织领导地下党迎接上海解放的文件,上海解放初期城市接管的系列文件等。

这些革命时期的红色档案是中国共产党领导下,与上海相关的珍贵革命记录,是开展革命时期红色档案编研的前提和基础。

(二)健全法规,为红色档案编研营造良好制度环境

2021 年 7 月 1 日,旨在加强对红色资源传承弘扬、保护利用的《上海市红色资源传承弘扬和保护利用条例》施行,明确上海市行政区域内红色资源包括重要旧址、遗址、纪念设施或者场所,重要档案、文献、手稿、声像资料和实物以及具有代表性的其他资源。

2021 年 8 月《上海市档案事业发展"十四五"规划》印发,提出"加强红色档案传承弘扬"专项任务,要求"积极挖掘红色档案资源,建立珍贵红色档案名录,加大红色档案保护、整理和开发力度,建设红色档案专题数据库,打造'红色记忆'档案文化品牌,用好用活红色档案资源"。同月,上海市档案局印发《关于加强红色档案资源保护和开发利用的意见》,就红色档案资源收、管、存、用工作提出原则性要求。

2021 年 12 月 1 日起《上海市档案条例(修订草案)》施行,其中特别设立"红色档案的保护和利用"专章,明确红色档案的概念和保护利用基本要求。要求开展红色档案调查与认定,加强发掘、整理、研究,制定分级保护与抢救保护措施,鼓励利用红色档案开展主题教育,编辑出版红色档案史料,举办红色档案专题展览、公益讲座、媒体宣传等。

2022 年 3 月 1 日起《上海市红色档案资源管理办法》实施,对红色档案的收集整理、认定开放、保管保护、宣传利用以及长三角区域联动做好管理开发等事项作出详细规定。

一系列有关红色档案保护和利用的法规的确立和实施,为红色档案编研营造了良好的制度环境,从体制机制上确保红色档案编研有章可循、规范有序。

(三)多措并举,积极开展革命时期红色档案编研

1. 传统编研

新时代以来,上海市档案馆开展革命时期红色档案编研,编辑出版红色主题图

书多种,代表性的有《不忘初心——上海市档案馆藏红色文献选萃》《信仰的力量——中国共产党人的初心》《党在这里诞生——中共一大会址、上海革命遗址调查记录》《初心的传承——中国共产党人的家风》《东方欲晓——新民主主义革命记忆》《人民就是江山——红色珍档见证中国共产党百年奋斗之路》等。此外,还与中共上海党史研究室合作编著《日出东方——中国共产党诞生地的红色记忆》,与上海宋庆龄研究会、中国福利会合作编著《永远和党在一起——中国福利会英文历史档案选编》等。

2. 新媒体环境下的编研

上海市档案局(馆)微信公众号"档案春秋"与杂志《档案春秋》《上海档案》融合互通,通过挖掘馆藏档案,结合多样化新媒体呈现技术,推出一系列红色档案编研成果,包括联合喜马拉雅电台推出"市民朗读者:上海解放珍贵档案",邀请社会各界人士参与红色珍档解说词、红色故事的音频录制,与"上海发布"合作"记忆"栏目、与学习强国上海平台合作专栏,与解放日报·上观新闻联合推出"守护初心 涵养家风——老一辈革命家的家风故事"专题系列等。

3. 课题研究形式开展的编研

(1) "中央文库在上海"档案资料整理与研究项目

"中央文库是革命先烈用鲜血和生命保存下来的,守护好、利用好这些珍贵档案,就是守护好党的历史,延续红色基因,赓续精神血脉,是我们义不容辞的责任,也是对中央文库先辈的致敬。"①

2020年上海市档案馆成立"中央文库在上海"档案资料整理与研究课题组,从中央文库的特定含义、主要内容、在上海的历史沿革、档案整理保存和检索方法、特殊历史时期档案发挥的作用等方面进行档案资料收集整理、分析研究,并归纳出中央文库守护者的精神价值。在形成研究报告、展览大纲和图文小样、衍生微视频的同时,首次提出了"无比坚定的理想信念、绝对忠诚的政治品格、党纪如铁的纪律观念、深邃卓越的历史眼光"的中央文库精神。② 2023年9月"中央文库在上海"档案资料整理与研究项目通过国家档案局科技项目验收。③

(2) "新四军在上海"档案史料研究项目

2021年2月18日,习近平总书记给上海市新四军历史研究会百岁老战士们回信,指出"对中国共产党人来说,中国革命历史是最好的教科书,常读常新。"2023

---

① 陆国强.做中央文库的忠实传人[N].中国档案报,2021-7-8(1).
② 上海科学技术情报研究所.《科技查新报告》(报告编号:20230248)(2023年3月20日).
③ 国家档案局科技项目验收证书.《"中央文库在上海"档案资料整理与研究》(档验字〔2023〕40号)(2023年9月14日).

年12月3日,习近平总书记考察新四军纪念馆时再次强调,新四军的历史充分说明,民心向背决定着历史的选择,江山就是人民,人民就是江山。这是开展革命传统教育、爱国主义教育的生动教材,要用好这一教材,教育引导党员、干部传承发扬不怕困难、不畏艰险,勇于斗争、敢于胜利的精神。

2024年初,上海市档案馆成立"新四军在上海"档案史料研究项目组,开展馆藏新四军档案史料研究,计划年内形成书稿和相关多样化成果,作为开展抗日战争胜利80周年纪念与宣传的主要编研成果。目前,该研究项目已经成功申报上海市科技档案研究项目和国家档案局科技档案研究项目。

四、高质量开展红色档案编研的思考和启示

(一)坚持以习近平文化思想为指导,坚定文化自信

习近平总书记把文化自信和道路自信、理论自信、制度自信并列为中国特色社会主义"四个自信",强调文化自信是"更基本、更深沉、更持久的力量"[①]"更基础、更广泛、更深厚的自信"[②]。进入新时代,习近平总书记以宏阔的全球视野和深邃的历史洞见定位党的文化担当,习近平文化思想的指引是做好红色档案编研工作的根本保证和最大优势。

做好红色档案编研,更好地服务党的中心工作、服务国家发展大局必须以习近平文化思想为指导。习近平文化思想为红色档案编研工作明确了方向:存史、资政、育人,坚持"档案工作姓党"的政治属性。

(二)夯实基础业务,助力红色档案编研成效

档案馆基础业务的质量和管理水平直接影响着红色档案编研成效。根据上海市档案馆经验,建设完备、周密、系统的红色档案编研环境,相关举措是一套系统工程,应包括强化红色档案资源体系建设,定期开展专项调查和征集;建设覆盖各级档案馆的红色档案资源库,进而扩展到拥有红色资源的其他文博机构;提高红色档案精细化管理水平,加强规划和专题研讨;对珍贵红色档案重点监管,申报红色资源名录;实施数字化战略,提高红色档案检索深度和便捷性;实施红色档案和数据资源长期安全策略,提高科学保管水平;深化合作,加强区域红色档案编研联动共

[①] 习近平.在哲学社会科学工作座谈会上的讲话(2016年5月17日).
[②] 习近平.在庆祝中国共产党成立九十五周年大会上的讲话(2016年7月1日).

享;等等。

（三）探索多元模式,活化红色档案智慧编研水平

信息技术的快速发展和传播环境的不断演变,为红色档案编研寻求新突破提供了技术条件,特别应该重视数字人文视角下的创新路径研究,着力探索多种文化形式融合,拓展多元文化载体。上海市档案馆配合"江山就是人民　人民就是江山——红色珍档见证中国共产党百年奋斗之路"展设置"我来为党送祝福"互动实景;拍摄"真理的味道非常甜——《共产党宣言》的汉译传播"微视频;推出"跟着档案学党史"思政课程;联合排演话剧《渔阳里的"大人物"》、音乐剧《忠诚》等。2023年"跟着档案观上海"数字人文平台上线,众多红色遗址遗迹、党史人物旧居和活动轨迹,通过档案知识图谱和时空地理信息系统、流媒体故事系统有机融合。这些数字人文背景下的档案编研成果进一步提升了红色档案的时代价值。

五、结语

红色档案记录了党的奋斗历程和伟大成就、光荣传统和优良作风、历史经验和实践创造,不仅具有极高的历史价值和学术价值,更是宝贵的精神财富,亟待深入研究,形成更丰富更系统的编研成果。

以习近平文化思想指引红色档案编研,进一步构建有力的机制体制,在更广范围协同布局、互联互通,有助于从"大众参与、跨界融合、多方传播、协同共建四个层面推动构建区域深度融合、协同开发的红色档案文化集群"[①]"设计面向数字人文的'数据化—情境化—故事化'红色档案资源组织路径"[②],进一步实现红色档案的价值增值和高效传播。

[①] 王向女,姚婧."互联网+"时代长三角地区红色档案资源开发与利用的新方向[J].档案与建设,2020(8):32.

[②] 赵红颖,张卫东.数字人文视角下的红色档案资源组织:数据化、情境化与故事化[J].档案与建设,2021(7):24.

参考文献

[1] 徐未晚.专家解读｜徐未晚：加快推动地方档案工作在法治轨道上向更高质量发展[EB/OL]. https://www.saac.gov.cn/daj/fzgz/202401/f701394488184c74b4ca5d05505d6510.shtml.

[2] 石磊.红色档案编研工作探索与实践,上海市档案局（馆）主题教育干部调研报告,内部资料.

[3] 上海市档案馆.上海市档案馆指南（上、下）[M].北京：中国档案出版社,2009.

[4] 李瑞环.挖掘红色档案资源 打响红色文化品牌——上海市红色档案资源保护和利用工作纪实[N].中国档案报,2021-10-28(1).

公安档案治理体系建设研究

袁立超

上海市公安局指挥部档案处

摘　要：公安档案是党领导下的公安事业发展进步的真实记录，公安档案工作是公安事业发展不可或缺的一项基础性工作，发挥着存史、资政、育人的独特作用。上海公安档案具有体量大、门类多、存储分散的特点，日常管理中存在电子档案收集滞后、档案资源标准不一、档案管理智能化不足、档案利用不够充分等问题。本文旨在分析当前公安档案建设中遇到的困难，并提出相应的解决策略，以期为优化公安档案管理提供指导和参考。

关键词：公安档案；规范化建设；智能化管理；深度利用

一、引言

公安档案是公安机关在打击犯罪、维护社会治安、服务人民群众等履职过程中产生的具有保存价值的文字、图表、声像等原始记录，具有独一无二的原始凭证价值，且户籍、出入境、交通管理等大量民生档案，在整个社会档案体系中具有不可替代的重要作用。随着社会的不断进步与发展，公安部门面临的安全挑战与管理任务也随之增加，导致需要处理和保存的档案数量大幅上升。而数字化技术、云计算、大数据等现代信息技术的应用，使得档案的存储、检索和分析更加高效。面对机遇和挑战，我们必须持续优化档案治理体系，利用先进技术提升工作效率，促进公安工作的科学化、规范化发展，让档案发挥出更大的资政育人的作用。

二、建设公安档案治理体系的意义

公安档案治理体系的建立，有利于"应收尽收，应归尽归"的制度化落实，完善实体和电子档案的收集渠道，确保各类档案资料不失控、不流失，档案数据完整与安全，形成档案资源体系；有利于档案管理规范化，形成与各个业务信息系统的互联互通，有效提高工作效率，形成"网收、网管、网用"的新模式；有利于档案资源的共享利用，通过档案数据的标准化和集约化，有效提升档案查询的便捷性，数据复用的可行性，形成与业务信息系统的良性互补；有利于深度活化档案价值，借助智能语义识别、神经网络、人工智能等科技手段，从档案资源中提取关键要素，建立智能分析研判模型，为辅助决策和公安现实斗争提供历史经验教训的参考，打造档案新质生产力。

三、公安档案面临的困境

1. 电子档案收集相对滞后

近年来，电子信息已经成为信息来源的主要组成部分。从制度建设方面来看，电子档案接收缺乏规范化管理，实体档案和电子档案存在交叉重叠，归档范围尚不明确。从系统建设方面来看，现有系统覆盖面窄，整合性差，推广力度低，导致了档案收集不齐全、采集标准不统一等问题，不利于档案资源后续的开发与利用。

2. 档案资源标准化程度低

库藏档案往往存在涉及部门单位多、业务类别繁杂、时间跨度大、内容标准几经变迁等特点，在档案数字化的浪潮下，公安档案数字化进程突飞猛进，但也存在一些不足之处。大量的纸质档案在数字化过程中质量参差不齐，数据采集结构难以统一，标准化程度低，不利于进行共享和深度挖掘利用。

3. 档案管理智能化水平不足

目前，大部分档案部门仍在采用传统人工方式进行管理。随着档案的数量在逐年增加，管理要求也在逐年提升，而人员年龄老化和人手不足又成为常态。因此，档案的智能化管理成为每一个档案人的期盼。

4. 档案价值作用发挥不充分

现阶段主要存在的问题是档案利用范围较为狭隘，手段比较单一，利用便捷度较低，对档案数据的深度挖掘严重不足，没有充分发挥档案资政育人的作用。

四、建立公安档案治理体系的途径

档案治理体系建设是一项系统工程，顶层设计是关键，有效落实是核心，源头治理是基础。在治理体系建设过程中，档案源头治理是重中之重，只有形成规范化标准化的档案数字资源库，才能为档案智能管理和深度利用提供强大的支撑。智能管理是确保档案数字资源库可持续发展的手段,深度利用使库藏档案能发挥更大价值,从而推动档案事业的高质量发展。

1. 增强档案收集意识,落实相关责任

从制度建设角度,一是要对在用的各类公安业务档案类别逐一对标对表上位法,并结合上海地区情况和公安工作实际,制定修订相应档案管理制度,实现档案管理对公安业务的全覆盖;二是制定电子文件归档和电子档案管理规范,对各种形式的档案都落实制度规范管理;三是进一步拓展档案资源采集范围,实现与法制、办公自动化、一网通办等数据大平台的资源整合互联,提升归档工作的便捷性、准确性;四是落实档案采集各个环节的全流程跟踪,实现档案收集"事前有规范、事中能监控、事后可追溯"。

从数据标准化角度,依托现有公安档案管理体系架构和档案资源体系框架,一方面以实体档案整理规范化、数字化加工过程中的著录标准化为切入点,以提高档案收集和数字化加工中目录著录、文件加工、数据挂接的准确率;另一方面以完善电子档案接收标准化、规范化为抓手,提升公安档案数据结构化程度和数据质量为目标,制定电子档案归档的技术标准,形成档案数据源头质量标准体系。

2. 加快数字化进程,做好档案标准化工作

针对大量现有的库藏实体档案,通过上海市公安局名义制定下发《上海公安机关纸质档案数字化加工方案》确立工作进度,并协调全市公安机关按照计划加快推进库藏专业档案和新增档案数字化加工,已经完成2.1亿页业务档案的数字化加工,涉及15类业务档案,约占所有库藏业务档案的九成。

针对户籍档案这类民生档案,按照"存量数字化,增量电子化"的原则,会同市局人口业务管理部门,推进存量约3亿页户籍档案的数字化工作,同时对新增户籍档案落实电子化,推动户籍档案管理模式从传统"一人一档"改为"一事一档",落实户籍审批电子档案"单套制"管理新模式。

借助上海市政府"一网通办"推行的契机,将公安行政审批类电子档案全部纳入收集范畴,建立统一的数据采集标准和格式包,从源头上确保实现各单位产生的档案数据标准一致、格式一致、能用可用。随着实体档案大量转化为电子数据资源,电子档案收集逐步规范化规模化,上海公安数字档案资源库正在逐步形成。

3. 推进智能化建设,打造档案管理新模式

在实体档案管理方面,运用数字孪生技术建设虚拟库房,实现档案库房全数字化管理。通过物联网技术,对档案库房环境实行实时感知,全方面监测库房温湿度、空气质量等指数,并可以第一时间通过远程控制精密空调、去湿机、空气净化器等各类专业设施设备排除隐患,以此保障实体档案绝对安全。同时,运用RFID技

术对实体档案的物理位置及移动轨迹全面监控,并整合机器人、智能密集架等设施,借鉴物流仓储技术实现库藏档案的智能化出入库,节省人力成本的同时,提高档案调取的速度。

对档案实行全生命周期管理。对实体档案,从档案的形成开始,期间的信息修改、实体借阅、网上浏览、电子卷宗打印,直至鉴定销毁,全程进行信息记录。对于电子档案,除了与实体档案进行相同管理外,还定期开展"四性检测",确保电子档案的真实性、完整性、可用性和安全性。

落实档案安全备份机制。档案安全是生命线,随着数字化电子化的推进,档案数据的存储量大量激增,数据安全成为重中之重的工作,备份机制的建设也是势在必行。一方面是在系统中建立新增和全量数据的双机热备机制。另一方面通过建设光盘塔、磁带库等异质存储介质,定期将全量数据进行备份,确保档案数据安全。同时,制定异地备份方案,选取不同地域、不同水系、不同电网、不同地震带的地区存储备份数据,有效落实档案的安全管理。

4. 强化档案深度利用,提升实战赋能

档案只有被利用才能充分体现出其价值。由于公安档案涉及大量个人隐私和工作秘密,因此在最大限度地为使用者提供便捷的利用方式的同时,又要确保档案信息安全。

从档案利用的广度方面,运用 PKI/PMI 安全管理手段,通过系统权限管理落实公安档案数据分级分层利用,对公开的判决书、处罚决定等法律文书,面向全警提供档案网上查询利用;对涉及敏感信息的档案内容,可以通过网上申请,经审核,依申请单一开放网上公开查询利用。对于涉密信息的档案,实行现场借阅。

从档案利用的深度方面,通过汇聚公安档案数据资源,借助智能语义管理工具,将文本数据按照语义分析后形成内容摘要,并通过语义分析形成跨业务警种和档案分类的主题应用数据库,如以人员信息、人车轨迹、社会关系、案事件等关键要素,建设主题数据库,打造数据基座,并赋以 AI、大数据等智能分析工具,获取更完整、更准确的档案资源和信息,服务公安实战需要。

五、结语

随着《"十四五"全国档案事业发展规划》的实施,档案数据治理工作的重要性凸显。该规划明确要加强档案数字资源规划管理和顶层设计,围绕"四个体系"建设,大幅提升电子档案数量和质量。本次研究的公安档案治理体系是公安档案管理工作的核心,档案治理体系的健全完善,必将推进档案资源体系和档案利用体系的健康发展,确保档案安全体系的有效落实。通过本次研究,我们系统分析了当前我国公安档案管理的困境及建设档案治理体系的策略,聚焦上海市大力推进"一网通办""一网统管"的大背景,助力实现公安档案数据服务于实战,提供科学决策参考。

参考文献

[1] 金波,杨鹏.大数据时代档案数据治理研究[J].档案学研究,2020(4):29-37.
[2] 唐宽华."两心四靠"推动公安档案建设[J].安徽科技,2015(6):42-43.
[3] 陈慧萍.对加强基层公安档案建设的思考[J].新西部(下半月),2009(10):168,159.
[4] 张中岚.浅议加强基层公安档案建设[J].云南档案,1998(1):35-36.
[5] 张桂荣.浅议新形势下公安机关档案文化的建设途径[J].兰台内外,2024(2):82-84.
[6] 叶福青.认真组织派出所档案清理 加强基层公安档案建设[J].浙江档案,1989(9):28-29.
[7] 张英龙.公安档案建设困境与解决对策探究——以江苏东海县为例[J].江苏警官学院学报,2017,32(4):102-106.
[8] 袁建华.公安档案管理数字化建设探析[J].科技资讯,2022,20(3):108-110.
[9] 金泰声.公安档案建设困境和对策探究[J].魅力中国,2019(30):281.

国家文化数字化战略下档案馆文化传播研究

周林兴　殷　名

上海大学文化遗产与信息管理学院

摘　要：《关于推进实施国家文化数字化战略的意见》指明要"增强文化的传播力、吸引力、感染力"，为档案馆文化传播作出政策引导。在此语境下，档案馆应以提高社会公众文化素质、弘扬中华民族文化传统、提升爱国主义教育效果为目标，加大优质文化资源供给、加强馆际数字传播效能、加宽受众情感体验领域、加速新兴技术落地应用，打造文化传播高地。

关键词：档案文化；文化传播；文化数字化战略

一、引言

　　文化传播是文化强国的重要举措与工作基石，是中华文化全景呈现的切实方向。2022年5月，中共中央办公厅、国务院办公厅出台的《关于推进实施国家文化数字化战略的意见》（以下简称《意见》）以"中华文化数字化成果全民共享、优秀创新成果享誉海内外"为主要目标，在工作原则中指明要"增强文化的传播力、吸引力、感染力"[1]，为激活文化资源、共享文化成果作出方向指引，彰显在文化数字化战略落实中文化传播的核心地位。不仅如此，习近平总书记多次提到要"讲好中国故事、传播好中国声音"[2]"不断提升中国文化感染力和中华文明影响力"[3]，将文化传播摆在习近平文化思想的突出位置，把提升中华文化的传播效能作为展示中华文化独特魅力的重要手段。这一语境下，档案作为人类社会实践活动的产物，是"贮存和传播知识的一种形式"[4]，在蕴藏着丰富多样文化内涵的同时承载着文化传播使命。其中，档案是社会记忆的"记忆体"[5]，兼具文化记忆留存、信息储备、传播交流、教育启迪及休闲娱乐等多元功能，能够储存、激发和建构人类的情感体验[6]，是将浩如烟海的中华历史和文化以具象化的形态加以挖掘、保护和传播的重要资源基础。而档案馆汇聚了大量珍贵的档案资源，拥有厚重的历史文献积淀和深邃的文化底蕴，不仅是档案贮存和管护的重要机构、公共文化服务体系的核心支柱力量[7]，更是文化强国的主要阵地、文化传播的重点单位。因此，档案馆有责任有义务有能力承担起文化记忆、传承、社会教育与服务的时代使命，在提高公众文化素质、弘扬民族文化传统、提升爱国主义教育效果中发扬档案文化传播功能，为国家文化数字化战略的落实和习近平文化思想的贯彻作出有效探索和范式借鉴。

二、国家文化数字化战略下档案馆文化传播的目标取向

新一轮科技革命和产业变革深入发展，为文化数字化发展拓展了广阔空间，为建设社会主义文化强国提供了新的机遇。档案馆能够从公众素质、民族传统、爱国主义教育三个维度发挥文化传播效能，推动新时代数字文化建设展现新图景。

1. 提高社会公众文化素质

《意见》在首条工作原则中强调"坚持把社会效益放在首位"，《中华人民共和国档案法》（以下简称《档案法》）中明确"国家采取措施，加强档案宣传教育，增强全社会档案意识"，《中华人民共和国档案法实施条例》（以下简称《实施条例》）也提到要"普及档案知识，传播档案文化""促进档案资源的社会共享"。可见，档案馆文化传播的首要目标在于满足社会公众的文化需求，这是档案馆在特定的社会文化规约下行使文化传承、文化启蒙与文化沉淀的历史使命和文化意义[8]，直接关乎着社会公众整体文化素质的提升。理论基础方面，档案馆所藏的丰富史料构成了文化传承的基因库，其内容跨越时间长河，覆盖社会生活的最大广度与深度，既是学术研究的基石，也是社会公众构建历史观、价值观和文化认同的宝贵资源，是文化素质提升的理论根基所在。实践路径方面，档案馆通过数字化转型、开放获取政策以及多元的文化普及活动，降低了社会公众获取档案资源的门槛。数字时代的档案馆突破物理设施和场所，实践场域已然逐步延伸至网络空间，转移至各种信息传播媒介，形成多样化数字文化资源共享模态，并建设"主流媒体＋政府机构＋自媒体社交账号"的数字文化资源传播体系和层次，在文化数字化战略的引领下有效促进公众文化素质的广泛提升。

2. 弘扬中华民族文化传统

《意见》聚焦中华优秀传统文化，要求"丰富中华民族文化基因的当代表达"。档案馆作为汇集"反映历史上各时期国家治理活动、经济科技发展、社会历史面貌、文化习俗、生态环境"材料的场所，致力于以最为原始、客观、真实的文化形态传递中华民族文化传统的基本精神、价值取向、道德准则和伦理规范。因此，档案馆应以中华优秀传统文化为主要传播客体，把握民族文化传统的数据资源建设、服务

和推广，挖掘其汇聚、增强人民精神力量的丰富意蕴。故《"十四五"全国档案事业发展规划》（以下简称《规划》）提出要"着力全方位收集反映党史、新中国史、改革开放史、社会主义发展史的档案材料"，《档案法》也指出档案馆要"传承发展中华优秀传统文化，继承革命文化，发展社会主义先进文化，增强文化自信，弘扬社会主义核心价值观"。此过程中，应当注重发掘民族文化传统和本土特色文献遗产资源，加大加粗民族传统文化符号、地方特色文化标识，建立民族文化数据库、地方文化数据库[9]，以活态化档案文化资源赋能"中华文化数据库"，挖掘档案之于民族的情感价值，进而形成主流支流均衡、中心边缘并重的中华文化多维呈现，最大限度发挥档案馆在弘扬民族文化传统中的文化传播效能，强化中华民族文化认同感和传承感。

3. 提升爱国主义教育效果

《意见》指出要充分利用学校等文化教育设施及公共场所，"搭建数字化文化体验的线下场景"。《档案法》强调要"加强档案宣传教育；鼓励档案馆开发利用馆藏档案，通过开展专题展览、公益讲座、媒体宣传等活动，进行爱国主义、集体主义、中国特色社会主义教育。"《规划》也进一步提出，到 2035 年，"档案文化教育能力明显提升"的发展目标。由此，档案馆的文化传播要以中小学为重要实践场地，搭建数字化文化传播的线下教育场景，设计符合青少年认知特点的爱国主义教育活动，提升爱国主义教育的实际效果与深度，突出传承爱国主义精神的关键效用。一方面，档案馆中的一次材料以直观、生动的方式重现历史场景，推动中小学生将抽象的爱国概念具体化、情境化，自然生发与深化民族自豪感和责任感这类爱国情感，于理智和情感双重层面上增强爱国情怀。另一方面，文化数字化战略下的档案馆充分利用网络平台与多媒体技术，已然将爱国主义教育场域延伸至各级各类学校，推动爱国主义教育资源抵达最广阔人群，特别是激发了青少年群体的兴趣与参与度。对此，档案馆应坚守中小学这一文化教育阵地，竭力将档案文化作为核心资源融入爱国主义教育体系中，以数字化文化传播为桥梁，全面发挥以档育人、以文化人的社会教化功能[10]。

三、国家文化数字化战略下档案馆文化传播的实践策略

文化数字化语境下，针对档案馆文化传播的发展现状，面向服务社会公众、弘扬民族传统、强化教育功能的三大取向，关联《意见》所明确的八大重点任务，可从资源、媒介、场景、技术四个维度展开，探讨档案馆文化传播的实践策略。

1. 资源维度：加大优质文化资源供给

把握传播语境与传播主客体的双重变迁，全面开展文化资源的梳理、整合和盘

活,加大档案馆传播过程中的优质文化资源供给,是文化数字化战略下的应有之义。一是主体向度,要架构档案系统内外协作、上下联动的工作格局,以多主体丰富档案馆文化资源供给,建构主体协同性档案馆文化传播模态。首先,坚持局馆协同,找准行业内各业务条线之间文化传播的切入点、特色点与合作点。如浙江省绍兴市档案局在部门单位的协作协同下,以编撰《记忆绍兴》来建构具有绍兴特色的馆际文化资源供给和传播路径。[11]其次,推进机构协同,链接档案馆文化传播多元主体。如上海市奉贤区档案馆与十余家单位共建联建"兰台联盟"——三千米文化服务圈,打造"联盟式"档案馆文化传播。[12]最后,促进社群合作,发挥社群的传播能动性。如非遗项目的申报和传播过程中,常以非遗传承人为主要参与者,积极发动社会力量与民间组织的文化资源供给能量。[13]二是客体向度,要聚焦中华优秀传统文化,提高档案馆文化传播资源数量、质量和丰富度。一方面,建立专业、权威的内容遴选机制,对档案馆文化传播内容进行把控,确立"内容为王"的传播原则。如2021年中央档案馆推出的《红色档案——走进中央档案馆》微纪录片便从整体性和局部性视角出发,内容翔实、内涵丰富地呈现出中国共产党的红色文化脉络。另一方面,打造档案文化旗舰品牌,增强档案馆文化传播的辐射力和影响力。如中国丝绸档案馆联合相关部门打造首个创新IP"第七档案室",已然取得突出成效。

2. 媒介维度:加强馆际数字传播效能

如何把握传播行业的媒介变革和用户迁徙,加强档案馆文化全媒体传播体系建设、推动馆际与新媒体深度融合发展,是文化数字化背景给出的时代课题。因此,要借助媒介融合趋势,构建多方联动、开放立体的互动传播模式,强化档案馆数字文化传播效能。一是构建档案馆文化全媒体传播矩阵,打造"大屏+小屏"的一次传播体系。"大屏"上,联通纸媒等传统媒介,依托数字电视、广电5G网络等基础数字设施,拓展"馆际传播""客厅传播"空间,提高档案馆数字文化视听供给水准。"小屏"上,为社交媒体、短视频等移动客户端量身定制个性化多样性的档案文化数字内容,并积极实现不同媒介之间的内容互推与信息共享。例如,西安电子科技大学以"西电记忆"微信公众号为主,联合今日头条、豆瓣读书等多个数字传播平台,同时以系列读物形式抓牢线下场域,实现了档案馆文化编研成果全媒体联合传播。[14]二是重视传播受众反馈效力,完善二次传播分享机制。平台建设上,积极拓展微信互动小程序、VR全景网上展厅、3D游戏等新式传播功能,并在全平台设置评论、弹幕、"对话厅"等即时反馈通道,建立传播主体和受众的需求互动与反馈机制。受众引导上,畅通用户多平台再传播渠道,增设精神与物质激励相结合的社群用户再传播激励机制,调动用户再传播行为热情。[15]例如苏州档案部门跨省市联合举办的"海丝情忆展"以线上线下全流程共享、多要素融合互动模式引发了"主流媒体＋社交媒体＋自媒体"的三次传播浪潮,实现了全方位、多角度、沉浸式的档案馆文化传播。[16]

3. 场景维度：加宽受众情感体验领域

文化数字化背景和融媒体环境的双重作用下,档案文化传播呈现更为复杂、多维和动态的特征,所以档案馆必须坚持用户分层原则,多维度、多层面、多场景地把握用户信息需求和情感需求。[17]一是在社会层面关注公众需求的多元性,深化身份认同、文化认同等不同传播场景的情感体验。面向信息需求模糊的一般受众,在文化传播过程中创设具有真实感的虚拟情境,突出民族文化符号、英雄符号等群体符号,强化历史认知、民族认知和身份认知,引导个体情感能量的积聚和群体凝聚力的提升。[18]面向信息需求明确的特殊受众,则通过在传播平台设立不同栏目等方式作出引导和指向,并通过与栏目相匹配的叙事风格触发公众情感共鸣。例如,《如果国宝会说话》纪录片以广泛的传播渠道和独特的传播内容为核心,满足了社会公众对该节目所呈现出的多类型情感趋向和差异化关注视角需求。[19]二是在学校层面以传播红色档案文化为主要手段,深化爱国主义和集体主义教育。针对线上教学需求,整合红色档案教育资源,把握档案馆数字化文化传播的进程与特点,采用多媒体、线上展厅、3D重建、教学游戏等形式展示红色档案,达到"1＋1＞2"的"立体化传播"效果。[20]针对线下需求,则应充分利用现有的公共文化设施,搭建数字化红色文化体验的线下场景,将红色档案资源融入学生熟悉的日常场域,在不知不觉间激发学生的爱国主义情怀。实践中,甘肃全省90％以上的红色旅游景区等免费开放,积极利用数字化文化资源和新媒体渠道为青少年学生开展特色教育实践活动和红色主题研学旅行开辟绿色通道。[21]

4. 技术维度：加速新兴技术落地应用

多元数字信息技术与媒体体验技术的交融互渗是文化数字化战略下档案馆文化传播面临的全新挑战。档案馆在实现数字化转型升级的同时,还应提升数字化文化传播水平,加快文化传播产业数字化布局。一是夯实基础设施,实现智能硬件的集成与升级,打造档案馆文化"智慧传播"。在关联形成中华文化数据库的基础上,线下高效部署和更新智能服务设备,积极探索应用物联网、元宇宙等科技成果,于档案馆文化数字化线下传播场景中集成新型体验技术;线上深度融合各类现代信息技术,实现文字、图像、动画、视频及音乐等多元媒介的交织融合,生动立体地揭示档案馆文化资源的信息实质和精神内涵,拓宽受众对各类档案材料及其内容的认知边界和体验深度。如VR/AR技术可作为新时代档案馆文化传播的媒介工具,呈现"网上展览＋VR""移动客户端展览＋VR""档案基本陈列＋VR"3种档案展示形式。[22]二是依托新兴技术搭建数字化文化传播平台,合理布局档案馆数字化文化传播业态。可根据不同档案文化资源的特性及受众需求有针对性、有侧重地选择、搭建数字化文化传播平台,平衡传统媒体与新兴媒体,实现档案文化分众式传播。[23]如国风原创作者嘉玲以"实景拍摄+换装"模式重现《山海经》,精准打中抖音、哔哩哔哩、小红书等年轻化平台的传播侧重,在相关社交媒体平台上收获粉丝数超 500 万。又如《只此青绿》舞蹈诗剧将档案文化元素融入舞台设计,以高水准的剧目质量登陆各大剧场,已演出超过 500 场,海内外传播声量浩大,线下数字化文化传播场景逐步向线上蔓延。

四、结语

档案不是静止的存在,而是声量的聚集,从中可以听见鼓角争鸣,看见波澜壮阔,感受历史与文化的脉动。国家文化数字化战略下的档案馆需要聚合多元传播主体的跨界协作力量,提升以中华优秀传统文化为主的传播内容的质量与丰富度,更广更深利用新兴传播媒介,重视传播受众的互动与反馈,打造多层级、高效能的文化传播矩阵。未来,档案馆要着力资源、媒介、场景、技术四个维度的深化和发展,在文化传播中承担当代文化使命,坚定社会公众的文化自信、文化自觉。

参考文献

[1] 新华社.中共中央办公厅 国务院办公厅印发《关于推进实施国家文化数字化战略的意见》[EB/OL].(2022-05-22)[2024-01-05].https://www.gov.cn/zhengce/2022/05/22/content_5691759.htm.
[2] 央广网.讲好中国故事、传播好中国声音[EB/OL].(2023-02-19)[2024-01-05].https://news.cnr.cn/dj/sz/20230219/t20230219_526158241.shtml.
[3] 习近平:高举中国特色社会主义伟大旗帜 为全面建设社会主义现代化国家而团结奋斗——在中国共产党第二十次全国代表大会上的报告[EB/OL].(2022-10-25)[2024-01-05].http://www.qstheory.cn/yaowen/2022-10/25/c_1129079926.htm.
[4] 吴宝康.从一个侧面看我国档案学研究的现状和动向——全国第一次档案学术讨论会论文专题评述[J].档案学通讯,1982(Z1):10-38.
[5] 丁华东.论档案记忆研究思维的当代转变[J].档案与建设,2023(7):8-13.
[6] 曲春梅.国外档案学研究的"情感转向"[J].档案学研究,2020(4):128-134.
[7] 苏君华.论公共档案馆融入公共文化服务体系建设[J].浙江档案,2014(2):11-13.
[8] 周林兴.档案馆的社会文化建构功能研究[J].档案学通讯,2017(4):42-45.
[9] 周林兴,张笑玮.国家文化数字化战略背景下图档博(LAM)协同发展研究[J/OL].图书馆建设,2022,1-13[2024-03-16].http://kns.cnki.net/kcms/detail/23.1331.G2.20221228.

1350.001.html.
[10] 周林兴,崔云萍.国家文化数字化战略下档案文化的建设路径探析[J].档案学通讯,2023(2):10-17.
[11] 赵佳维.构建档案文化传播链 打造档案文化新高地[J].浙江档案,2023(1):53-54.
[12] 胡琳娜.上海奉贤区档案馆"兰台联盟"文化服务圈建设正式启动[EB/OL].[2024-05-20]. http://www.zgdazxw.com.cn/news/2023-03/07/content_339824.htm.
[13] 周林兴,殷名.世界记忆项目的价值旨趣、空间向度与中国话语——兼评《传承人类记忆遗产——联合国教科文组织世界记忆项目研究》[J/OL].档案与建设:1-6[2024-05-20]. http://kns.cnki.net/kcms/detail/32.1085.G2.20240419.1338.004.html.
[14] 中国人民大学档案事业发展研究中心.案例分享 | 年度档案工作创新提名案例之"全媒体背景下档案资源开发利用及档案文化传播力研究"项目[EB/OL].[2024-05-20]. https://mp.weixin.qq.com/s/tUCPhNjb2C44OCQTgh1y_g.
[15] 罗宝勇,胡丹.基于扎根理论的档案社交媒体信息再传播行为影响因素研究[J].档案与建设,2023(7):23-26.
[16] 中国人民大学档案事业发展研究中心.案例分享 | 年度十佳优秀新媒体传播案例之档案文献遗产 立体式信息传播实践[EB/OL].[2024-05-20]. https://mp.weixin.qq.com/s/E0znDRevik7sXINHny5wUQ.
[17] 赵彦昌,宋雪婷.融媒体环境下档案文化传播路径研究——基于《"十四五"全国档案事业发展规划》的学术考察[J].浙江档案,2022(6):23-26.
[18] 常大伟,程芊慧.国家文化数字化战略下红色档案文化传播体系建设研究[J].档案与建设,2024(1):17-23.
[19] 苏君华,宋帆帆.基于情感分析的档案文化传播影响力研究——以《如果国宝会说话》为分析对象[J].档案学研究,2023(1):91-99.
[20] 赵彦昌,冯嘉然.高校课程思政视域下红色档案文化传播路径研究[J].北京档案,2023(2):31-34.
[21] 中国旅游报.让红色基因代代相传——全国各地积极开展红色讲解员进校园活动[EB/OL].[2024-05-20]. https://article.xuexi.cn/articles/index.html?art_id=13966050384345098479&item_id=13966050384345098479&study_style_id=feeds_default&t=1656672338674&showmenu=false&ref_read_id=fd13eaa5-a2c3-457c-b551-9ac62c3b9519_1716855035427&pid=&ptype=-1&source=share&share_to=wx_single.
[22] 付正刚,项敏刚.基于VR/AR的新时代档案文化传播展示方式研究[J].中国档案,2024(2):64-65.
[23] 张文兰,黄星.国家文化数字化战略背景下档案文化传播力提升探赜[J].山西档案,2023(4):80-88.

新《档案法》背景下档案开放审核协同工作的困境与救济对策初探

刘 伟

上海市档案馆

摘 要：随着新《档案法》的颁布，档案形成单位或移交单位作为关键责任主体在档案开放审核协同工作中的地位日渐突出。在新《档案法》及《实施条例》的指导下，档案管理部门建立健全与档案形成单位或移交单位之间法治化、规范化、常态化的档案开放审核机制是一道必做题。本文围绕档案开放审核协同工作的历史必然、当前存在的困境及救济路径展开分析讨论，以期为建立健全档案开放审核协同机制提供思路与可行建议。

关键词：新《档案法》；档案开放审核；开放审核协同工作

一、引言

在档案工作链条中，档案开放审核具有举足轻重的作用，它不仅是保障国家档案信息安全、维护国家利益的重要手段，而且是推动档案事业健康发展、服务社会公众的必然要求。自中华人民共和国成立至今，档案开放审核工作在探索实践中不断进步。随着工作模式日渐完善，档案开放审核工作已不再是档案主管部门的独立事务，尤其新《档案法》的颁布，进一步明晰了档案形成单位或移交单位作为关键责任主体在档案开放审核工作中的职责。因此，开展档案开放审核协同工作迫在眉睫，在此基础上建立健全档案开放审核协同机制也是势在必行。

目前，档案学界在档案开放审核方面的探讨大多聚焦于以档案主管部门，以他们为主角构建开放审核流程的理论，如学者谢飞在《档案开放尽职免责制度的证成与构建》一文中尝试运用尽职免责理论从立法建构与实施路径两方面提出对策建议；学者闫静、谢鹏鑫、张臻等在《新〈档案法〉背景下机关档案室开放审核权责探析》中重点讨论机关档案室开放审核工作的开展情况及建议意见。另外,也有一些讨论涉及档案形成单位或移交单位,如学者谢永宪、王巧玲、刘湘娟等在《我国档案开放审核工作调研与分析》中指出档案形成单位或移交单位在档案开放审核方面存在本领不足问题;学者胡广成在《试论进馆单位开展档案开放审核的工作规范》中探讨了档案进馆单位开展开放审核工作的规范流程,对如何建立起档案主管部门与档案形成单位或移交单位之间有序开放、有效利用的协同工作机制有所忽略;学者李越、郭朗睿的《档案形成单位参与档案开放审核的困境及其完善路径》一文基于协同治理理论初步构建了档案开放审核工作中档案形成单位内部协同治理模型,其对策分析前瞻性较强,就国内实际情况而言,对档案形成单位的要求较高。

基于档案学界已有的学术成果和相关讨论,本文梳理了国内档案开放审核的发展脉络,分析协同治理的历史必然,利用 SWOT 分析模型讨论档案开放审核协同工作主体的处境,并据此讨论符合当前实际的可操作且复制性强的救济对策,以期为提高档案开放审核协同工作提供思路与可行建议。

二、档案开放审核的发展脉络与协同治理的历史必然

自 1949 年中华人民共和国成立至今,我国档案事业经历了从筚路蓝缕的创业时期到转型升级的中国式现代化新阶段。表 1 梳理了档案事业发展的历史脉络,将涉及档案开放、合规审查的相关规章制度罗列其中。

表 1　我国档案开放、审查的相关规章制度

时间	文 件 名 称	档案开放审核或鉴定等相关内容
1954 年 12 月	《中国共产党中央和省(市)级机关文书处理工作和档案工作暂行条例》	进行档案材料的鉴定工作,并对档案材料的存毁提出意见,销毁档案材料,应组织鉴定委员会
1983 年 4 月	《机关档案工作条例》	机关应定期对已超过保管期限的档案进行鉴定。鉴定档案必须在机关办公厅(室)主任的主持下,由档案部门和有关业务部门组成鉴定小组共同进行
1987 年 9 月	《中华人民共和国档案法》	向档案馆移交、捐赠、寄存档案的单位和个人,对其档案享有优先利用权,并可对其档案中不宜向社会开放的部分提出限制利用的意见,档案馆应当维护他们的合法权益

续　表

时间	文件名称	档案开放审核或鉴定等相关内容
1987年1月	《农牧渔业部文书档案管理办法（试行）》	各单位档案管理部门应定期对超过保管期限的档案进行鉴定,确定档案的存毁。各单位进行档案鉴定时,最好是档案管理部门会同文书部门或有关业务部门共同进行,最好由档案管理部门鉴定后,提出存毁意见,送文书部门或业务部门征求意见,而后根据征求意见进行调整修改
1987年12月	《机关档案工作业务建设规范》	档案的鉴定工作,应在机关分管负责人的领导下,由档案部门和有关业务部门的人员共同组成鉴定小组,按规定进行
1988年3月	《公证档案管理办法》	对于超过保管期限的档案应定期进行鉴定。鉴定工作由公证处主任、档案管理人员和公证员组成鉴定小组共同进行
1989年1月	《人事部档案管理暂行办法》	档案鉴定工作由办公厅主持,部机关档案室和有关业务部门共同参加,组成档案鉴定小组,对被鉴定的档案材料,进行逐件地审查,提出存毁意见
1990年10月	《中华人民共和国档案法实施办法》	前款档案价值的确定,由当地档案行政管理部门组织专家进行鉴定,如有争议不能确定时,可以由上级档案行政管理部门组织专家鉴定裁决
1991年9月	《各级国家档案馆馆藏档案解密和划分控制使用范围的暂行规定》	各级国家档案馆保存的经济、科学、技术、文化类涉密档案,根据需要认为有必要提前开放的,应当向原档案形成机关、单位发出要求提前解密的通知,有关机关、单位应当在接到通知的6个月内作出答复,未予答复的,档案馆可根据有关规定办理。各级国家档案馆馆藏档案的划控工作,由档案馆负责组织力量,根据本规定的有关条款确定的标准负责进行,必要时聘请同级档案行政管理部门,保密工作部门和文件制发单位组成专门小组共同进行。被聘请的有关部门应当积极配合
1991年12月	《各级国家档案馆开放档案办法》	各级国家档案馆对所有到开放期限的档案,应组织鉴定小组及时进行鉴定
2020年6月	《中华人民共和国档案法》	馆藏档案的开放审核,由档案馆会同档案形成单位或者移交单位共同负责。尚未移交进馆档案的开放审核,由档案形成单位或者保管单位负责,并在移交时附具意见
2023年12月	《中华人民共和国档案法实施条例》	国家档案馆应当建立馆藏档案开放审核协同机制,会同档案形成单位或者移交单位进行档案开放审核。档案形成单位或者移交单位撤销、合并、职权变更的,由有关的国家档案馆会同继续行使其职权的单位共同负责;无继续行使其职权的单位的,由有关的国家档案馆负责。尚未移交进馆档案的开放审核,由档案形成单位或者保管单位负责,并在移交进馆时附具到期开放意见、政府信息公开情况、密级变更情况等

如表1所示，我国档案事业在依法管档治档、不断推进档案工作体制机制提档升级上做了很多探索。随时代的大同，对档案开放的态度也发生了明显变化，尤其是改革开放后，越发注重完善对档案开放利用的流程，档案开放审核或鉴定的条款日益增多且日臻完善。其中，"开放审核"这一专业用语首次出现于2020年新修订的《中华人民共和国档案法》，在此之前，关于档案开放审核相关工作多表述为"开放鉴定"。"开放审核"与"开放鉴定"都是为了档案安全，对符合开放标准的档案进行合规审查的过程，而二者之间最明显的区别就在于主体有别。新《档案法》明确指出"档案开放审核"的主体为"档案馆会同档案形成单位或移交单位"，而过往规章条款中"档案开放鉴定"的主体主要是档案馆等档案主管部门。档案开放审核的主体从由档案主管部门到档案主管部门为主、档案形成单位或移交单位为辅再到档案主管部门与档案形成单位或移交单位并重，这背后体现了档案开放审核协同治理是档案事业走向法治化、规范化、常态化的必然环节。

一方面，随着社会开放程度的不断提高，人民大众对档案开放利用的呼声越来越强烈，档案开放审核的工作强度也随之提升。因为档案形成单位在这一工作中的缺位而造成的开放率低下的问题亟待解决，协同治理是提升档案开放审核工作效率的必然逻辑和社会需求。另一方面，随着社会分工日趋细化，专业化发展已成为各领域的趋势。以档案馆为主的档案管理部门在这一工作中所面对的各档案形成单位的行业壁垒越来越高，急需档案形成单位提供专业意见，协同治理是助力档案事业提能增效的实践必然和现实需要。因此，档案主管部门要与档案形成单位或移交单位建立科学的工作机制，来协调二元主体共同开展协同治理工作，对此2023年12月颁布的《中华人民共和国档案法实施条例》中也明确指出，"国家档案馆应当建立馆藏档案开放审核协同机制，会同档案形成单位或者移交单位进行档案开放审核"。可见档案开放审核协同机制是当前档案开放审核工作中急需建立的重要工作机制。

三、协同治理二元主体的优势所在与突出短板

图1和图2分别以档案馆和档案形成单位或移交单位为二元主体，借助SWOT分析模型，从内部优势（S）和劣势（W）、外部机会（O）和威胁（T）分析二者在档案开放审核协同工作中的主要优势及突出短板。

优势	劣势
1. 经过多年探索实践,形成一套相对稳定且切实可行的开放审核工作流程 2. 拥有一支专业素养高、业务能力强的工作队伍	1. 行业分工日趋专业,进馆档案存在一定行业壁垒,工作队伍呈现整体性本领恐慌趋势 2. 在协同治理方面是"新手",缺乏有益经验
机会	威胁
1. 新《档案法》和《实施条例》颁布后,提供了一定的政策支持 2. 作为主管部门,领导较为重视,便利推进协同治理工作落实	1. 总体国家安全观下,开放审核涉及国家信息安全的方方面面,责任重大,缺少免责救济路径 2. 不具有行政强制力,面对不配合协同治理的档案形成单位或移交单位,缺少监督惩罚机制

图 1　以档案馆为主体的 SWOT 分析

优势	劣势
1. 熟悉档案内容,在档案开放与否上更具话语权	1. 缺乏具备档案相关法规知识的人才,从业者水平参差不齐 2. 领导层未形成普遍重视 3. 缺乏系统的章程制度,开放审核程序模糊
机会	威胁
1. 新《档案法》和《实施条例》颁布后,提供了一定的政策支持 2. 档案主管部门会主动提供技术指导	1. 开放审核有关规定较为宏观,档案形成单位在消化相关规定时易出具主观性较强的审核意见 2. 责任重大,缺少免责救济路径,存在因怕担责而不尽责的情况

图 2　以档案形成单位或移交单位为主体的 SWOT 分析

据图 1 和图 2 可知,二元主体在建立健全档案开放审核协同机制上虽有一定基础,但仍存在诸多问题,表现在:一是要求标准高,实践共识少。新《档案法》和《实施条例》颁布后,档案形成单位或移交单位已然成为开放审核工作中的主体之一,并明确了其在馆藏档案及未进馆档案开放审核工作中的责任。而在工作实际中,二元主体之间在开放审核知识和经验上信息不对称,在协同治理的共识上个别档案形成单位存在认识偏差,重移交、轻协同的现象不同程度存在,不利于进行协同审核的有效沟通和深入探讨。二是空泛制度多,专业人员少。档案主管部门经过多年探索实践已形成较为规范有效的开放审核流程和工作细则,但不少档案形成单位或移交单位存在制度空泛、流程模糊等问题,且缺少兼具档案知识和法规知识的专业人员,不同单位之间在档案开放审核工作上的能力水平参差不齐。三是法律法规多,指标细则少。国家档案主管部门虽制定了档案开放管理相关办法,也明确划定控制使用档案的范围和控制年限,但在具体实践中,档案形成单位没有制定档案开放审核可操作性的指标细则,对于不宜开放或延期开放的业务信息存在界定困难,主观臆断时有发生。四是追责问责多,免责保障少。相关法律规章中均有追责问责的条款,相对缺少对档案工作者的免责救济路径,这一较为严苛的客观环境易造成从业者的畏难情绪。

四、建立健全协同工作机制的直接思路与建议举措

基于 SWOT 分析模型中所暴露的问题和短板,笔者从顶层设计与底层逻辑两方面入手,为二元主体在档案开放审核协同工作中的实践探索提供一点浅薄的参考。

一是聚焦顶层设计,抓关键角色。一方面,要发挥领导在凝聚共识上的作用。在协同审核工作中,档案主管部门牵头与档案形成单位或移交单位建立起协同责任共识,领导层要首先消化吸收新《档案法》及《实施条例》的新变化,以关键少数凝聚起全员依法管档治档的共同意识,在此基础上进一步明确相关业务职责,带头推进具体业务部门贯彻落实档案开放审核的法定责任。另一方面,要充分发挥领导在制度设计上的作用。由档案主管部门牵头,档案形成单位或移交单位靠前,二元主体协商组建开放审核协同工作两级(片区-全市)联席会议,以共建共商共享、互联互动互助为宗旨,通过统筹整合双方专业力量,充分发挥联席会议桥梁纽带作用,推动开放审核协同工作高效落地。同时在协商中可设置尽职免责、失职追责的具体监督方案。

二是建强底层逻辑,对齐颗粒度。一方面,要制定队伍建设的培训细则,二元主体之间可借助联席会议定期组织开展业务指导和学习交流活动,档案形成单位或移交单位内部也可制订定期培训计划,注重总结经验教训,培养一批政治素质高、档案理论扎实的工作人员。另一方面,二元主体之间在做好保密工作的前提下共享档案开放审核工作细则,在共享共建中制定出符合档案形成单位实际的工作制度,从而切实提高档案形成单位开放审核工作的效率与质量。

综上所述,新《档案法》背景下档案开放审核协同工作仍处于初步探索阶段,不论是理论建设还是具体实践,都有待未来收集大量的调研数据,为建立健全这一工作机制提供支撑。

参考文献

[1] 国家档案局.中华人民共和国档案法规汇编[M].北京:法律出版社,1992.
[2] 谢飞.档案开放尽职免责制度的证成与构建[J].档案学通讯,2023(3):71-78.

[3] 闫静,谢鹏鑫,张臻.新《档案法》背景下机关档案室开放审核权责探析[J].陕西档案,2022(3):10.
[4] 蒋云飞,金畅.档案开放审核尽职免责:理论阐释与制度创设[J].档案学通讯,2023(5):11-18.
[5] 谢永宪,王巧玲,刘湘娟等.我国档案开放审核工作调研与分析[J].山西档案,2023(5):156-164.
[6] 胡广成.试论进馆单位开展档案开放审核的工作规范[J].浙江档案,2023(7):40-43.
[7] 李越,郭朗睿.档案形成单位参与档案开放审核的困境及其完善路径[J].档案,2024(1):9-14.

6S 精细化管理在多院区医院档案管理中的应用研究

——以上海市第六人民医院为例

梅子扬　于琳娜　冯　华　李　斌

上海市第六人民医院

摘　要：目的，探讨 6S 精细化管理模式在多院区医院档案管理质量中的应用效果。方法，选取 2020—2021 年入库的档案，按照时间段分为对照组和观察组；将 2020 年采用常规管理方法，来自 19 个职能部门共 205 卷档案作为对照组；将 2021 年实施 6S 精细化管理模式，来自 23 个职能部门共 310 卷档案作为观察组；然后，比较两组档案的缺失率、破损率和正常利用率。结果，观察组档案管理效率和水平明显高于对照组。观察组档案缺失率为 1.85%，破损率为 2.46%，正常利用率为 17.63%；对照组档案缺失率为 3.12%，破损率为 3.33%，正常利用率为 8.25%。结论，医院档案管理在实施 6S 精细化管理模式后，档案缺失率、破损率均下降，正常利用率大幅提升，即档案的归档完整性、保管安全性和利用价值均有提升，一定程度上提高了我院档案管理效率和水平。

关键词：6S 管理理论；多院区管理；档案管理

一、引言

医院档案是医院在医疗业务及相关活动中形成的文字、图表、声像等各种记录，能够真实地反映医院诊疗、研究、文书、人事、财务等各项工作。[1]近年来，多院区模式是大型医院发展的一个特定的阶段和历史进程，多院区医院强调建设一体化和医疗服务同质化，这给档案管理带来良好发展机遇的同时，也带来了诸多挑战。[2]多院区医院档案管理涉及组织架构、岗位职责、医疗活动、安全生产等方面[3]，医院在科学的理论指导下做好多院区档案管理工作显得尤为重要。多院区医院的档案管理并不是一个机械的整合和简单的加减过程，而是涉及医疗、人事、

地域分布和现有档案资源等各方面的一个复杂的系统工程。[4-6]

上海市第六人民医院始创于1904年,其前身为上海西人隔离医院,是一家历经百余年积淀的大型三级甲等综合医院。2021年2月原上海市第六人民医院东院整建制正式并入上海市第六人民医院,开启了徐汇、临港两院区一体化发展模式。2021年起,秉持着精细化管理原则,运用6S精细化管理理论指导后,档案管理的水平和质量明显改善,现将有关情况报告如下。

二、问题

1. 现实因素导致两院区档案难以集中管理

目前两院区均设有档案管理部门,涉及的档案来源广,内容丰富。如表1所示,两院区档案管理在管理部门等存在不同,且两院区存在80千米物理距离,直接将临港院区的档案转交到徐汇院区集中统一管理较为困难,转运安全性难以保证。

表1 两院区档案管理情况

院区	管理部门 名称	管理部门 属性	管理人员	档案数量	硬件条件 房间	硬件条件 设备	软件情况
徐汇院区	院长办公室(文书档案室)	垂直管理部门	2人	4 325(卷)	档案库房1间 借阅室1间	智能密集架	电子档案管理系统 OA办公系统
临港院区	综合办公室	属地化管理部门	1人	962(卷)	档案库房1间	密集架	OA办公系统

2. 管理质量有待提高

(1)档案管理工作制度不完善。医院领导层对档案工作重视程度不高,档案管理工作部分制度处于残缺或空白。在医院制度和相关条例中,共有包括《档案预立卷制度》等5项制度,有关专职、兼职档案员责任的制度缺失,责任不明确对档案管理人员工作内容考核不利,大大降低了管理人员的工作积极性。

(2)档案管理人员规范化管理意识淡薄。徐汇院区档案数量巨大,管理人员依然沿用老旧的管理模式,对于档案的归档、保管、利用未实现现代化,管理效率有待提高;临港院区档案管理工作起步晚,未配备专职档案管理人员,档案管理工作由综合办公室人员代管,处理日常办公室事务之余,难以顾及档案管理工作,严重阻碍了档案管理工作正常展开。

（3）档案管理软硬件较为落后。现代化的管理设备是进行档案管理的重要基础，通过计算机和网络技术可以实现档案管理的现代化，两院区还处于手工管理纸质档案阶段。徐汇院区配备电子档案系统，但该系统为独立的单机版本，未与 OA 办公系统对接，导致档案利用流程冗长复杂。现阶段做法是将纸质档案电子化，再挂接入电子档案管理系统；临港院区虽设置了专门的档案室，但档案室不具备档案保管条件，表现为室内阴暗潮湿，没有配备防火、防潮、防虫等设施，档案安全性得不到保障。此外，未配备专业档案管理软件，纸质档案仅完成电子化，未挂接电子档案系统进行管理，因此检索难度比较大，资源共享效果较差。

（4）档案管理人员业务水平普遍较低。我院档案管理人员均为大学本科以上学历，所学专业均与档案无相关性，致使管理人员普遍缺乏业务素质与业务能力，处于"边管边学，边学边管"状态。专业化人才缺乏，知识结构不合理，影响了档案管理工作整体水平的提升。

由于上述问题，我院档案管理水平有待进一步提高。2021 年实施 6S 精细化管理前，经统计分析，我院 2020 年共 205 卷档案入库，档案缺失率为 3.12％，破损率为 3.33％，正常利用率为 8.25％。调取上海交通大学医学院附属其他 5 家大型三级公立医院同期档案数据样本进行统计后发现，我院档案缺失率、破损率远高于同级医院平均水平，正常利用率远低于同级医院平均水平，档案管理效率和水平较低。

三、一般资料与方法

1. 一般资料

为了实现两院区档案一体化管理，提高档案管理效率和水平，我院于 2021 年起对两院区档案管理实施 6S 精细化管理方法。选取 2020—2021 年入库的档案按照时间段分为对照组和观察组。将 2020 年采用常规管理方法，来自 19 个职能部门共 205 卷档案作为对照组，2021 年来自 23 个职能部门共 310 卷档案作为观察组。

2. 方法

两院区有关部门成立工作小组，对两院区档案管理存在的问题用头脑风暴法进行讨论。将讨论分析的结论用鱼骨图的形式呈现出来，其能够清晰显示造成问题的多种原因，有利于决策者整体把握问题。工作小组用鱼骨图分析法分析影响提高多院区档案管理效率的根本原因，见图 1。

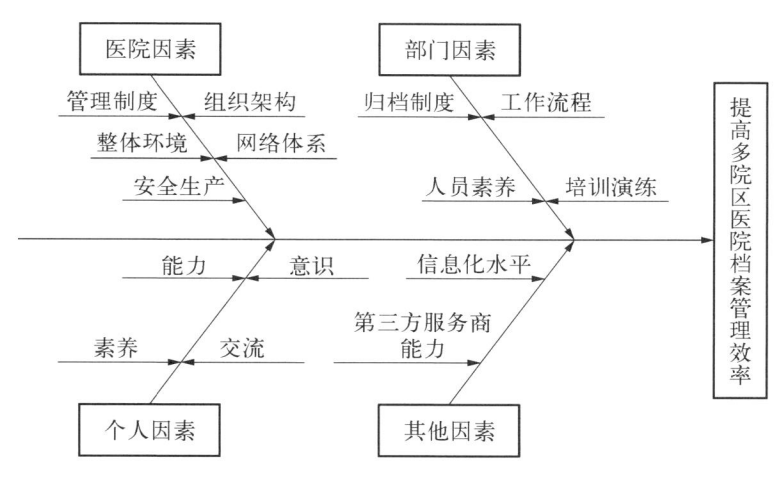

图1 提高多院区档案管理效率原因分析

如图1所示,可能影响提高多院区档案管理效率的因素主要包括医院、部门、个人、其他4个方面。为提高多院区医院档案管理效率,基于"6S理论"中的整理（Sorting）、整顿（Set in order）、清扫（Shine）、清洁（Standardization）、素养（Sustain）、安全（Safety）6个要素,如图2所示,可以从医院、部门、个人、其他4个维度出发全方位分析可能影响多院区医院档案管理工作效率和质量的因素[7-9],根据图2所示将"6S理论"应用于多院区档案管理的内涵进一步细化和丰富,并与实践经验相结合,梳理出工作举措。

四、具体实施方案

1. 整理

建立健全规范化档案管理制度。多院区管理背景下,我院内外部环境均发生变化,档案管理制度的不完整现象更加显著,需要对其进行优化整合,以适应环境变化和工作革新。[10]具体的健全措施有：① 落实责任制度：制定《专职档案员责任制度》和《兼职档案员责任制度》,根据管理目标和实际管理内容,明确每位工作人员的职责范围,使其能清楚了解工作内容和规范化标准,激发管理人员工作热情,降低档案管理出错率。② 明确归档范围和标准：召开以"加强两院区档案管理"为主题的职能部门负责人专项会议,对垂直化管理部门和属地化管理部门产生的档案内容充分沟通讨论后,根据统一的内容标准制定《档案归档范围明细》和《档案归档标准》。管理人员可以参考范围明细征集档案资料,根据归档标准开展工作,使档案管理的效率和质量更高。③ 建立档案管理工作监督机制：医院成立档

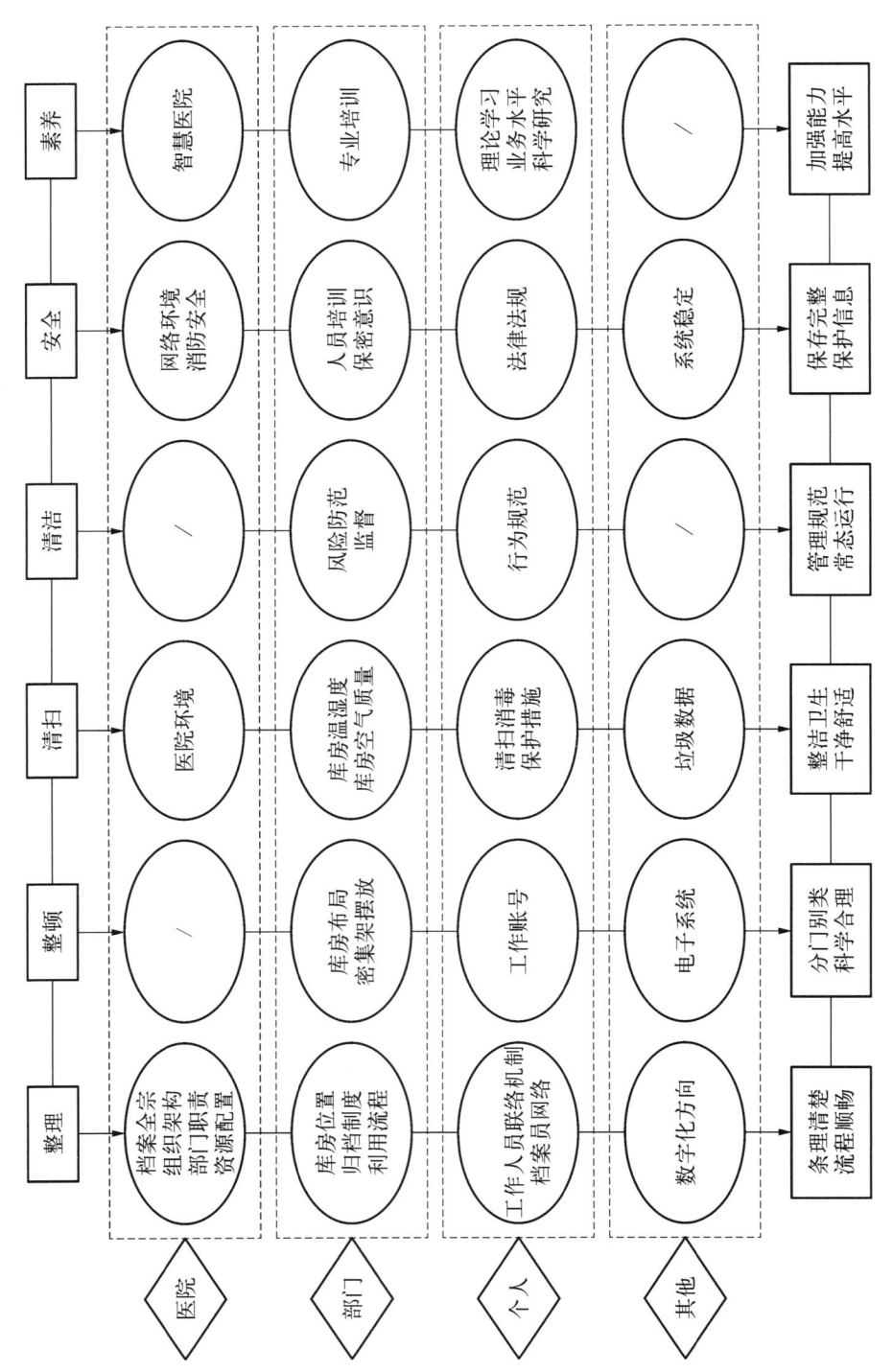

图 2 基于"6S 理论"多院区档案管理工作要点

案监督小组,建立两院区一体化档案管理工作监督体系,定期对管理人员行为进行监督[11],按照计划时间节点对工作推进情况进行督办,确保档案管理工作平稳有序。

2. 整顿

(1) 树立档案规范化管理意识

为了降低档案缺失,需要不断强化档案规范化管理意识。现实困难是在我院档案管理实操中,第一步是由各部门兼职档案员整理档案资料,因此加强兼职档案员的规范化意识迫在眉睫。具体举措有:① 自上而下逐级整顿。我院领导充分认识到档案工作重要性,多次强调树立档案管理规范化意识。由职能部门负责人担任科室档案管理第一责任人,结合科室工作实际,设置科室档案管理员(兼职档案员,由院专职档案员指导),建立院科两级档案管理人员网络,将规范化管理根植于档案管理各个环节之中。[12-14] ② 加大宣传力度。通过院周会、职能部门例会、支部书记例会等平台,宣传档案规范化管理重要性。开展"档案规范化管理培训进科室"等送课上门活动,点对点地提升科室工作人员管理能力,及时发现和解决问题,并作为提升管理能力的助力,增强工作人员自觉性。

(2) 优化档案存放方式

我院根据两院区物理距离、管理部门等现实情况,将两院区档案按照产生的部门,分别存放在徐汇、临港两院区档案库房。按照行业标准及政策文件对临港院区档案库房进行整顿,使其符合存放档案要求。两院区优化档案存放方式具体工作如下:① 分类存放。邀请专家指导,将档案根据类型、重要性和使用频率等因素,进行分院区分类存放[15],即徐汇院区利用率高的档案存放在徐汇院区,临港院区利用率高的档案存放在临港院区。② 标签管理。两院区均为每个档案文件设置清晰的标签,包括文件名、日期、编号等信息。临港院区参照徐汇院区配备智能档案密集架,"信息化+标签"实现快速方便查找。

3. 清扫

(1) 全面提升档案室硬件设备

临港院区的具体举措:① 根据档案室库房"八防"管理要求,重点针对消防、温湿度和防虫等内容,安装监控设备、配备专业消防设备、采购现代化档案管理设备对档案室进行全方位升级改造,使其符合国家标准。[16] ② 腾挪出一间房间作为档案查阅场地。

(2) 改善档案存储环境

临港院区地处上海浦东西南角,为了解决档案室在夏季十分潮湿的情况,引入智能化档案室温湿度管理系统,实现24小时自动监测主动调节。

4. 清洁

（1）构建标准化档案管理模式

我院采取集中管理、同步管理、专人管理的管理模式，空间上实施集中管理，将分散的材料收集、整理、分类后统一归档，既保证档案的系统性和及时性，也方便日后利用；在时间上实施同步管理，要求档案管理工作与日常工作进度同步，及时收集档案材料，避免损失；在职能分配上做到专人管理，临港院区安排一名专职档案员，进行档案管理工作。具体做法有：① 建立档案及时精准收集机制。② 建立审核鉴定机制。进一步规范归档程序，对材料进行严格细致的甄别，严把档案材料入口关。[17] ③ 建立部门联动机制。加强各职能部门之间的协调配合，主动对接，保障档案材料的完整性。

（2）加强档案管理信息系统建设

我院在档案规范化管理工作中融合信息技术，提高档案管理信息化水平，具体举措如下：① 打通两院区信息壁垒，引入新型档案电子档案系统，整合两院区档案数据，将归档、保管、利用等功能赋权两院区档案管理部门，建立"一个平台，两端操作"的两院区档案一体化电子管理系统。② 探索建立"互联网＋档案"工作模式，计划将 OA 办公系统与档案电子管理系统对接，档案由原来的纸质形式转为数字形式，提高档案工作效率。目前正在将两套信息系统进行对接。

5. 安全

打造全方位立体化安全网。我院在强化员工安全意识，健全档案安全管理制度的同时，从不同维度加强档案安全网建设，具体做法：① 升级物理防护。加强档案室物理防护措施，安装防盗门窗、监控摄像头等，同时巡查档案室的频次由原先的一天一次增加到一天两次。② 加强网络安全管理。设置防火墙，定期进行漏洞扫描和病毒查杀，尤其是在两院区档案数据传输方面，设置内网专线，防止网络攻击和数据泄露。③ 制定档案安全应急预案，明确应对突发事件和自然灾害等紧急情况的措施和流程。通过演练等方式，提高应急响应能力。

6. 素养

提高管理人员的综合素质。档案管理人员的素质直接影响档案管理质量，想要推动医院档案工作发展，必须培养工作人员的责任感，提高学习档案管理知识和技巧的积极性，我院具体做法如下：① 为专职档案管理人员提供参加脱产或线上专业档案培训机会，学习档案管理技术，包括理论知识、实操准则和档案信息化管理知识技巧等。每季度邀请档案馆专业人员进行专题培训。② 定期组织兼职档案员培训，侧重于管理素养和文件整理技能提升方面。③ 制定专职档案管理人员绩效考核目标，通过考核目标可提高薪资待遇，充分发挥主观能动性；在职称晋升、岗位聘任等方面给予兼职档案员政策倾斜,提高其工作积极性。

五、结果

在多院区医院档案工作中采用 6S 精细化管理取得的成果:

1. 直接效益

经统计,我院 2021 年共 310 卷档案入库,档案缺失率为 1.85%,破损率为 2.46%,正常利用率为 17.63%。在实施了 6S 精细化管理方法之后,我院档案缺失率、破损率均有下降,正常利用率大幅提升。

2. 社会效益

通过一年的实施,在两院区一体化背景下,我院档案管理效率和水平有了一定提升,得到了领导的肯定,并为我院院史馆提供了部分材料,填补了相关空白。

六、讨论

1. 有利于强化档案规范化管理,提高档案管理效率

由我院 2021 年档案与 2020 年档案的缺失率、破损率对比得出,我院在 2021 年对档案管理工作实施 6S 精细化管理方法之后,建立健全了规范化档案管理制度、树立了档案规范化管理意识、优化了档案存放方式、全面提升了硬件设备、改善了存储环境、打造了全方位立体化安全网,导致我院档案在归档材料方面内容更加丰富、完整性更高,在档案保管方面保存状态更好、安全性保密性更高,提升了档案管理效率。

2. 有利于加强档案现代化管理,提升档案管理水平

对比我院 2021 年档案与 2020 年档案的正常利用率可以看出,在对档案管理工作实施 6S 精细化管理方法之后,我院构建了标准化档案管理模式、加强了档案信息系统建设,为两院区档案管理工作的高效、优质完成提供了保障,因此我院档案利用更方便、更快捷,流程更加优化,正常利用率大幅提升。

3. 有利于增强档案管理人员素质,助力档案工作顺利开展

随着医院的不断发展和扩大,医院档案的数量和内容不断增多。通过应用 6S 精细化管理方法,不断提高档案管理人员的综合素质和专业水平,能够培养档案管理人员的工作能力,提升工作水平,成为做好多院区档案管理的基石,助力医院持续、稳定发展。

4. 不足之处

多院区办院模式产生的时间比较短,多院区管理尚在探索阶段。由于医院整

体多院区信息系统处在建设阶段,因此本研究仅将6S精细化管理理论应用于文书档案管理的效果进行了探讨,并未整合病历档案、财务档案等。在"互联网＋"时代,如何整合档案资源,做好多院区"大档案"管理是未来研究的热点方向。

参考文献

[1] 徐拥军,李子林,李孟秋.后现代档案学的理论贡献与实践影响[J].档案学通讯,2020(1):31-40.

[2] 周倩,邱恒.大型公立医院医疗集团化模式下院区与分院的选择策略[J].中国卫生事业管理,2018,360:404-405.

[3] 贾同英,袁蕙芸.多院区医院管理难点与对策探析[J].中国医院管理,2014,18(11):28-30.

[4] 姚志刚,王佳骏.多院区一体化管理进程中的难点与突破[J].江苏卫生事业管理,2018,29(5):571-573.

[5] 贾同英,袁蕙芸.上海市三级医院医院多区现状分析[J].中国医院,2015,19(7):22-24.

[6] 万爱华,刘继红,周云,等.武汉某医院一院多区一体化管理模式探讨[J].中国医院,2017,21(1):64-66.

[7] 孙丹丹,武海萍.6S精细化管理在医院档案管理中的运用[J].办公室业务,2020(1):128,130.

[8] 李浩,雷松.6S精益化管理用于高校医学实验室管理的效果分析[J].中国卫生标准管理,2020,11(22):29-31.

[9] 唐超."5+1"S精益管理[J].中国医院院长,2019(8):90.

[10] 胡山君.以"7S"精益管理提升烟草企业安全管理水平[J].中国设备工程,2018(14):18-19.

[11] 李新霞,王以旺,张晓英.基于6S管理阶段护理对血液透析患者依从性及并发症的影响[J].现代中西医结合杂志,2021,30(35):3963-3969.

[12] 孙增旺.6S精细化管理在医院档案管理作用中的应用[J].黑龙江档案,2021(06):142-143.

[13] 刘诗红,唐浪娟,王真真,等.南昌市三甲医院后勤人员6S管理知信行现状与影响因素分析[J].现代医院管理,2016,14(4):51-54.

[14] 王正红.医院档案管理中6S精细化管理运用的研究[J].山东档案,2021(04):66+68.

[15] 文淑琼.精细化管理在医院档案管理中的应用——基于X医院[J].人人健康,2020(11):24+23.

[16] 邵丽.医院人事档案管理工作如何适应新形势的需要[J].中国卫生产业,2020,17(1):81-83.

[17] 张曼.医院档案管理现代化存在的问题及应对策略分析[J].黑龙江档案,2021(5):58-59.

关于城建档案中历史档案开发利用的思考

孙致远

上海市城市建设档案馆

摘　要：本文探讨了历史档案在社会发展和文化传承中的重要性，尤其关注上海市城市建设档案馆的实践。历史档案不仅记录了丰富的历史文化信息，而且是社会记忆的重要载体。通过对这些档案的开发利用，可以促进历史研究、增强文化自信，并推动文化强国建设。文章分析了历史档案的政治、学术和文化意义，并提出了在新《档案法》背景下的具体实施条件和方式。通过馆际合作和社会参与，历史档案的开发利用将更加高效和多样化，进一步发挥其在文化传播中的作用。

关键词：历史档案；开发利用；文化传承；档案馆；社会参与

一、引言

在我国，国家档案资源按历史分期主要分为"历史档案"和"现行档案"两大部类。1956年，国务院《关于加强国家档案工作的决定》指出："国家的全部档案，包括中华人民共和国成立以来各机关、部队、团队、企业和事业单位的档案，中华人民共和国成立以前的革命历史档案和旧政权档案，都是我国社会政治活动中形成的文书材料，都是我们国家的历史财富。"[1]这是我国首次将国家全部档案按历史时期分为中华人民共和国成立后的档案和中华人民共和国成立前的档案。至此，在我国档案界形成一种约定俗成的二分法对档案进行划分，即以1949年中华人民共和国成立为界，分为历史档案和现行档案两部分：历史档案指1949年10月1日中华人民共和国成立前形成的档案，包括通常而言的革命历史档案和旧政权档案，形成时间相对较早[2]；现行档案指形成时间较晚、离现在的时间距离较近且起现时查考作用的档案，同时也是目前各级档案馆馆藏的主要成分，内容丰富、数量繁多，且还在源源不断地产生[3]。自1980年中共中央、国务院批准国家档案局《关于开放历史档案的几点意见》[4]以来，我国历史档案开放工作已走过四十余年历程。

历史档案作为人类社会发展过程中的宝贵财富,承载着丰富的历史文化信息和珍贵的社会记忆。其开发利用对于促进历史研究的深入、发挥历史档案的社会价值具有重要作用。本文拟结合上海市城市建设馆内馆藏历史档案,深入探讨历史档案的开发利用及其在社会发展和文化传承中的意义。

上海市城市建设馆作为展示城市发展历程的重要场所,收藏了大量的历史档案。这些档案涵盖了上海城市建设的各个时期,通过开发利用这些历史档案,我们可以更深入地了解上海城市发展的历史脉络,揭示城市建设的规律与特点。

二、历史档案开发利用的意义

1. 历史档案开发利用的政治意义

习近平总书记指出:"当前中国正处于近代以来最好的发展时期,世界则处于百年未有之大变局,两者同步交织、相互激荡。"[5]在这一历史交汇点上,党中央高瞻远瞩,提出了建设社会主义文化强国的战略目标,并明确强调了提升国家文化软实力的重要性和紧迫性。

中华文化源远流长,五千年的历史文明铸就了独特而丰富的文化底蕴。历史档案作为中华文化的重要载体,不仅记录和承载着中华民族的历史记忆,而且在推动文化强国建设、提升国家文化软实力的进程中发挥着不可替代的作用。党的二十大报告明确提出"增强中华文明传播力影响力"[6]的明确要求,这为我们指明了方向。历史档案的开放利用,正是落实这一要求、增强中华文明传播力影响力的重要途径。我们要加快推进历史档案开放审核工作,推动更多珍贵的历史档案向社会开放,让人民群众更加深入地了解中华民族的历史和文化,增强文化自信。同时,这也有助于在国际上传播中华文明的优秀内涵,展现中国特色社会主义道路的独特魅力,进一步提升中国的国际形象和影响力。

2. 历史档案开发利用的学术意义

历史档案作为极具价值的史料,历来是研究历史的重要参考依据。尽管社会环境和档案工作格局历经变迁,但历史档案所承载的重要价值始终为学术界和社会所广泛认可。诸多资深历史学家在深入研究时,均将档案视为不可或缺的第一手文献资料,他们普遍认为,缺乏档案的支持,研究工作将难以启动,即便勉强进行,其学术成果也难以获得普遍认同。

有学者针对《历史研究》杂志 2013—2017 年刊发的 383 篇学术论文进行了系统而深入的分析。经统计,发现有高达 63.4% 的论文(共计 243 篇)明确引用了档案材料,且其中超过半数的引文直接来源于档案,占比达到 54.3%。进一步分析揭示，每年引用档案的文献数量均占据总文献数的六成以上，而单篇论文对档案的最大引用次数高达 125 次，平均引用次数达到 23 次。[7]这些详尽的数据充分印证了历史档案在历史研究中的重要地位，以及学术研究者对其的广泛采纳与依赖。

3. 历史档案开发利用的文化意义

开发利用历史档案，对于传承和弘扬民族文化，满足广大民众的精神文化需求具有重要意义。社会文化具有深厚的历史延续性特点，因此在新时代背景下推动文化事业的繁荣发展，必须充分依托对传统文化的继承与发扬。历史档案作为民族独特道德、信仰、艺术、习俗等文化元素的载体，与民族文化紧密相连。因此，积极开发和利用历史档案，不仅是传承和弘扬民族文化的重要途径，而且是满足公众日益增长的精神文化需求的有效方式和手段。

作为重要的科学文化单位，档案馆在深入发掘和利用历史档案的过程中，直接促进了档案的文化休闲和公共消遣功能的发挥。历史档案以其原始性和丰富性，成为连接当代人与历史之间的桥梁，有助于人们更真实地触摸到历史的脉搏。

在 2023 年，上海市城市建设档案馆成功举办了名为"城市记忆·探秘虹桥路"的城市实景剧情解谜活动。此次活动依托城建档案中历史档案的开发利用成果，特别是《城市的记忆：城建档案中的虹桥路(1901—1949)》一书的内容，为市民带来了一场别开生面的历史文化之旅。

进入 2024 年，上海市城市建设档案馆与上海大厦携手启动了"上海大厦历史档案合作研究开发项目"，共同致力于历史档案的深入挖掘与利用。近日，经过上海市规划和自然资源局的批准，位于黄浦江苏州河畔的全国重点文物保护单位——上海大厦，被正式设立为上海市首个"上海城建档案文化传播示范点"。这一举措充分彰显了历史档案在文化传播领域的重要价值，为推动档案事业的持续发展注入了新的活力。

三、历史档案开发利用的实施

1. 历史档案开发利用的实施条件

2020 年修订并颁布的新《档案法》将档案的封闭期限阈值由 30 年缩短至 25 年，此举显著增加了档案工作的负担，尤其是面对不断增长的档案馆藏量。从开发利用的视角审视，馆藏量增长的压力主要源自中华人民共和国成立后的现行档案。相较于现行档案，历史档案作为存量档案，其馆藏存量显著较少。同时，由于历史档案多通过定向收集或征集的方式获取，其馆藏增量也远低于依赖常态化归档接收的现行档案。[8]因此，在数量层面，历史档案的开发利用所面临的压力远小于现行档案。

此外,在开发利用馆藏城建档案时,开放审核成为一项重要议题。相较之下,历史档案因形成年代久远,所记载内容已逐渐脱离现代社会环境,其时效性日益减弱。根据档案机密递减律,历史档案内容的敏感性和保密需求也逐步降低,从而提升了其开发利用的意义与价值。因此,相较于现行档案,历史档案在开发利用过程中所面临的保密冲突和潜在社会影响相对较小。然而,需强调的是,在开发利用历史档案时,必须严格遵循1991年9月27日发布的《各级国家档案馆馆藏档案解密和划分控制使用范围的暂行规定》(国档发〔1991〕28号)第七条中列明的二十项控制使用内容。

2. 历史档案开发利用的实施方式

新《档案法》第七条规定:"国家鼓励社会力量参与和支持档案事业的发展。对在档案收集、整理、保护、利用等方面做出突出贡献的单位和个人,按照国家有关规定给予表彰、奖励。"

新《档案法》第十八条规定:"博物馆、图书馆、纪念馆等单位保存的文物、文献信息同时是档案的,依照有关法律、行政法规的规定,可以由上述单位自行管理。档案馆与前款所列单位应当在档案的利用方面互相协作,可以相互交换重复件、复制件或者目录,联合举办展览,共同研究、编辑出版有关史料。"

据此解读,对于历史档案的开发利用工作,应当进一步强化档案馆之间的协作关系,并深化档案馆与图书馆等文化部门之间的合作。同时,应当积极面向社会,广泛吸纳社会力量的参与,共同推动开发利用工作的深入发展。这一过程中,应充分利用各方资源的专业优势,有效整合人力、财力、物力资源,以确保开发利用工作的长期性、高效性,并不断拓宽开发利用模式的多样性及路径的广阔性。

在实际操作中,开发利用的方向选择应紧密结合时政热点和社会需求,同时充分考虑馆藏档案的特点,以最大限度地满足社会各方面的需求,避免资源的浪费,并提升公众对历史档案的关注度和认知度。此外,合作机制的重要性不容忽视。档案馆作为开发利用历史档案的主体,其人力物力和信息资源有限,因此,需积极寻求与其他机构的合作,以实现优势互补,共同提升开发利用工作的质量。合作对象可包括图书馆、博物馆等其他信息机构,以实现馆藏资源的互补共享;也可与高校、科研单位合作,借助其人才资源和技术优势;同时,还可与企事业单位、社会团体等广泛合作,共同推动历史档案的开发利用工作。

在开发利用手段上,除了传统的编研书籍出版、策展、媒体传播等方式外,还应积极探索新的开发利用途径。例如,可依托已有的开发利用成果,结合社会热点和大众喜好,创新性地开展各类活动。以2023年国际档案日期间的城市实景剧情解谜活动为例，该活动依托传统的编研成果，以大众喜爱的 citywalk 形式进行，既丰富了历史档案的开发利用形式，又增强了公众对历史档案的认知和兴趣。这种创新性的开发利用方式，是人民群众对历史档案开发利用工作具体措施和策略的丰富、组合与拓展，也是践行人民史观、坚持群众路线的生动体现。[9]

四、结语

综上所述，历史档案作为一座坚固的桥梁，横跨过去与现在，既承载了浩瀚的历史信息，又是我们理解人类社会演进脉络的关键所在。历史档案的开发与利用，对于深化历史研究、彰显其社会价值，具有举足轻重的地位。以上海市城市建设馆内珍藏的丰富历史档案为例，这些档案在推动城市建设的蓬勃发展以及文化的传承延续中，发挥了无可替代的重要作用。展望未来，我们应进一步加大对历史档案的整理力度，深化研究、优化利用，全面发掘其内在价值，为城市的持续健康发展与文化的绵延传承贡献更多的智慧与力量。

参考文献

[1] 陈兆祦,沈正乐.现代档案工作实务[M].北京：中国档案出版社,2001.01：958.
[2] 王云庆,苗壮.现代档案管理学[M].青岛：青岛出版社,2002：77.
[3] 冯惠玲,张辑哲.档案学概论[M].北京：中国人民大学出版社,2006：16.
[4] 陈兆祦,沈正乐.现代档案工作实务[M].北京：中国档案出版社,2001.01：1333-1334.
[5] 李晓刚.正确认识和把握百年未有之大变局[N].四川党校报,2021-04-15(6).
[6] 本书编写组.党的二十大文件汇编[M].北京：党建读物出版社,2022：35.
[7] 王改娇.完善档案公布审批制度解困国有档案公布权[J].档案与建设,2023(03)：4-7.
[8] 陈永生,王沐晖,詹逸珂.论历史档案开放审核先行的必要性、实施条件与推进策略[J/OL].山西档案,1-8[2024-05-14]. http://kns.cnki.net/kcms/detail/14.1162.G2.20240328.0952.002.html.
[9] 陈永生,詹逸珂.历史档案开发利用的人民史观[J].档案与建设,2023(10)：7-12.

档案开放审核的现状与策略浅析

汪丽媛

上海市档案馆

摘　要：新《档案法》和《"十四五"全国档案事业发展规划》对档案开放利用提出了更为严格的规范，这些调整与变动无疑将加速档案开放的步伐，增强档案开放的力度，并将各级档案馆的开放审核工作置于更为重要的地位。档案开放审核工作的法治化、规范化和常态化，成为衡量档案能否充分实现其社会价值的关键指标。档案开放审核存在风险顾虑过重、档案开放审核程序不明确、档案开放审核标准不够精细、降密解密工作困难、档案部门资源配置需优化、智能辅助审核的推广与应用尚有局限性。可以通过把握法律政策，细化审核规定；明确责任分配，探索合作模式；技术驱动革新，智能提升水平；强化学习交流，提升工作能力；等等策略途径改善开放审核工作。

关键词：档案开放；档案开放审核；档案馆

一、引言

2020年修订的《档案法》首次将"档案开放审核"作为一个重要概念引入，封闭期从原有的30年缩减至25年。为了支持经济、教育、科技和文化等公益事业的蓬勃发展，这些领域的档案资料对外开放的限制时间更是有所缩短，即在馆藏25年期限之前，通过专业的开放鉴定与审核，便可对外公开。2021年在《"十四五"全国档案事业发展规划》中，提出了档案工作"三个走向"的战略思想，强调到2025年，档案工作将实现"走向开放"的实质性进展。为达成此目标，规划提出了构建完善的"档案资源体系"和"档案利用体系"的要求，对档案开放利用提出了更为严格的规范。为深化档案开放工作，提高开放的广度与深度，国家档案局于2022年发布了《国家档案馆档案开放办法》。该办法详细规定了各级国家档案馆在档案开放主体、范围、程序、方式、利用、保护以及保障和监督等方面的具体要求，为档案开放工作提供了统一的流程和规范。这些调整与变动无疑将加速档案开放的步伐，增强档案开放的力度，并将各级档案馆的开放审核工作置于更为重要的地位。

档案开放审核工作的法治化、规范化和常态化，成为衡量档案能否充分实现其社会价值的关键指标。随着档案开放审核的制度化推进，各单位在档案形成、保管与移交过程中的职责也越来越明确。因此，相关单位积极参与档案开放审核，不仅是管理上的制度要求，更是推动档案事业现代化、提升档案开放利用效率的必由之路。

二、档案开放审核工作的现状审视与问题剖析

随着我国科学文化的迅猛发展，档案作为宝贵的信息资源，其利用需求越来越迫切。然而，当前的档案开放审核工作却面临着多重挑战，导致开放率与利用率相对较低，成为制约档案资源有效利用的"瓶颈"。我们必须深入审视档案开放审核工作的现状，并剖析其存在的问题。档案开放审核作为开放前的关键步骤，其重要性不言而喻，但当前却面临诸多困难。

1. 风险顾虑过重

在档案开放审核工作中，各相关主体普遍存在着较大的风险顾虑，担心档案开放可能引发的国际关系紧张、社会稳定风险、商业技术泄密以及个人利益受损等问题。因此，在没有足够把握的情况下，往往选择将存疑档案"继续封闭"，从而扩大了控制利用、延期开放的范围。这种过于谨慎的态度，无疑制约了档案资源的有效利用。

2. 档案整理工作繁重

档案开放审核工作不仅需要进行严格的审查，而且需要进行烦琐的档案整理工作。这些工作包括修改目录、盖章、拆卷、重新组卷、扫描、替换电子版副本等，工作量巨大。在机关档案室人手紧张的情况下，这些工作往往难以得到有效开展，导致一些机关只能选择缩小开放范围或者只开放已经作为"政府信息公开"文件的档案。

3. 档案开放审核程序不明确

《档案法》对档案开放审核工作的规定较为模糊，尤其是关于档案馆与档案形成单位或者移交单位的权责边界、开放审核工作开展的程序等方面缺乏明确的规定。这导致在实际工作中，双方权责不甚明确，存在诸多模糊地带。例如，在开放审核工作中，档案馆与档案形成单位或者移交单位在"会同"方面的权责不明确，导致开放审核工作开展的程序不够明晰。同时，在审核时间、审核质量把控、档案馆

的介入时机与职责等方面也缺乏明确的规定,使得开放审核工作难以得到有效开展。

4. 档案开放审核标准不够精细

《各级国家档案馆馆藏档案解密和划分控制使用范围的暂行规定》自1991年由国家档案局与国家保密局联合发布以来,为档案主管部门、档案馆及档案形成或保管单位在保守国家秘密与开放档案间提供了指导原则。然而,由于该文件更多侧重于宏观指导和原则性规定,加之各地档案内容的差异性,其实际指导作用并未得到充分发挥。部分档案馆虽有细化措施,但多直接引用此规定作为操作依据,缺乏针对性和实效性。此外,档案形成或保管单位普遍缺乏具体的档案开放审核办法和负面清单,导致在判断档案是否应开放时,往往基于主观判断或模糊标准,从而扩大了封闭范围,影响了档案的开放率。

5. 降密解密工作困难

降密解密工作是档案开放审核中的重要环节。然而,在实际工作中,降密解密工作却面临着诸多困难。首先,现行《档案法实施办法》对降密解密工作的规定较为笼统,缺乏具体的操作细则。其次,一些档案在定密时存在不当现象,如扩展秘密文件范围、未按照保密法律法规规定的程序定密、定密级别与时间不准确等,这些都为降密解密工作带来了较大负担。最后,一些档案形成单位或者移交单位在降密解密工作中存在推脱责任的现象,导致档案馆在开放审核时面临较大的困难。

6. 档案部门资源配置优化挑战

2018年行政体制改革后,档案部门的行政管理职能和机构设置发生了显著变化,这也对人力资源配置提出了新的挑战。各地档案部门在人员数量、专业素养及职责分配上的差异日益凸显,尤其是档案主管部门人员还需分担其他非档案管理任务,使得人力资源更显紧张。这种情况下,部分档案行政管理职能不得不转移至档案馆,然而档案馆自身也面临着人力不足的困境,难以有效应对日益增长的开放审核工作需求。同时,档案形成或移交(保管)单位在开放审核流程中的重要性不容忽视,但它们同样面临能力提升的迫切需求。人手短缺导致业务部门兼职档案员无法全身心投入档案管理工作,而机关档案室专职人员的匮乏也使得日常档案管理和开放审核工作承受巨大压力。此外,部分单位在开放审核方面经验不足,即便有相关经验,也未能形成系统化、成熟化的工作机制。因此,提升相关工作人员的专业素养和技能水平,以更好地胜任开放审核工作的专业要求,已成为当务之急。

7. 智能辅助审核的推广与应用局限

利用信息技术辅助开放审核已成为提高档案工作效率的重要途径。多地档案馆通过与信息技术公司合作,采用先进的信息技术,如文字识别、数据抽取、深度学习等,开发了智能辅助审核系统,并在实践中取得了显著成效。例如,江西省档案馆综合运用关键词匹配技术、数据挖掘技术构建了由递进式辅助开放鉴定双模块、算法模型和档案知识库组成的辅助档案开放鉴定模型,模型总精确率为 67.6%,极大地提高了档案开放鉴定内容的效率。然而,由于研发成本高昂,在中西部地区的普及率较低,多数移交单位和档案馆难以承担其经济负担。此外,随着数字中国建设的推进和依法治档的要求不断提高,现有档案开放审核在技术和制度层面均面临挑战,档案管理对象是电子数据,单套制是大势所趋,需进一步探索智能审核的发展路径,以实现档案信息化建设和数字化转型,提升档案公共服务能力。

三、档案开放鉴定与档案开放审核的工作策略研究

1. 把握法律政策,细化审核规定

为兼顾档案开放与保密、安全之间的平衡,必须严格遵守《档案法》《保密法》《档案法实施条例》及《国家档案馆档案开放办法》等相关法律法规,以确保所开放的档案完全符合法律范畴,能够保障国家和个人的信息安全,这是扎实推进档案开放鉴定及档案开放审核工作的基石。在档案开放审核制度方面,各地档案局也积极出台相关政策文件,例如,2023 年,天津市档案局发布了《天津市国家档案馆馆藏档案开放审核工作细则》,明确指出档案开放审核与解密审核的同步进行,以确保档案开放与解密的连贯性。内蒙古档案局则出台了一系列管理制度,包括《内蒙古自治区档案开放审核安全保密管理制度》等,为档案开放审核提供了制度保障。在制定制度时,需关注新法的变化,进一步优化档案开放鉴定与审核的具体规则,推动其规范化和现代化升级;根据自身馆藏档案的内容特点,对相关规定进行细化,明确需要延期开放的档案及其具体范围和标准。对于尚未移交进馆的档案,档案主管部门和档案馆也需结合本地区和本馆档案的特点,制定适合的档案开放审核指导手册,为工作人员提供明确、客观的判断标准,降低工作难度,提高工作效率和质量,从而缓解档案部门和移交单位人力资源紧张的问题。同时,为降低档案开放审核中的风险顾虑,应鼓励各参与主体依法探索扩大开放范围。例如,对于依法开放的档案,应明确相关主体不承担利用者违法利用的后果。对于利用者片面、曲解或加工已开放档案信息内容所造成的后果,应由当事人承担相应责任。通过这些措施的实施,可以有效降低档案开放审核中的风险顾虑,促进档案资源的有效利用。

2. 明确责任分配，探索合作模式

为确保档案开放审核工作有效开展，需要进一步完善机制。需严格遵循《档案法》等相关法律法规，界定各参与主体的责任与权限，确保档案开放审核流程的规范性与高效性。县级以上档案主管部门应发挥统筹协调作用，不仅负责制度构建与监督管理，而且需承担延期开放档案的审核工作。档案馆作为业务主导，既要执行解密职责，又要引导各项工作有序开展。而档案形成或移交单位则应在配合的基础上，积极承担解密任务，并在审核中发挥积极作用。对于尚未移交进馆的档案，我们应坚持"资源高效利用"和"谁形成，谁负责"的原则，确保审核结果直接指导档案开放工作。对于延期开放的档案，封闭期满后，需由国家档案馆与形成或移交机关共同复审，并由同级档案主管部门终审。同时，还应正视独立审核的局限性，通过制度设计强化国家档案馆和档案主管部门的指导作用。为构建档案开放鉴定与审核的协同体系，应完善工作体制机制，建立常设领导机制，推动各部门之间的紧密合作。明确机关内部工作职责，优化档案接收进馆要求，减轻工作负担。同时，完善降密解密工作方式，推动工作高效进行。在档案开放审核过程中，要依据《保守国家秘密法》明确降密解密工作的责任主体。初审、复审与终审环节需严格遵循法律法规，档案馆与形成或移交单位应积极开展合作，共同制定敏感词库、审核工作制度等，确保审核工作的顺利进行。很多档案馆采取"双初审""初审—复审—终审""三审一备案"等机制保障审核流程。

3. 技术驱动革新，智能提升水平

随着信息技术的不断进步，档案开放鉴定与审核工作正面临深刻的变革。从全国范围内的实践来看，数据挖掘技术、关键词匹配、COR技术、中文分词工具、DFA搜索算法、t-SNE等先进技术的引入，显著提升了档案开放鉴定与审核的准确性和高效性。这些技术手段全面赋能了档案开放鉴定与审核的全过程，推动了档案管理领域的现代化进程。为进一步完善档案管理体系，需持续更新和优化动态敏感词库，加强数据预处理能力，深度解析档案原文，并将档案开放鉴定与审核功能无缝嵌入档案管理系统。这将有助于提升档案部门的技术应用能力，并促进协同治理与跨界合作。在提高智能化水平和普及技术覆盖面方面，可采取以下策略：首先，根据开放审核工作的实际需求，做好顶层设计，模块组配，设计并实施辅助开放审核系统的功能和流程，以满足实际需求。其次，通过多个场景的应用实践，不断积累辅助开放审核功能的技术实现经验，从而完善系统性能，提高其成熟度和稳定性。再者，为提升辅助开放审核系统的智能化程度，积极应用深度学习、机器学习、自然语言处理等信息技术，并持续关注和引入新的先进技术。最后，致力于研发低成本、单机版且功能全面的辅助开放审核系统，以期在中小档案馆及各

单位实现广泛普及和应用。

4. 强化学习交流,提升工作能力

在档案开放鉴定与审核领域,构建高素质、专业化的人才队伍至关重要。为实现这一目标,不仅需要加强档案馆间的互动合作,通过研讨会等形式拓宽人员的思维视野,而且需强化标准规范的学习,确保每位员工都能精准掌握最新的鉴定与审核准则。此外,计算机技术的学习也显得尤为重要,掌握前沿技术能够显著提升档案开放鉴定与审核的工作效能。值得注意的是,职业道德教育同样不容忽视,坚守业务底线,恪守档案工作规范是每个档案工作人员的责任。为增强档案工作人员的专业能力,可以从多维度展开培训与交流活动。首先,国家档案局可引领全国范围内的法律条文解读交流会,邀请档案主管部门与研究机构的专业人士进行深入研讨。其次,各级档案机构可结合地方特色,组织具有针对性的培训活动。此外,各机关单位也应自行组织培训,以提升内部档案人员的实际操作能力。最后,充分利用高校、行业组织和研究机构的资源,开展多层次、多形式的学术研讨会,这将有助于推动全行业人员的知识更新和技能提升。

参考文献

[1] 李越,郭朗睿.档案形成单位参与档案开放审核的困境及其完善路径[J].档案,2024(1):9-14.
[2] 刘淑环.浅析档案开放鉴定与档案开放审核工作[J].兰台内外,2024(3下):44-46.
[3] 谢永宪,王巧玲,刘湘娟等.我国档案开放审核工作调研与分析[J].山西档案,2023(5):146-164.
[4] 许振哲.人工智能时代档案鉴定工作的回顾与展望[J].浙江档案,2023(12):43-46.
[5] 管先海,程媛媛.谈馆藏档案的开放鉴定问题[J].档案,2021(7):61-64.

智能技术辅助档案开放审核系统构建研究

王雨思

光典信息发展有限公司

摘　要：本研究基于智能审核和人工审核的协同架构，构建了智能技术辅助档案开放审核系统，通过智能 OCR 识别、规则推理、敏感词库、大语言模型等技术，形成专家规则库、涉密筛查、档案开放审核大模型三个维度的审核规则，多重审核规则共同作用得出综合的推荐审核结果，实现智能技术与档案开放审核的深度融合应用。

关键词：档案开放审核；档案治理；人工智能

一、引言

档案开放审核是档案开放利用、编研开发等各项业务工作的基础。根据国家档案局发布的全国档案行政管理部门和档案馆基本情况摘要，尽管档案开放率有所提升，但总体应开放率还处在较低水平，截至 2022 年底，档案开放率仅为 17.91%。

《"十四五"全国档案事业发展规划》中明确提出，"积极探索知识管理、人工智能、数字人文技术在档案信息深层加工和利用中的应用"。"加强大数据、人工智能等新一代信息技术在数字档案馆（室）建设中的应用，推动数字档案馆（室）建设优化升级。"

近年来，国家档案局科技项目立项工作多强调档案开放审核智能化研究，福建、江西等省份积极响应，申报档案开放审核智能化相关科技项目，进展顺利且取得明显的成效。这些探索和实践有效证明，智能技术应用于档案开放审核领域，既能充分发挥智能技术优势，又能切实满足业务实践诉求。

因此，本文拟构建智能技术辅助档案开放审核系统，探索智能技术与档案开放审核的深度融合应用。该系统基于智能审核与专家支持的协同架构，通过智能

OCR识别、规则推理、敏感词库、大语言模型等技术，形成专家规则库、涉密筛查、档案开放审核大模型三个维度的审核规则，对档案来源、外形、内容等进行多方面挖掘和分析，给出综合的推荐审核结果，提升开放审核的精度，提高开放审核的效率。

二、相关研究

关于档案开放审核智能化的理论研究主要集中在两方面：一是从宏观层面探索档案开放审核智能化的发展路径，如制度建设[1]、机制构思[2]、流程优化[3]等；二是从微观层面研究档案开放审核智能辅助技术的应用，如敏感词全文对比技术[4]、数据挖掘技术[5]、人工智能技术[6]等。

在我国档案开放审核智能化的实践场景下，基于人工智能的档案开放审核具有较强的实践意义。通过"课题研究＋试点应用"的方式，国内部分研发实力较强的企业或技术能力较强的综合档案馆已经开展了相关工作。当前广泛应用于辅助档案开放审核项目的智能技术主要有数据挖掘技术[7]、敏感词库技术、语义工程技术[8]、自然语言处理技术[9]等。然而，各单位已经研究建立的档案开放审核模型都是基于各馆自身的馆藏档案数据训练得出，能否适用于所有档案尚有待验证。实际上目前市场上还没有出现具有普适性、可以大规模推广应用的档案智能开放审核系统或者工具。

三、相关技术

本研究评估和探究了档案开放审核中可能应用到的多项智能技术，包括基于规则推理的方法（专家规则）、机器学习和深度学习、朴素贝叶斯算法、支持向量机、决策树与随机森林、隐马尔科夫模型和感知机模型、卷积神经网络和文本分类模型、循环神经网络与长短期记忆模型、生成对抗网络及大语言模型等，最终选择了专家规则、大语言模型和智能OCR识别等技术作为智能技术辅助档案开放审核系统的关键技术。

1. 专家规则库

专家规则库即基于规则推理的方法，将专家所掌握的现有知识和经验，通过一定的方法积累、转化为规则，运用规则进行推理，根据明确的前提条件，得到明确的结果。

本研究采用专家规则库作为智能技术辅助档案开放审核系统的构建技术之

一，可实现对触发规则的档案标注审核结果为"控制"。专家规则库中包含敏感词库和鉴定规则库两类审核支持技术，为审核系统提供了必要的数据基础和规则指导。

敏感词库包含了一系列预定义的敏感词汇，用于初步筛选和标记可能的不当内容。而鉴定规则库则包含了更为复杂和详细的规则集，用于进一步分析和判断档案内容是否符合特定的审核标准。通过这两个知识库的协同工作，审核系统能够更加精确地判断审核结果。

2. 大语言模型

大语言模型即基于深度学习，通过训练能够理解和生成自然语言文本。这些模型通常由数层复杂的神经网络组成，能够处理和生成语言数据，执行包括文本摘要、机器翻译、问答系统、图文生成、情感分析等在内的多种自然语言处理（NLP）任务。

本研究采用大语言模型作为智能技术辅助档案开放审核系统的构建技术之一，基于大语言模型强大的推理能力，为档案开放审核提供智能化算法服务。

依托先进的大型语言模型技术，系统对海量档案进行自动化审核，并实现"端到端"的开放审核结果推荐，自动给出开放审核意见，优化档案开放审核的成本和效率。同时基于档案馆开放审核的历史数据和审核结果，提供在线智能审核算法的自学习机制，保障在线智能审核算法的准确率，实现业务服务自闭环。

3. 智能 OCR 识别系统

智能 OCR 识别系统用来处理纸质档案数字化扫描件，经"数据化"后形成档案全文文本数据，作为后续专家规则库技术和大语言模型技术审核的数据基础。

本研究采用基于视觉和 NLP 技术的 OCR 智能文字处理系统，并进行了一系列的测试和改进，实现从任意制式文档中提取所需要的结构化信息。针对 OCR 提取的海量文本信息，在识别过程中引入语义通顺度模型，即文本纠错机制，并使用更高精度的 OCR 引擎，使手写体 OCR 识别的准确率得到明显提升。

智能 OCR 系统的投入使用，可满足档案数据化工作要求、国产化自主可控、性能表现较出色等要求。目前采用的智能 OCR 系统支持将 OCR 识别生成的文本与数字化成果合并后生成双层 PDF 文件和双层 OFD 文件、可正常识别彩色、灰度图像；支持 BMP、JPG、JPEG、TIFF、PDF 等格式的图像文件；识别结果可以输出 TXT、DOC、JSON、XML、双层 PDF、双层 OFD 等格式；OCR 引擎包支持使用 Java、C++、C、Object Pascal 等多种计算机语言进行二次开发；中文简体、繁体及英文识别率 95% 以上，A4 大小文档识别时间小于 3 秒；支持识别各种常见字体。

四、智能技术辅助档案开放审核系统构建

1. 用户需求

本系统面向综合档案馆、各立档单位及第三方服务公司等组织机构。从用户需求角度考虑,档案开放审核智能化的业务涉及多个部门和机构,目前还未有成规模的智能技术辅助档案开放审核系统。通过走访某综合档案馆,档案馆的业务专家凭借其丰富的实践经验,提出了系统需满足的多项业务需求,主要包括以下几点:

一是业务主体要简化。业务主体量大主要体现在待处理数据量大、立档单位较多、审核流程涉及档案局、档案馆和立档单位等多方参与,系统需具备高效能的数据处理方案、实现多立档单位协同工作、保证透明可追溯性的审核流程。

二是审核标准要统一。鉴于待审核档案的数量庞大且结构复杂,加之审核规则本身的复杂性和动态性,开放审核标准易受到个人经验、主观判断和记忆能力的限制,这些因素可能会削弱审核结果的一致性,妨碍开放审核工作的标准化和规范化。因此开发包含集成自动化审核流程和动态规则库的系统至关重要,可为审核人员提供一套明确的审核标准,以辅助业务人员更准确地理解和应用复杂的审核规则。

三是协作架构要优化。纵观目前档案开放审核智能化相关的研究和实践,全部将智能技术视为一种辅助工具,其目的是增强而非代替专业人员的审核划控能力,因此,系统的构建需优化人机协作架构。在此架构下,人工审核占据主导地位,智能审核则提供辅助支持,形成一种以人工审核为主、智能审核为辅的协同工作模式,确保人工智能高效的处理能力与业务专家丰富的专业知识能够实现有机结合。

2. 系统架构设计

为实现智能化、流程化的档案开放审核全过程管理,系统整体架构如图1所示:

智能技术辅助档案开放审核系统的技术架构分为六层,结合三大标准规范体系以及三大系统保障机制指导和维持系统运行。

基础设施层是系统运行的物理基座,主要包括软硬件设施及网络等。

数据资源层负责系统架构的数据存储与处理,包括结构化数据、半结构化数据以及非结构化数据。

服务中台实现业务核心逻辑,并以微服务方式供其他业务模块调用,主要包括业务服务、工具服务、数据服务三大模块。

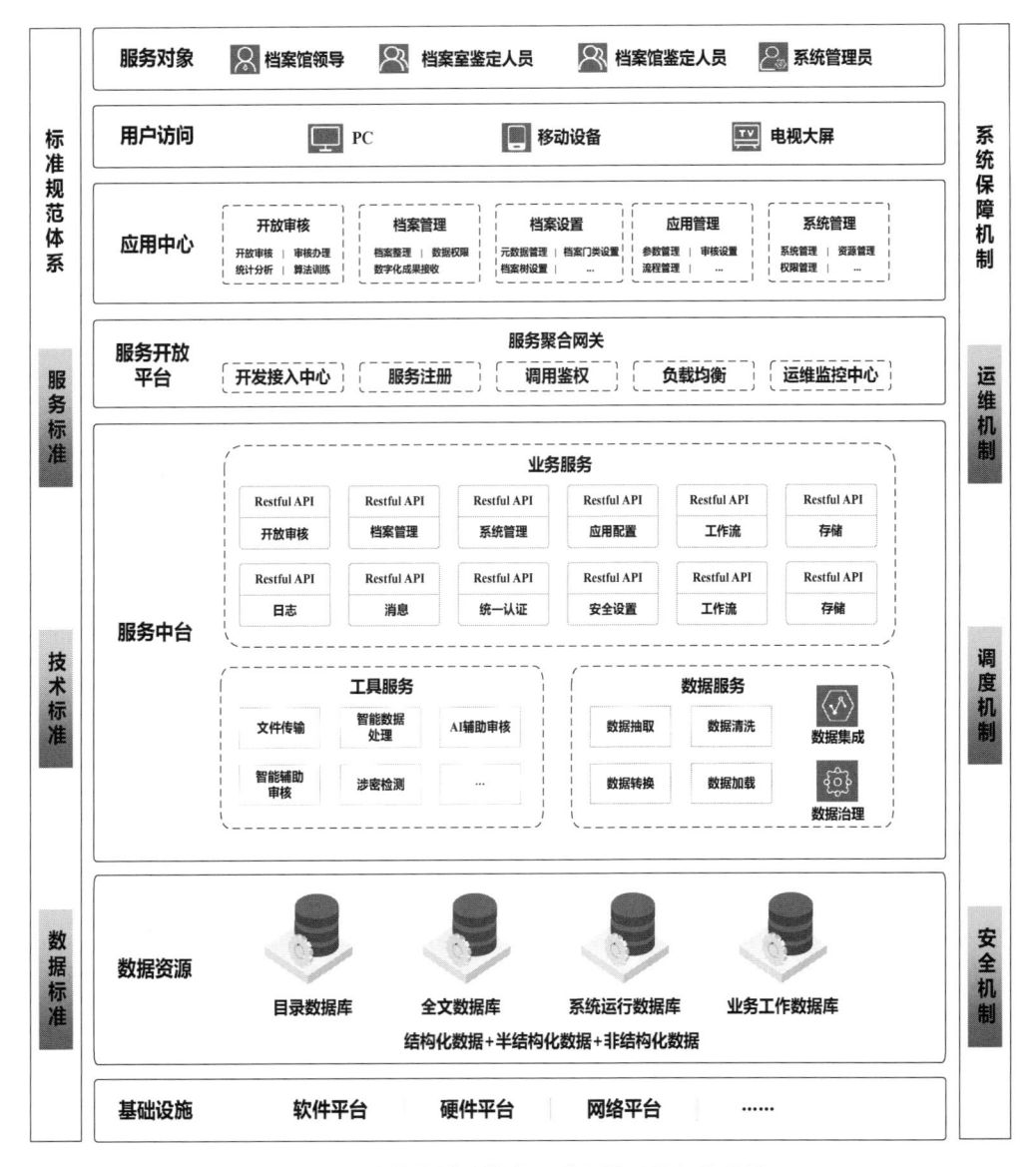

图 1　智能技术辅助档案开放审核系统架构设计

服务开放平台基于服务聚合网关，串联应用于服务，支持后续开发接入、注册、授权、监控等。

应用中心是面向开放审核工作的功能矩阵，包括开放审核、档案管理、档案设置等几大模块。

用户访问层为服务对象提供界面以展示数据，同时将个人电脑、移动设备、电视大屏等终端设备作为接收用户信息输入的入口。

本系统面向的服务对象包括档案馆领导、档案室鉴定人员、档案馆鉴定人员、系统管理员。

3. 系统功能实现

智能技术辅助档案开放审核系统整体功能如图 2 所示，由五个模块组成，即开放审核、档案管理、档案设置、辅助应用管理和系统管理，具体介绍如下：

```
                    智能技术辅助档案开放审核系统
    ┌──────────┬──────────┬──────────┬──────────┬──────────┐
  开放审核    档案管理    档案设置    应用管理    系统管理
  ├开放审核   ├数字成果导入 ├元数据管理  ├参数管理    ├系统管理
  ├审核办理   ├档案整理    ├文件属性捕获设置├编码管理   ├资源管理
  ├统计分析   └数据权限    ├字段标签管理 ├流程管理    ├组织管理
  └算法训练               ├公共字典管理 ├存储管理    ├用户管理
                         ├库类型设置  ├预置控制规则库├角色管理
                         ├档案门类模板设置├控制规则库管理├权限管理
                         ├档案门类设置 └调档映射    ├日志管理
                         └档案类型树设置            ├审批管理
                                                  └安全设置
```

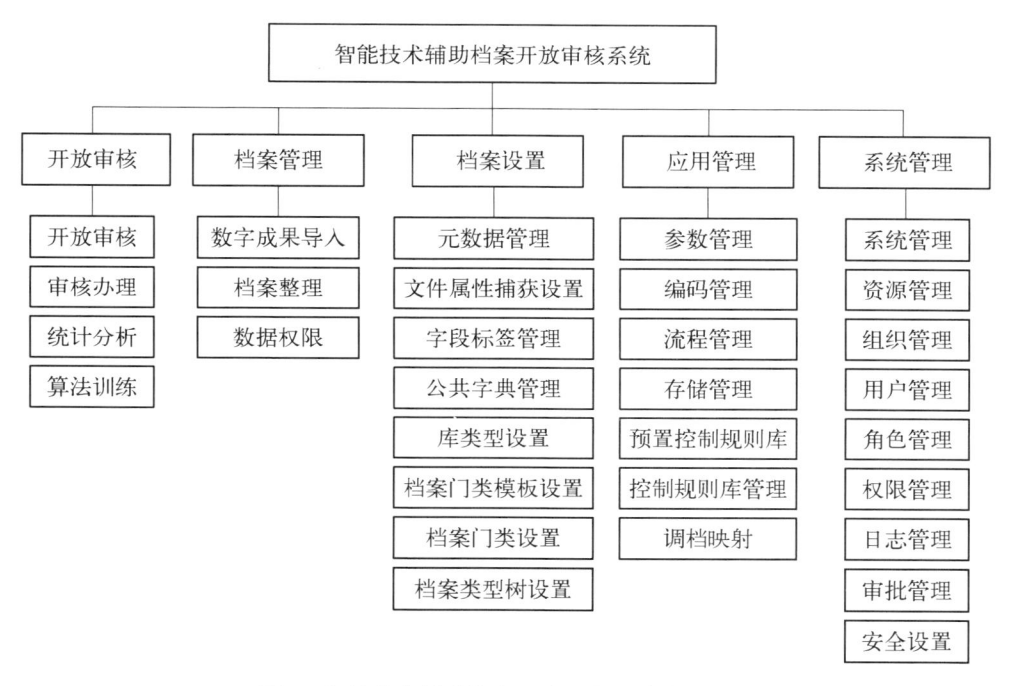

图 2　智能技术辅助档案开放审核系统功能实现

（1）开放审核模块：该模块包含开放审核、审核办理、统计分析、算法训练四个子模块。

开放审核：档案鉴定管理员创建开放审核任务，也可按比例自定义任务集给对应的业务人员，对开放审核任务状态与完成情况实时监控。

审核办理：开放审核任务启动后根据流程节点设置情况，开放审核人员对开放审核任务进行审核操作。系统自动调取辅助审核工具，为档案开放审核提供相关依据。

统计分析：系统提供对开放审核任务相关的数据统计分析展示，以及可对未来三年开放审核任务量进行预估，可从全宗、年度等维度展示档案开放情况。

算法训练：系统提供两种算法训练的方式，一是来源于开放审核形成的人工与算法差异性数据训练集，二是来源于线下历史的开放审核学习数据样本。对于生成的训练集可推送至算法进行自学习迭代。

（2）档案管理模块：该模块包含数字成果导入、档案整理、数据权限三个子模块。

数字成果导入：提供馆藏数据的迁移功能，支持目录导入、全文挂接两种档案资源的导入形式。

档案整理：提供档案分类、有序管理与维护。

数据权限：按角色对各菜单下档案类型树、数据、电子全文进行权限配置。

（3）档案设置模块：该模块包含元数据管理、文件属性捕获设置、字段标签管理等八个子模块。

元数据管理：主要维护标准规范中的元数据信息，形成各档案门类可供参考、依据和可引用的元数据库，便于创建档案门类模板与档案门类时引用对应的元数据标准与相关的元数据字段。

文件属性捕获设置：提供文件格式的分类与文件格式的创建与维护。

字段标签管理：支持对各位字段标签的创建与维护，并提供字段标签与系统编码的关联功能。

（4）辅助应用管理模块：该模块包含参数管理、编码管理、流程管理等七个子模块。

参数管理：根据用户需求对参数进行配置。

编码管理：提供对各类属性的编码进行维护的功能。

流程管理：提供工作流自定义功能，可根据用户需求，进行流程配置。

（5）系统管理模块：该模块包含参数、编码、流程等功能，提供系统应用运行的各项设置。

五、结论与展望

本研究与某综合档案馆合作，开展了系统性能的实证研究。结果表明，本研究构建的智能技术辅助档案开放审核系统，表现出了高效的处理能力，同时档案开放审核结果达到了较高的准确率，验证了其算法的准确性和稳定性。

该档案馆应用智能技术辅助档案开放审核系统后，大幅度提高了档案开放审核的工作效率。系统的应用为未来智能审核系统的开发和优化提供了实践基础和数据支持，也为档案馆智能化升级提供了有力的技术支撑。

未来的研究可以进一步探索智能技术在档案审核领域的广泛应用，包括算法的持续优化、人机协作模式的创新以及系统在不同类型档案馆的适应性和泛化能力表现等。同时,也需要关注智能审核系统在伦理、隐私保护和数据安全等方面的挑战,确保技术的负责任使用。

参考文献

[1] 陈永生,包惠敏,邓文慧.完善档案法规体系 推动档案工作走向开放——以《中华人民共和国档案法实施条例》为分析视角[J].浙江档案,2024(2):13-16+19.

[2] 姚静,徐拥军.构建档案开放审核免责机制的必要性、困境与策略[J].档案学研究,2023(2):74-80.

[3] 卞咸杰.基于智能工作流技术的档案开放审核系统设计与实现[J].档案管理,2023(6):84-87.

[4] 杨扬,孙广辉.敏感词全文比对在档案开放审核中的应用实践[J].中国档案,2020(11):58-59.

[5] 李鹏达,陈穹燕.数据挖掘技术在档案开放鉴定领域应用初探[J].中国档案,2021(2):40-41.

[6] 聂云霞,范志伟.AI技术在档案开放审核中的SWOT分析[J].山西档案,2023(4):35-45+88.

[7] 毛海帆,李鹏达,傅培超等.基于数据挖掘技术构建辅助档案开放鉴定模型[J].中国档案,2022(12):29-31.

[8] 王楠,丁原,李军.语义层次网络在文书档案开放审核中的应用[J].档案与建设,2022(6):55-60.

[9] 黄建峰,颜梓森,张枫旻等.福建:运用人工智能技术搭建开放审核模型[J].中国档案,2023(7):27-29.

以档资政：国家综合档案馆智库服务的实践与探索
——以上海市档案馆为例

董婷婷

上海市档案馆

摘 要：档案资政是档案工作服务党和国家工作大局的重要举措，也是档案馆发挥智库功能的重要体现。本文在阐述以档资政历史渊源和现实需求的基础上，简述国家综合档案馆资政服务概况，特别叙述了上海市档案馆资政服务的发展历程，分析档案资政服务的特点和优势，并对开展档案智库服务进行思考和建议。

关键词：档案资政；智库服务；国家综合档案馆

一、引言

档案是国家机构、社会组织或个人在社会活动中直接形成的有价值的各种形式的历史记录，具有历史再现性、知识性、信息性、政治性、文化性、教育性等多种特点，这些特性决定了档案具有存史、资政、育人的独特作用。其中，档案资政是一项政治性、专业性、研究性、针对性、时效性都极强的工作，是档案工作服务党和国家工作大局的重要职责，也是档案馆发挥智库功能的具体体现。

二、以档资政的历史渊源和现实需求

1. 封建统治者维护政权的手段

"以史为鉴，可以知兴替"，我国历代统治者把档案编史修志作为巩固统治的一项重要手段。无论是西汉司马迁作《史记》，还是北宋司马光编《资治通鉴》，都是利用档案编写的大型"档案资政参考"，可为统治者治理国家所借鉴。宋神宗的"鉴于往事，有资于治道"可一言以蔽之。史书之外，志书也起着资政作用。志书是一地之全史，其资料来源主要是档案，对决策者了解地情、科学决策，发挥着参谋与智囊作用。所谓"治天下者以史为鉴，治郡国者以志为鉴"。

中国古代的档案普遍处于封闭状态，藏于"石室金匮"，为统治者和贵族专用，是统治阶级维护政权、统治劳动人民的工具。唐编《群书治要》，全面总结古代治国理政的智慧经验，堪称"百科全书式"的资政宝典；清编《四库全书》，囊括各学科之长，为中华传统文化最完备之大集成。但凡是危及统治者统治地位的书籍资料，均在禁毁之列，以统治者的政治标准为准绳，形成了一套完备的封建统治制度。

2. 国家治理体系现代化的现实需求

现今，档案工作担负着"为党管档、为国守史、为民服务"的重要职责，从历史中总结经验、吸取教训，进而应照现实，为领导决策提供参考借鉴是档案工作围绕中心、服务大局的主要途径，也是档案馆发挥智库作用的具体体现。通过深入挖掘档案资源来揭示档案背后的价值，把"死档案"变成"活信息"，充分发挥档案工作在推进国家治理体系和治理能力现代化中的基础性、支撑性作用，彰显档案智库服务根本特质。

近十年，相关政策不断完善加强。2014年5月中共中央办公厅、国务院办公厅印发《关于加强和改进新形势下档案工作的意见》，提出要把"档案库"变成"思想库"，更好为各级党委和政府决策、管理提供参考，明确提出"思想库"概念；2015年1月中共中央办公厅、国务院办公厅印发《关于加强中国特色新型智库建设的意见》，提出构建中国特色新型智库发展新格局，为全国各级各类智库建设规划了方向；2016年4月国家档案局印发《全国档案事业发展"十三五"规划纲要》，提出探索建立档案智库的机制和途径，是档案机构探索智库建设的初步尝试；2021年6月中共中央办公厅、国务院办公厅印发《"十四五"全国档案事业发展规划》，再次提出档案智库建设，要深入挖掘档案资源，及时精准为各级党委和政府决策提供参考。

三、国家综合档案馆资政服务概况

从宏观层面来说，档案资政服务的形式多种多样，如上文提及的编史修志、汇集图书资料等，凡是利用档案来为党和政府部门决策提供服务的各类行为都可纳入，包括出版图书、举办展览、制作多媒体应用等，内容宽泛。为突出重点，本文所探讨的档案资政服务专指以档案信息资源为基础，利用某种特定形式，针对党和政府管理、决策某个方面的问题而提供建议，发挥档案智库功能的过程。

1. 以突发事件为切入点

我国综合档案馆资政服务以2003年"非典"事件为切入点，开始逐步形成规模。如辽宁省档案馆2003年编写《辽宁省近百年来发生重大疫情及防疫情况》一文开启资政之路，2010年3月正式创办《辽宁档案资政》，使其成为一个有效的资政服务平台；2003年4月《重庆档案信息拾萃》正式创刊，第一篇文章就是《重庆历史上的疫情及防治》，为应对"非典"提供档案力量；同年，北京市档案馆创办《档案摘报》，第1至5期针对"非典"摘编了馆藏民国时期和新中国成立后有关传染病防疫和卫生工作的档案史料。在突发事件处置上，面向决策需求的档案智库服务是以档资政的有效切入点。

2. 当下档案编研工作之重点

目前，档案资政服务已成为各级综合档案馆的常规工作，是档案编研工作的重点任务之一。山东省档案馆编报《档案资政参考》，先后围绕建设海洋强省、打造乡村振兴齐鲁样板、疫情防控、党史学习教育、服务黄河国家战略等重要专题编报资政参考五十余期，切实增强资政服务的持续性和连贯性；福建省档案馆创办《档案参考专报》，充分发挥馆藏闽台历史档案特色，编写《台湾光复，福建的作用不可替代》《回家之念 复籍之殇》《台湾光复后的教育重建》《省档案馆馆藏闽台关系档案资源及研究开发情况》等多篇档案参考，为领导和政府部门决策提供借鉴和佐证；湖南省档案馆编报《湖南档案资政参考》，编报《党和国家领导人关心洞庭湖治理与开发实录》《中共湖南历次党代会基本情况及经验启示》《中国茶界的"安化奇迹"是如何创造的》《新中国成立以来产生重要影响的湖南经验》等富有地域特色的文章，显著提升档案工作的影响力；江苏省档案馆编报《江苏档案资政参考》，内容涵盖江苏百年党史、南京长江大桥精神、江苏抗疫记忆等，并编印《档案——〈江苏档案资政参考〉选编》第一辑、第二辑，作为2021年和2023年江苏省两会辅助读本，为代表委员们资政襄政提供有益帮助；成都市档案馆创办《档案资政参考专刊》，立足档案研究，采用"呈现历史+讲好故事"的表达方式，以"小切口"反映"大变化"，彰显档案资源的独特价值。

其他各级综合档案馆也都有相应的资政服务，在此不一一列举。窥一斑而知全豹，档案资政已成普遍之势，是编研工作的重中之重。

3. 上海市档案馆资政服务开展历程

（1）尝试摸索阶段。上海市档案馆较早就开始系统地、有规模地开展档案资政服务。2001年1月创办《档案信息摘报》（以下简称《摘报》），在第1期"写在前面的话"中写道，"进入21世纪，上海面临着提高城市综合竞争力的历史使命，档案工作理应为完成这个使命竭尽所能。为此，我们拟编发《档案信息摘报》供领导参阅，希望通过它使档案工作更好地为上海改革开放和经济建设的大局服务，为领导决策服务。"言语中尽显初创时尝试和摸索的意味。没想到第2期内容就引起了市领导的注意,这期《摘报》充分发挥馆藏同业公会档案资源优势,多维度、全方位阐述近代上海同业公会整体情况。时值中国加入世界贸易组织前夕,正好契合政府欲强化行业协会职能的需求,时任市长徐匡迪看到后专程带人来馆调研。《摘报》的创办无疑开拓了一条为领导决策服务的新路径,拓宽了档案工作服务的边界。

(2) 稳步发展阶段。《档案信息摘报》为不定期内部出版,栏目因需而设,初有档案摘编、背景介绍、海上旧闻、域外传真、百年经纬看上海、小资料等,后又开辟了专家建言、百家谈、调研报告等专栏。以市委和市政府重点关注的问题为切入点,以社会热点、难点、突发性事件为着眼点,以馆藏档案为落脚点,择取选题,精心编排。从创办起至2013年,共编报超过210期,主题涉及上海政治、经济、文化和社会生活方方面面,如《近代上海文教事业与上海城市经济的互动发展》《"民国"时期上海防疫情况》《解放初上海接管时期的立法概况》《1957年上海开展正确处理人民内部矛盾的有关实践活动》《二十世纪六七十年代上海对地面沉降的控制》《上海当代旅游产业发展概况》等,供各级决策部门参考学习,助力上海城市发展。

(3) 转型调整阶段。根据部门职责分工,《档案信息摘报》由档案史料编研部负责。2014年由于部门调整和职能整合,原档案宣传部(期刊编辑部)和档案史料编研部合二为一,成为档案史料编研部(档案宣传部),根据局(馆)统一部署和综合考量,《档案信息摘报》停办,但资政服务依旧继续开展,由综合规划处编报的《档案工作周报》"珍档鉴今"栏目继续发挥这方面作用。先后编写《工房建设,为什么从曹阳新村开始》《解放初期上海解决妇女就业问题的努力》《"小人书"里的"大文章"》等文章,持续发挥以档资政功能。

(4) 迭代升级阶段。为了更好地做好档案资政服务,上海市档案馆曾派人赴天津、青岛等地学习考察,了解各地资政服务开展的情况,学习兄弟单位的先进做法。2018年11月上海市档案馆调整为市委工作机关,2019年2月时任上海市市委书记李强到馆调研时强调,要增强做好档案工作的责任感和紧迫感,确保档案安全留存、发挥作用,更好资政育人、服务发展、服务民生。近年来,除了在《档案工作周报》上继续推出"珍档鉴今"栏目外,市委根据当下工作重点和关键节点给我们出命题作文,我们先后编报《建党和大革命时期党开展督促检查工作溯源》《从馆藏档案看新中国上海工业发展历程》《从馆藏档案考察新中国上海旧改工作》《档案中的苏州河治理》《档案参考:上海城市发展与公共交通沿革》《档案参考:简述上海文化发展历程》等文章,高品质、高时效完成,获得市委领导一致肯定和高度认可。

4. 综合档案馆资政服务的特点和优势

纵观各级综合档案馆资政服务概况,以编报资政参考为主要手段,以书面稿件为呈现方式,形式上有专题档案摘编型、综述型、案例分析型、专题汇集型、数据统计型、综合运用型等。选题方面贴近党和政府重点工作，找准社会热点和难点问题，以馆藏档案为强力支撑，充分发挥馆藏特色档案优势，或梳理事件发展脉络，或分析原因、总结规律、提出警示，具有鲜明的政治性、针对性、时效性和参考性。

国家综合档案馆是统一保管党和政府机关档案的管理部门，既是党的机构，又是国家的机构，与党和政府有着天然联系。因此，以其为主体提供的资政服务，可以确保主题选择的精准性、对策建议的稳妥性，以及提供事实或数据支撑的权威性。

四、关于档案智库服务的思考与建议

档案资政开启了档案智库服务的大门。所谓"智库"，通俗来讲，即为政府决策提供咨询的研究机构。综合档案馆以档资政积极发挥智库作用，但毕竟尚处于探索阶段，要建立一个定位明晰、机制健全、体系完善、人才荟萃的档案智库，还需从以下几个方面进行考量。

1. 完善档案智库服务工作机制

目前，大部分综合档案馆建立了专门的资政平台，固定呈报相关稿件；一部分综合档案馆因地制宜，结合时事采取专报形式；还有一部分将固定呈报和专报有机结合，兼顾长效机制和特殊要求。在这个过程中，始终是档案馆向政府部门的单向输出，偶尔会得到相关领导的批示，但大部分缺少信息反馈。建立健全的反馈机制，及时得到决策部门的意见，有利于档案馆汇总改进，形成良性互动。

2. 加强档案资源体系建设

离开档案资源，档案智库服务就是无源之水，无本之木，档案资源是档案智库服务的关键。各级综合档案馆应拓宽档案进馆渠道，构建内容更丰富、形式更多样、结构更优化的馆藏资源体系，为资政服务提供坚实的档案支撑，以此提升智库服务质效。

3. 打造智库服务团队

人才是智库发展的核心竞争力，组建一支高素质的智库服务队伍，是发挥档案智库作用的强有力保障。各级综合档案馆可结合国家档案局"三支人才队伍"的组建工作，选拔、培养一批具备前瞻性思维力、系统性规划力和高效行动力的智库型人才。通过编报各类资政参考，以老带新、以熟带生、以上带下，在实践中锤炼队伍，提升队伍战斗力。同时，善于借助"外脑"，加强与党史办、社科院、高校、图书馆、博物馆等机构的沟通与交流，拓宽思路，整合资源，提升综合档案馆智库服务能力。

4. 创新档案智库服务形式

目前,档案智库服务以档案资政为主,而各级综合档案馆的资政服务方式较为单一,如前文所述,大多以编报资政参考为主要手段。可尝试运用新技术创新服务形式,如利用信息技术精准对接政府需求,打破纸质环境空间,注入可视化元素等,让档案智库服务更精准、更有效。

参考文献

[1] 朱榕.创建档案编研工作的新平台——试论《档案信息摘报》的编撰及意义[C]//中国档案学会档案文献编纂学术委员会.档案编研论稿.桂林:广西师范大学出版社,2007:267－273.
[2] 牛力,王钰涵.面向政府的档案信息资源开发利用研究综述[J].档案学研究,2016(2):60－66.
[3] 赵彩彩.技术携手人文:数字人文视域下档案智库建设路径探析[J].档案与建设,2020(6):29－33.
[4] 张斌,徐拥军.推进中国特色新型档案智库建设策略[J].中国档案,2022(2):32－33.
[5] 陈晓.整合资源谋突破　档案资政树品牌——山东省档案馆《档案资政参考》编报工作成效显著[J].中国档案,2022(5):38－39.
[6] 任越,刘泽禹.以档资政:国家综合档案馆智库服务的功能定位及其实现研究[J].档案与建设,2023(3):18－21.
[7] 沈岳."档案库"变"思想库"　扎实开展湖南档案资政参考工作[J].中国档案,2024(3):28－29.

数字人文对城建档案利用开发的驱动及影响

王业欣

上海市城市建设档案馆

摘 要：数字人文是人文科学与数字技术结合的跨学科领域，通过计算技术的应用来处理、分析和展示人文科学的研究对象。随着大数据、云计算和人工智能等技术的迅速发展，数字人文为各个领域带来了新的研究方法和工具。城建档案作为城市建设过程中形成的历史记录和数据集合，具有重要的历史价值和现实意义。本文旨在探讨数字人文对城建档案利用开发的驱动因素及其影响。

关键词：数字人文；城建档案利用开发；创新应用

一、引言

随着信息技术的迅猛发展，数字化已经成为当今社会的主要特征之一。在这个数智时代，数字技术正在对各行各业产生深远的影响，城市建设档案是城市发展和文化传承的重要组成部分，如何借助数字技术创新城建档案利用开发，提升城市管理水平和文化软实力，成为当前档案从业者未来工作的重要方向。档案资源体系的数据化建设、档案管理流程的数字化再造以及档案生态系统的数据化治理正面临一系列机遇与挑战。[1]本文将从数字人文对城建档案利用开发的驱动因素、影响、未来应用方向来探讨数字人文对城建档案的影响和作用。

二、数字人文对城建档案利用的驱动因素

1. 技术进步

现代计算技术的进步为城建档案的数字化和信息化提供了强大的支持。高分辨率扫描、光学字符识别（OCR）、地理信息系统（GIS）和三维建模等技术，使得城建档案的数字化成为可能。这些技术不仅可以高效地处理大量的档案数据，而且

可以将纸质档案转化为可检索、可视化的数字资源。

2. 数据需求的增长

随着城市规划和建设的复杂性增加,决策者对历史数据的依赖也在增强。通过数字人文技术,城建档案中的信息可以被更高效地挖掘和分析,支持城市规划、政策制定和学术研究等多方面的需求。例如,历史建筑的保护、城市交通规划和环境治理等方面,都可以从历史数据中获得有价值的参考。

3. 公众参与和开放数据

数字人文促进了数据的开放和共享,增加了公众参与城建档案利用的机会。开放数据的推行,使得更多的城建档案可以通过网络平台向公众开放,激发了公众和研究者的兴趣和参与度。同时,众包(crowdsourcing)技术的应用,也为档案数据的整理和分析提供了新的模式。

三、数字人文对城建档案利用开发的影响

1. 档案管理方式的转变

数字人文的应用促使档案管理方式从传统的纸质档案管理向数字化、信息化管理转变。数字化档案不仅方便保存和查阅,而且通过元数据(metadata)的添加,实现了对档案内容的深层次挖掘和关联。例如,通过 GIS 技术,历史地图和现代城市规划图可以叠加,展示城市发展变迁的全过程。

2. 信息检索和分析能力的提升

数字人文技术使城建档案的信息检索和分析能力大大提升。自然语言处理(NLP)和文本挖掘技术可以从大量文献中提取有用的信息,发现隐藏的模式和趋势。数据可视化工具则可以将复杂的数据以图表、地图、三维模型等形式直观呈现,帮助研究者和决策者更好地理解和利用档案数据。

3. 多学科合作的增强

数字人文的跨学科性质促进了不同学科间的合作。城建档案的利用不仅需要档案学和城市规划的专业知识,而且需要计算机科学、信息技术等领域的支持。通过多学科合作,可以从多个角度对档案数据进行分析,得到更加全面和深入的结论。例如,历史学家可以与数据科学家合作,利用数据挖掘技术分析城市发展的历史规律。

4. 历史研究和文化保护的深化

数字人文为历史研究和文化保护提供了新的工具和方法。通过数字化城建档案,研究者可以方便地查阅和分析历史数据,揭示城市发展的历史脉络和文化特征。同时,数字化技术还可以用于文物和历史建筑的虚拟修复和展示,为文化遗产的保护和传播提

供支持。例如,利用三维建模技术,可以对历史建筑进行精确的虚拟重建,再现其原貌。

5. 教育和公众传播的扩展

数字人文技术的应用扩展了城建档案在教育和公众传播方面的影响。数字化档案可以通过网络平台向公众开放,成为教育资源和文化传播的重要载体。通过互动性强的数字展示,如虚拟现实(VR)、增强现实(AR)等技术,公众可以更直观地了解城市发展的历史和文化,提高社会对城市历史文化遗产保护的意识。

如上海市档案局在微信平台上线的"跟着档案观上海数字人文平台",就是将档案进行数字化、可视化处理后将最终效果呈现给公众,如图1~图4所示。我们可以在手机上、电脑上轻松查阅档案局的相关档案,了解上海历史变迁过程中各种历史事件、人物轶事、历史建筑照片等,且直观便捷。这是数字人文时代信息技术的飞跃提升所带来的成果。

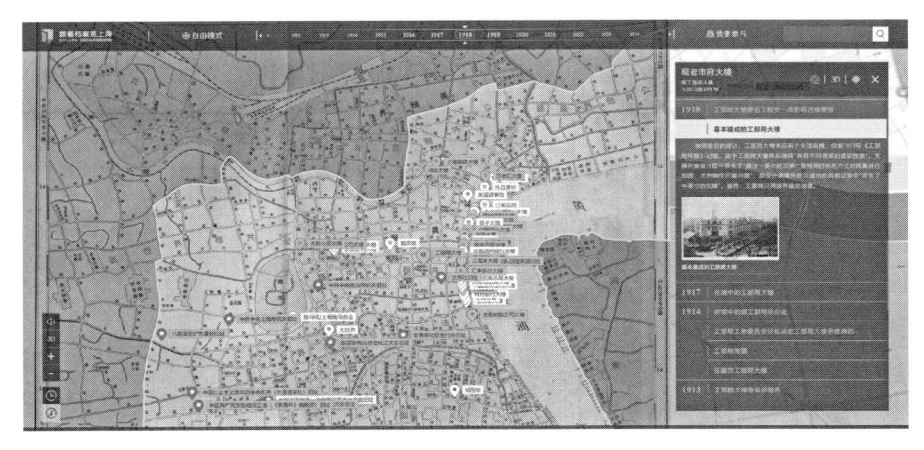

图 1

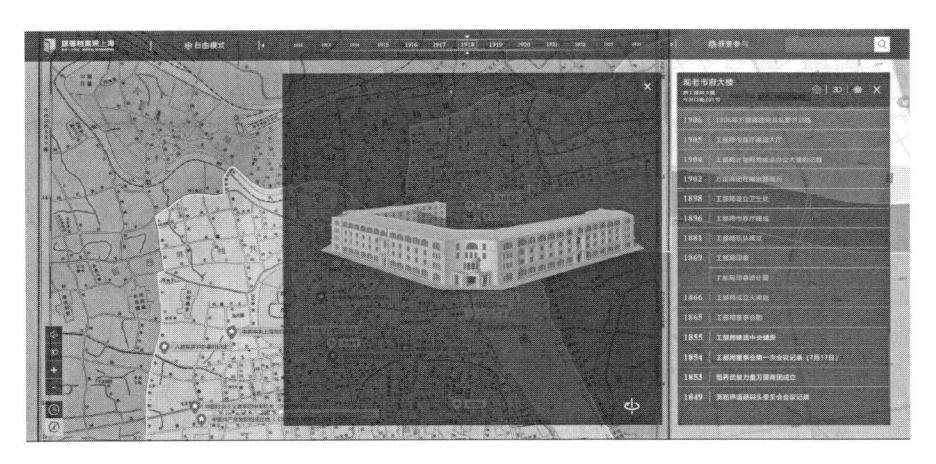

图 2

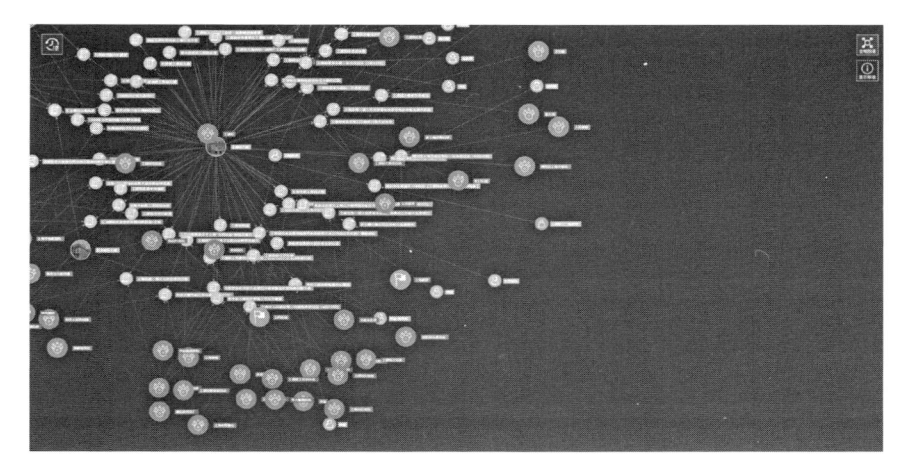

图 3

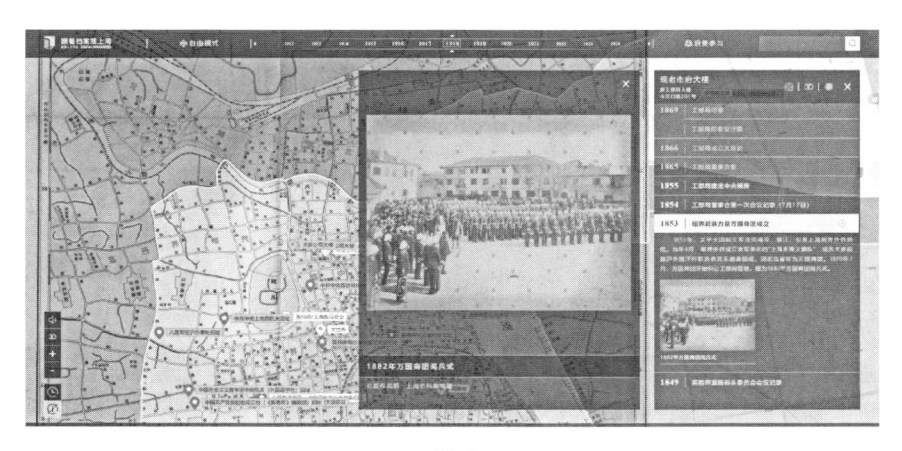

图 4

图1~图4 "跟着档案观上海数字人文平台"截图

四、未来应用方向

智能化和数字技术在城建档案利用上具有潜在的广泛应用,能够提高城市建设和管理的效率、可靠性和可持续性。以下是几种技术方向:

1. 数字化档案管理系统

数字化档案管理系统是将传统的纸质档案数字化的过程,通过使用数字技术将城建档案转换为电子形式,实现了信息的集中管理、高效检索和安全存储。这一技术方向涵盖了多种技术,包括高速扫描、光学字符识别、图像处理和文本识别等。通过这些技术手段,城市建设相关的各类文件、图纸、报告等可以被快速地转化为数字形式,并存储在专门的数据库中,为城市规划、监测和管理提供了便利。

2. 大数据分析与挖掘

城建档案中蕴含着大量的数据,包括建筑结构、用地规划、环境影响评估等方面的信息。利用大数据分析与挖掘技术,可以从这些数据中发现隐藏的规律、趋势和关联,为城市规划和决策提供数据支持。通过智能算法和数据挖掘技术,可以对城市建设中的历史数据和实时数据进行分析,帮助城市管理者更好地理解城市发展的趋势,制定更科学的规划和政策。

3. 人工智能在档案分类与检索中的应用

传统的档案分类与检索需要大量的人力和时间,而且容易出现误差。利用人工智能技术,可以实现对城建档案的自动分类、标注和检索,大大提高了档案管理的效率和准确性。通过机器学习算法和自然语言处理技术,可以对大量的档案信息进行自动化处理,使得用户能够更快速、更准确地找到他们需要的信息。

4. 区块链技术的应用

区块链技术具有去中心化、不可篡改、可追溯等特点,适用于保障城建档案的安全性和可信度。通过将城建档案信息存储在区块链上,可以确保档案信息不被篡改或丢失,并且能够实现信息的可追溯性,任何对档案信息的修改都会被记录下来,从而提高档案信息的可信度和完整性。

5. 物联网与传感器技术

物联网与传感器技术的发展为城建档案管理带来了新的机遇。通过在建筑物和基础设施中部署各种传感器,可以实时监测建筑物的状态、环境数据等信息,并将这些数据与档案管理系统进行关联。例如,通过监测建筑物的能耗、温度、湿度等数据,可以及时发现问题并进行调整,提高建筑物的能效性能。同时,这些传感器收集的数据也可以作为城建档案的一部分,为未来的维护和改造提供重要参考依据。

五、结语

在国家文化数字化战略背景下,如何利用数字技术更好地释放馆藏档案资源的文化价值,加快融入国家文化数字资源体系,主动服务中华文化数据库建设,促进档案馆公共文化服务数字化转型,提升数字时代档案馆公共文化服务的社会认可度,是当前档案馆实现高质量发展需要思考的新问题。[2]智能化和数字技术在城建档案应用中有着广泛的应用前景,可以为城市的可持续发展和智慧管理提供重要支持。随着技术的不断发展和创新,相信这些技术方向将会为城市建设和管理带来更多的创新和改变。

参考文献

[1] 黎南希,王怡茜.英国档案馆数字能力建设战略研究及启示[J].浙江档案,2022(2):42-45.
[2] 任越,袁蕾涵.国家文化数字化战略背景下档案馆公共文化服务数字化转型的趋向、困境及实践策略[J].档案学研究,2023(06):10-16.

数字人文视角下高校红色档案开发利用实践研究
——以上海交通大学为例

许雯倩

上海交通大学档案文博管理中心

摘　要： 高校红色档案蕴含高校独特印记，是大思政课程中宝贵的"第一手"资料。借助数字人文焕活高校红色档案开发利用新形态，提升其应用效果与价值，是高校档案管理领域的新课题。本文立足于高校红色档案开发现状，结合上海交通大学实例，探讨其在数字人文视角下开发利用的新途径，为进一步推动高校红色档案研究与服务提供实践与策略依据。

关键词： 数字人文；高校；红色档案；开发利用；资源共享

一、引言

数智时代的红色档案开发利用是一个多层次、多维度的系统工程。高校红色档案是大学精神的彰显，盘活高校红色档案，对于当代大学生塑造品格、提升素养具有重要意义。目前，相关论述多以综合档案馆为研究对象，本文旨在分析数字人文视角下，高校领域的开发与利用现状，探讨高校"数字人文＋红色档案"实践路径。

二、数字人文视角下高校红色档案的内涵、关联与研究意义

1. 高校红色档案资源的内涵

2023年上海市档案局印发了《上海市红色档案资源管理办法》，给出了"红色档案"与"红色档案资源"的明确定义。"红色档案"是指：中国共产党领导下，在新民主主义革命时期、社会主义革命和建设时期、改革开放和社会主义现代化建设新时期、中国特色社会主义新时代所形成的具有历史价值、教育意义、纪念意义的档

案。"红色档案资源"是指：红色档案及其相关的文献资料、各类出版物、实物等，以及在红色档案管理活动中形成的档案数字化成果、档案目录、数据信息、研究成果等的总和。

高校发展历程中产生红色档案带有高校独特印记，不仅包含红色革命档案，而且包含高校在中华人民共和国成立后社会主义建设和改革开放直至新时期，对于人才培养、科学研究、社会服务中取得的光辉成就和涌现出的典型人物及典型事迹，符合社会主义核心价值观要求，能服从于党的建设，推进社会科技发展，传播红色正能量的精神及物质载体的总和。

2. 数字人文与高校红色档案资源的关联及研究意义

数字人文的概念起源于"人文计算"。20世纪40年代末，意大利学者罗伯特·布萨将计算机技术应用于编纂人文科学类书籍。学界专家提出："数字人文"的基础活动是"保存、分析、编辑和建模，基础材料包括档案、藏品等资源集合"[1]，核心是"围绕人文社会科学领域的研究对象本体，实现数字资源的深度整合与保存，向用户提供专题信息服务并为相关应用提供支持"[2]。"数字人文技术由数字化技术、数据管理技术、数据分析技术、可视化技术、VR/AR技术、机器学习技术组成。"20世纪90年代初，钱学森在阅读文献时关注到"Virtual Reality"一词，称之为"灵境"技术。在他写给人工智能专家的信中提到，"灵境"技术是继计算机技术革命后的又一项技术革命，将引发震撼全世界的变革，一定是人类历史中的大事。如今"数字人文"已在诸多文化领域得到广泛应用，在档案资源开发与服务领域，数字人文使档案工作从客观记录、收集、利用转变为目标明确、高度开放、深层次的内容挖掘、整合与呈现。

结合高校红色档案特性，可从以下三个维度理解"数字人文"与"高校红色档案"两者关系：首先，高校红色档案是高校发展历程的真实记录，是高校数字人文记忆库的重要资源。其次，高校通过数字人文项目，对红色档案进行内涵挖掘、资源整合与服务提升。最后，数字人文技术，可实现档案的文本分析、深度关联及可视化呈现。丰富高校红色档案展现形式，拓宽校史研究视野。

三、数字人文环境下高校红色档案开发与服务的现状分析

《"十四五"全国档案事业发展规划》提出，"要加大档案资源开发力度，发挥档案在理想信念教育中的重要作用，围绕重大纪念活动和重要时间节点推出具有广泛影响力的档案文化精品，集中展示档案开发利用成果"。管好、用活红色档案是高校档案部门实现其存史资政育人价值的重要体现。然而，高校档案馆要实现数字人文环境下的红色档案开发与利用还面临着诸多现实困境：

1. 高校对于红色档案资源征集力度欠缺

笔者对全国办学历史较悠久的15所"985高校"的档案部门网站及微信公众号,展开红色档案征集公告的调研。大多数单位以公告形式开展了史料、文献、实物的征集,发布了红色档案相关专题栏目或内容,但仅一所高校明确发布了红色档案征集公告(见表1)。

表1 15所高校档案部门官方红色档案征集情况

序号	高校名称	校史资料征集公告	红色档案征集公告	红色档案网站专栏	红色档案微视频
1	清华大学	√	×	√	√
2	北京大学	√	×	√	×
3	上海交大	√	×	√	√
4	复旦大学	√	×	√	√
5	同济大学	√	×	√	√
6	武汉大学	√	×	√	√
7	浙江大学	√	×	√	×
8	四川大学	√	×	√	√
9	天津大学	√	×	√	×
10	南京大学	√	×	√	√
11	厦门大学	√	√	√	√
12	南开大学	√	×	√	×
13	西安交大	√	×	√	×
14	中国人大	×	×	×	×
15	中山大学	√	×	×	×

2. 高校红色档案资源开发主体单一

目前,大多数高校档案部门未设有红色档案专题目录或数据库,一定程度上制约了红色档案的广泛使用与功能拓展。红色档案开发利用主体仍是高校档案部门,其他开发主体参与度较低,存在研究宣传不够深入、形式不够多样、效果不够显著、公众参与度较低等问题,未能全面收集、整理、展现与学校相关的红色故事和红色人物,没有打造出具有高校特色的"红色经典产品"。

3. 高校红色档案主动服务驱动力不足

高校档案部门主动服务意识薄弱,档案工作本身具有很强政治性,在开发利用时,档案部门往往较为被动,服务方式创新不足。从调研情况来看,目前多数高校红色档案开发利用形式单一,多以史料编研、专题展览的方式呈现,编研成果以文字为主,展览以图文结合为主,缺乏交互融合性,开发成果的推广效果不够显著,与观众体验式、沉浸式的观展需求尚有差距。不少综合档案馆已经广泛使用的全景展览、微视频、微纪录片等数字人文展现手段,在高校档案部门运用有限。综上,高校红色档案主动服务驱动力不足,开发利用形式单一固化,亟须融合数字人文技术开发创新思维与手段。

4. 高校红色档案资源共建共享乏力

国家档案局原副局长付华曾在全国档案工作者年会上提出:"在今天一切讲究跨界的时代,档案工作中的许多问题已经不是档案部门自身的问题,而是需要各个行业互相配合、互相融合,共同研究解决。"高校档案部门也不例外,信息共建共享不充分、资源碎片化,跨部门、跨区域、跨单位之间的互通共享较少;红色档案资源受众范围单一,服务范围局限在高校里面,未能辐射到"象牙塔"以外的群体;未能找准联结点,恰如其分地将档案史料中的红色基因运用于高校思想政治素质培育工作。

四、上海交通大学红色资源开发利用在数字人文领域的若干尝试

为有效开发学校红色档案资源,发挥高校红色档案存史、资政、育人的功能,上海交通大学协同档案、文博、校史、宣传等业务归口部门,将红色档案资源的开发与利用融入校园文化建设。

1. 线上发布馆藏资源,群体共同参与红色档案资源建设

为进一步发挥红色档案存史、资政、育人功能,上海交大档案文博管理中心分批对馆藏红色档案进行开放鉴定,鉴定后在线发布珍档信息与全文。中心甄选了1931年《交大季刊》第七期抗日特刊、史霄雯烈士读书时期实验报告、穆汉祥烈士读书期间与家人的书信、以钱学森为代表的杰出科学家的文献实物等,通过官网、微信、实体展览的方式,与师生和公众见面,推文点击量超过2 000人次。档案保护修复人员采用高精度扫描与立体拍摄技术,对档案实体进行数字化采集,为今后建立红色档案数据库做好准备。校内多个部门联合开展"口述"档案采集,拓展红色

档案资源征集新渠道。中心整理出版的《上海交通大学百年报刊集成》第一辑收集了交大1949年前散存的各类报刊，荟萃了1896年到1949年间问世的49种期刊，并开展交大红色期刊的收集影印出版，课题发布后多学科共同参与，开展红色期刊资源的共享共建。

2. 与院系学科协作联动，打造红色档案育人新模式

上海交通大学开展"珍档进院系"活动，遴选红色珍档走进院系，让大学精神中的"红色基因"具象化。档案文博管理中心推出了"博物馆里的微党课"，甄选黄旭华社团登记表、歼8飞机模型等文献实物，以音视频、图片叙述结合的方式进行动态展示。通过3D、VR、AR视觉沉浸技术，多维立体地呈现内容，实现展示成果的场景化，在新媒体平台为学校立德树人工作助力赋能。媒体与传播学院开展虚拟展览、线上解说，将红色档案融入课堂，使各种形态的智能化教学环境应用成为可能。人文学院近代史、党史相关学科则通过对英烈人物所涉地域、学科、牺牲年代等要素的大数据分析，对人物成长背景经历有更深的挖掘。院系结合学科特点构建教学的素材库，定制个性化教学内容，使得文化资源"动"起来，思政教育"活"起来。

3. 开辟主题展览云展厅，提升红色档案宣传效能最大化

习近平总书记指出："做好高校思想政治工作，要因事而化、因时而进、因势而新。"他还指出："要运用新媒体新技术使工作活起来，推动思想政治工作传统优势同信息技术高度融合，增强时代感和吸引力。"线上线下相结合，推进思想政治教育的理念思路、内容形式、方法手段创新，增强工作时代感和实效性。[3]在高校文化育人的大环境下，数字人文的发展与应用为高校红色档案的宣传开拓了新的方式与途径。上海交通大学档案文博管理中心依托馆藏资源，通过B站、微博、腾讯会议等新媒体工具，采用3D建模、PS图像处理技术，将线下展览做了线上还原，实现展览的"交互性"和观展的"高自由度"；将展品、图文、视频置入VR展厅，为观众提供沉浸式全景观展体验；通过数字人文技术，让展览蕴含的精神内核更加入眼、入耳、入脑、入心（见表2）。

表2 上海交通大学红色档案宣传精品案例

序号	展览名称	数字人文技术/工具	宣传方式
1	积厚流光——上海交通大学校史博物馆基本陈列	触摸屏 多媒体呈现 全息投影	"博物馆奇妙夜"云直播 官方微博 官方B站

续　表

序号	展览名称	数字人文技术/工具	宣传方式
2	浓墨梁山好汉志、品悟水浒忠义情——戴敦邦《水浒传》电视剧人物造型画展	3D建模 PS技术 配音秀App	线上云展览 云讲解 水浒表情包 水浒配音秀
3	科教兴国、开创未来——两弹一星功勋科学家杨嘉墀专题展览	VR展厅	线上云展览 云讲解 互动体验 同步直播

五、数字人文视角下高校红色档案开发与服务的实现路径

借助数字人文技术，为红色档案资源开发服务的内涵与形式拾遗补阙，从中发现更有价值的隐藏知识信息，实现数字人文与红色档案资源最佳融合，是高校档案资源开发服务工作的应然之势。

1. 构建高校红色档案资源采集存储合作机制

高校红色档案资源采集存储主体包括档案、校史、宣传、信息、院系等多个部门，涉及范围广、协调难度大、技术要求高。高校应发挥学科、人才优势，利用数字人文技术，将分散在不同主体、不同载体中的红色档案资源聚集整合。档案馆制定档案采集存储标准；信息部门给予数据采集、长期存储、信息安全的技术保障；人文学科依靠图文处理、语音光学识别、环物摄影等技术开展数字化采集与数据化组织，通过语义分析、知识图谱、文本挖掘等技术进行精准描述、主题聚类分析、文本挖掘提取和内容组织融合；宣传部门牵头建立校内共建、协作开发的管理机制，保障高校红色档案资源的采集与存储始终在有序、可控的环境下运行。

2. 搭建高校红色档案资源一站式共享利用平台

新加坡国家档案馆"公民档案员"项目，以"加入我们，帮助所有人方便检索档案馆馆藏"为目标；中国人民大学人文研究中心"我的北京记忆"项目提出"让城市记忆真正源自民间，回归民间"。这些项目一定程度上，保证了公众共建的社会记忆能够得到妥善保存，并能构建更庞大的社会记忆库。[4]高校红色档案的开发利用可效仿其中一些具体做法，构建红色档案资源共享共建平台。

通过前文所述的集中采集与关联化存储，对数据进行清洗、分析、整合、归类、关联，构建类别清晰、主题鲜明且集输入、管理、输出为一体的红色档案资源库。同

时,高校可开展数字档案资源社会化共建,引入社会力量,逐一分解贴标签、转录、添加背景信息等工作。赋予可控范围内相应的使用权限,实现红色档案资源在高校内部以及辐射社会公众的互联互通、共建共享与在线利用。

3. 推动高校红色档案资源智慧利用与优化服务

近年来,上海交通大学在扎实研究的基础上,主动拓展新媒体宣传平台,提升高校红色文化的知名度和影响力。数字人文技术的涌现与普及为高校红色档案资源的智慧利用提供了新途径。

(1) 分步实施红色档案数据化,开启数字记录管理新模式。以高校地下党、老校友为采集对象的"口述"档案音视频资源,通过语音识别、自然语言理解等人工智能技术解决音视频档案的管理难点,实现自动编目的需求。

(2) 建立高校红色人物(英烈、地下党、红色科学家等)资源库。通过预设人物数据,在对声像档案存储过程中,提取人脸建立数据库。通过比对,完成人物标注,关联视频所在事件的文本信息,助力相关红色专题档案的检索利用。

(3) 优化红色档案资源服务内容。通过大数据、云计算等技术实现检索功能的改进,利用关键词信息检索、与词语或字符等语义关联的模糊查询等方式进行智能检索,提高查准率与查全率。最终实现档案服务、校史研究、文博育人的业务协同整合、泛在化服务,以此提高在校师生与社会公众对高校红色档案资源的可及性。

参考文献

[1] 牛力,刘慧琳,曾静怡.档案工作参与数字人文建设的模式分析[J].档案学通讯,2020(5):62-67.
[2] 赵生辉,朱学芳.我国高校数字人文中心建设初探[J].图书情报工作,2014,58(6):64-69.
[3] 刘曙辉.高校思政工作如何"因事而化、因时而进、因时而新"[N].郑州日报,2019-02-22(15).
[4] 丁越,陈建.共建与共享:档案众包完善社会记忆的方式与路径[J].山西档案,2023(1):14-19.

数字人文技术方法在档案开发利用中的探索实践

——以"跟着档案观上海"数字人文平台建设为例

张 新 胡 劼

上海市档案馆

摘 要："跟着档案观上海"数字人文平台是上海市档案馆贯彻落实习近平总书记考察上海重要讲话和对档案工作重要指示批示精神,顺应数字化时代发展趋势,探索数字人文技术在档案资源深层加工和利用中应用的创新项目。该项目以丰富的馆藏档案资源为基础,结合现代科技手段,活化档案资源,深度挖掘上海著名地标性建筑和街区的历史内涵,构建了一个多功能、开放式、互动性的在线展示和教育平台。它是上海市档案馆践行习近平文化思想的生动实践,对于深化档案资源开发利用、共建共享、发挥档案存史资政育人作用具有创新意义。

关键词：数字人文；跟着档案观上海；档案数字化转型

一、引言

上海是党的诞生地、初心始发地和伟大建党精神孕育地,它还是中国最早"睁眼看世界"的城市,中西文明在此激荡碰撞、交融互鉴。这些特性,造就了上海城市独特的精神品格,也留下了弥足珍贵的档案记忆。

党的十八大以来,习近平总书记多次考察上海,对上海发展提出殷切希望。2021年,习近平总书记对新时代档案工作做出重要批示。遵循习近平总书记提出的"四个好""两个服务"目标任务和"三个走向"的根本途径,近年来,上海档案部门响应党的二十大提出的"加快建设网络强国、数字中国"的号召,顺应当今社会加速迈向数字时代的发展趋势,按照《"十四五"全国档案事业发展规划》提出的"积极探索知识管理、人工智能、数字人文等技术在档案信息深层加工和利用中的应用"的明确要求,积极探索开展数字人文在档案领域的应用,并将其作为加速档案全行业数字化转型,推动档案事业向更高质量发展的重要工作内容。

上海市档案馆在数字化转型的过程中已经积累了2.3亿幅数字化画幅，可观的包括数字照片、数字音视频在内的电子档案，各类档案文件级目录超过1 500万条。这些档案数字资源以及众多传统档案资源开发利用成果，为开展数字人文应用奠定了坚实的基础。

2023年6月，上海市档案馆建设的"跟着档案观上海"数字人文平台正式上线运行。平台上线后受到社会广泛关注，截至2024年4月30日，浏览量（PV）达到720 167次，访客量（UV）达到455 502人。在2023年度德国"红点"设计比赛中，从全球众多参赛作品中脱颖而出，获得"红点"视觉传达类奖项，2024年又获得"IF"用户界面类别设计奖。

二、"跟着档案观上海"数字人文平台建设总体情况

1. "跟着档案观上海"数字人文平台简介

"跟着档案观上海"数字人文平台以上海市档案馆馆藏1855—2012年形成的十余张不同时代的地图为"基底"，通过千余件馆藏和来自其他档案保管单位与个人的文书、照片、图纸等档案，以近代上海最早开启现代化进程的外滩、北外滩区域的标志性建筑点位为描述对象，综合应用时空地理、知识图谱、人工智能、人机交互、数据库等技术，将包括时间背景、地理空间信息、建筑物、事件、人物等档案信息要素聚合起来，在个人电脑端、移动端以及市档案馆新馆学生课堂大屏端打造基于互联网的多功能、开放式、互动性的面向广大社会公众的全新数字化档案展示利用和教育平台。图1是"跟着档案观上海"的数字人文平台个人电脑端介绍界面。

图1 "跟着档案观上海"数字人文平台个人电脑端平台介绍界面

2."跟着档案观上海"数字人文平台建设过程

2022年,上海市档案馆正式启动"跟着档案看上海"数字人文平台项目建设。2023年初,项目基本完成后台数据库开发、数据录入、3D建模、流媒体故事生成,以及时空地理系统搭建、知识图谱构建等基础性工作。在完成平台部署后,经多轮测试,于2023年6月9日"国际档案日"正式上线上海市档案馆官网"上海档案信息网"。图2是"跟着档案观上海"数字人文平台个人电脑端首页。

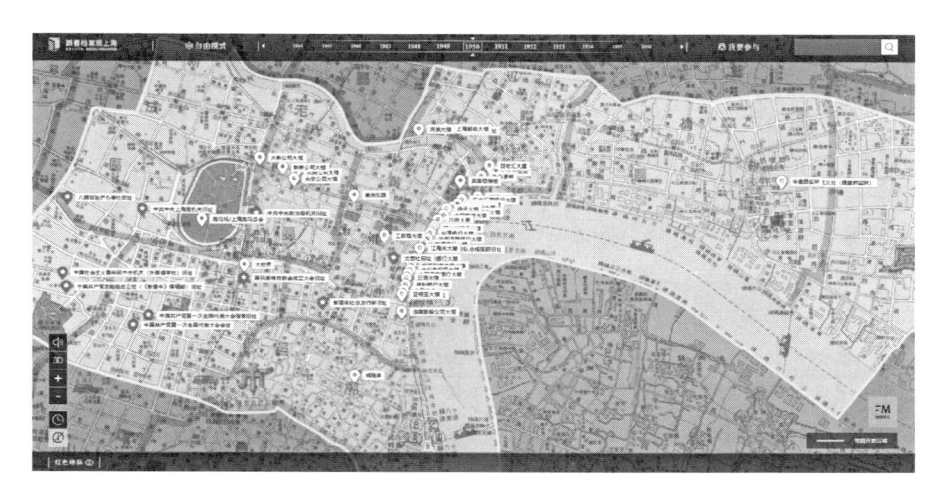

图2 "跟着档案观上海"数字人文平台个人电脑端首页

三、"跟着档案观上海"数字人文平台主要功能

1. 后台综合管理系统、基础数据库开发和录入

平台搭建了后台综合管理系统及基础数据库的建设开发,可对地理信息、时间信息等数据,数字档案内容,各功能模块等进行综合管理。聚焦上海最先近代化及当下城市更新的重点——外滩与北外滩区域(黄浦江与苏州河"一江一河"交汇处),在后台数据库共录入千余件文书、照片、视频等档案数字资源的条目及详细说明,以及5个流媒体故事的文本共10万字。该后台具有智能化、可扩展性特点,可容纳海量数据,方便后续建筑点位、档案数据的不断添加和编辑,为平台的内容拓展创造了基本条件。图3是"城市记忆嘉年华"H5小程序及手机端界面。

2. 数字人文技术方法应用

(1)时空地理系统。作为平台核心功能,该系统向用户呈现了交互式的地图界面,通过点击时间轴切换年份变换不同年代的十余幅馆藏地图,直观呈现上海城市变迁的历程。同时,点击地图上的热点建筑点位,可展开以列表形式呈现的档

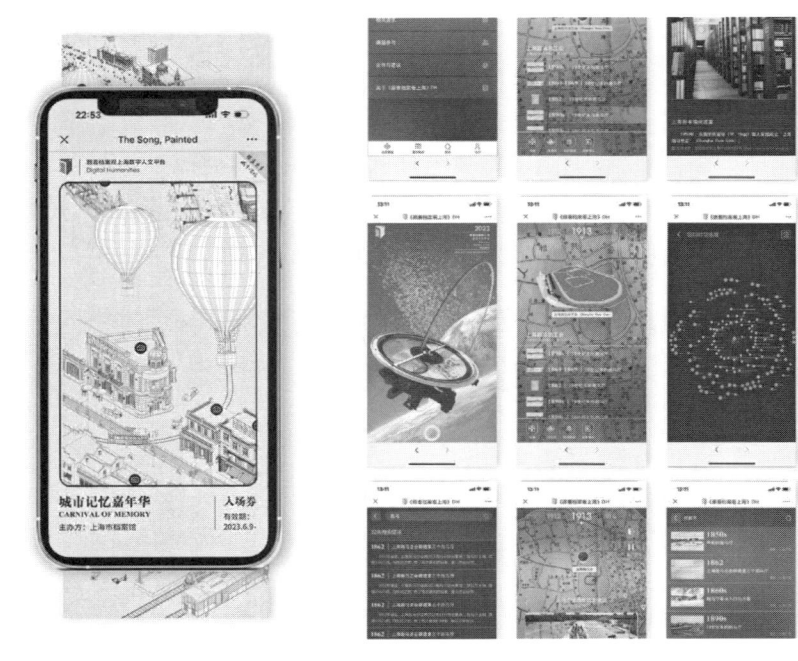

图 3 "城市记忆嘉年华"H5 小程序及手机端界面

案,可让用户深入了解该建筑的相关历史。

(2)档案关联知识图谱。该系统根据平台相关档案标题及说明关键词自动生成每个建筑点位的档案关联可视化图谱,用户可通过档案知识图谱自由探索建筑地标、历史事件、人物等之间的内在关联。图 4 是地标建筑档案知识图谱界面。

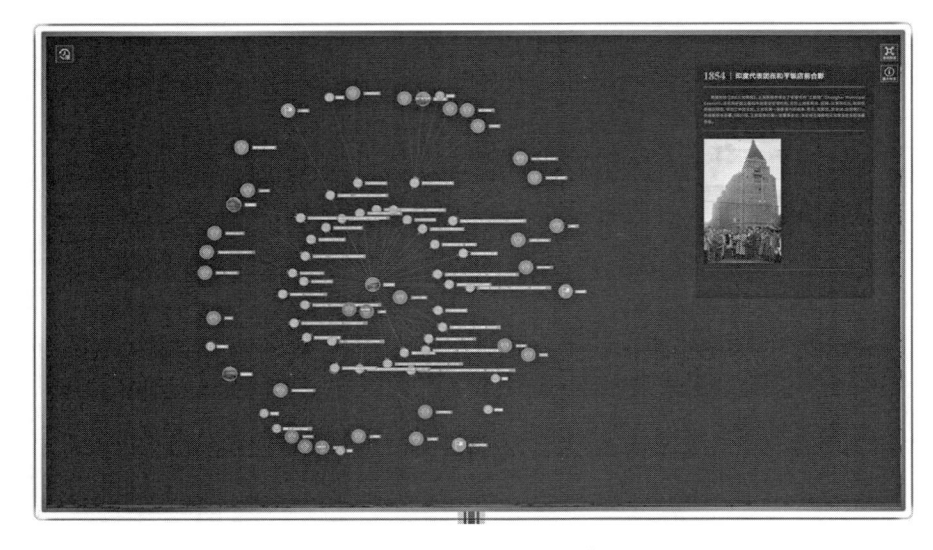

图 4 地标建筑档案知识图谱界面

（3）流媒体故事模式。该模块可根据故事脚本，从数据库调取相关档案内容生成故事演绎片段，通过配音、配乐等创建流媒体短篇故事课件，供市民或学生群体学习了解相关城市历史。结合学校"大思政课"教育和乡土教育要求，目前已上线《党在这里诞生》《从跑马厅到人民的广场》《老城记忆——城隍庙》《换了人间的大世界》《上海人的"外婆桥"——外白渡桥》5个流媒体故事。

（4）3D建筑模式。该模块通过3D建模技术，在上海历史地图上再现包括中共一大会址、外滩沿线建筑群、北外滩地标建筑等在内的三十余个地标建筑原貌，用户可以通过旋转、放大、缩小等操作，更加直观地了解建筑的外观。图5是数字人文平台个人电脑端3D建筑地图模式。

图5 数字人文平台个人电脑端3D建筑地图模式

（5）"众包"公众参与功能。合作机构和个人可使用该功能上传所收藏的档案资源，点评平台内容。

（6）数据可视化后"全媒体平台"的呈现。项目基于同一数据库后台，构建起个人电脑端、手机移动端、线下触摸大屏端等形式组成的"全媒体平台"。通过定制化界面，满足不同使用场景下的用户需求，用户可在个人电脑端体验最完整功能界面，在手机移动端体验轻量化功能，在线下大屏端体验交互触摸界面。

四、"跟着档案观上海"数字人文平台主要特色

1. 凸显上海城市"红色"底色

红色文化是上海城市文化和精神品格的"底色"。"跟着档案观上海"数字人文平台构建伊始，就把赓续红色血脉、传承红色基因放在重要的位置。在建筑点位选

择上,精心挑选了中共一大会址等14个上海具有代表性的红色地标,以彰显上海在党的历史上的独特地位和作用。在其他点位档案内容的选择上,也注意反映其总体历史面貌,突出地标建筑档案的"时代性",在还原历史变迁面貌时,着力反映新中国、新时代的新面貌和新成就。在作为基底的12张城市地图中,新中国成立后的上海地图达7张。在构思音频故事时,也注重从其中反映上海的红色文化、人民城市建设的不凡历程。图6是"党在这里诞生"流媒体短篇故事模式界面。

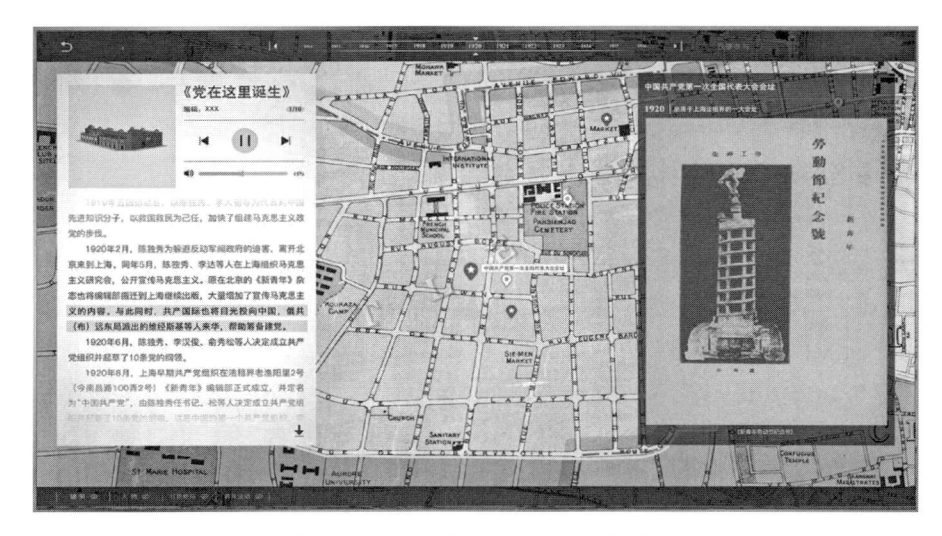

图6 "党在这里诞生"流媒体短篇故事模式界面

2. 融档案查询服务、开发利用、社会教育于一体

"跟着档案观上海"数字人文平台是一个具有海量容量的文书、照片、音视频等多模态档案数据库,它兼容各大主流电脑(包括主流信创产品)浏览器、适配主流手机端浏览器,通过友好易用的设计界面,平台可以让使用者能够足不出户,更便捷地获取档案信息。

"跟着档案观上海"数字人文平台也是一个可扩展的互动化网上展览,基于互联网的可视化展现方式,为利用者提供自主多元的城市历史与档案文化探索渠道,活化了档案展现形式。平台还是一个档案编研工具,方便档案馆研究人员利用数字工具和方法,实现编研课题研究成果的数字化录入和可视化输出,提升了档案利用服务水平。

"跟着档案观上海"数字人文平台还是一个社会教育的课堂。专门为馆内学生课堂定制开发的触摸大屏平台界面。根据平台内容设计的开放式城市历史探究课程广受青少年学生欢迎,上线以来,已有来自上海工商外国语学校、周边社区学校的学生先后走进档案馆,作为档案思政课堂暨"跟着档案观上海"数字人文平台探究体验课的"体验官",通过沉浸式、互动式的课程,更深入地了解这座城市的发展历程和人文底蕴,使档案存史、资政、育人作用和市档案馆爱国主义教育基地功能得到更好发挥。图7是上海市档案馆利用数字人文平台开展档案思政课。

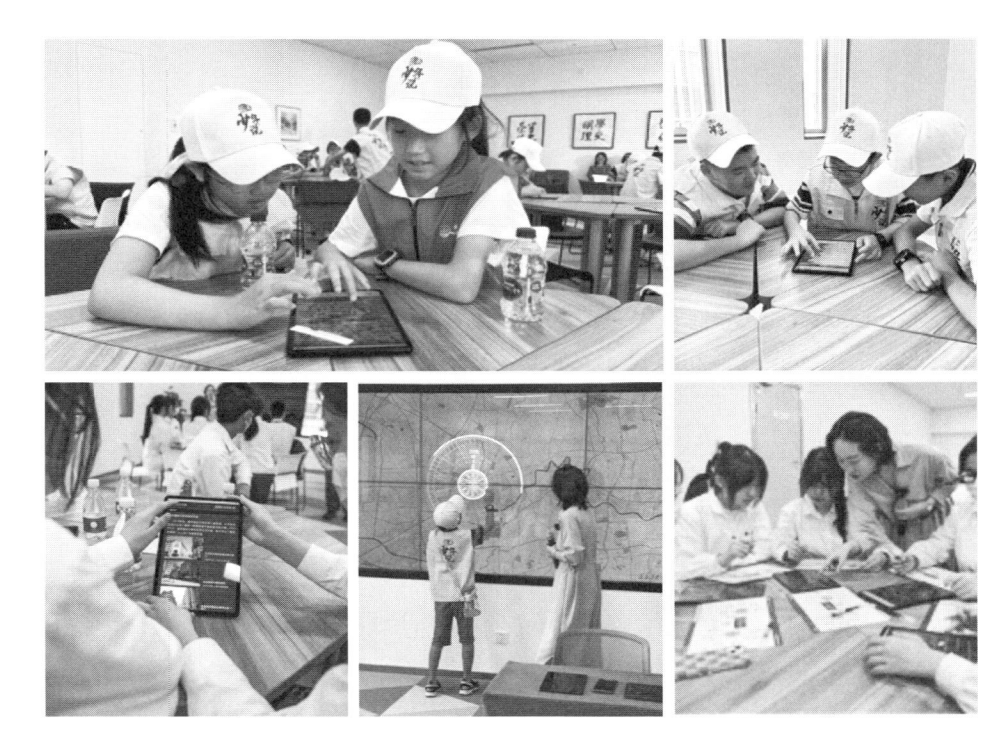

图7 市档案馆利用数字人文平台开展档案思政课

3. 开辟了档案资源共建共享的新模式

"跟着档案观上海"数字人文致力于社会各方的参与。上海市档案馆与上海市委机关报——解放日报·上观新闻深度合作,同时还有黄浦区档案馆等单位参与其中,有效地动员了社会各方力量参与档案事务,也在一定程度上弥补了馆藏资源特别是反映城市最新变化资料的不足。平台"众包"功能支持机构与市民个体在平台上传档案资料,通过平台审核后发布,提升社会公众对档案工作的参与度。正在进行的二期建设,将有上海市杨浦区档案馆、上海市城市建设档案馆以及档案社会化服务企业的加入。众包功能将在平台二期建设中率先对机构合作伙伴开放。

4. 档案科学研究与平台建设相结合

2022年8月,市档案馆以《数字人文方法及相关技术在档案资源开发利用中的实践——以"跟着档案看上海"数字人文项目为例》(平台正式上线时更名为"跟着档案观上海")为题,申报国家档案局和上海市档案局的科研项目,以发挥档案科研在项目实施中的带动牵引作用,推动项目实施与科学研究互融互促。通过课题研究,解决了超大精度地图档案渲染、档案知识图谱自动化关联、国产化兼容等技术难点。2023年12月,平台建设研究课题通过国家档案局档案科研项目验收,验收专家组一致认为:"项目探索了档案资源开发利用新方式与档案资源共建共享新模式,具有一定的创新示范作用。项目成果受到社会广泛关注,丰富了档案馆爱国主义教育基地建设内涵,取得了较好的社会效果。"

五、数字人文技术方法对档案资源开发利用的启示

1. 数字化表达是当今时代档案资源开发利用的必由之路

当今时代,传统的档案资源开发利用方式正受到巨大的挑战。各类档案数据库层出不穷,大有取代传统档案资料汇编之势。实体档案展览在多媒体互动展项的"加持"下越办越精彩,但还是要受到档期等的限制。数字人文技术方法具有多面向性,既有西班牙普拉多美术馆对博斯画作《人间乐园》这样"小而美"的专题数字化解读,也有"威尼斯时光机""欧洲时光机""跟着档案观上海"这样大型的可持续扩展的数字化平台,为数字时代档案资源开发利用带来了多种可能性。在这一"新赛道"上,纸本档案汇编等传统编研成果、实体档案展览的局限性将不再存在。数字人文平台也可以与线下展览、传统编研出版物形成良性互补,事实上,"跟着档案观上海"的档案内容,很多就取自于上海市档案馆精心打造的《跟着档案看上海》图文书。图8是"跟着档案看上海"展览中观众现场体验数字人文平台。

图8 "数字记忆新时代——上海档案创新发展"展览中,观众现场体验数字人文平台

正在进行的平台二期建设,习近平总书记"人民城市"理念首提地杨浦滨江,以及黄浦区20个有代表性的红色地标将纳入其中,上海的红色文化、新中国成立以来特别是改革开放和新时代人民城市建设的成果将会有更充分的展现。同时,也与档案馆正在开展的《人民的城市·杨浦篇》图、文、书的编撰互融互促。

数字技术,正以其特有的属性,在上海打造习近平文化思想最佳实践地的过程中发挥档案资源存史、资政、育人的独特作用,也将推动传统的档案资源开发利用走向现代化,推动档案事业向更高质量发展。

2. 合适的工作运行模式在数字化档案资源开发利用中至关重要

当今世界,档案馆正全面走向数字化转型,信息技术已经深度融入档案收集、保管、整理、开发利用等各个方面。以"跟着档案观上海"数字人文平台为例,它既是一个档案资源开发利用项目,也对信息化的要求也非常高。而目前按传统档案工作环节设置的档案馆信息化部门、开发利用部门单独承担类似工作均力所不及。

为确保平台建设顺利开展,上海市档案馆发挥馆局合一的体制优势,创设了"跨部门协同"的工作方式。由负责网站管理职责的局综合规划处牵头推进,以发挥其综合性强、协调各方的优势,同时也充分利用同样由该部门牵头编撰的《跟着档案看上海》图文书的既有成果。馆内利用服务部门和信息技术部门共同参与,以发挥其在档案展览设计、大纲及内容编撰与档案数据管理等方面的优势,其他相关部门协同配合。这一模式较好地承担了平台建设初始阶段的各项工作,为平台顺利上线打好了基础。

但数字人文平台建设是一项需要长期坚持、不断更新、不断注入内容的工作,"跨部门协同"工作模式下,各部门有各自不同的部门职责,团队人员也各有各的本职工作。从长远看,平台建设、运行维护、内容注入等还需综合考虑,寻找到一种最佳运行管理模式。

3. 人才队伍是数字化档案资源开发利用的关键所在

在"跟着档案观上海"数字人文平台建设中,人才队伍所起的作用至为关键。在平台建设的核心团队中,既有熟悉馆藏,长期从事档案开发利用,又对信息化、数字化发展趋势保持高度关注,善于协调各方的专家型领导;也有长期从事档案展览陈列,熟悉档案叙事表达并且学术背景为计算机和设计,有互联网"大厂"工作经验的业务骨干;还有档案局、档案馆科技信息化部门以及信息化部门的领导。在上海档案馆(局)领导的重视、关心、支持下,这支精干的队伍在平台建设中发挥了不可替代的作用。

但从当前档案馆人才队伍现状看,既熟悉档案资源开发利用,又精通信息化技术的专业人员还是远远不足。我们也希望档案馆能培养更多富于激情、勇于创造的"复合型"档案专业人员特别是青年专业人员,使具有悠久历史和光荣传统的中国档案事业跟上当今社会快速发展的步伐,适应广大人民群众越来越丰富多元的档案文化需求,在数字时代焕发出新的生命力。

学科史视野下高校档案数字资源建设的难点与建设路径思考

——以上海财经大学为例

陈玉琴

上海财经大学

摘　要：随着我国高校"双一流"建设的不断推进,学科建设越来越受到重视。许多高校纷纷开始加强学科史的研究与编写,少数高校已经出版了部分学科史或者学科史丛书。档案是学科史研究与编写最基础、最重要的史料来源。为了更好地支撑高校学科史研究与编写工作,本文以上海财经大学为例,着重分析高校档案数字资源建设存在的难点,并针对这些难点如何解决以及如何进一步优化高校档案数字资源的建设路径进行了思考。

关键词：学科史；高校；档案数字资源建设；难点；建设路径

一、引言

近年来,随着我国高校"双一流"建设的不断推进,学科建设越来越受到重视。习近平总书记曾强调："历史是最好的教科书。"美国著名学者海登·怀特曾指出："一门学科考察自身的方式之一即是反思其历史。"[1]在此背景下,许多高校开始组织力量溯源学科发展历程、研究学科发展历史、探究学科发展规律等,部分知名高校还推出了学科发展史(以下简称学科史)编撰工程,出版了以学院或学科为单位的学科史丛书。如清华大学的时间简史系列、上海交通大学的学院学科史和华东师范大学学科史系列丛书等,其他如中国人民大学等也正在推进学科史的研究与编撰工作。[2]上海财经大学源于南京高等师范学校1917年创办的商业专修科。1921年,商科扩充改组并迁址上海成立上海商科大学,"国内有商科大学,自本校始"[3]。上海财经大学于2017年入选世界一流学科建设大学,于2022年入选第二轮世界一流学科建设大学。学校开始部署实施学科史研究项目,学科史的研究与编写需要大量查阅、利用档案，档案数字资源建设的问题与难点很快凸显了出来。全面客观地分析高校档案数字资源建设存在的难点、思考优化高校档案数字资源的建设路径，成为摆在高校档案工作者面前的一个重要课题。

二、上海财经大学档案数字资源建设现状

上海财经大学档案馆（以下简称上财档案馆）建于2002年，此后逐步开展了档案数字资源建设。根据学校档案的收藏、保管和利用情况，上财档案馆近二十年的档案数字资源建设主要从以下两个方面入手，取得了一定的成效，为学科史研究所必需的档案查阅利用提供了一定的基础。

1. 分阶段开展馆藏档案数字化

进入21世纪前后，随着计算机技术的普及和专业数字化科技公司的介入，各高校普遍开始了对馆藏档案开展数字化扫描和计算机系统管理。上财档案馆由于经费和人手的限制，分两个阶段开展了馆藏档案数字化的工作。第一阶段是开展档案目录数字化，并引入南大之星系统对目录数据进行管理和检索利用，基本满足了对档案的数字化管理和日常查档的检索需求。第二阶段是逐步开展部分专题档案的全文数字化。根据对档案利用工作实践的长期观察和总结，将校内外师生利用频率较高的部分专题档案进行了全文数字化。先后历时数年，陆续完成了校报档案、新生录取名册、本科研究生成绩单、毕业生登记表和基建图纸等的数字化扫描及数据库管理等。在此基础上，上财档案馆为师生校友提供了便捷的档案数字资源查阅与利用服务，大大提高了档案的利用效率。

2. 征集外部机构的档案数字资源副本

由于历史的客观原因，学校在1917—1932年间作为商科或商学院，先后隶属于南京高等师范学校、国立东南大学和国立中央大学等，其档案原件全部存于位于南京的第二历史档案馆。1932—1949年国立上海商学院时期的档案全宗则全部存于上海市档案馆。针对这个情况，学校档案馆在21世纪初陆续完成了从以上两家机构征集部分档案数字资源副本的工作。前者是从第二历史档案馆的国立中央大学档案全宗中挑选了一部分当时认为比较重要的、反映学校办学历程的二百余卷档案进行数字化扫描；后者是从上海市档案馆当时开放的该部分全宗中挑选了除学籍档案以外的四百余卷档案进行数字化扫描。这两部分的档案数字资源副本为学校的校史研究、校史馆建设和校史书籍编撰等都提供了重要的档案支撑。

三、学科史视野下高校档案数字资源建设的难点

学科史的研究范畴主要包括学科的创建与发展、师资队伍、人才培养、教学和课程设置、科学研究和对外交流等。因此,学科史视野下的高校档案数字资源建设应以这些内容为指向,为全面、系统地呈现学科历史提供丰富的档案信息资源。而当前高校档案数字资源建设还存在不少问题和难点。以上财档案馆为例,虽经过数年档案数字资源建设,但还远远不能满足学科史研究的需要,其档案数字资源建设仍存在以下几个方面的难点。

1. 缺乏档案信息化专业技术人才

档案数字资源的建设离不开一支信息化素养较高的档案人才队伍。而传统的高校档案工作者大多为档案、图情或文史类相关专业出身,计算机专业技术人才十分缺乏,上财档案馆也不例外。事实上,高校档案馆即便下大力气引进了计算机技术人才,其也因发展空间受限或收入问题等转岗或转行。因此,高校档案信息化工作大多是以短期项目的形式开展,且大多依赖专业技术外包服务公司来完成。而档案数字资源建设及其后续的管理维护利用等工作都离不开计算机技术人才。在当今整个社会的计算机科学技术飞速发展的情况下,档案信息化专业力量显得尤其薄弱,明显制约了档案数字资源建设工作的良性发展。

2. 馆藏档案结构不合理

高校档案事业经过数十年的发展,单从馆藏档案数量上看已然十分可观,但馆藏档案结构还很不合理。从档案的形成时间看,存在"厚今薄古"的情况。即离现在越近的时期档案越多、反之越少,难以反映学科发展全貌。上海财经大学在1978年复校后较长一段时间内,没有专门的档案机构和档案工作人员,档案保存在各部门处。20世纪90年代档案机构建立后,开始从各部门抢收档案,许多重要事件没有留下或者只留下少部分档案。从档案的内容看,以行政、党群、教学、科研和财务等档案为主,与学科直接相关的档案较少;从档案的载体类型看,纸质档案多,照片档案和实物档案较少。

3. 档案数字资源的质量不高

我国不少高校办学历史悠久,部分体量大的高校更是留下了海量的档案,生成的档案数字资源数量也十分庞大,但往往质量不高。首先是档案数字资源缺乏深加工,往往只有目录没有全文,或者只有图片没有文字。其次是档案数字资源数据质量不高,无论是档案目录还是档案全文,都存在不少文字错误。这在历史档案的数字资源中尤为明显。中华人民共和国成立前的档案大多是繁体竖排甚至手写而

成，本就难以辨认，如果对高校历史不了解或者粗心大意，就很容易识读错误，以人名最为突出，如误将著名会计学家娄尔行写作"娄而行"、著名国际贸易专家武堉干误写作"武培干"等，严重影响了学科史研究查阅利用名人档案的质量和效率。

4. 档案数字资源的分散保存

理论上来说，高校档案应由档案部门统一保管和提供利用，但在实践中并不尽然。如本科生成绩单的电子版在教务管理系统中、毕业论文电子版在图书馆论文系统中，人事档案则由干部人事档案室管理，一般隶属于组织部或人事处。档案数字资源分散保存于各个部门的情况在各校都有不同程度的存在，也为高校档案数字资源建设带来了如何统一组织、协调和集中管理的难题。对于上海财经大学来说，一个特殊的困难在于学校几经战火、历经院系调整和撤并等，不少档案资源被损坏或流落在校外其他机构。这些都为学校的档案数字资源建设带来了更大的困难。

5. 如何处理档案安全保密与开放利用之间的矛盾

长期以来，档案的安全保密与开放利用似乎是一对天然的矛盾。而档案数字资源便于拷贝、传播的特点，让这种矛盾显得更为复杂。如何在确保档案的安全保密情况下，对其进行开放利用是档案工作者面临的一大难题。中国高校在近代以来历经战乱和一系列政治运动，许多档案并不适合公开发布或者开放利用。但是仅仅为了保密而不提供或者少提供利用显然也是不可取的。如何在确保档案安全保密的情况下，最大限度、最便捷地为用户提供档案开发利用服务，这就要求档案机构在开放利用前做好档案的分类、鉴定，在为用户提供利用时把好保密审查或者内容审核关。

四、学科史视野下高校档案数字资源的建设路径思考

为了学科史研究与编写工作的顺利开展，针对高校档案数字资源建设的现状和难点，高校应不断拓展和优化档案数字资源的建设路径。同时，通过加强对档案数字资源的研究与开发利用，形成更多有影响力的档案数字资源转化成果，实现档案资源建设与"产出"的良性循环。

1. 提升档案人才队伍的信息化素养和技能

当前，在大数据、云计算和人工智能等计算机科技的快速发展与应用形势下，对高校档案专业人才队伍的知识结构和专业技能提出了重大的挑战。传统的档案专业人才面临知识老化、技术落后的困境。高校急需做好档案专业人才队伍的更新升级，通过专业知识培训、计算机技术技能培训等，提升原有工作人员的信息化

素养和技能。同时,应注重引进计算机专业技术人才,使高校档案专业人才队伍尽快适应新技术条件下的档案工作,做好档案数字资源的高质量建设、科学化管理和高效率利用服务等,为高校的教学科研和"双一流"建设等提供更好的支撑。

2. 整合档案数字资源,优化馆藏档案结构

通过多种举措整合档案资源、优化馆藏档案结构,不但可解决学科史研究及其他工作的需要,也是发挥档案"存史、资政、育人"作用的必要手段。面临馆藏档案结构不合理的难题,一方面,高校档案馆可通过数字技术将本馆有利用价值的档案扫描、识别加工成档案数字资源,将分散存在校内外其他机构反映本校历史的档案数字资源整合进馆;另一方面,应针对馆藏档案的空白或不足,加强对早期办学档案、人物档案、学科档案、影像档案和实物档案等不同类别、不同载体档案的征集。对于征集原件有困难的,可充分发挥数字资源建设的优势,征集档案的数字副本。

3. 建立制度和技术双重保障,提高档案数字资源质量

高校在档案数字资源建设过程中,应注重通过技术和制度的双重保障,提高档案数字资源质量。在制度方面,可以参考《中华人民共和国纸质档案数字化技术规范》等相关规定,逐步建立和完善档案数字化流程,通过对流程的把控和优化从源头上提高档案数字资源的建设质量。尤其应注意提高质检比例,至少做到档案按卷和卷内目录的全部质检,通过提高质检率确保档案目录数据质量的准确性。同时,应加大投入引进先进的数字化技术和设备,采用高清晰度的数字识别技术,提高档案全文识别的准确率,减少质检校对的工作量,提高档案全文数字信息的质量。

4. 打造安全可靠的档案数字资源共享平台

针对高校馆藏结构不合理、档案分散保存的难题,如果能建设一个跨部门甚至跨单位的统一的档案数字资源共享平台,并开放给相关研究人员随时查阅和利用,将极大地提高档案数字资源的利用效率。近代以来高校经过多次撤并,许多高校的学科存在交叉、接续关系,部分教师也有在多校任教的经历。因此,各相关高校非常有必要打破档案信息壁垒,实现跨部门、跨单位的档案数字资源库的共建共享。在档案数字资源共享平台的建设和运行过程中,通过科学的管理和可靠的技术保障平台,保证档案数字资源的安全和完整,防止信息丢失、泄露及非法访问等。

5. 加强档案数字资源的研究与开发利用

党的十八大以来,习近平总书记多次提出,要系统梳理传统文化资源,让收藏在博物馆中的文物、陈列在广阔大地上的遗产、书写在古籍里的文字都活起来。[4]高校也应重视对档案数字资源的研究和利用,并进行创新性开发和创造性转化,通过档案讲故事。在具体实践中,除了支撑学科史的研究与编写、满足师生校友的查

阅需求外,还可通过建设校史馆、举办专题展览、编辑制作适应新媒体传播的图文或音视频作品等,讲好档案背后的学科、学人故事与大学故事,并及时融入高校的"三全育人"工作中,形成档案数字资源利用的良好效应,促进档案数字资源建设更好开展。

五、结语

学科史的研究与编写出版是"双一流"建设背景下高校的主动行为,也是一项传承高校历史文化、弘扬优秀办学传统的重要工作。学科史视野下的高校档案数字资源建设应在全面、系统分析本校档案数字资源建设难点的基础上,有针对性地采取有效措施逐步加以解决。优化高校档案数字资源的内容体系和开放利用流程,为高校的学科史研究、人才培养及其他相关工作提供更多、更好的支持与服务,助力高校"双一流"建设再上一个新台阶。

参考文献

[1] 马宁,朱彤."双一流"建设背景下学科史口述档案实践路径初探[J].中国档案,2021(11):58-59.
[2] 中国人民大学校史馆.中国人民大学首批14个"双一流"学科发展史丛书编纂工作推进会召开[EB/OL].[2024-05-20]. https://news.ruc.edu.cn/cn/first_class/chenguo/detail/78229.html.
[3] 喻世红.图说上财:1917—2017[M].上海:上海财经大学出版社,2017:28.
[4] 王春法.让文物活起来[N].人民日报,2020-12-30(09).

艺术档案信息化转型与实际运用

陈紫荆

上海歌剧院

摘 要：文化艺术档案作为独特历史文化遗产，其数字化不仅有助于保护和传承，而且能为公众提供更丰富的文化体验。本文通过探讨档案数字信息化转型在大数据时代对文化艺术档案工作的重要性和实际应用情况，以上海歌剧院为例，分析讨论历史档案的保护和利用，强调数字化技术在文化遗产保护中的新途径，分析艺术档案对文艺院团的重要属性。在艺术档案数字信息化转型的实际工作情况方面，分析录音和影像类艺术档案的转型现状，提出对现存档案进行分类，优先处理重要档案，并在技术完善和资金充足后进行修复和数字化转型的策略。系统分析艺术档案数字信息化转型对艺术档案从业者提出的新要求，指出需加强从业者素质建设，培养具备专业档案管理知识和大数据分析能力的复合型人才。

关键词：数字化转型；艺术档案；大数据；信息安全；人才需求

一、引言

档案数字信息化转型是档案管理领域的一项重要变革，旨在通过应用信息技术提高档案管理的效率和价值。科技的发展也使得信息数字化成为未来社会管理的一个主要趋势，是为了实现对档案进行更高效的利用和统一的管理。因此，档案管理的数字化转型是所有档案从业者未来发展的一个重要方向。在中共中央、国务院下发的《"十四五"全国档案事业发展规划》中提出："要加快档案资源数字转型。加强国家档案数字资源规划管理，逐步建立以档案数字资源为主导的档案资源体系。"

艺术档案是文化艺术活动的真实记录，是广大艺术工作者辛勤劳动的结晶，是宝贵的文化财富，也是国家档案的重要组成部分，做好艺术档案建设与管理，是文化行政管理部门和文化单位义不容辞的责任。艺术档案作为重要信息资源和独特历史文化遗产，价值日益凸显，档案工作对党和国家各项事业的基础性、支持性作用更加突出。

大数据时代的到来，信息资源数量逐渐呈上升趋势，对以往的档案工作理念及方式都造成了严重冲击。档案的资源整合十分有利于挖掘其中隐藏的信息价值，是现阶段信息化的发展趋势。在这个快速发展的时代，档案工作的数字化是大势所趋。当然，实现艺术档案管理的数字化转型也是一个庞大的系统工程，所以，应长远规划，采取科学的方法、合理的路径进行档案管理的数字化转型，提升档案信息的利用率。

二、档案数字信息化转型对于文艺类院团实际工作的重要性

文艺院团内普遍呈现的档案形式通常为艺术档案。艺术档案是指文化艺术单位和艺术工作者在艺术创作、艺术演出、艺术教育、艺术研究、文化交流、社会文化等工作和活动中形成的，对国家和社会有保存价值的各种文字、图表、声像、实物等不同形式的历史记录，是宝贵的文化遗产。艺术档案材料的归档范围包括：文学创作，艺术表演，美术，摄影，社会文化，艺术研究，艺术教育，文化交流，个人艺术等活动中形成的具有保存价值的各种艺术材料。

在数字化转型之路上，档案数字化加工这一环节，对于成立时间较长的文艺单位来说是一项十分庞大烦琐的工作。难点就在于存量档案内容复杂、种类众多。因此，协调好现有档案的数字化与逐年增加的增量数字化建设之间的关系是十分重要的。

例如，上海歌剧院的档案库存中拥有大量历史档案。这些档案不仅记录了本院的发展历程，而且回顾了在中华人民共和国成立后艺术院团的历史发展及历史沿革，是当代艺术文化发展的重要参考，是知识和文化的宝库，其中有大量珍贵的图书档案、乐谱档案、影像资料、实物档案等。对历史久远的纸质档案和音影像档案来说，时间上的流逝所带给它们材质上的氧化是一种损害。大部分档案因年代久远，字迹模糊、纸页脆化、胶片失色、磁带氧化发霉等，产生了各种问题，及时的数字化处理后无疑是对其更好的保护。

数字化技术不仅提高了档案管理的效率，而且为文化遗产的数字化保护提供了新的途径。对艺术档案实现永久保存和广泛传播，这不仅有助于保护和传承文化遗产，而且可以为公众提供更加丰富的文化体验，实现更广泛的传播和利用。

三、艺术档案数字信息化转型的实际工作情况

1. 音频类艺术档案数字信息化转型的实际情况分析

艺术档案都极具保存价值,它们承载着的是一个文艺院团的宝贵记忆,凝聚着艺术发展的历史经验,具有重要的历史价值。

在实际操作中,可以对现存的文艺档案进行"轻重缓急"的分类。首先,对于孤本、重要场所、重要领导人发言类的音频实物档案优先处理,防止其中重要信息内容的丢失和文化信息的断层。其次,对有损坏、霉变的音频实物档案进行单独密封存放、编号、恒温恒湿妥善保存,等技术完善、资金充足后对其进行修复。最后,再根据实际情况,挑选有必要的音频实物档案进行数字化转型,并妥善保存。

是否要将所有的音频类艺术档案数字化,结合实际工作中的经验及存储情况来看,本单位中此类实体档案种类的实际存储就囊括了录音带、唱片(薄膜唱片、密纹唱片、黑胶、彩胶)、光盘、磁带等。部分唱片因早期存储不当,也已经有外壳发霉,唱片灰尘多等各种情况。黑胶唱片的发声是一个纯物理发声过程,由于刻纹刀都连接缠绕着线圈的磁铁,因此当声信号传来时,根据声音强弱会产生强弱不同的感应电流,线圈受磁场的作用而产生机械振动。因为振动幅度不同,刻纹刀会在唱片上形成间距、大小、凹凸程度不同的唱纹,唱头放大器将这些微小的信号放大,交入前后级推动喇叭,即通过唱针划过唱片的片纹而发声,也就是说,每一次的播放都会给原唱片造成一定程度的磨损。而且在这个大数据时代,除去一些受到法律和被国家保护的资料外,绝大部分的音频文件可以在网络上找到相应的高清资源。对这些可以称之为"古董"的音频实物档案来说,除去时间带给他们的消磨,也要尽可能地减少人为的伤害。还有十分重要的一点是,以现在普遍的技术来说,修复手段不仅价格昂贵,而且很难做到翻录后的音质完全无损。

2. 影像类艺术档案数字信息化转型的实际情况分析

影像档案相较于传统的文字档案及音频类档案来说,更具备视频方面的生动、灵活、过程完整等形式特性,相较于传统的单纯文字档案而言,能够更直观地对社会发展进行直接记录,十分适用于各类文艺院团,能够同时记录下艺术文化产生的声音和画面。

根据实际情况,虽然大部分的单位制定了比较完善的影像档案管理制度,但多数非专业单位的影像档案仍旧缺乏统一保管设备,还处在无章可循的自由处理与生成的状态。不适宜的库房温湿度、强烈长久的日照、尘土等威胁着影像档案的寿命,会导致照片类档案的发黄褪色,数码底片粘连变质,影像类档案的磁带带体受

损,产生磁粉脱落、失磁,光存储层受到腐蚀,信息读取失败等各种情况。

科技水平的不断提升,促进了影像拍摄设备不断优化,更新迭代速度很快,也导致了现存的影像档案资料版本众多,如早期的录像带形式有 VSH、BETACAM 等,后来发展为 SP、LP 磁带播放,随后 DVD、CD 光盘取代了这些厚重的磁带式录像带,直到现在发展为存储空间更大,传输更快的 SD 芯片类存储卡。科技的快速发展,也注定了那些"过去式"的影像档案需要用不同的设备转换成当下的通用版本。所以在存量艺术档案数字信息化过程中给予一定的物质支持是很有必要的。

四、数字信息化转型带给艺术档案的转变

为了形成基于现代信息技术的档案数字资源数据库,在实际工作中也可以借助各种先进仪器及设备,对重要档案、历史档案类进行数字化成果扫描拍照保存,推进传统载体档案数字化。通过利用计算机技术对纸质档案、胶片档案、模拟录音录像等进行数字化加工,使其转化为存储在硬盘、磁带、磁盘、光盘等载体上的数字图像、数字音频文件或数字视频文件。

我们要建立起包括档案图像资源库、档案目录资源库等的数字档案存储和异质备份体系。通过跨媒体服务技术,将档案中的信息进行融合和整合,建立起档案的知识图谱,为文献研究和历史研究提供参考。

将这些实质档案转变为数字化后,档案的使用也会更加安全。大数据时代,给人们带来了海量的数据与信息,数据的数量不断增多,种类也呈现多样化特点。档案作为人类社会最重要的本源信息,在大数据时代下,其信息必须是真实可靠的,所带来的社会价值也不容小觑。尤其是在电子档案中,如在传输文件、图片、影像、音频等信息资源时,由于具有一定的开放性,因此也面临着数据信息泄露的安全问题,必须要对相关数据进行合理管理,才能确保数据传输期间的安全性,以免出现信息泄露问题,造成不必要的影响。

在档案数字信息化的转型,提升整合效率与质量的前提下,所有数字信息化的档案资源也都面临着安全性的挑战,为了降低数据被盗窃或者损坏问题发生的概率,也要从安全性的层面开展档案数字资源整合工作。建立内部服务器,创建相应的资源共享平台,不仅提升了档案数字资源整合的有效性,而且为其整合工作提供了极大的便利性,提高了档案信息资源的整合效率,同时也解决了电子档案的存储安全问题。

在数据传输方面,可以应用加密数据,对档案数字资源进行加密储存,这样即使在传输的过程中,也不容易受到外界数据的干扰;与此同时,运用密钥进行长期储存也是十分必要的,从路径上提升了档案数字资源的安全性。

由于大数据技术具有一定的先进性,数字信息处理的技术难度较大,档案中的信息较为分散,需要进行整合和归纳,对原来的档案数字资源整合工作造成了冲击,因此在日常的档案处理中需要配备更高水平的技术人员及设备。同样,对相关工作人员提出了更高的要求,对复合型人才的需求量不断增加,相关电子化档案整合的人员,不仅要具备专业的档案管理知识,而且需要运用大数据分析工具对相关档案资料进行科学分析,能够通过多种手段对档案进行智能化管理,挖掘出档案中蕴含的信息和价值。人是档案数字资源整合的主体,其综合素质与综合能力对整合效果有着直接影响。在大数据时代下,加强档案从业者素质培养是十分重要的。

五、结语

档案数字信息化转型不仅是技术革新的必然选择,更是档案事业适应大数据时代、实现可持续发展的关键。通过数字化转型,艺术档案的保存、管理和利用方式得到根本性改变,不仅增强了档案的可访问性和持久性,而且为文化艺术的传承与创新提供了强大支持。面对数字化带来的挑战,档案部门需不断优化策略,加强技术投入,并培养具备掌握现代信息技术的人才,以保障档案信息的安全与完整。档案数字信息化转型的深入推进,将进一步重塑档案部门的职业形象,提升服务水平,满足社会对档案资源的多元化需求。艺术档案工作的根本目的不仅在于为单位积累收藏珍贵的历史文化遗产,而且要为当前艺术生产、艺术创作、艺术研究、艺术交流等工作提供直接的借鉴。利用数字化技术在艺术档案信息化中的应用,扩大艺术档案带给社会的文化贡献,艺术档案的数字化工作,虽只是档案信息化转型的一部分,但对保护国家文化遗产、支持艺术创作和学术研究具有不可估量的价值。未来,档案工作将继续作为连接过去与未来的桥梁,为促进文化繁荣和社会进步作出新的更大贡献。

参考文献

[1] 谢小能,刘培平.电子档案最佳存储介质——缩微胶片[EB].中国人民大学档案学院,2015.
[2] 孟歆.大数据时代档案数字资源整合的难点及对策分析[J].山西档案,2015(01),档案信息化:78-81.
[3] "十四五"全国档案事业发展规划[R].中华人民共和国国家档案局,2021.
[4] 上海市档案局.档案保护与安全[M].上海:上海教育出版社,2016.5.
[5] 上海市档案局.档案信息化建设[M].上海:上海教育出版社,2016.5.
[6] 安妮鸽.档案管理数字化转型的路径探究[J].兰台内外,2021.10.
[7] 何知洋.新媒体环境下的影像档案资料管理策略[J].办公室业务,2021(4):143-144.

电子文件单套归档与电子档案的理论与实践

——以上海市规划资源业务电子档案在线接收整理系统建设为例

郭 煜

上海市城市建设档案馆

摘　要：随着上海市规划资源业务全过程线上审批、电子签章技术的普及应用、上海市城市建设档案馆信息基础设施的完善，城建审批类电子文件在线单套制归档的条件日益成熟。市城建档案馆在研究国家和地方相关标准后，针对性地制定市规划资源领域的电子文件归档管理技术规范，并依据该规范建设了一套归档系统，该系统现已应用于实际生产。本文提炼了技术规范制定的过程、总结了归档系统建设的做法，以资借鉴。

关键词：电子文件归档；原生电子档案；单套制

一、背景意义

上海市规划和自然资源局（以下简称"市规划资源局"）大力推进数据融合整合和无纸化线上办公，按照全过程管理的思路建设"大项目""大规划""大土地"等一系列审批系统，并在各审批系统中推广使用电子签名、签章，实现各审批事项受理环节全部电子报件，审批、会签、发件等各环节实施数字化、无纸化办理。因此，区别于传统意义上的真正具有法律效力的电子文件归档的需求迫在眉睫，但同时电子文件归档也面临着真实性、完整性、有效性、安全性等多方面的挑战。

为此，在市规划资源局指导下，上海市城市建设档案馆从2020年至2023年分期建设"上海市规划资源业务电子档案在线接收整理系统"（以下简称"一键归档系统"），2023年12月通过验收。该系统与市规划资源局各个业务系统相衔接，对规划资源审批事项流转过程中的原生电子文件与元数据按照规定的程序进行收集、检测、整理、归档，对电子档案进行移交、接收，真正建立起一套符合《中华人民共和国档案法》要求的"来源可靠、程序规范、要素合规"的电子档案管理系统。

二、基本情况与主要举措

市规划资源局业务系统主要由"大规划""大土地""大项目"等多个系统构成,各审批系统独立开发。"一键归档系统"在梳理电子文件的收集范围基础上,对接不同的业务系统,实现的主要业务流程功能有以下几个方面,具体的业务流程见图1。

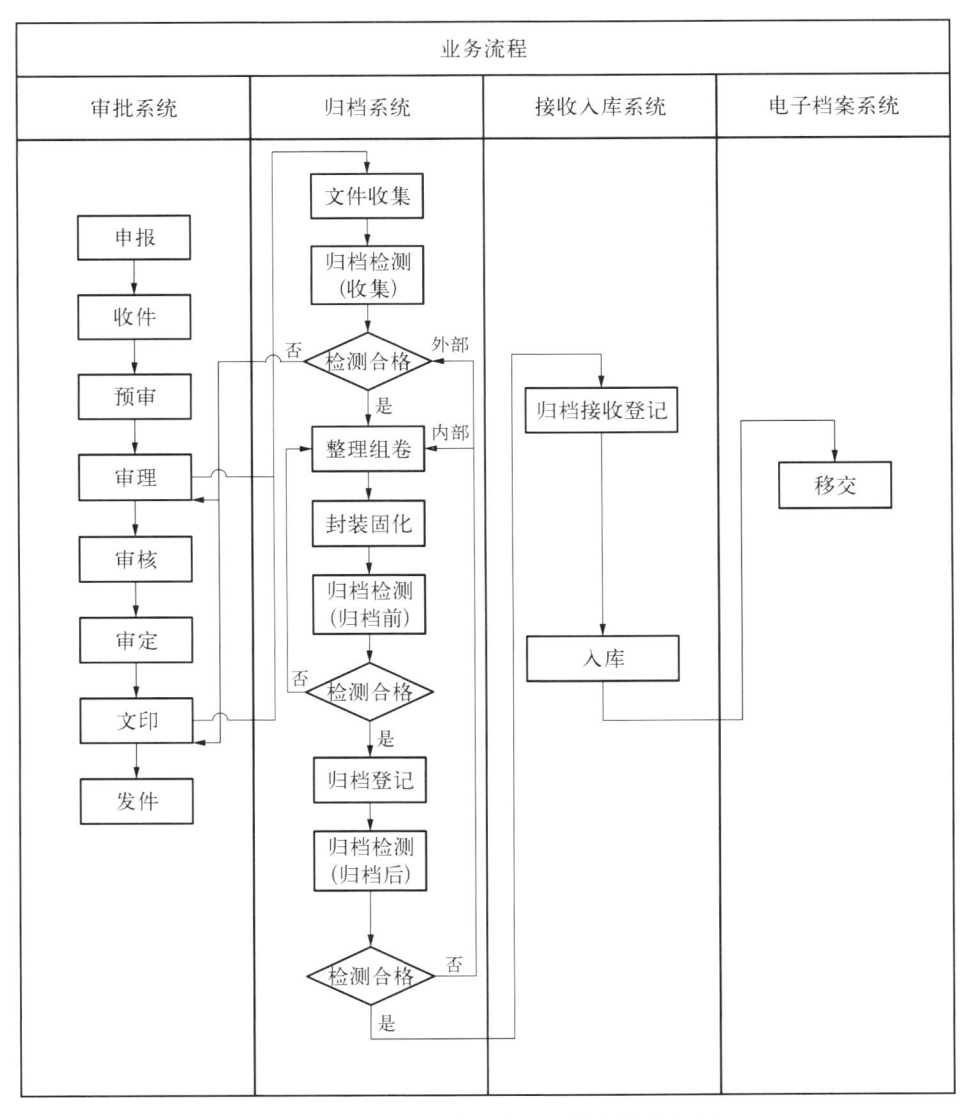

图 1 规划资源业务事项电子文件归档移交流程

1. 电子文件收集

通过对市规划资源局各业务审批事项的调研,明确电子文件收集范围。在市规划资源局各业务系统中建立电子文件收集模块,通过定制的"资源树"自动收集市规划资源局业务活动中产生的电子文件。

2. 电子文件接收

"一键归档系统"接收"大项目""大规划""大土地"等业务系统产生的电子文件和元数据(归档事项基本信息、办理流程信息、电子文件基本信息、业务信息等),按照档案整理要求分门别类建立项目著录表,自动提取元数据表的相关内容填充到著录表中,并对各类事项的元数据分别建表、展示。经整理,"大项目"系统涉及业务事项 21 项,"大规划"系统涉及业务事项 8 种 16 项,"大土地"系统涉及业务事项 13 种 36 项。

3. 电子文件检测

市城建档案馆参照国家相关标准研究制定《上海市城建档案馆"一键归档"系统四性检测方案》,并将检测方案规则内置于"一键归档系统"中,在电子文件的接收、归档、移交过程中,通过系统对电子文件与元数据的真实性、完整性、可用性、安全性进行检测。

从检测方式看,系统设定了程序自动检测和人工检测两种方式。自动检测由计算机程序控制,通过内置规则直接运算和判断。人工检测提供可视界面由档案整理人员自行观察判断,并给出反馈。未通过检测的案件均退回至相应的市规划资源局业务系统,并反馈退件理由,由局相应业务系统完善后,归档系统再次接收并检测。

4. 电子文件整理

"一键归档系统"对业务电子文件及其元数据进行分类、排序、组卷、命名、利用范围和权限确定及保管期限确定。

为提高整理效率,档案整理模块提供了自动整理与人工整理的功能。自动整理即按照一定的内置方案将电子文件自动整理形成档案项目、案卷、文件三级目录以及对应的电子文件组织结构,尽可能减少人工干预工作量。人工整理组卷和调整作为辅助、优化的功能,提供对电子档案进行拆分、合并、排序、导出等一系列的手动组卷功能,更具灵活性。

5. 电子文件封装固化

参照上海市《政务服务"一网通办"电子文件归档管理技术规范》对归档信息包的内容与结构要求,"一键归档系统"对整理完毕归档案件的电子文件和元数据进行整体封装打包,形成归档信息包后使用数字摘要、数字签章等技术手段对信息包添加校验信息,使其固化。

6. 电子文件移交

"一键归档系统"自动将归档信息包向市城建档案馆移交,并在线办理移交手续,市城建档案馆收到归档信息包后将其纳入城建档案管理系统。移交过程中,"一键归档系统"自动按照四性检测的要求对归档信息包进行真实性、完整性、可用性和安全性检测。系统自动清点、核实电子文件的保管期限、数量等信息,并将清点和检测结果登记于"电子档案移交登记表"(见表2),经业务单位和档案机构加盖电子签章后一并移交。电子档案移交后,通过登记表电子签章可验证电子档案移交登记表的真实性,登记表所记录的摘要可验证整个信息包的真实性,从而可验证信息包所包含的全部文件的真实性。需要妥善保存信息包以便备查。

表2 电子档案移交登记表

交接档案(档号)		移交方式	在线
档案类别			
项目名称			
移交电子档案数量		移交数据量	
数字摘要码			
检验内容		移交单位	接收单位
真实性检验		合格	合格
完整性检验		合格	合格
可用性检验		合格	合格
安全性检验		合格	合格
载体外观检验		合格	合格
填表人(签名)			
审核人(签名)			
单位(印章)		上海市规划和自然资源局 归档专用章	上海市城市建设档案馆

三、经验做法

1. 研究细化"四性检测"方案

规划资源业务电子文件和文书类电子文件有一些相似性,可参考国家档案行业标准《文书类电子档案检测一般要求》(DA/T 70-2018)。但该标准提出的四性检测标准是原则性的,在具体落实中还需要深入研究,适当细化,如表3所示。

表3 城建档案电子文件"四性检测"方案

检测类别	检测项目	检测目的	检测对象	检测方式
真实性检测	内容数据的电子属性一致性检测	保证电子文件内容数据电子属性的一致性	归档电子文件内容数据	程序自动检测
	元数据是否关联内容数据检测	保证电子文件元数据与内容数据的关联	元数据关联的电子文件内容数据	程序自动检测
	信息包一致性检测	保证信息包在归档前后完全一致	归档信息包	程序自动检测
	档案元数据项数据类型、格式检测	检测档案元数据项数据类型、格式是否符合要求	归档电子文件元数据	程序自动检测
	档号规范性检测	检测归档电子文件编制的档号是否符合规范	档号	程序自动检测
	元数据项数据重复性检测	避免业务部门重复归档电子文件	用户自定义重复性检测元数据项,比如档号、文号等	程序自动检测
	信息包目录结构规范性检测	保证归档信息包信息组织结构和内容符合归档要求	归档信息包目录结构	程序自动检测
完整性检测	总件数相符性检测	保证归档电子文件数量和实际接收数量相符	电子文件总件数	程序自动检测

续 表

检测类别	检测项目	检测目的	检测对象	检测方式
完整性检测	总字节数相符性检测	保证归档电子文件字节数和实际接收字节数相符	电子文件总字节数	程序自动检测
	业务元数据、著录表、案卷目录、卷内目录必填著录项检测	保证电子文件业务元数据、著录表、案卷目录、卷内目录必填项的完整	业务元数据、著录表、案卷目录、卷内目录	程序自动检测
	连续性元数据项检测	保证电子文件元数据的连续性	具有连续编号性质的元数据项	程序自动检测
	过程信息完整性检测	保证电子文件过程信息的完整性	电子文件元数据中的处理过程信息	程序自动检测＋人工检测
可用性检测	信息包中元数据的可读性检测	保证电子文件元数据可正常读取	归档信息包中的元数据	程序自动检测
	电子文件内容可用性检测	保证电子文件可正常读取	电子文件	程序自动检测
	电子文件名称可读性检测	保证电子文件名称与电子文件的内容相符	电子文件	人工抽查检测
	目标数据库中的元数据可访问性	保证电子文件元数据可正常读取	数据库中的元数据	BS架构,不另行检测
	信息包中包含的内容数据格式合规性检测	确保归档信息包中的电子文件可读、可用	归档信息包中的电子文件内容数据	程序自动检测
安全性检测	系统环境中是否安装杀毒软件检测	检测系统环境是否安装杀毒软件	系统环境	人工定期检测
	载体中多余文件检测	检测载体中是否包含多余文件	归档载体	人工定期检测
	病毒感染检测	保证归档信息包没有感染病毒	归档信息包	人工定期检测

（1）"真实性检测"下的"元数据项数据长度检测""元数据项数据类型、格式检测"项目，这些检测项目要依据业务系统而定，要和业务系统对应字段类型、长度、是否必填、文件格式等保持一致。

（2）标准中对"真实性检测"下的"信息包一致性检测"没有提出具体的摘要算法，我们采取了位数较大的哈希值算法。

（3）标准中对"可用性检测"下的"内容数据的可读性检测"项目，检测方式是"人工打开文件进行检测"。目前，有部分格式文件可实现自动检测，"一键归档系统"提供了相应的工具进行自动检测，从而减少了人工检测的工作量。

（4）从检测方式看，"一键归档系统"划定了程序自动检测和人工检测的范围，对于自动检测不能覆盖到的，人工检测时予以重点关注。

2. 研究定制元数据方案

统一的元数据表无法兼顾不同规划资源业务系统的个性化需求，需要根据业务系统的特点相应地调整业务元数据表结构。因此，根据业务部门意见和需求调研，市城建档案馆参照《政务服务"一网通办"电子文件归档管理技术规范》（DB31/T 1152－2019），与市规划资源局业务处室共同研究、总结、提炼具有个性化的元数据作为档案元数据，由归档事项基本信息、办理流程基本信息、电子文件基本信息等多张表组成，形成了覆盖市规划资源局全部业务系统完整的归档电子档案元数据方案。

3. 系统架构与数据交互

由于市规划资源局归档电子文件数量多、容量大，因此四性检测耗费计算机资源较多，易导致归档工作效率降低。在这种情况下，系统摒弃传统的单体应用架构，设计了微服务架构，依据需要拆分服务，本项目中拆分为整理服务（含文件接收）、四性检测服务（用于7×24小时四性检测电子文件及自动退回），根据定时任务方式进行各个环节工作。

四、取得成效

"一键归档系统"自建成后已在市、区规划资源部门得到全面应用，2023年全年接收各个业务系统项目约40 300个，电子文件约1 600 000个。取得的成效有以下几个方面：

1. 实现电子文件、电子档案全程全量管理

"一键归档系统"根据业务电子档案的特点和管理要求，对应归档业务电子文件的收集、接收、检测、整理、归档和电子档案移交实行全程全量管理。

2. 实现归档电子文件实时收集

业务电子文件形成后,通过信息系统实时收集、整理,即时归档。充分发挥电子档案高效、便捷的优势,从源头上区分利用范围和权限,实现业务电子档案高效、分层次、分类别、按需求、按权限的利用。

3. 确保归档电子文件安全

系统建设过程中,严格按照国家和本市有关法律法规的要求,采取有效的技术手段和管理措施,确保业务电子档案的真实性、可靠性、完整性、可用性和安全性。

参考文献

[1] 政务服务"一网通办"电子文件归档管理技术规范[S].DB31/T 1152-2019.
[2] 文书类电子档案检测一般要求[S].DA/T 70-2018.
[3] 电子文件归档与电子档案管理规范[S].GB/T 18894-2016.

政务服务"一网通办"电子文件一体化归档平台建设探究

——以上海市政务服务"一网通办"电子文件归档为例

胡明浩

上海市档案局科技信息化处

摘　要：本文针对政务服务"一网通办"业务系统众多、业务系统建设方式不一、网络部署环境多样的情况，探索了政务服务"一网通办"一体化归档平台与上海市"一网通办"平台的整体对接方案，采用"一体化归档、一站式对接"的建设模式，为搭建上海市一体化归档平台以及集约式数字档案室，有效解决政务服务系统缺少归档功能、分头建设的"新信息孤岛"现象，做到统一归档标准、规范归档流程，对促进"一网通办"电子文件智能化归档，推动"一网通办"数据共享共用，进一步提升政务服务效能有一定的借鉴作用。

关键词：政务服务"一网通办"；一体化；归档

一、引言

随着全国一体化在线政务服务平台的发展和完善，各地区各部门平台规范化、标准化建设和互联互通有效推进，极大提高了政府行政效率、办事效率、服务能力，极大方便了人民群众，真正实现了让"数据多跑路，群众少跑路"。2023年，为解决政务服务电子文件归档"最后一公里"问题，国务院办公厅印发了《政务服务电子文件归档和电子档案管理办法》，但系统归档功能不完善、数据标准不统一、系统对接难度大等客观存在的问题，影响了政务服务电子文件归档和电子档案管理工作开展。笔者以上海市政务服务"一网通办"电子文件（以下简称"一网通办"电子文件）归档工作为例，探索建设"一网通办"电子文件一体化归档平台的方法和路径，为数字政府建设作出档案工作应有的贡献。

二、现状及存在的主要问题

2018年,上海市首次提出并正式上线政务服务"一网通办"平台,截至2023年底,上海市"一网通办"共上线事项超过3700个,共有45家政务服务单位的政务服务系统对接了市政府"一网通办"平台,累计办件量逾4亿件。自上海市"一网通办"平台上线伊始,上海市档案局便开展"一网通办"电子文件归档和电子档案管理工作,经过几年的努力,虽然取得了一定成效,但实际工作中仍然存在影响工作开展的一些问题。

1. 系统归档功能不完善

部分政务服务系统建设时未考虑电子文件归档功能,要开展"一网通办"电子文件归档工作,只能通过单独开发归档模块或建设数据中台的途径来解决。

2. 系统对接模式较为复杂

由于各政务服务单位的政务服务系统在系统架构、软件开发环境、数据库结构、流程定义工具、中间件等方面差异性较大,造成了各政务服务系统与上海市"一网通办"平台对接模式较为复杂。目前,各政务服务系统与"一网通办"平台存在四种对接模式,一定程度上也给"一网通办"电子文件归档工作带来一定难度。

3. "四性"检测标准不统一

2019年,上海市档案局印发了《政务服务"一网通办"电子文件归档管理技术规范》(DB31/T 1152-2019),2023年印发了《政务服务"一网通办"电子档案"四性"检测指南》,但在执行过程中,由于技术人员对于"四性"检测的理解和元数据方案把握不一,导致"四性"检测策略存在较大差异,可能会现出"一网通办"电子文件在归档阶段能够通过检测,但在电子档案移交阶段"四性"检测通不过的情况。

4. 电子档案资源共享不充分

一方面,由于上海市16个区的区级政务服务单位使用市级系统统一开发的政务服务系统,且"一网通办"平台的办件库仅向市级政务服务单位推送政务数据,区级政务服务单位很难共享电子档案数据资源;另一方面,由于区级政务服务单位缺少电子档案管理系统或数字档案室集中统一管理政务数据,因此,电子档案数据资源共享还存在系统壁垒,跨地区、跨部门、跨层级、跨系统共享利用还需要进一步推动。

三、一体化归档平台建设原则

突出一体化平台的整合性、开放性、互联互通性和安全性,通过建设统一规划、全程管理的全市一体化电子文件归档平台，推动政务数据跨地区、跨部门、跨层级、跨系统、跨业务共享利用，进一步提升"一网通办"一体化平台服务能级。

1. 集约建设

构建上海市级层面的"一网通办"一体化归档平台，面向上海市 45 家市级政务服务单位提供电子文件归档和电子档案管理一体化服务，实现"一网通办"电子文件到电子档案的全生命周期管理，既有助于突破制约"一网通办"电子文件归档和电子档案管理的瓶颈，也可以避免各单位分头建设、独立开发，节约政务资源。

2. 统一标准

（1）统一电子文件和元数据收集和检测标准

一体化平台构建统一的电子文件与元数据收集模块，与"一网通办"办件库直接对接，有助于根据统一归档标准筛选比对出需要归档的电子文件和元数据并进行收集工作。同时，设置统一的"四性"检测工具，根据《上海市政务服务"一网通办"电子档案"四性"检测指南》等标准规范，规范地开展电子文件和电子档案"四性"检测。

（2）统一归档范围和保管期限

市级政务服务单位统一制定归档范围和保管期限表并嵌入一体化归档平台的配置管理模块，避免出现相同办理事项出现市、区保管期限不统一的情况。

（3）统一电子归档格式标准

构建统一的格式转换模块，按照《电子文件归档和电子档案管理规范》等标准，对于不符合电子文件归档格式要求的电子文件进行格式转换，便于加强电子文件数据质量前端控制。

3. 一站对接

通过构建"一网通办"一体化归档平台，改变原来市和区档案馆电子档案接收系统分别与相关政务服务单位对接的模式，由一体化归档平台直接对接"一网通办"平台办件库，既可实现"一网通办"电子文件即时、高效、规范归档，又减轻了各政务服务单位在系统对接及资源整合方面的工作压力。

4. 优化工作流程

构建"政务服务办件库→电子文件一体化归档平台→数字档案室系统→数字档案馆"的工作流程，实现电子文件从形成、接收、归档到电子档案保存、利用、移交等环节的全流程管理。

（1）优化"一网通办"电子文件收集整理流程

一体化归档平台与"一网通办"办件库直接对接，完成审批流程的事项经过智能筛选比对后，由办件库自动将电子文件及元数据推送到归档平台，在归档平台完成整理、组件、打包等程序后,根据一体化平台内嵌的电子文件分类方案、归档范围及保管期限表开展整理和归档工作,并形成规范的"一网通办"电子文件归档信息包。

(2) 优化"一网通办"电子文件归档流程

在一体化归档平台为各市级政务服务单位建设数字档案室系统,设置独立的存储空间,经"四性"检测合格的"一网通办"电子文件归档信息包向数字档案室进行归档,并通过数字档案室系统实现电子档案的分类、保管、检索、利用、鉴定、统计等功能。

(3) 优化"一网通办"电子档案移交流程

在一体化归档平台中建设电子档案移交功能,与市档案馆电子档案移交和接收系统对接,将保管期限为永久的"一网通办"电子档案以电子档案移交信息包的形式向市档案馆移交。

5. 促进数据共享

使一体化归档平台成为"一网通办"电子文件和电子档案资源共享的枢纽,使同一业务条线的市、区两级政务服务机构共享"一网通办"电子文件数字资源,推动各业务条线政务数据跨部门、跨层级、跨系统共享利用。同时,通过数字档案室系统积极做好"一网通办"电子文件目录汇集工作,做到实时更新、同源发布,进一步提升电子档案的管理水平和共享服务能力。

6. 实现技术赋能

(1) 实现归档过程智能化

探索推进智慧便捷的归档模式创新,从"一网通办"电子文件筛选比对、分类、收集到排序、整理、打包全归档过程实现智能化,提升"一网通办"电子文件归档和电子档案管理智慧便捷程度。

(2) 探索运用区块链技术

探索运用区块链技术创新"一网通办"电子文件全生命周期管理模式,对于电子文件归档过程中产生的过程信息以及电子文件归档信息包的流转信息等实时上链存证,形成完整的全过程可追溯的数据框架,实现链上链下数据协同,确保"一网通办"电子档案来源可靠、程序规范、要素合规。

(3) 打造档案数据治理场景

运用人工智能、知识图谱、云计算等技术,积极探索利用身份证、统一社会信用代码等标识自动关联各类电子档案专题数据库的方法和路径,促进档案数据科学化治理。同时,积极探索打造"移动+共享""智能+利用"等应用场景,推动档案数据治理工作向智能化、智慧化发展目标迈进。

四、一体化归档平台的设计架构

实现一体化归档平台与政务服务"一网通办"系统的数据交换和共享,统一技术架构、统一应用支撑、统一流程对接,确保一体化归档平台的可扩充性、稳定性和开放性。一体化归档平台总体架构分为基础设施层、系统接口层、数据资源层、系统应用层、用户访问层、标准规范体系、安全保障体系,总体架构如图 1 所示。

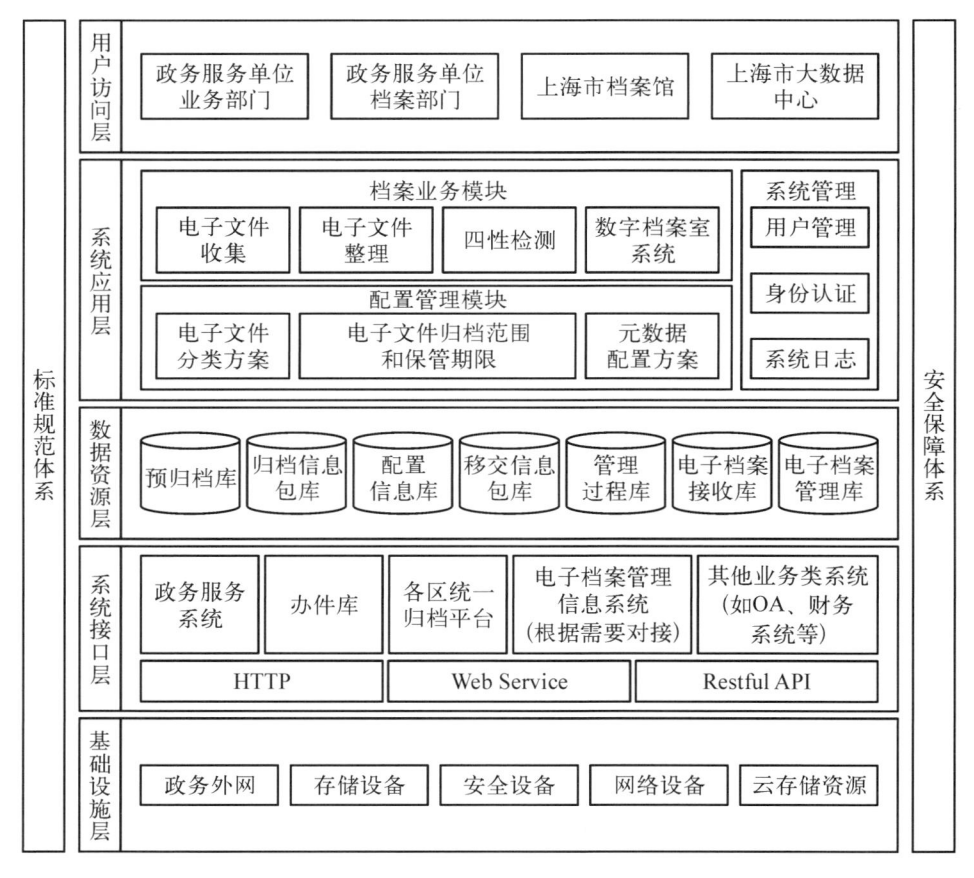

图 1 上海市"一网通办"一体化归档平台架构

1. 基础设施层

基础设施层是实现支撑"一网通办"一体化归档平台运行的基础设施运行环境的基础设施,主要包括:政务外网、云资源、服务器、存储设备、安全设备、网络设备及其他支撑体系基础设施等运行设备。

2. 系统接口层

使"一网通办"统一归档平台具有良好的兼容性与开放性,采用 API 接口设配器的方式实现各类系统的接口对接,确保系统间数据可以流畅交互,包括与市级政务服务单位政务服务系统、16 个区统一归档平台以及其他已单独建设的电子档案管理系统的对接接口。

3. 数据资源层

支撑"一网通办"一体化归档平台运行的数据资源,主要包括:电子文件预归档库、电子文件归档信息包库、配置信息库(归档范围和保管期限表)、电子档案移交信息包库、管理过程库(元数据)、电子档案管理库、电子档案接收库等。

4. 系统应用层

建立和完善支撑政务服务一体化平台基础服务平台,包括统一用户管理与身份认证平台、归档范围和保管期限表配置管理、电子文件归档模块、日志管理模块、数字档案室等功能。

5. 用户访问层

前台技术客户端使用个人电脑端及移动端访问和使用"一网通办"一体化归档平台,主要包括:上海市档案馆、45 家政务服务单位业务部门及档案部门、市大数据中心等。

6. 标准规范体系

制定《上海市"一网通办"一体化归档平台系统对接规范》《上海市"一网通办"一体化归档平台办件库及电子证照库调用规范》以及《上海市"一网通办"一体化归档平台电子文件归档信息包返还规范》等相关制度规范,形成权责清晰、流程科学、运行规范的一体化平台运行保障体系。

7. 安全保障体系

建立物理级安全、网络级安全、系统级安全、应用级安全等多层次综合安全保障措施,探索运用数字摘要、电子印章等技术保障电子文件归档和电子档案管理移交的规范有效,健全平台安全管理制度,提升平台技术防护能力,确保平台安全稳定运行。

五、平台业务逻辑

1. 与"一网通办"办件库的关系

一体化归档平台与"一网通办"办件库采用接口调用的形式直接对接,通过智能化比对流程,办件库将审批完成的事项及其元数据以件为单位向一体化归档平台的电子文件预归档库中推送。

2. 一体化归档平台业务逻辑

政务服务单位业务部门人员登录平台,并通过电子文件预归档库内嵌的分类方案、归档范围和保管期限表自动判定电子文件的归档范围和保管期限,将归档范围之内的电子文件及元数据整理后形成规范的电子文件归档信息包,并向本单位的数字档案室进行归档,同时,将属于各区的电子文件以规范的电子文件归档信息包形式将电子文件返还各区统一归档平台(业务逻辑见图2)。政务服务单位档案工作人员登录平台,根据规定向上海市档案馆移交电子档案。

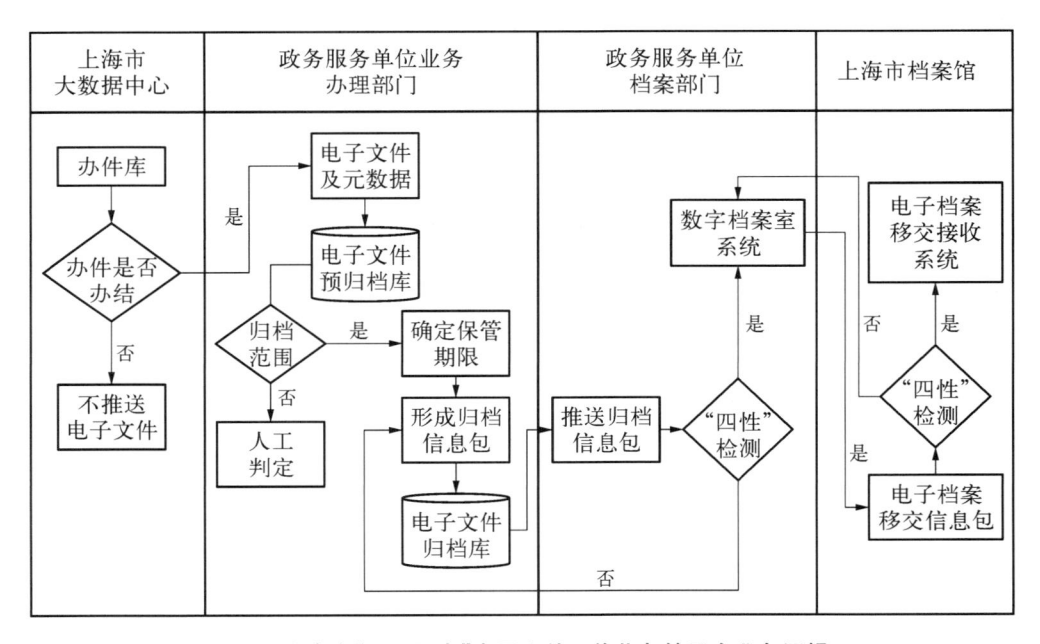

图 2　上海市"一网通办"电子文件一体化归档平台业务逻辑

3. 与已建成数字档案室系统的关系

对于已具备完善的归档功能的政务服务系统,以及已建成电子档案管理系统或数字档案室的政务服务单位,可不与一体化平台作接口对接,仅与上海市档案馆的移交接收系统对接。

六、结语

建设集约化的"一网通办"电子文件一体化归档平台,通过全市统一的基础应用支撑能力建设,充分利用现有政务服务系统以及网络服务资源,以系统化思维解决"一网通办"电子文件归档与电子档案管理工作衔接，以及政务服务系统与电子档案管理系统对接等问题，既有利于突破部门界限、拆除政务藩篱、打通"信息孤岛"、优化服务流程、创新服务方式、提升服务水平，也有利于节约行政资源、推动电子文件归档和电子档案管理科学化、规范化开展；同时，也为下一步将一体化归档平台对接上海市"一网协同""一网执法"等各类信息系统打好理论和实践的基础。

档案事业数字化转型的协同创新实践研究

——以上海建设数字档案馆为例

刘中兴

上海市档案局

摘　要：考察上海市区级数字档案馆建设情况，为后续丰富档案事业数字化转型协同创新研究提供路径参考。通过案例分析、文献调研、实地调研、深度访谈等方法过程，基于协同视角梳理上海"1＋16"市区两级数字档案馆建设情况，探讨上海在协同概念下开展数字档案馆建设展现的协同创新经验亮点。分析显示，上海数字档案馆建设体现出制度性与关系性、政务系统、馆际间、技术业务、跨机构的多种协同类型。新时代下，协同创新为档案事业数字化转型的持续发展提供了新的路径思考角度。

关键词：档案数字化转型；数字档案馆；协同创新

一、引言

档案信息化是档案管理现代化的核心，加强档案数字化转型是推动档案事业信息化、现代化的关键举措。2021年新施行《中华人民共和国档案法》与2024年新施行《中华人民共和国档案法实施条例》均新增"档案信息化建设"专章，规范档案信息化建设。为主动适应推进国家治理体系和治理能力现代化建设的现实需要，研究档案事业数字化转型是档案工作转型发展的时代趋势与必然选择。

本文围绕档案信息化转型理论与实践，关注档案事业数字化转型、档案数字资源建设中的重点、难点与建设路径。本文从协同论的新视角，通过案例分析、文献调研、实地调研、深度访谈等方法过程，以上海"1＋16"市区两级数字档案馆为具体案例范围，浅析上海档案数字化转型的协同创新实践，探讨上海在大协同视角下积极开展数字档案馆建设所展现的创新实践经验和亮点，为推动新时代档案转型发展总结上海经验，提供有益参考和借鉴。

二、理论基础与相关概述

1. 协同理论相关概述

协同论（synergetics）是一门自20世纪70年代起基于多学科交叉研究发展形成的现代系统科学新兴理论，其内容核心有自组织原理、协同效应和序参量原理，主要用来解释复杂系统中各子系统之间的协作关系。[1]在公共管理和跨部门合作中，"协同"强调彼此独立的主体和部门之间的协作与互动。[2]协同论是现代系统科学"新三论"核心部分，比耗散结构论更深刻，也以突变论为基础。另外，协同论还基于"老三论"的控制论和信息论，并继承发展了系统论。[3]

协同论具备跨领域普适性，已有学者将协同视角引入档案研究领域，取得一定效果。例如，聂勇浩[4]从局馆协同视角分析档案机构改革模式、挑战并提出政策建议；郑俭[5]从协同论视角探讨档案局馆关系性和制度性协同；赵雪芹[6]引入协同论探讨档案数字资源协同服务实现机制。协同论鼓励跨学科、跨领域合作交流的理念，与《中华人民共和国档案法实施条例》指导档案工作"跨区域、跨层级、跨部门"等关键路径一脉相通，对档案数字化转型的创新发展有所启发。

2. 上海档案数字化转型要求与内容

为深入贯彻习近平总书记考察上海重要讲话和在浦东开发开放30周年庆祝大会上的重要讲话精神，认真落实市委、市政府《关于全面推进上海城市数字化转型的意见》，上海市档案局积极响应并统筹规划，推进数字档案馆的建设。在市委市政府领导下，通过全市档案部门同心协力，上海市档案局制定《上海市档案事业数字化转型工作方案》[7]等政策性文件明确创建工作总体要求，强化档案治理体系建设的数字化转型导向，聚焦档案资源体系建设的数字化转型重点，提升档案利用体系建设的数字化转型效益，创新档案安全体系建设的数字化转型实践，完善档案数字化转型的基础支撑和条件保障，并将相关工作要求列入新修订的《上海市档案条例》，为上海数字档案馆建设提供法规保障，探索出一条具有上海特色的数字档案馆发展之路。

3. 上海数字档案馆建设情况

上海数字档案馆建设的谋划思考和实践探索起步于20世纪90年代末[8]，始终置于业务建设的核心地位，并视为推动档案事业前进的关键目标和主要工作。国家档案局2010年6月发布《数字档案馆建设指南》、2014年颁布《数字档案馆系统测试办法》以来，2016年上海市首家数字档案馆徐汇区档案馆就踏上了"示范级"门槛，为上海今后在各区的创建工作积累了宝贵经验。[9]上海徐汇区档案馆、青浦区档案馆、浦东新区档案馆、静安区档案馆建成全国示范数字档案馆。2023年7

月,上海在全国率先实现省以下行政区高水平数字档案馆全覆盖,全市16个区建成"全国示范数字档案馆"4家、"国家级数字档案馆"12家(见表1)。[10]截至2023年底,上海市区两级档案馆累计接收电子档案超过440万件,约11 TB。各区档案馆档案全文数字化普遍达到馆藏档案90%以上,部分区达到100%。全市"1＋16"国家综合档案馆已全面接入全国档案查询利用服务平台,政务内网档案目录共享平台覆盖市区两级综合档案馆馆藏资源。

表1　上海各区数字档案馆建设情况

序号	单　位	测评时间	等　级
1	徐汇区档案馆	2016年9月	全国示范数字档案馆
2	奉贤区档案馆	2016年9月	国家级数字档案馆
3	闵行区档案馆	2017年11月	国家级数字档案馆
4	杨浦区档案馆	2018年11月	国家级数字档案馆
5	松江区档案馆	2018年11月	国家级数字档案馆
6	金山区档案馆	2018年11月	国家级数字档案馆
7	普陀区档案馆	2018年11月	国家级数字档案馆
8	青浦区档案馆	2019年11月	全国示范数字档案馆
9	虹口区档案馆	2019年11月	国家级数字档案馆
10	崇明区档案馆	2019年11月	国家级数字档案馆
11	长宁区档案馆	2020年9月	国家级数字档案馆
12	嘉定区档案馆	2020年9月	国家级数字档案馆
13	宝山区档案馆	2021年9月	国家级数字档案馆
14	浦东新区档案馆	2022年6月	全国示范数字档案馆
15	黄浦区档案馆	2022年11月	国家级数字档案馆
16	静安区档案馆	2023年7月	全国示范数字档案馆

三、上海数字档案馆建设的协同创新实践分析

数字档案馆建设是现代信息技术条件下档案馆转型发展的重要牵引,是档案

事业数字化转型和高质量发展的题中之义。基于协同论视角,分析上海数字档案馆建设体现出多种协同类型。

1. 制度与关系协同:局馆深度融合,顶层设计引领协同发展

在数字档案馆建设工作中,上海市、区档案局馆"一个机构、两块牌子"的局馆协同模式,展现出深度融合的制度性和关系性协同。"十四五"开端之年,《"十四五"全国档案事业发展规划》将"增进局馆协同"列入任务内容。上海通过《上海市档案条例》《上海市档案事业发展"十四五"规划》等政策性文件,奠定了以市档案馆为核心枢纽,以各区档案馆为重要节点的档案数字化转型架构,明确提出市区综合档案馆"数字档案馆"建设全覆盖要求,将其作为档案事业数字化转型的重要指标。[9] 上海深度融合的制度性和关系性协同增强了至少三种行动优势:一是体制协同,制度设计同一标准,协调执行的便捷度、协同合作的自由度大大增加;二是信任协同,局馆、馆际间协同合作以信任为基础之一,在"局馆一体化办公""局馆一家亲理念"工作氛围基础上,信任合作较易达成;三是业务评价指标协同,局馆协同在工作政绩指标、业务评价指标方面一致,得以齐心发力,让"为党管档、为国守史、为民服务"的档案使命全面双向贯彻,使档案人员服务获得感、人民群众利用幸福感和满意度双向提升。

2. 政务系统协同:推进"一网通办"政务服务电子档案工作

政务系统前后端的协同合作,体现在做好"一网通办"电子文件归档与电子档案管理。2018 年,上海市档案局开展政务服务"一网通办"电子文件单套归档管理试点工作;2020 年,市档案馆开展政务服务"一网通办"电子档案接收工作。近年,市档案局通过与市政府办公厅、市数据局、市大数据中心等部门紧密协同,谋划打造上海市"一网通办"电子文件归档管理系统平台,与市档案馆数字档案馆平台对接,打通政务服务电子文件全流程管理"最后一公里"。区档案馆方面,自 2018 年,青浦、浦东、奉贤、静安等各区在建设数字档案馆的基础上协同推进"一网通办"政务服务电子档案工作。比如,浦东新区档案局以科研先行,联动多方推进,通过归档流程重塑、试点应用、提炼经验复制推广,实现"一网通办"电子文件智能归集应用。青浦区档案局围绕电子档案归集口、字段设定等工作标准进行梳理,再升级改造系统并试点归集档案数据,加强全区政务服务单位电子文件归档和电子档案的监督管理,以指导提升服务,树立示范区档案信息化新标杆。

3. 馆际协同:实现"数字档案"平台区域联动与资源共享

上海通过资源共享和区域联动,构建了新时期高水平数字档案馆集群。一是便民服务的资源共享方面,2012 年市档案局"城市数字记忆工程"搭建以市和区档案馆为核心的档案信息资源整合与共享平台,建立了民生档案"异地利用、跨馆出

证、馆社联动、全市通办"创新服务模式,使用者可在上海任一社区事务受理服务中心依法查询到本市任一国家综合档案馆的婚姻登记、独生子女、知青返城等27类民生档案,并当场免费获取证明。市档案馆近年致力于打造面向社会各界的智慧档案在线服务平台,目前已推出上海市档案馆数字档案公共查阅平台、"跟着档案观上海"数字人文平台、上海"老字号"档案查阅等平台。[11] 二是上海馆际方面,上海依托政务内网构建档案馆与档案进馆单位以及档案馆馆际之间的业务协作平台;2020年,汇集市区两级档案馆开放档案数据的互联网"数字档案公共查阅平台"上线运行;2022年,全市"1+16"国家综合档案馆全部接入全国档案查询平台。2023年,政务内网档案目录共享平台覆盖市区两级综合档案馆馆藏资源。三是跨省域合作方面,2018年,沪苏浙皖三省一市档案部门共同签署《开展民生档案"异地查档、便民服务"工作合作协议》,345家各级档案馆开始办理异地查档服务,在全国档案部门首开跨省域协作的先河。青浦区档案馆服务长三角区域协同发展,主动接收进博会电子档案,与江苏省吴江区、浙江省嘉善县档案部门进一步试点示范区电子档案"单套制"管理模式。通过区域档案馆协同合作,上海数字档案馆建设实现了更大范围内的资源共享和优化配置。

4. 技术与业务协同:智能技术赋能档案管理与业务创新

在档案数字化转型中,新技术与档案管理业务的深度融合展现了技术与业务的协同力量。上海各区档案馆依托人工智能、物联网、区块链、大数据等前沿技术,精心构建了一系列多元化、创新性的数字应用场景,努力建设具有时代特征的数字档案馆。比如,静安区档案馆通过物联网技术构建"数字孪生"档案馆管理系统,综合利用数据中台、物联网、数字展呈、AI等多种信息技术,树立平台化、一体化建设理念,强化数据驱动,为档案馆实现转型升级打造重要的数字基座[12];黄浦区档案馆应用AI技术分析决策和辅助档案开放审核等业务,实现档案资源深度开发利用;青浦区档案馆对馆藏实体档案进行RFID标签化管理,将门禁、监控、库房温湿度控制等系统融于一体,实现档案实体安全保管;浦东新区档案馆利用区块链技术,探索可信管理方面的具体技术方法和实现路径。

5. 跨机构协同:联合打造档案数字资源体系

档案馆跨机构协同主要包括政府部门、图书馆、博物馆、纪念馆、高校、社区等机构,共同推动档案数字资源建设的多元化发展。比如,普陀区档案馆与居民社区联动,首创"馆社联动"服务模式。市档案局积极倡导各区档案馆和档案进馆单位协同推进、全面开展区域性、系统性数字档案馆(室)建设。青浦、长宁、静安等区全区推广应用由区档案馆统一研发的数字档案室系统,基本实现电子文件与纸质文件同步运行的"双轨制"归档管理、档案工作的在线监督指导、电子档案移交进馆的业务功能和电子档案保管利用的全过程管理。跨机构协同不仅加强档案数字资源建设合作，而且提高服务的质量和效率。

四、结语

高质量发展是全面建设社会主义现代化国家的首要任务。数字档案馆建设具有高科技、高效能、高质量等特征，符合新发展理念。本文从协同论角度分析上海建设数字档案馆情况，研究上海档案事业数字化转型体现出的协同创新实践。通过分析，笔者认为：上海档案在数字档案馆建设上体现出制度性、关系性、政务系统、馆际间、跨机构、技术业务上的多种协同类型。新时代下，协同创新为档案数字化转型的持续发展提供了新的路径思考角度。

本文贡献在于：从上海市级层面分析市区级数字档案馆建设案例，情况覆盖面广，基于协同视角研究，分析总结多种协同类型的创新实践，为档案数字化转型持续创新和发展提供新的思考角度。本文局限性在于：情况研究仅限于上海市区级档案馆实践，机构性质单一；分析协同类型时，没有对各协同类型进行多维度关联解读。今后可尝试对比其他类型机构、其他省份的协同实践，加强跨机构协同方面的数字档案馆建设研究。

参考文献

[1] 哈肯.协同学——大自然构成的奥秘[M].凌复华,译.上海：上海译文出版社,2013：12.
[2] 白列湖.协同论与管理协同理论[J].甘肃社会科学,2007(05)：228-230.DOI：10.15891/j.cnki.cn62-1093/c.2007.05.065.
[3] 顾新华,顾朝林,陈岩.简述"新三论"与"老三论"的关系[J].经济理论与经济管理,1987(02)：71-74.
[4] 聂勇浩,蒋琰,郑俭.局馆协同视角的档案机构改革：模式、挑战与建议[J].档案学通讯,2022(05)：37-45.DOI：10.16113/j.cnki.daxtx.2022.05.010.
[5] 郑俭,聂勇浩.走向制度性协同——档案局馆协同机制优化研究[J].档案与建设,2023(11)：34-38.
[6] 赵雪芹.档案数字资源协同服务实现机制研究[J].兰台世界,2019(06)：59-61.DOI：10.16565/j.cnki.1006-7744.2019.06.15.
[7] 上海市档案局.上海市档案局关于印发《上海市档案事业数字化转型工作方案》的通知.[EB/OL].[2021-04-01]. https://www.archives.sh.cn/dayw/jszj/202301/t20230105_67869.html.
[8] 朱建中,王玮.持续推进数字档案馆建设 提升档案管理现代化水平——以上海市各区数字档案馆建设为例[N].中国档案报,2019-03-04(第三版).

［9］ 徐未晚.数字档案馆建设助力上海档案事业开创现代化转型发展新局面[J].中国档案,2021(12):36-37.

［10］ 王晶,王玮,肖征华,陈小瑞.上海数字档案馆(室)建设,对标一流,奋力跑出"加速度"[EB/OL].[2024-02-20]. https://mp.weixin.qq.com/s/tyKfsudjF0oTfQYccW-sZQ.

［11］ 张新,石磊,张斌,曹胜梅,夏广平,何品,颜昶,石琪炯,胡劼.上海市档案馆的这些宝藏资源库别错过!更多个性化应用场景等你来解锁.[EB/OL].[2023-08-31]. https://mp.weixin.qq.com/s/OrCYjE87f4r0TRR4bs1bXQ.

［12］ 王晶,薛文,张玲.加快档案数字化战略转型,全力助推"数都上海"建设.[EB/OL].[2023-02-07]. https://mp.weixin.qq.com/s/bSp1hz1G3mnKhaBIw_Fkhg.

智慧医院建设背景下基于 SWOT 分析法的多院区公立医院档案数字化策略研究

梅子扬　于琳娜　冯　华　李　斌

上海市第六人民医院

摘　要：在智慧医院建设背景下，多院区公立医院档案数字化进程面临机遇和挑战，SWOT 分析法能够通过客观、准确分析和研究现实情况，对组织环境中优势、劣势、机会以及威胁进行分析，从而制订适合组织及当前环境的实施方案。对多院区公立医院档案数字化进行 SWOT 分析，能够帮助我们更全面地了解医院档案管理的现状，发现其优势和劣势，并找到应对机会和威胁的策略，为进一步提高多院区医院档案管理水平提供参考。

关键词：智慧医院；多院区管理；档案管理

一、引言

在智慧医院建设背景下，医院档案管理是医院信息化工作的重要组成部分，为医院开展各项工作提供有力的支持。[1]智慧医院是由数字化医疗设备、计算机网络平台和医院业务软件组成的三位一体的综合信息管理系统。档案管理系统涉及医院管理的方方面面，基于数字化信息平台的传输、利用和归档具有及时性、全面性的特点。及时性是指基于数字化信息平台的数据，往往是伴随一项事件、一个流程的结束而完成归档；全面性是指医院档案包括文书档案、科研档案、财务档案、设备档案、荣誉档案、病历档案等，随着医院新技术、新项目的开展，档案种类包含新数据格式等非传统档案类型，数字化信息平台能够覆盖全部档案的数据格式。

二、要素分析

SWOT 分析法是一种基于组织内外部竞争环境和竞争条件的态势分析，又被称为"优劣势分析法",注重内外联动,把所有的内部因素集中起来,用外部力量来评估这些因素,进行深入全面的分析,进而提出有效的解决方案。[2]由于该分析法具有简洁实用,结论清晰等优势,因此最早被应用于企业战略管理,之后在管理学领域中得到广泛应用。智慧医院的发展为公立医院档案数字化转型带来了前所未有的契机和机遇,借助SWOT分析法,分析、挖掘智慧医院建设背景下,公立医院档案数字化的内部优势(Strengths)、劣势(Weaknesses)和外部机会(Opportunities)、威胁因素(Threats),发现内在规律,多措并举提供档案数字化支持,加强保管、整合和服务,为智慧医院建设背景下的公立医院档案管理提供参考借鉴。

1. 档案数字化自身优势(Strength)

(1) 医院维度

随着"互联网＋医疗"的发展,以"线上＋线下"(Online to Offline,O2O)智慧医疗服务体系逐渐成为以医院为主要场所的新型服务模式。以互联网为基础的医疗服务模式转变推动了医院内部数字化建设的变革,有助于医院综合管理水平的提升。医院在日常运行中,基于数字化平台产生各类信息数据,这些数据统称为智慧医疗信息化数据。智慧医疗信息化数据与医院档案紧密相连,是医院档案数字化信息库的重要组成部分。部分档案信息资源是属于医院内部数据,原则上不公开。就整合信息资源方面,医院在构建以"互联互通互认"为结果导向的一站式检索资源库时,通过组建用户架构匹配不同访问权限,在一定程度上约束用户行为,保障信息资源安全性。[3]

2014年,中共中央办公厅、国务院办公厅联合印发的《关于加强和改进新形势下档案工作的意见》中明确要求:"档案机构要建立健全人防、物防、技防三位一体的档案安全防范体系,确保档案安全。"[4]在此意见的推动下,部分省市企事业单位的档案管理部门开始着手建立以信息技术、大数据、智慧网络为支撑的数字档案库,对档案的产生、收集、归档进行全流程智能化设计。

(2) 档案管理人员维度

2015年,《中华人民共和国职业分类大典》首次将"档案业务人员"更名为"档案专业人员",新职业很大程度上体现了档案专业人才队伍在专业性、科学性、时效性等方面的优势。公立医院档案专业人员属于行政管理人员范畴,目前公立医院行政管理人员学历水平普遍较高,能够较好地适应管理工作。智慧医院服务体系的建设推动了医院建设高水平职业化行政管理人才队伍,医院通过轮岗和培训为医院行政管理人员赋能。[5]医院档案专业人员经过多部门的轮岗和培训,对其他科室的基本业务、重点工作和专项工作有了比较直观的认识,对于档案归档工作有了更加细致的考虑。档案移交的内容是档案归档工作质量的核心,目前公立医院档案管理组织架构主要是档案室的专职档案管理人员和兼职档案员,兼职档案员一般为各行政职能处(科)室的内勤工作人员。轮岗交流也让兼职档案员对医院的组织架构、历史文化、档案管理有了一定的认识和了解,有助于兼职档案员提高归档材料前期收集工作的水平。[6]

(3)档案自身维度

智慧化医院服务体系建设了以信息技术为基础的数字化综合管理平台,日常产生的档案以数字化形式存储在综合管理平台中。区别于传统档案以最终结果为归档核心,数字化档案不仅对最终处理结果进行存档,更将产生的全过程进行归档,能够真实准确地还原档案产生的全过程,并保存了内部的完整的逻辑顺序,丰富了档案的内涵。

2. 档案数字化自身劣势(Weakness)

(1)资源的整合性

在数据资源整合方面,传统纸质档案资源丰富,通常按照各部门条线工作进行整理。目前智慧医疗服务体系中涉及门诊医生工作站系统、移动医生工作站、移动护士工作站、临床信息系统(CIS)、影像储存与传输系统(PACS)、检验信息系统(LIS)、麻醉和ICU信息系统、智慧财务等各种子系统,不同系统为医院日常运营管理提供的功能不一。考虑到医院各项数据安全,各子系统有一定封闭性,数据互相不兼容,存在"信息孤岛",但各系统间的子系统或模块可能存在复杂关联。[7]体现到医院档案管理层面,各类系统的特性及数据模块的复杂关联会增加档案资源整合难度,影响档案数字化平台搭建。

(2)流程的顺畅性

智慧医疗档案数字化系统需要依赖于先进的技术和系统,如云计算、大数据、人工智能等。如果技术出现问题,就可能会导致流程不顺畅;智慧医疗系统建设,往往是各系统独立开发,没有建立信息共享平台,实际应用时互相嵌套,造成后台环节过多、重复、交叉,整个流程复杂冗长。

(3)信息的准确性与安全性

医院在采集和储存电子档案数据时,可能没有建立统一的标准和规范,导致数据不准确、不完整;医院可能缺乏信息数据质量管理和评估的流程,无法及时发现和解决数据质量问题,影响信息的准确性和可信度;医院的信息系统可能存在安全漏洞,如未及时更新补丁、弱密码等,导致黑客入侵、数据泄露等安全问题;医护人员可能缺乏数据保护和安全意识,在操作过程中出现错误或疏忽,导致数据泄露或损坏;医院在信息共享和隐私保护方面可能没有足够的机制和措施,导致敏感信息泄露或被盗用。

3. 档案数字化外部机会（Opportunity）

（1）国家、政府层面的支持

新修订的《档案法》明确规定，国家鼓励和支持档案馆和机关、团体、企业事业单位以及其他组织推进传统载体档案数字化。电子档案与传统载体档案具有同等效力。同时，《"十四五"全国档案事业发展规划》也提出要加强数字社会、数字政府建设，提升公共服务、社会治理等数字化智能化水平，推进档案数字化转型，健全档案数字化整体规划体系，进一步推动档案数字化转型。

上海市政府对数字化转型采取了积极的支持政策。2020年12月，上海市委、市政府印发了《关于全面推进上海城市数字化转型的意见》[8]，旨在全面推进上海城市数字化转型。在具体实施上，上海市政府采取了"一网通办"和"一网统管"的策略。其中，"一网通办"主要关注政务服务的精细化，以提供更便捷、高效的服务，包括加快法治、公安、应急、公用设施等领域的数字化转型。另一方面，加强数字底座赋能，推动政府以数据驱动流程再造，践行"整体政府"服务理念，以数据为基础精准施策和科学治理，变"人找政策"为"政策找人"。

此外，上海市政府还大力支持数字产业的发展，以推动数据要素产业的发展和数字红利的释放，提升数字经济的质量。这些措施都显示了上海市政府对数字化转型的积极态度和支持力度。

（2）信息技术水平的进步倒逼医院综合管理能力提升

信息技术可以帮助医院优化业务流程，提高工作效率。例如，通过信息化技术，医院可以利用高效的计算机网络提高工作信息传递效率，实现医院信息资源的共享。这不仅可以优化门诊就医的流程，使家属更直接地了解病人诊疗过程和收费情况，而且可以实现与各级医保的无缝对接，避免病人信息的重复录入，缩短结算时间，为医院节约大量人力、物力和财力[9]；通过加强医院的计算机信息化建设，可以有效地帮助医院实施全成本核算，使医院更好地控制各种开支，提高资源利用效率，降低运营成本；信息技术在医院的广泛应用，不仅可以提升医生的素质，使其适应医院现代化建设与发展的客观要求，而且可以通过优化就诊流程，更好地服务于患者；在临床和检查上运用信息化技术，可以实现部门之间以及数字化应用之间的数据共享，提高数据利用效率，帮助医院更好地进行病例分析和诊断，提高医疗水平。

4. 档案数字化外部威胁（Threat）

（1）行业存在一定不规范现象

档案数字化行业规范在一定程度上是全面的，它涵盖了档案数字化的多个方面,包括数字化流程、文件命名、存储介质、数据迁移和安全管理等。还有一些国家标准和规范可以作为机关事业单位档案数字化的行业标准的基础,如 DA/T68.2-2020 档案服务外包工作规范第二部分:档案数字化服务、DA/T77-2019 纸质档案数字复制件光学字符识别(OCR)工作规范等。这些规范旨在确保档案数字化的质量和安全性,使其符合行业标准和要求。当然,档案数字化行业规范只是提供了一些基本的指导和要求,而具体的实施可能还需要根据不同单位和具体情况进行调整和完善。在实际操作中,由于机关事业单位的数字化进程不同、技术水平不同等原因,数字化档案的质量和使用效果存在差异,也存在一些不规范的现象。随着技术的不断发展和档案数字化的不断推进,行业规范也需要不断更新和完善。一些新的技术和方法可能会对数字化档案的管理和利用产生重要影响,行业规范需要不断跟进和更新,以适应新的发展趋势。[10]

(2) 社会档案意识整体偏低

当前社会对于档案的宣传和教育工作相对缺乏,导致人们对于档案的重要性认识不足,不了解档案的作用和价值;在中国的传统文化中,档案被视为机密性较高的东西,只有少数人能够接触和管理。[11]这种文化传统的影响在一定程度上限制了档案的利用和普及,导致人们对于档案的意识偏低。档案意识的提高需要实践和应用的支持。但是,在当前的社会中,档案的利用和实践相对较少,人们很难在实际生活中接触到档案,更难以理解其重要性和作用。[12]

(3) 档案数字化需求的复杂性

档案数字化需要处理大量的数据,包括纸质档案的扫描、识别、分类、存储等,这需要强大的数据处理技术和设备支持,以提高效率和质量;数字化后的档案需要安全、可靠地存储和管理,以防止数据泄露、破坏或丢失,这需要投入大量的人力、物力和技术资源;数字化档案的利用涉及数据的检索、调用、分析和挖掘等方面,这需要利用先进的数据分析和挖掘技术,才能更好地发挥数字化档案的价值[13];数字化档案的安全性是一个重要问题,需要采取有效的安全措施和技术手段,以防止数据泄露、篡改或攻击;档案数字化需要专业的技术人员和档案管理人员进行支持和培训,以提高档案数字化工作的效率和质量。

三、智慧医院建设背景下多院区公立医院档案数字化中 SWOT 应用的可行性

如图 1 所示公立医院档案数字化工作中,常常出现智慧医院信息化建设的好坏所带来的优劣势与威胁等多方面问题,这些问题结合 SWOT 分析的特点,将图 1

中的要素归纳分析运用到多院区公立医院档案数字化工作中,来系统地、全面地分析智慧医院建设背景下多院区公立医院档案数字化工作的开展路径,为制定合理的策略保障提供参考和借鉴。

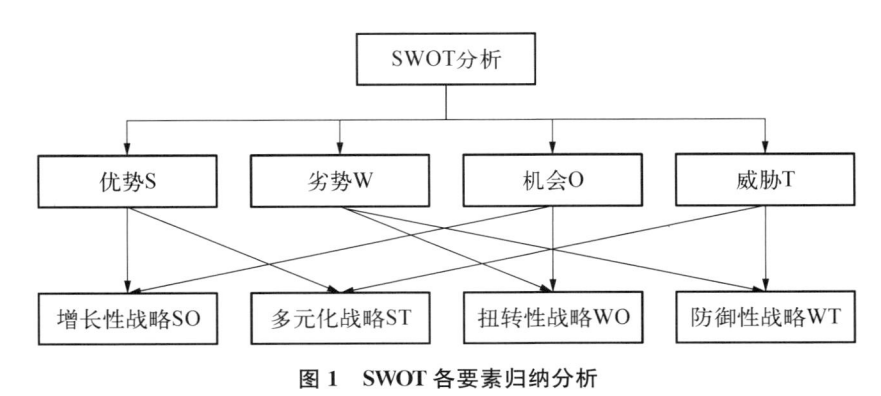

图 1　SWOT 各要素归纳分析

四、智慧医院建设背景下多院区公立医院档案数字化中 SWOT 的应用

在智慧医院建设背景下,多院区公立医院档案数字化是一个具有挑战性和机遇并存的项目。如图 2 所示 SWOT 分析的应用战略,用于帮助医院制定相应的数字化战略。

	外部因素	优势(Strengths) ● 先进的数字化信息平台 ● 较高的人员素质 ● 多院区丰富的档案资源	劣势(Weaknesses) ● 档案资源整合难度大 ● 信息共享不流畅 ● 信息的准确性、安全性较低
内部因素	机会(Opportunities) ● 政策的支持 ● 信息技术进步	S-O ● 重视多院区资源共享信息交流 ● 强化信息技术团队建设	W-O ● 建立健全管理规范 ● 提高综合素质
	威胁(Threats) ● 行业不规范 ● 认识不充分 ● 需求的复杂性	S-T ● 借助社会力量 ● 强化沟通与协作	W-T ● 加强安全防范 ● 关注最新发展

图 2　智慧医院建设背景下多院区公立医院档案数字化 SWOT 矩阵

1. 优势-机会(S-O)策略
(1) 重视多院区资源共享和信息交流

公立医院具备完善的医疗设施和丰富的医疗资源,为档案数字化提供了良好的基础。多院区模式可以提供更多的资源共享和信息交流机会,使档案数字化更加便捷。利用优势推进数字化进程,优化医疗资源配置,提高医疗服务效率和质量。

(2) 强化信息技术团队建设

公立医院通常具备强大的信息技术团队和丰富的数字化经验,有助于推动档案数字化进程。[14]强化信息技术团队建设,提升数字化技术水平,以满足日益增长的数字化需求。

结合多院区模式,实现跨院区档案信息共享和交流,提高档案利用效率。

2. 优势-威胁(S-T)策略
(1) 借助社会力量

根据行业规范,引入有资质的第三方服务商,明确档案数字化流程和方法,提升数字化质量。对档案数字化工作提供支持,提升数字化技术水平,推动档案数字化进程。

(2) 强化沟通与协作

某些公立医院信息技术设备更新缓慢,数字化技术水平相对较低,应逐步更新信息技术设备。加强与业界和学术机构的合作,引进先进技术和管理经验,缩短与其他行业在档案数字化方面的差距。

3. 劣势-机会(W-O)策略
(1) 建立健全管理规范

随着智慧医院建设的推进,公立医院对档案数字化的需求日益增加。数字化技术为档案管理和医疗服务带来了更多的创新和便利。积极推进智慧医院建设,建立健全档案管理标准和规范,借助数字化技术提升档案管理和医疗服务水平。

(2) 提高综合素质

社会对医疗服务的需求增加,对医疗服务质量和效率的要求提高。以患者需求为导向,优化医疗资源配置,提高人员综合素质,提升医疗服务效率和质量。强化与相关部门的沟通与合作,临床医技护人员和行政工作人员共同推动数字化医疗服务的创新与发展。

4. 劣势-威胁(W-T)策略
(1) 加强安全防范

面对数字化技术安全问题,如黑客攻击、数据泄露等,应加强数字化技术安全防范,制定完善的信息安全管理制度和技术保障措施,避免对医院信息安全构成威胁。

（2）关注最新发展

数字化技术更新迅速,公立医院可能面临技术过时的风险。政策法规的变化可能对公立医院的档案数字化产生影响。应及时关注数字化技术的最新发展动态,更新和升级信息技术设备和系统。与政府部门保持密切沟通,及时了解政策法规的变化并调整数字化战略。

五、结论

多院区公立医院在智慧医院建设背景下进行档案数字化具备一定优势和机遇,但也存在一些劣势和挑战。为了实现档案数字化的顺利推进,公立医院需要制定科学合理的数字化战略,充分利用现有资源,加强信息技术团队建设,改进档案管理流程和标准,更新信息技术设备,并加强与相关部门和学术机构的合作与交流,以提升数字化水平和综合竞争力。同时,还需要密切关注政策法规的变化,并积极响应和遵循相关规定,确保档案数字化的合法性和合规性。

参考文献

[1] 王景明,安自力.信息化建设在医院三次发展机遇中的作用[J].解放军医院管理杂志,2004,11(6):504-509.

[2] 沙忠勇,牛春华等.信息分析[M].背景:科学出版社,2009:90-93.

[3] 吴新宇."大数据"时代公立医院"智慧档案"建设之思考[J].档案与建设,2019(10):53-55+46.

[4] 中共中央办公厅、国务院办公厅印发《关于加强和改进新形势下档案工作的意》[EB/OL].[2014-05-04]. https://www.saac.gov.cn/daj/xxgk/201405/1d90cb6f5efd42c0b81f1f76d7253085.shtml.

[5] 韩春雷,刘琪,胡安易等.轮岗交流在公立医院行政管理人员职业化发展中的探索[J].中国医院,2021,25(12):64-66.

[6] 韦卫.加强档案管理建设促进学校持续发展——浅谈新形势下技师学院档案管理现状及规范化、信息化建设[J].档案学研究.

[7] 卞咸杰.大数据时代智慧档案信息服务平台数据安全风险及其对策[J].档案管理,2022(6):38-41.

[8] 上海市委、市政府印发《关于全面推进上海城市数字化转型的意见》[EB/OL].[2021-01-05]. https://www.shanghai.gov.cn/nw31406/20210107/adbb1f5067b94564ad754c95ba5f630f.html.

[9] 韩秋菊.大数据背景下医院病历档案管理策略研究[J].兰台世界,2022(11):104-106.

[10] 钟燕萍,谭玉琼.医院综合档案室档案数字化建设研究[J].信息与电脑(理论版),2020(11).
[11] 丁华东.社会记忆与档案学研究的拓展[J].中国档案,2006(09):32-35.
[12] 惠明.试论民间档案的收集与管理[J].陕西档案,2008(06):24-25.
[13] 聂云霞.网络环境下档案信息开放存取的SWOT分析[J].档案与建设,2012(05):18-20.
[14] 大数据视域下的档案安全体系构建及可引入技术分析[J].档案与管理,2020(03):14-15.

基于职业生涯管理的档案数字职业人才培养策略

米丰山

华东政法大学政府管理学院　上海档案事业发展研究中心

摘　要：数字技术的快速发展，带来了劳动关系和劳动形式的重大变革，催生了一批数字职业，同时形成了对新型的数字人才的巨大需求。在档案数字化的过程中，档案数字人才的巨大缺口以及培养体系建设的相对落后已经成为制约档案数字职业人才培养的"短板"。对此，本文从职业生涯管理的视角出发，从个人与组织的角度探究档案数字职业人才的培养策略。

关键词：档案职业；数字人才；职业生涯管理

一、引言

随着生产力的发展和数字技术的进步，新的劳动形式——数字劳动正逐渐走入人们的视野，并由此催生了数字职业这一数字技术与职业活动相结合的新型职业类型。出于对职业发展形式的敏锐洞察，2022年9月，我国公布了《中华人民共和国职业分类大典》（2022年版）（下称《大典》）首次标注了97个数字职业，其中，"档案数字化管理师"就是其中之一。数字职业作为生产关系重大变革的表现之一，正在深刻地改变就业、产业发展和经济增长方式。与传统职业相比，数字职业涉及创新性的技术、社会关系和商业模式，并具有丰富的信息技术（IT）背景知识，当前已经成为职业更新的主要发展方向以及职业结构中增长最快的部分。

二、研究现状

1. 档案数字职业

数字职业是数字技术与职业活动相结合形成的一种新的职业现象和类型，

20世纪末,随着互联网的普及,尤其是万维网的发明和浏览器技术的进步,数字职业的雏形开始显现,最早的数字职业包括网页设计师、程序员和网络管理员等。有学者认为数字职业就是以数字技术为关键要素的一系列职业的统称,这主要是指信息通信技术或各种数字技术在劳动的过程中,如工艺技术、工具、设备、原材料、劳动工作对象、劳动产出等的一方面或多方面占据主导性因素,具备这样特征的职业即可称为数字职业,而数字职业劳动者的劳动过程属于生产性的数字劳动。这里需要注意的是数字职业并不单指在各行各业中从事与各类数字技术相关工作的专业技术人员和专业技能人员,也包括行业中的行政管理人员,如人力资源管理人员等。

2. 职业生涯管理

当前,职业生涯管理仍是一个跨学科的研究领域,对于职业生涯管理的研究一般有组织、个体和社会三个视角。组织职业生涯管理是指由组织主动实施的,用于促进组织内的雇员实现其职业发展目标的一系列行为过程,包括为雇员提供职业生涯设计和咨询、职业指导、职业信息、绩效反馈职业培训与开发以及提供各种职业发展机会等。个体职业生涯管理是由个体在组织环境下主动实施的,用于提升个人竞争力的一系列方法和措施,其目的是促进个体职业生涯发展。它包含两个重要因素:认知思考与行动。而社会职业生涯管理一般涉及政策与法律框架、社会文化与价值观等更为宏观的内容,一般不作为学术研究的重点。也有学者将职业生涯管理的内容进一步分类,最终将职业生涯管理分为自我管理和组织管理两个层面。本文也将从自我管理和组织管理两个方面探究档案数字职业人才的培养路径。

三、档案数字职业人才培养问题和原因分析

1. 档案数字职业人才存在明显缺口

联合国教科文组织《档案共同宣言》中指出:档案的生成形式多种多样,包括纸质、电子、声像及其他类型,我们应以正确的方式管理和保护档案,以保证其真实性、可靠性、完整性和可用性。档案是决策、行动和记忆的记录,是我们代代相传的独特且不可替代的遗产。然而,联合国教科文组织2019年发布的《处于风险中的档案》指出:任何国家,即使是在数字化和保护方面最先进的国家,也无法完全避免作为其遗产重要组成部分的档案遭到破坏的危险。档案的管理需从其形成时开始,以维护其价值和意义,而档案数字化,正是在网络社会中、在信息化时代下保护和发展档案的唯一出路。

但是，档案的数字化并不是一蹴而就的，而是需要档案数字职业人才的推进的。《产业数字人才研究与发展报告》预计2035年中国数字经济规模将接近16万亿美元，折合人民币105万亿元。随着各产业数字化转型进入更深的阶段，大量数字化、智能化的岗位相继涌现，相关行业对数字化人才的需求与日俱增，人才短缺已经成为制约数字经济发展的重要因素。《产业数字人才研究与发展报告》估算当前数字化综合人才数总体缺口约在2 500万～3 000万，且缺口仍在持续放大。而就档案行业这一专职领域来看，根据2021年的一项统计显示，全国各地都存在着显著的档案人才缺口，呈现出以下特征：第一，从档案数字人才的保有量上来看，地区发展不均衡的现象较为明显，人才缺口的大小与地区经济发展水平尤其是数字经济发展水平基本呈正相关关系，一线城市的数字档案人才缺口最大，需求最多；第二，档案人才需求缺口最大的行业是房地产，其次是建筑、建材、工程、计算机软件、财会和咨询等；第三，缺口的职能类型主要为图书管理员、档案管理员和资料管理员。

2. 档案职业人才数字素养不足

从人才的选拔层面上看，档案行业是一个历史悠久的行业，可以说人类文明出现伊始几乎就有了某种记录的必要和记录的事实，而正是在这种历史经验丰富，传统惯性大的行业中，人才队伍的新陈代谢周期往往更久。而且，档案数字化的发展时间较短，档案人才选拔中并未突出数字人才的专业技能要求，因而档案数字职业人才缺口持续扩大。

从人才的培训层面上看，针对档案人才的培训未形成体系，档案数字职业人才的职业素养和技能没有得到充分培训。目前，档案系统的培训大多以专题讲座和业务学习等方式开展，而且内容多涉及档案职业人员的业务能力而非数字素养。从培训主体方面讲，讲座和业务的学习缺乏统一的课程设计、讲座水平参差不齐等；另外，参加学习的档案行业从事人员也没有相应的考核机制以激发其学习动力。当前，全国档案系统主要以国家档案局档案干部教育中心为代表，每年制发档案教育培训计划，并且已经形成培训品牌，各地档案部门则较少专门制订档案工作人员教育培训计划。

3. 档案工作者对档案数字化理解不足

数字时代的档案管理不再是传统的"刷糨糊、订案卷"，而是从单纯的实体管理转向信息管理和知识管理。然而，档案工作者工作理念并未及时转变，主要因长期的纸质档案管理习惯根深蒂固，他们对传统纸质档案的信任度更高，认为纸质档案是最可靠和权威的记录形式。长期以来的工作惯性使得他们对新技术和新理念的接受速度较慢，尤其是对数字化档案的安全性和稳定性还未建立足够的信任。

此外，工作者对数字化技术的理解不足也是一大障碍。许多档案工作者缺乏信息技术方面的知识，无法全面理解数字化技术的原理、方法和优势，对数字化工作的效果心存疑虑或恐惧。他们可能怀疑数字化无法达到预期的管理和保存效果，甚至担心数字化会对档案的完整性和安全性产生负面影响。因此，这种对数字化技术的理解不足，加深了他们对数字化转型的抵触心理。

四、档案数字人才培养策略

1. 加强自我认知

正如前文所提到的，目前档案职业发展正处于重大转型期，尤其是《大典》正式明确了"档案数字化管理师"作为数字职业，更是为档案职业的数字化方向提供了重要的指导。这就为当前的档案数字工作者提出了更高的要求。首先，需要摆脱对传统纸质档案收纳管理模式的依赖，积极主动地开发与学习数字技术；其次，要转变思维，将档案职业数字化正确地理解为档案数字职业，而不是仅仅理解为档案管理客体的数字化；最后，要不断自我学习，不断提高自己的专业素养和信息技术能力。

2. 开展职业规划

传统的档案行业由于其自身专业性要求不高、准入门槛较低等特征，存在着随意性较强，外行参与普遍的现象，档案数字职业的发展必然要求档案从业人员拥有更高的信息技术素养与专业能力，然而当前我国档案人才中的档案专业人才占比过低，短时间内吸纳大量的专业数字人才进入档案人才队伍又不切实际，因此就要求档案从业人员自身制定相关职业规划，通过组织开展集中学习和自学等形式不断提高档案数字职业人才数字素养。

3. 分级别针对性开展培训

要对档案数字职业培训的内容进行合理的等级划分，基于档案数字化管理师的五级工标准对培训内容进行区分。如涵盖数字化技术的基本原理、数字化设备的使用方法、数字化档案的处理流程、数字化档案的质量控制等方面的知识，培养学员掌握数字化档案的基本技能和操作方法就属于初级培训内容。而包括数字化档案管理系统、数字化图像处理软件、数字化数据存储与检索软件等方面的应用知识，培养学员熟练掌握各类数字化工具和软件的使用方法的培训过程则属于中级培训内容。学习数据分析的基本理论和方法，包括数据统计、数据可视化、数据挖掘等方面的知识，培养学员具备对数字化档案进行数据分析和挖掘的能力，这些则属于高级培训内容。不同的培训内容可以根据档案行业从事人员所处的不同阶段来进行合理的安排，同时也要在档案人才队伍中实行老带新、专业带非专业等内部帮扶，以期建设起专业能力过硬的档案人才队伍。

4. 健全终身职业技能培训制度

健全终身职业技能培训制度，深入实施职业技能提升行动和重点群体专项职业培训计划，广泛开展档案数字职业从业人员技能培训，有效提高培训质量。以企业自主培训、市场化培训为主要供给；以政府补贴培训为有益补充；以档案行业企业、公共实训基地、普通高校、职业院校、职业技能培训机构等为主要载体；以就业技能培训、岗位技能提升培训和创业培训为主要形式，构建资源充足、布局合理、结构优化、载体多元的培训组织实施体系，持续大规模开展职业技能培训。探索"互联网＋""智能＋"培训新形态，推动培训方式变革创新。

5. 建立健全评价与晋升机制

健全以职业能力为导向、以工作业绩为重点、注重工匠精神培育和职业道德养成的技能人才评价体系，要提高档案人才评价制度的科学化、规范化水平，传统档案人才评价一审即终审的机制已经不符合当前档案数字人才培养的实际，要探索日常考核、年度评审、项目考核相结合的方式，实现对人才的客观评价；同时，要适当地将档案人才的评价周期延长，用发展的眼光对待档案数字人才，建立健全人才评价动态机制，保障评价和晋升制度行之有效。2022年3月，人力资源和社会保障部印发《关于健全完善新时代技能人才职业技能等级制度的意见（试行）》，将原有的技能人才职业技能等级从五级延伸为八级，但是从实际出发，笔者认为目前档案数字人才的评级仍应该以五级为划分标准，并由此建立起档案数字人才的评价和晋升制度，以充分发扬档案人才队伍建设的活力。

6. 产学研深度融合，实现档案数字产业可持续发展

要积极探索关于人才培养的新的联合培养模式，以项目制为依托，通过项目合作、定制化课程等形式保障产学研深度融合。探索培养双师型教师队伍，即企业兼职教师：邀请企业中的高级工程师或管理人员为档案数字职业人才兼职授课，带来最新的行业动态和实际案例；教师企业挂职：高校教师到企业挂职锻炼，了解行业需求和前沿技术，提升教学的实用性和针对性。

五、结语

在网络社会与现实社会深度交融的背景下，档案行业作为对数据要素的储存和利用的必要前提，如果将网络社会下的政治经济发展比作建造高楼大厦，那么数据要素是其地基，而档案则是基础建材。地基要稳固，建材也要高质量，才能保证

高楼大厦平稳建成。《中国数字经济发展研究报告（2023年）》中公布的数据提到，2022年，我国数字经济规模达到50.2万亿元，同比名义增长10.3%，已连续11年显著高于同期GDP名义增速，数字经济已经成为推动全球经济发展的重要引擎。而且随着人工智能的发展，工业4.0（智能化）的到来似乎也指日可待，未来数字职业只会越来越多，甚至成为主流。在这样的背景下，档案数字化管理师作为国家公布的数字职业中最能体现传统职业与现代技术相交融的新职业之一，研究其发展和建设的规律就显得更为重要。

数智时代的城市记忆保护
——以"跟着档案观上海"数字人文平台为研究对象

邱志仁

上海市档案馆

摘　要：城市记忆是城市形成、变迁和发展中具有保存价值的历史记录,但在数智时代面临危机。上海市档案馆研发的"跟着档案观上海"数字人文平台依托1.7亿幅数字化馆藏档案资源,综合运用人工智能、人机交互、知识图谱、数据库等技术,成为一个独具海派特色的档案文化传播和档案查询平台,既是一棵跨越时空的"城市记忆之树",也是一座可以发现城市奥秘的知识宝库,实现了对城市记忆的保护。

关键词：数智时代；城市记忆保护；跟着档案观上海；上海市档案馆

一、引言

档案资源是城市记忆信息的载体,是记载城市记忆文化的源泉,是印证城市记忆文化的缩影,是反映城市文化经济建设的真实记录。上海市档案馆近年来致力于打造智慧档案资源在线服务平台,利用互联网、大数据技术,整合馆藏档案信息资源,面向社会各界提供便捷、高效的数字化档案在线服务。

二、问题的提出：城市记忆的危机

1. 城市记忆需要活化传承

意大利学者罗西曾说："城市是人们集体记忆的场所及载体。"城市的每一寸肌理、每一方土地、每一座建筑、每一条街道,乃至每一片城市空间都留存着一代代人记忆的痕迹。各种书籍、档案、照片、录音、录像、音乐、电影、口述历史的音视频资料等文化记忆资源,以及城市的非物质文化遗产、物质文化遗产,都是构建城市记忆的重要内容元素。

城市记忆是城市形成、变迁和发展中具有保存价值的历史记录,是人们对这些历史记录以信息的方式加以编码、储存和提取过程的总称。这个过程也是基于构建城市记忆的视角,通过新技术、新形式对档案信息资源开发利用的程序、路径进行重新解读。

但是,城市分秒不停地生长着、焕新着,不仅破坏了城市历史本身,而且消融了其间所蕴含的历史文化传统,因此,城市记忆保护被越来越多国家提上了日程。城市记忆保护方式也经过了从"档案保存"向"活化传承"的转变。近年来中国档案界更是提出以建立城市记忆库的方式来实现城市记忆档案资源的整合与留存,实现城市记忆的开发与活化传承。

2. 城市记忆面临的主要挑战

进入数智时代,计算机的记忆存储行为挑战了传统的记忆与遗忘理论。如面临海量的信息,个体要描述一时任意而发的记忆似乎变得很难。计算机语言构建的无机性记忆,在社会中的主要表征是记忆的技术凸显,脱离了具体化的社会情境。

可见,从记忆载体的角度看,由计算机语言引发的记忆现象事实上已经引发了城市记忆的危机。最重要的表现是,我们身处信息的洪流中,不时被变幻的图像和符号所俘获并转移注意力。信息如此频繁地交织与轰炸,损伤了人的记忆和深度思考能力。而有机的记忆本身就是一种值得保护和培育的反思能力,人们在这一基础上建构情境,确立价值准绳,共同筹划城市发展的走向。

因而,在数智时代,我们不得不面临这样的处境:数字社会中的权力关系影响着各种制度和文化,它创造了财富,同时又引发了贫困;激发了贪婪、创新和希望,同时又强化了苦难,输入了绝望。不管我们是否有勇气面对,它都是一个无可逃避的新世界和人类共同的命运。

在数智时代,重构记忆的有机性、强调城市文化的力量是应对危机的一个有效途径。

三、实践:上海城市历史的数字记忆建构

2023 年 6 月 9 日是第十六个"国际档案日",上海市"国际档案日"系列宣传活动在市档案馆新馆启动。启动仪式上,上海市档案馆历时一年多设计研发而成,联合解放日报·上观新闻、黄浦区档案馆共同呈现的档案数字化转型最新成果——

"跟着档案观上海"数字人文平台（https://dh.archives.sh.cn/）上线运行，由此揭开了数智时代上海城市历史的数字记忆保护的序幕。

1. 项目介绍

该数字人文平台是国家级档案科研项目，旨在依托 1.7 亿幅海量数字化馆藏档案资源，综合运用人工智能、人机交互、知识图谱、数据库等技术，并将档案知识图谱和时空地理信息系统、流媒体故事系统等有机融合，打造成一个独具海派特色的档案文化传播和档案查询平台。公众可利用个人电脑端、手机移动端等载体，通过该平台读档学史，形象直观地了解上海城市发展历程。

项目通过多个视角记录并重现上海自开埠以来的城市历史，凭借上海市档案馆保存的报纸、地图、文件等纸质档案还原历史原貌，也借助照片、音像等档案的记录生动讲述城市发展的故事，全面呈现近现代上海城市发展的复杂性及其长期影响，同时基于丰富的资料与多元的呈现手段为历史爱好者、教育机构和公众建设了重现上海城市历史的数字记忆平台，促进其对中国近现代历史、上海城市发展历史的深刻理解，同时也为中国与世界、上海与世界之间的历史联系提供了宝贵的资源，帮助人们了解上海这一东方国际大都市何以成为上海。

2. 记忆资源的处理

依托档案而搭建的数字人文平台，在国际上已有先例。比如，由瑞士洛桑联邦理工学院和威尼斯卡福斯卡里大学联合开展的"威尼斯时光机"项目，就是以城市概貌档案和城市管理档案为开发对象，将大量历史文献电子化，并通过数据分析形成信息网络，再以此为基础建模，还原出真实的历史场景，在空间维度上模拟各时期地理、城乡、交通、建筑的变迁，实现"用档案带人秒回 1000 年前的中世纪"。

"跟着档案观上海"的目标是能够成为"上海时光机"。从资源形式来看，其主要由文字记录、图像记录组成。文字记录包括信件、日志、报告、报纸等，大量的文字信息中包含翔实的历史记载。图像记录则包括照片、地图、铭文、肖像等，提供了直观的历史信息。这些档案资源类型互相补充，为深入研究和了解历史提供了丰富的素材。

3. 记忆资源的数字化呈现

（1）图片轮播

项目采用了图片轮播的资源呈现方式，图片轮播提供了一个引人注目的方式来展示历史照片、插图和其他视觉元素，这些图像可以用于呈现特定事件、人物、地点和时期的外观和感觉。展览在介绍人物、地点或物品时，用档案扫描件、实物图片的轮播等从不同侧面介绍其特点，增强了叙事的完整性和系统性。观众还可以点击或滑动图片，以放大、查看详细信息或查看相关故事，这种互动性可以增强观众的参与感。此外,每张展示图像也附有对应的注解,赋予其特定的意义,进一步增强了叙事效果。

平台首期主要聚焦"一江一河"交汇处及周边区域,展示了五十余个重要历史建筑的变迁过程。其中有中共一大会址、《新青年》编辑部、博文女校等 14 个红色旧址,有法邮大楼、汇丰银行大楼、海关大楼等二十余座外滩沿线建筑,有百老汇大厦、上海邮政大楼等虹口北外滩建筑,还有城隍庙、人民广场、旧工部局大楼、外白渡桥、四大公司、南京东路等城市地标。

(2) 时空地理信息系统

打开网页版"跟着档案观上海",一张赭黄色的旧地图跃然眼前,那是一百多年前的上海。在界面左上角,可以选择"自由模式"或"故事模式"。在系统默认的"自由模式"下,用户可切换时空开展探索。

"切换时空"的秘诀,就藏在时空地理信息系统里。在"自由模式"下拖动界面上方的时间轴,可切换十余幅不同历史时期的馆藏地图。平台正是以十余幅不同历史时期的馆藏地图为基底,生动呈现了上海近代开埠至新时代 180 年来城市发展的图景。

每个地点下的链接都为观众提供了更深入了解该地点历史故事的途径,每个地点可以链接到相应的主题页面,通过个人、群体、事件等多个维度还原历史真实面貌,使观众能够更直观、深入、全面地了解上海的前世今生。观众可以通过点击地图上的地点,深入了解每个地点的历史事件、人物和文化遗产,体现了较强的交互性,这种交互性增加了观众参与度和学习的灵活性。同时,通过地图和主题页面的链接,这个项目提供了丰富的学习资源,这对于学生、教师和研究人员来说,是非常有用的教育工具,可以激发他们的学习兴趣和探索欲望。

此外,时间轴也是重中之重,将档案资源中的内容按照时间线进行呈现,点击节点可呈现出相应的档案内容,便于使用者了解事件的主要脉络,并为其深入获取原文内容提供了便利索引,将时空结合,进一步丰富了资源呈现形式。

通过档案跨越时空界限,足不出户了解发生在其中的故事、居住在其中的人,深入感知这座中国最早现代化的城市、红色之城、人民之城的精神内核和文化底蕴。

以人民广场为例。先把时间轴调整到 1860 年,然后用鼠标左键移动地图,很快就找到地图上的"跑马场/上海跑马总会"热点标签。点击这一标签,与之相关的档案列表便出现在首页右侧。点击地图,展现的是和地图年份最相近的档案。从早期的跑马厅、1951 年上海市军管会收回跑马厅作为市有公地的命令,到建成开放之初的人民公园、人民广场综合改造竣工仪式,再到最新的记者拍摄的升旗仪式照片……透过一份份图文资料，人民广场的前世今生一览无余。

（3）档案知识图谱

项目开发网页作为虚拟展览的资源呈现途径，引入了数据可视化中的时空地理信息系统形式。地图基于地理信息系统（GIS）技术，通过如血管经络般的交互式地图图谱，以直观的方式在空间上呈现了黄浦江、苏州河周边的历史建筑，使人读懂历史建筑、历史事件以及身处其中的历史人物之间的内在联结，帮助观众更好地理解上海城市的变迁发展，将文字记录形象化，在呈现形式上具有视觉直观性。

比如"人民广场"，在列表的右上角，还可以点击查看"跑马场/上海跑马总会"的视频、3D模型和知识图谱。系统会根据平台相关档案标题及说明关键词，自动生成每个建筑点位的档案关联可视化图谱，用户可以通过档案知识图谱探索建筑地标、历史事件、人物之间的关系。

在以"跑马场/上海跑马总会"为关键词的图中看到，与这一关键词相关的建筑、事件都以放射状呈现。其中有与其有着明确关联的建筑地标，如上海图书馆。还有一些内容看似与关键词不相干，但经由图谱就能发现它们之间的关联，如青年团（中国新民主主义青年团，1957年改称中国共产主义青年团）。阅读档案可以得知，在跑马场回到人民手中后，青年团上海市委曾号召广大青年积极投身人民广场的建设。通过如血管经络般的图谱，就能读懂这些建筑、历史事件以及身处其中的人之间的内在联结。

（4）流媒体故事系统

平台支持以"故事模式"打开档案，通过配音、配乐等创建生成流媒体短篇故事视频、音频，首期推出《上海人的"外婆桥"——外白渡桥》《老城记忆——城隍庙》《从跑马厅到人民的广场》《党在这里诞生》《换了人间的大世界》，组成"上海故事"系列。未来平台将定期推出新故事，让广大市民轻点屏幕，就能穿越时空，感知上海作为党的诞生地、中国最早现代化的城市、人民城市的精神内核和文化底蕴。"近代历史上，上海租界区域内曾先后出现3个跑马厅……"伴随着语音朗读，《从跑马厅到人民的广场》的历史图景徐徐展开，档案里的上海变得更加鲜活。

四、城市记忆保护：让城市记忆更鲜活

1. 城市记忆保护的作用

随着社会发展和文明进步，城市记忆是上海精神风貌和文明程度的具体表现，是反映上海经济建设蒸蒸日上、繁荣富强的重要依据。城市记忆工程是城市文化建设的重要内容，发挥着储存、传播、激发或暗示集体记忆的功能，因此，保护城

记忆就是保护城市文化。

档案是记录城市记忆的一个重要载体。城市记忆档案作为记录城市发展变迁的历史记录,不能只作为档案默默无闻地存放在档案馆里,它对于塑造城市文化名片、独特气质有着非常显著的作用。

为了记录、留存好这些城市记忆,近年来,上海市档案馆高度重视并做了大量工作,通过加强对相关档案资料的收集、整理、保存和利用,并最终集大成者,在数字技术的助力下,打造出"跟着档案观上海"数字人文平台,为上海这座城市的发展变迁留下了创新的记录。

2. 让城市记忆更鲜活

对于城市来说,档案资源是城市发展变迁的见证,我们更期待的是这种变化可以鲜活地向我们展示,从技术突破到应用落地,不仅盘活海量的城市档案,更让城市的变化鲜活地在我们面前变成现实。

在城市的时间轴上,记忆是回不到的过去,记忆不仅仅是要保存过去,更要把过去带到现在以及未来。数智时代,上海市档案馆秉承用科技的力量为档案行业赋能,以"跟着档案观上海"数字人文平台为契机,通过对城市记忆的保护,解读历史、记录时代、赓续城市文脉。

参考文献

[1] 梅明丽,朱哲淇.本土化与国际化的城市精神融合:空间视域下建筑景观对上海城市形象的建构[J].视听,2023(12):146-150.
[2] 邢同和,高静,严安妮.上海城市记忆的亲历、发现、保留和延续[J].建筑实践,2023(07):46-55.
[3] 王瑜.视频平台中上海城市记忆更迭与地方情感研究[D].华东师范大学,2023.
[4] 杨薏琳.空间媒介视域下上海"一江一河"的公共空间与记忆实践[D].华东政法大学,2022.
[5] 谢佳琪.微信自媒体中的城市记忆建构[D].上海外国语大学,2023.
[6] 李颖,沈保栋.数字人文视域下的历史档案开发路径——以"跟着档案观上海"为例[J].档案与建设,2024(03):56-62.
[7] 上海市档案馆."跟着档案观上海"数字人文平台上线[J].城市党报研究,2023(07):70.
[8] 周程祎."跟着档案观上海",走进城市历史"元宇宙"[N].解放日报,2023-06-14(005).
[9] 王萍,黄小宇.基于数字人文的历史档案文献开发实践解析——对98个国内外项目的实证研究[J].档案与建设,2023(03):55-60.
[10] 祁天娇.从历史档案到历史大数据:基于威尼斯时光机十年路径的探索[J].中国图书馆学报,2022,48(05):116-129.

《档案法实施条例》贯彻实践若干问题研究

——国有企业视角下档案信息化建设探索

沈 洁

上海申通地铁集团有限公司

摘 要：档案信息化建设自国家"十五规划"提出以来已经走过了二十余年，档案事业在探索中不断发展，相关成果不断丰富。2021年1月1日修订并施行的《中华人民共和国档案法》新增档案信息化建设专章，2024年3月施行的《中华人民共和国档案法实施条例》对该章进行更为详细的阐释，尤其提及国有企业档案信息化建设，为国企档案信息工作有序开展做出指引。本文从国有企业视角，就贯彻落实《实施条例》及如何开展国有企业档案信息化建设进行研究，给出实际有效的措施，为国有企业档案部门规划、实施档案信息化提供借鉴。

关键词：档案法实施条例；国有企业；档案信息化

一、引言

《中华人民共和国档案法实施条例》(以下简称《实施条例》)为贯彻实施新修订的《中华人民共和国档案法》提供了有效的补充和清晰的阐释，尤其是《实施条例》第五章"档案信息化建设"的七款内容，进一步完善了档案信息化工作的具体要求，为档案工作助力国有企业深化改革和数字化转型发展指明方向，增强了制度的可操作性。作为市国资委管辖下的大型国有企业，上海申通地铁集团有限公司在《实施条例》修订发布后组织从事档案工作的同志认真学习、加深理解、对标对表、严格贯彻。结合国有企业自身特点，重点围绕以下几方面开展研究和探索。

二、档案信息化建设的重要性——在国有企业信息化建设中不可或缺

《实施条例》首次明确了国有企事业单位应当将企业档案信息化建设纳入本单

位信息化建设规划。作为国有企业，用信息技术手段保管好其在政治、经济、文化等方面活动直接形成的对国家和社会具有保存价值的不同形式的历史记录，是本企业、本地区发展过程中的重要组成部分，也是国资国有企业率先推进国家治理体系和治理能力现代化的生动实践。在国有企业推动信息化（数字化）转型向纵深发展的过程中，《实施条例》为国有企业相关部门加快推行档案系统建设提供了法规制度依据和现实意义，为保护好、使用好企业档案数据资源提供了有力的法治保障。

三、电子档案与传统载体档案的等效性——《实施条例》明确了其充分和必要条件

笔者十多年来一直从事大型国企档案信息化推进和升级改造工作，经历了从积极推动各业务部门开展业务档案数字化归档，到业务部门因业务流程数字化改造主动联合档案部门推进业务电子档案单套制归档的角色转变。随着信息技术与业务深度融合，越来越多的业务逐渐具备单套制归档的条件，电子档案可作为凭证使用的具体条件在《实施条例》中得到了更清晰的阐明。

1. 电子文件归档后的电子档案具有凭证作用

西方电子文件管理理论强调电子文件全程管理[1]，认为电子档案是电子文件在文件生命周期中某一阶段的状态，若将电子档案区别于电子文件，则不利于文件生命周期的管理。《档案法》和《实施条例》在档案信息化建设部分未提及电子文件，通篇以电子档案、传统载体档案数字化成果作为档案数字资源对象，可以理解为电子档案管理是以电子档案作为规范和管理对象的基于电子档案生命周期的全程管理。电子档案的起点由电子文件通过"归档"形成，最终以"稳定"的形式集中于电子档案管理系统，而"归档"指将具有凭证、查考和保存价值且办理完毕、经系统整理的电子文件及其元数据管理权限向档案部门提交的过程。[2]由此可以看出，电子档案源于业务系统产生的电子文件，但与业务系统中办结的电子文件在内涵和外延上存在差异。

有学者[3]认为电子文件归档是西方档案管理理论中国化特色的路径，即一方面发挥党管档案的统筹优势，另一方面以数字档案管理系统为依托。这种前端集约化和后端一体化为归档前的前端控制和归档后的全程管理提供了条件，使文件连续体理论得以运用和实践。[4]因此，国有企业档案具备档案管理需求前置的条件，通过加强办公自动化系统、业务系统归档功能建设做好与电子档案管理系统的相互衔接，明确电子档案的形成、归档和管理。后期的管理与利用重在对电子档案

管理系统的维护、电子档案的整理、数据的安全性措施以及库藏档案资源的高效利用。

2. "来源可靠、程序规范、要素合规"是电子档案与传统载体档案具有同等效力的充分条件

《实施条例》不但明确了电子档案来源可靠、程序规范、要素合规,也提出应符合的具体条件:

(1) 来源可靠是电子档案的先决条件

如果说传统载体档案以印章确认原件的效力和真伪,那么电子档案因其虚拟性、可变性等特点,需要通过对形成电子档案的前端系统进行严格的"身份"认证、获取电子档案形成过程环节的所有重(必)要信息,保证该电子档案的权威性。

(2) 来源可靠是电子档案的先决条件

与传统载体档案管理一致,电子档案在形成与收集、整理与归档、保管与保护、鉴定与销毁、利用与开发、统计与移交的所有环节都需要规范化控制并留痕,包括但不限于标准操作流程、完整有效的安全制度与措施、系统审计功能等。

(3) 来源可靠是电子档案的先决条件

元数据记录电子档案多维度信息的基本属性和特有属性:在电子档案形成环节,前端业务系统根据元数据方案生成电子档案归档包;在电子档案收集环节,电子档案管理系统根据归档包内元数据信息进行四性检测,进入整理库;在整理环节,电子档案根据元数据要求增添档号等归档和管理信息;在归档环节,电子档案根据元数据信息进行四性检测后进入利用库和永久库。通过制定元数据方案、记录元数据信息既确保了电子档案满足四性检测要求,又满足了电子档案在档案管理系统中的合规性要求。因此,制订电子档案元数据方案是电子档案单套制实施中的基础和根本,完整、有效的电子档案元数据方案的重要性不言而喻。

3. 管理措施和技术手段是电子档案全过程管理的保障

电子档案全过程管理,不能仅寄希望于电子档案管理系统来实现全过程电子档案风险的识别和管控。实施电子档案归档是企业的一项重要管理决策,因而需要由顶层往下依次确定企业实施电子档案的战略目标,理顺电子档案管理机制,落实电子档案管理的实施路径。

具体来说,档案管理人员要明确以下几点:一是电子档案源于企业业务的驱动,业务部门是电子档案形成和移交的责任主体;二是从管理角度进行认真研究,建立贯穿电子档案全过程、涵盖业务部门、硬件管理部门、信息化管理部门、档案部门和利用部门等在内的工作会商、联合协作的多元协同管控机制;三是完善制度、落实保障,企业信息化(数字化)项目管理相关的制度和标准中应增加相关款项,明

确由信息化项目管理责任主体确定该项目生成的业务数据是否属于本企业归档范围。如存在需归档的电子档案,则信息化项目实施方案中必须包含电子档案归档要求和接口方案,电子档案归档功能也应作为项目基本模块纳入方案的审查环节、项目的验收及后评估环节。同时,在信息化(数字化)系统运维管理相关的制度和标准的条款中,也应明确系统在运维作业规范中发生归档数据包配置变更的维护程序、维护表单,并落实协调沟通机制和配套资源。归档数据包的质量应纳入信息化系统运维质量指标框架中,作为运维质量考核的抽查内容和评估对象,从而做到归档数据包与运维系统作业过程同步全覆盖。

但档案管理人员同时也需要注意:如果条件允许,应提前介入业务系统的创建及电子文件的设计阶段[5],牢牢把握对业务系统生成且被列入归档范围的电子档案各项参数和技术指标的设计和统筹,把档案管理系统对电子档案的要求预先设定好,纳入业务系统的管理功能中;同时,尽可能多地了解业务流程和业务系统基础框架,助力有效捕获电子档案背景信息和元数据关联信息,以达到电子档案归档和作为档案保存的要求。

四、档案信息安全性——重在网络安全、数据安全以及保密

传统纸质档案主要通过载体保护和保密制度实现内容信息的保护,电子档案因其与载体的可分离性及信息的易操作性,应从多个维度入手,确保电子档案的安全性。《实施条例》明确电子档案接收网络以及系统环境要符合国家关于网络安全、数据安全以及保密等规定,为电子档案的安全接收、保管、利用指明了方向。从申通地铁电子档案收、存、用与《实施条例》的要求对照看,主要从以下几个方面开展:

网络安全方面:每两年至少开展一次国家信息安全等级保护测评,运用技术手段对网络安全环境进行检测,如安全物理环境、安全区域边界、安全通信网络、安全计算环境、安全管理中心等,判别是否存在高风险问题或安全漏洞并加以修补堵漏。

数据安全方面:建立电子档案风险管理体系。一方面,通过元数据记录符合规范要求的电子档案内容、结构、背景信息和管理过程信息,生成并保存系统日志、元数据日志、数据操作日志,做好日志文件的备份备查。另一方面,运用权限管理、身份验证、自动添加水印等方式,确保授权人员访问和使用数据;建立审计系统,监控数据的访问和使用情况,及时发现和应对异常行为;开展数据定期自动备份和可靠的恢复机制,防止数据丢失和灾难恢复;加密数字档案资源利用库数据,防止利

用库所在服务器发生数据泄密。

总之,《实施条例》充分考虑了现行文档分治的实际情况和档案信息化转型的过渡阶段,通过法规的方式积极推进机关、团体、企事业单位等组织档案信息化建设体制机制的建立,为电子档案实现全过程管理指明了路径,明确了流程,具化了标准和要求。国有企业应抓住此次契机,在现有档案信息化水平的基础上持续完善电子档案的规范收集,探索提高电子档案资源的利用效率,完善电子档案全过程制度,确保国有企业档案资源的实体和信息安全。

参考文献

[1] 张关雄.评外国文件生命周期理论[J].档案学研究,2000(2):75-77,64.
[2] 电子文件归档与电子档案管理规范[S]. GB/T 18894-2016.
[3] 苏焕宁.电子文件归档中国特色研究的框架体系与内容构成[J].档案学研究,2022(06):18-24.DOI:10.16065/j.cnki.issn1002-1620.2022.06.003.
[4] 连志英.一种新范式:文件连续体理论的发展与应用[J].档案学研究,2018(01):14-21.
[5] 赵屹.数字时代的文件与档案管理[M].上海:上海世界图书出版公司,2013:56.

综合档案馆在推进档案资源数字化转型实践中的重点难点

吴润夏

上海市档案馆

摘　要：随着信息时代的高速发展，为适应时代发展需要，综合档案馆应积极推进档案资源数字化转型。本文以"存量数字化""增量电子化"为切入点，阐述了综合档案馆在推进档案资源数字化转型实践中的重点难点。

关键词：数字化转型；纸质档案；电子文件归档

一、引言

档案是机关、团体、组织或个人在各项工作和活动中直接形成的完整、清晰、确定的具有保存价值的各种形式的历史记录，按照档案载体分类，有纸质档案、电子档案、影像档案、实物档案等，具有较高的社会、历史、文化等价值。当前，人工智能、云计算、大数据等新兴数字技术快速地融入社会发展的方方面面，深刻地改变了人们的生活和社会的运转方式，为档案事业的发展带来了机遇与挑战。为适应信息时代发展需要，积极拥抱数字技术，全力推进档案工作数字化转型是大势所趋。档案数字资源建设作为档案工作数字化转型中的重要一环，应准确把握其推进重点，切实解决推进中遇到的难点，提高档案工作的现代化水平。

2013年10月的全国数字档案馆（室）建设推进会中提出了"存量数字化""增量电子化"战略。2021年发布的《"十四五"全国档案事业发展规划》中明确指出，要深入推进档案资源体系建设，全面记录经济社会发展进程。要加快档案资源数字转型，逐步建立以档案数字资源为主导的档案资源体系。要继续做好"存量数字化"，加快推进对重要档案数字化成果进行文字识别和语音识别；大力推进"增量电子化"，促进各类电子文件应归尽归，电子档案应收尽收，要明显提高电子档案在档案资源体系中的占比。

二、做好"存量数字化"工作中的重点难点

1. 存量档案的特点

存量档案是馆藏历史档案，通常以纸张、照片、胶片等传统载体承载文字、图片、录音、录像等信息，无法直接在电子设备上阅读利用。目前，综合档案馆中保管的存量档案仍以纸质档案为主，也存在少部分记录在磁带、磁盘、光盘等载体上的音视频档案。这些通过传统载体承载信息的档案存在占用存放空间大、抵抗灾害能力差、利用过程中易损耗、检索利用效率低、调归卷和备份复制成本高、可操作性不强等问题。

2. 存量档案数字化的优势

传统载体档案的数字化对综合档案馆在档案管理、利用等方面带来深刻的影响。随着信息技术的快速发展，许多过去受限于技术无法实现的保护档案、管理档案、利用档案的方法得以实现。对于存量馆藏档案，包括纸质档案、照片档案、音视频档案等做好数字化工作的优势在于：一是有利于保护档案的原件，档案具有凭证性、原始型的特征，保护原始档案的安全、可靠是档案保管的重要工作之一，将原始档案数字化后，能把档案的数字化副本作为提供利用的主要方式，极大地降低调用档案原件的频率，减轻档案原件在调取、利用等过程中产生的损耗，保护了档案实体；二是有利于提高档案的利用效率，在没有档案数字化副本时，利用档案的通常模式是调取档案原件，档案原件的调用往往费时费力，且由于档案原件的唯一性，导致档案在利用过程中无法同时提供给其他利用者，而完成数字化的档案在利用时无须等待漫长的调取时间，且能同时提供给多个利用者查阅，档案利用的时效性和便捷性得到极大提高；三是有利于档案资源的挖掘利用，在档案完成数字化后，经过规定的程序审批，研究者能便捷地通过信息终端高效地查阅大量档案文献资源，提高开发档案信息资源的效率。

3. 存量档案数字化的工作方式和难点

工作量大是存量档案数字化工作的最大特点，也是最大难点。由于档案的进馆单位数量众多，且馆藏档案的年份跨度大，因此综合档案馆馆藏的档案数量通常很大，且其中大部分档案在进馆时未完成档案数字化工作，其中纸质档案占据了未数字化档案的绝大部分比重。由于需数字化的纸质档案数量庞大，工作时间紧迫，而档案馆业务人员人手不足，因此目前，我国综合档案馆首选以业务工作外包的形式来推进纸质档案的数字化工作，以解决人手不足、设备不够、成果转换慢的问题。

国家档案局于 2005 年发布了《纸质档案数字化规范》，并于 2017 年进行了修

订。《纸质档案数字化规范》中指出纸质档案数字化的基本环节包括：数字化前处理、目录数据库建立、档案扫描、图像处理、数据挂接、数字化成果验收与移交等。在纸质档案数字化过程中常见的问题有：一是数字化前处理不规范、存在错误，具体表现是图像命名顺序与档案原件顺序不一致，图像颠倒、被遮挡等；二是扫描档案过程中存在纰漏，具体表现是档案重复扫描、缺页、跳号、漏扫，扫描件幅面大小与原件不同，档案褶皱、压字、折角等导致档案信息缺失等；三是图像处理不到位，具体表现是档案数字化图像中出现严重形变、存在污点污渍、页面色差大、图像偏暗或过曝导致档案内容难以辨认等；四是数字化成果不符合标准要求，具体表现是扫描参数设置错误、数据在挂接过程中损坏丢失等，导致数字化成果无法正常打开。

4. 档案数字化服务外包的风险及相应对策

实体档案的数字化通常包括档案的实体安全和信息安全两部分。在筛选需数字化的档案时，应确定档案是否涉密，涉密档案是否已解密，涉密且未解密的档案不适宜以采购外包服务的形式进行数字化。在挑选提供档案数字化服务的供应商时应确认承包方是否为独立承担民事责任的依法注册的法人；是否具备履行合同所需的经营执照及相关许可、资质等；是否具备独立完成档案数字化工作的能力、经验等。

在保障档案实体安全方面，一是确保食品、饮品、易燃易爆的危险物品不进入档案数字化工作区域；二是确保档案实体在调取、前处理、扫描等全流程做好登记，有据可查；三是确保档案在数字化流程中不受损毁、涂改、掉页等破坏档案实体的行为侵害。应建立档案实体安全监管机制，安排专人对档案的数字化工作全流程做好监管及指导工作，保障档案实体在数字化过程中不丢失，不受破坏，保护档案的实体安全。

在保障档案信息安全方面，一是要确保有记录信息功能的电子设备不进入档案数字化工作区域；二是确保数字化终端的对外信息传输接口在软硬件方面都受到控制；三是确保档案数字化成果在验收移交过程中受到监管，登记在册。应建立档案信息安全监管机制，安排专人对档案的数字化工作全流程做好监管及指导工作，保障档案信息在数字化过程中不遗失、不泄漏、不外传，保护档案的信息安全。

三、推进"增量电子化"工作中的重点难点

1. 增量档案的特点

2015年，我国的数字化转型概念首次被提出，此后各行各业逐步推进数字化转型实践，推动建设电子政务、电子商务，积极拥抱大数据、人工智能等新技术来辅

助政府决策、政务管理,落实"让数据多跑路,让群众少跑腿"战略,提升公共服务、社会治理水平,切实提高人民群众的满意度。目前,全面推进数字化转型已经成为国家重要战略的一部分。在此背景下,大量的文件、资料以电子文件的形式直接在电子设备及信息系统中产生,通过数字形式存储在电子设备中,能方便地通过虚拟网络传递并在信息终端上查阅、使用。区别于过去常见的纸质文件归档成纸质档案的方式,电子文件的归档方式应该是运用信息技术手段,构建一套能高效、便捷地完成电子文件归档的电子档案管理系统。

增量电子化是指在办公自动化条件下,各单位形成的应归档的电子文件及时归档,并按规定向有关档案馆移交,使档案馆新接收进馆的档案全部为电子档案。相较存量档案工作量大的特点,增量档案能够运用新技术高效、便捷地辅助档案人员完成电子档案归档工作,其特点是归档过程更加自动化,整体更注重电子档案管理系统的技术性。

2. 增量档案电子化的优势

2021年实施的新修订档案法中对于电子档案做了明确规定:电子档案应当来源可靠、程序规范、要素合规。电子档案与传统载体档案具有同等效力,可以电子形式作为凭证使用。该规定为增量档案电子化及电子文件单套制归档工作提供了法律上的坚实保障。

增量档案电子化相较于传统归档方式最大的优势是在保证档案"四性"(真实性、完整性、可用性和安全性)的前提下,用自动化的系统替代大量人工劳动,提高工作效率,降低错误率,减轻业务人员负担。与传统纸质档案相比,电子档案具有易转换、便于保存、方便利用等优点。在易转换方面,依照《电子文件归档与电子档案管理规范》等标准构建的电子文件归档系统能辅助业务人员高效快捷地将已办结应归档的文件转换为符合"四性"标准的电子档案,相较于传统的纸质文件归档,减轻了业务人员的工作负担,提升了归档工作效率;在便于保存方面,传统的纸质档案不仅占用大量存储空间,而且对温湿度、防水、防火、防虫等均有严格要求,而电子档案存储在信息存储设备中,减少了档案占用的物理空间,降低了档案的管理费用。借助云存储、区块链等新技术,电子档案能更简单高效地做好灾害防护及容灾备份等安全保护工作;在方便利用方面,复数利用者能通过各自信息终端在不同地点同时检索利用所有档案,极大地提升了档案利用效率,借助大数据、人工智能等新技术,利用者能通过全文检索、多条件筛选、人工智能概括档案内容等方式更全面、精准、高效地发掘档案资源,提高利用者发掘档案信息资源的效率。

3. 增量档案电子化的工作方式

能否构建一套安全、可靠、高效、便捷的电子档案管理系统是能否做好增量档案电子化的核心。为保证电子档案完整、安全、可靠,应将档案管理系统与办公系统深度嵌合,对电子文件从形成到归集为电子档案最终移交档案馆实施全过程管理。电子文件办结后经专人电子签名授权确认后经由归档接口归集进入档案管理系统,通过文件归集系统、四性检测、电子文件整理等环节最终归档成为电子档案。归档过程中的文件归集系统应能自动地将电子文件格式转换为可供长期保存的电子档案格式;四性检测环节可通过档案管理系统自动确认完成;电子文件整理中包括档案分类、编号、编目、著录、确定保管期限等工作也可由档案管理系统辅助生成,归档人需确认并修正相关条目。在确保电子档案完整齐全、整理有序、命名科学、格式规范、数据可用后移交档案馆归档。

4. 电子文件归档系统的安全风险及对策

电子文件归档系统的安全涉及硬件环境、软件技术、管理制度等多个方面,是需要持续关注、防范、优化的长期工程。一是在硬件环境方面,由于电子档案的存储依赖于信息存储设备,其受到外在灾害影响及自身物理寿命限制,如果硬件环境遭受破坏,就可能导致不可逆转的电子档案信息的破损及丢失,防范对策是将电子档案的信息存储设备安置在经严密管控的安全机房内,并通过多种方式对档案信息做好容灾备份,确保档案信息可恢复;二是在软件技术方面,电子档案的收集、管理、保存和利用都依赖于信息系统和网络环境,只有不断封堵系统和网络漏洞,不断更新并增强其防护能力,才能保护档案信息不受盗取、破坏、篡改等外来因素侵害;三是在管理制度方面,档案的信息安全事故往往是管理人员在操作系统时疏忽大意,没有严格按照安全要求操作,导致系统遭受攻击或档案数据损坏、丢失、泄露等。应制定完善的管理制度,定期对档案人员做好安全培训,不断提升档案人员安全意识。

四、结束语

《"十四五"全国档案事业发展规划》指出要深化档案信息化战略转型,着力推动档案工作走向依法治理、走向开放、走向现代化。档案的存量数字化和增量电子化是推动档案事业走向现代化的基础,只有把基础打好了,才能更高效、全面地发掘、利用好档案资源,更好地服务党和国家工作大局、服务人民群众,推动档案事业高质量发展。

参考文献

[1] 杨冬权.在全国数字档案馆(室)建设推进会上的讲话[J].中国档案,2013(11):16-21.

［2］李明华.中国的数字档案资源建设［J］.中国档案,2016(10)：14-15.
［3］杨晓牧,秦月莹.纸质档案保管存在的问题及对策分析［J］.造纸信息,2024(02)：122-123.
［4］方彦,叶曦.档案数字化扫描工作错情探析［J］.北京档案,2022(08)：29-31.
［5］彭宏艳.档案数字化外包的风险及对策浅析［J］.档案记忆,2024(04)：59-60.
［6］冯惠玲.走向单轨制电子文件管理［J］.档案学研究,2019(01)：88-94.DOI：10.16065/j.cnki.issn1002-1620.2019.01.016.
［7］李月惠.电子文件归档和电子档案管理新模式实践［J］.兰台世界,2024(03)：98-100+105.DOI：10.16565/j.cnki.1006-7744.2024.03.27.
［8］尘昌杰.档案馆数字化转型与信息安全保障策略探析［J］.黑龙江档案,2023(06)：255-257.
［9］张新,王玮.探索电子文件归档和电子档案管理新模式［J］.中国档案,2018(05)：70-71.
［10］詹逸珂,陈阳.电子文件归档与电子档案移交进馆规范路径——基于流程设计与技术模式的探讨［J］.北京档案,2022(03)：16-20.

档案数字资源建设的多维度探索分析

谢萍华

上海市科技创新服务中心(上海市科技成果档案资料馆)

摘　要：档案数字资源建设是档案工作现代化转型的关键环节,涉及技术、管理、安全、法规和服务等多个维度的综合考量。在技术维度,数字技术的应用使得纸质档案得以高效转化为数字形式,实现信息的快速检索与分析;在管理维度,建立系统化的管理制度,规范的档案业务流程,确保数字资源的有效管理和利用;在安全维度,采取多种措施防范潜在风险,保障数字档案的安全;在法规维度,遵循相关法律法规,确保合规性;在服务维度,提升数字档案资源的服务质量和效率,满足用户需求,也是档案数字资源建设的最终目标。通过这些维度的深入探索与分析,可以为档案数字资源建设的实践提供有益的参考和指导。

关键词：档案数字资源建设；多维度探索；技术应用；管理规范

一、引言

档案数字资源建设作为档案工作现代化转型的核心环节,不仅体现了信息化时代的深刻影响,更标志着档案工作向高效、智能、安全的新阶段迈进。

技术维度,通过数字化技术,如高清晰扫描、OCR文字识别等,实现了纸质档案向数字形态的转化,大大提升了档案信息的检索速度与利用效率;不仅优化了档案管理流程,而且为档案研究、开发利用提供了更为便捷的途径。

管理维度,注重构建系统化的档案管理体系,明确数字档案的归档、保管、利用等流程,制定统一的管理标准,确保数字资源的有序管理和高效利用。通过完善的管理制度,能有效提升档案工作的规范性和专业性。

安全维度则是档案数字资源建设中不可或缺的一环。随着数字资源的不断增长,如何保障其安全性成为重要议题。通过加强数据备份、建立安全防护体系、制定应急响应机制等措施,确保了数字档案信息的完整性、真实性和可用性,有效防范了潜在的安全风险。

而法规维度在档案数字资源建设中同样占据重要地位。档案数字资源建设必须遵循相关法律法规，确保合规性。通过制定完善的数字档案管理制度和标准，明确数字档案的权属、使用、保护等法律要求，为档案工作的合法、规范开展提供了有力保障。总的来说，档案数字资源建设是一个涉及技术、管理、安全、法规等多个维度的综合性工程。

二、档案数字资源建设的技术维度

1. 数字化技术及其应用

在档案数字资源建设中，数字化技术是关键的技术支撑。通过数字化扫描技术，可以将传统的纸质档案转化为数字图像，实现档案的数字化存储。同时，光学字符识别（OCR）技术的应用，能够将这些数字图像中的文字信息识别出来，将其转换为可编辑、可检索的文本格式。这不仅提高了档案信息的检索效率，而且大大减少了人工录入的工作量。

此外，文本挖掘与大数据分析技术的引入，使得档案数字资源建设更加深入和全面。通过对大量档案信息的文本挖掘，可以发现其中的隐藏知识和模式，为档案研究提供新的视角和思路。而大数据分析技术则可以对这些数据进行统计、分析和预测，为档案工作的决策提供有力的数据支持。

2. 云计算与物联网在档案数字资源建设中的作用

云计算在档案数字资源建设中发挥着越来越重要的作用。通过云计算技术，可以实现档案数字资源的远程存储和共享，为档案工作者提供便捷的访问和使用方式。同时，云计算的弹性扩展能力也使得档案数字资源的存储和管理更加灵活和高效。

物联网技术则为档案数字资源建设提供了更加智能化的手段。借助物联网技术，我们能够对文件实体进行智能感知和监控，从而达到自动化管理的效果。比如，利用无线射频识别（RFID）这项技术，可以迅速地识别并定位文件实体，提升了文件查找与管理的效率。此外，物联网技术还可以应用于档案库房的环境监测和调控，确保档案保存环境的稳定性和安全性。

3. 人工智能在档案数字资源建设中的创新应用

人工智能技术的快速发展为档案数字资源建设带来了更多的创新应用。在档案收集、整理、检索和利用等各个环节，人工智能都可以发挥重要作用。例如，利用智能分类技术，可以对大量的档案信息进行自动分类和标注，提高档案管理的规范性和准确性。通过自然语言处理技术，可以实现对档案内容的智能解析和抽取，为用户提供更加精准的检索服务。

此外，人工智能还可以应用于档案数字资源的智能推荐和个性化服务。通过研究用户的查询历史和偏好，我们能够向他们推荐与之相关的文件信息，从而提升文件使用的效率和品质。人工智能还可以为档案工作提供智能化的决策支持，帮助档案工作者更好地应对各种复杂情况。

综上所述，数字化技术、云计算、物联网和人工智能等领域在构建档案数字资源方面起着关键的作用。这些技术的应用不仅提高了档案管理的效率和质量，而且为档案工作的创新发展提供了强大的技术支撑。未来随着技术的不断进步和应用场景的不断拓展，这些技术将在档案数字资源建设中发挥更加重要的作用。

三、档案数字资源建设的管理维度

1. 数字档案管理制度的建立与完善

在档案数字资源建设过程中，完善的管理制度是确保工作有序进行的基础。首先，应制订数字档案管理的总体规划和实施方案，明确档案数字资源建设的目标、原则、步骤和保障措施。其次，应建立数字档案的收集、整理、鉴定、保管、利用等各环节的管理规范，确保档案信息的真实、完整、可用。最后，还应加强数字档案的安全管理，制定数据备份、恢复和灾难应急等预案，防范档案信息的丢失和损坏。

随着数字档案资源的不断增加和技术的不断发展，其管理制度也需要不断完善和更新。一方面，要根据实际情况调整和优化管理流程，提高工作效率；另一方面，及时引入新的管理理念和技术手段，提升管理水平。此外，还应加强与其他相关部门的沟通与协作，共同推动数字档案管理制度的完善和发展。

2. 数字档案的组织架构与人员配备

数字档案的组织架构应合理、高效，能够适应数字档案资源建设的需求。一般来说，数字档案组织应包括管理层、业务部门和技术支持部门等。管理层负责整体规划、决策和协调；业务部门负责档案的收集、整理、保管和利用等工作；技术支持部门则负责提供数字化处理、系统维护和技术支持等服务。

在人员配备方面，应根据数字档案工作的实际需要，合理配置具有相应能力的工作人员。这些人员应熟悉档案业务，了解数字化技术，具备较强的组织管理和沟通协调能力。同时，还应加强对工作人员的培训和教育，提高其专业素养和技能水平。

3. 数字档案的归档、保管与利用

数字档案的归档是数字档案资源建设的重要环节。归档工作应遵循一定的规

范和标准,确保档案信息的准确、完整和有序。具体来说,应制定数字档案的归档范围和分类标准,明确各类档案的归档要求和流程;同时,还应建立数字档案的目录数据库和全文数据库,方便用户进行检索和利用。

在保管方面,应确保数字档案的安全和可用。应采取适当的技术手段和管理措施,如数据加密、访问控制等,防止档案信息的泄露和非法访问;同时,还应建立数字档案的备份和恢复机制,确保档案信息的长期保存和有效利用。

利用是数字档案资源建设的最终目的。应通过多种方式提高数字档案的利用率和价值。例如,可以建立数字档案服务平台,提供在线检索、下载以及打印等多样化服务给用户;同时,它也能够进行数字档案的编纂研究和开发应用,深度挖掘档案信息的潜在价值,为政府决策、学术探讨和社会服务提供有力支持。

总之,数字档案资源建设的管理维度涵盖了制度建立、组织架构、人员配备以及档案的归档、保管与利用等多个方面。这些方面的有效管理将确保数字档案资源建设工作的顺利进行,为档案工作的现代化转型提供有力保障。

四、档案数字资源建设的安全维度

1. 数字档案的安全风险与威胁

在档案数字资源建设过程中,安全风险与威胁不容忽视。首先,网络环境的不稳定性可能会在数字档案的传输或存储过程中引发攻击,如黑客入侵、病毒传播等,从而导致档案信息的泄露或损坏。其次,内部人员的操作失误或故意破坏也可能对数字档案的安全构成威胁。最后,随着技术的不断发展,新的安全威胁也不断涌现,如勒索软件、钓鱼攻击等,这些都给数字档案的安全管理带来了挑战。

2. 数字档案的安全保障措施

为确保数字档案的安全,需要采取一系列保障措施。首先,加强物理安全防护,如建立严格的机房准入制度、安装监控设备等,防止未经授权的访问和破坏。其次,加强网络安全防护,如部署防火墙、入侵检测系统等,防范网络攻击和病毒传播。再者,还需建立数据备份和恢复机制,确保在发生安全事件时能够及时恢复档案数据。最后,除了技术和物理层面的保障措施外,还应加强人员管理,通过制定严格的安全管理制度和操作规程,明确各级人员的职责和权限,防止内部人员泄露或破坏档案信息。同时,加强安全教育和培训,提高人员的安全意识和操作技能。

3. 数字档案的知识产权保护

在资源建设过程中,知识产权保护同样重要。首先,应明确数字档案的权属关系,确保档案的合法性和合规性。其次,通过技术手段如数字水印、加密技术等,保护档案信息的完整性和真实性,防止被篡改或盗用。再者,还应建立健全的知识产权管理制度,明确档案的使用和授权方式,防止未经授权的复制、传播等行为。最后,加强知识产权的宣传和教育,提高全社会对档案知识产权保护的认识和重视程度。对于发现的侵权行为,应及时采取法律手段,维护档案知识产权的合法权益。

综上所述,档案数字资源建设的安全维度涵盖了安全风险与威胁识别、安全保障措施的制定与实施以及知识产权保护等多个方面。通过加强这些方面的管理,可以确保数字档案的安全性和合规性,为档案工作的可持续发展提供有力保障。

五、档案数字资源建设的服务维度

1. 数字档案资源的服务质量与效率

数字档案资源建设的核心目标之一是提升服务质量与效率,以满足用户对档案信息的需求。首先,确保数字档案信息的准确性、完整性和时效性是关键。通过严格的数据审核和更新机制,确保档案信息的真实性,避免因信息错误或过时而导致的服务失误。其次,优化数字档案资源的检索和查询功能,提供多种检索方式,如关键词检索、全文检索等,使用户能够方便快捷地获取所需信息。再者,加强数字档案资源的整合与分类,建立科学的分类体系,方便用户快速定位到相关档案。提升数字档案资源的服务效率也是重要一环。通过优化系统架构、提升服务器性能等措施,确保数字档案资源在访问和下载时具有较快的响应速度和较强的稳定性。最后,构建快速反应系统,对用户的疑问和需求进行即刻回答和处理,以提高用户的满意度。

2. 数字档案的共享与交换

数字档案的共享与交换是实现档案资源有效利用和价值最大化的重要途径。首先,建立统一的数字档案资源共享平台,整合各类档案资源,打破"信息孤岛",实现跨地区、跨部门的档案信息共享。其次,制定规范的数字档案交换标准和协议,确保不同系统之间的档案数据能够无缝对接和交换。借助数据交换技术,能够实现对档案数据的即时更新和同步,从而保证实时性和精确度。最后,加强数字档案资源的开放与利用,推动数字档案在政务服务、学术研究、文化传承等领域的广泛应用,实现档案价值的最大化。

3. 用户培训与指导

用户培训与指导是数字档案资源建设服务维度的重要组成部分。首先,针对不同类型的用户(如政府部门、研究机构、普通公众等),制定个性化的培训计划和指导内容,帮助用户熟悉使用方法和技巧。其次,通过线上线下的方式开展培训活动,如举办培训班、制作培训视频等,为用户提供便捷的学习途径。再者,还需构建一套有效的客户问询与回应系统,以迅速解决使用过程中的疑难问题,并积极采纳其观点及建议,持续提升服务品质与效能。最后,进一步强化宣扬与普及力度,从而普及数字档案资源的重要性和价值,增强大众对其认识程度及其应用频率,推动数字档案资源的广泛应用和共享。

综上所述,数字档案资源建设的服务维度涵盖了服务质量与效率、共享与交换以及用户培训与指导等多个方面。通过不断提升服务质量、推动资源共享和加强用户培训等措施,更好地满足用户对档案信息的需求,推动档案事业的持续发展。

六、结论

在技术维度,数字化技术、云计算、物联网及人工智能的应用,为档案数字资源建设提供了强大的技术支撑与创新动力,显著提升了档案管理效率,并拓展了档案信息的挖掘与利用。在管理维度,数字档案管理体系的完善、组织架构的优化以及人力资源配置的合理性,共同保障了数字档案的安全存储和高效运用。在安全维度,加强安全保障和知识产权保护措施是至关重要的。这些措施能够有效地防止数字档案遭受损害,确保其安全性与完整性。在服务维度,提高服务品质与效能,促进共享与互动,以及加强用户教育,均为增强数字档案应用价值及满足用户需求的核心要素。综上,档案数字资源建设需多维度多方面合作共同努力,为档案事业的现代化转型与可持续发展提供保障。

参考文献

[1] 归吉官,田晓青.档案资政服务样态及路径优化——基于多案例研究[J].档案管理,2023(3):66-70.
[2] 韩瑞雪.大事记知识图谱构建与应用研究——以《中国航空工业大事记》为例[D].郑州:郑州航空工业管理学院,2023.
[3] 加小双,杨谦雅,郝梦瑶,等.数字人文视域下专题档案多维开发利用路径研究——以"乾隆南巡"专题档案为例[J].兰台世界,2023(1):100-106.
[4] 贾琼.基于关联数据的历史档案资源聚合研究[D].吉林:吉林大学,2021.
[5] 姚欣."双一流"建设高校图书馆智库服务研究[D].安徽:安徽大学,2023.
[6] 李世颉.网络管理视域下的地方政府信息资源集成研究[D].湖北:武汉大学,2010.

政务新媒体信息采集整理归档模型及策略研究

邢亚琼

光典信息发展有限公司

摘 要：随着互联网技术的发展,政务新媒体成为政府发布公开信息的新途径。及时采集归档政务新媒体信息,对于保存社会记忆、收集政务工作凭证等具有重要意义。本文对比分析国内外"集中采集＋集中整理"与"分散采集＋分散整理"两种主流模式优缺点,创新提出"集中采集＋分散整理"政务新媒体信息采集整理归档新模式,结合 WEB 服务技术的集成思想,构建政务新媒体信息采集、整理、归档一体化模型,并深入探讨模型应用各阶段业务实现策略,以最大化利用政务新媒体信息档案,增强档案资政服务能力。

关键词：政务新媒体；采集整理归档；模型；策略

一、引言

数字化时代互联网技术迅猛发展,新媒体已经成为现代社会中一个不可或缺的平台,自 2011 年"中国政务微博元年"开始[1],我国各级政府部门纷纷意识到这一趋势,开始建立政务新媒体官方账号,用于搜集和了解民众诉求,或解释公共政策、回应社会关切以及协助解决各类问题等。据最新发布的《中国互联网络发展状况统计报告》显示,截至 2023 年 12 月,经过新浪平台认证的政务机构微博为 146 638 个。我国 31 个省(区、市)均已开通政务微博,如图 1 所示。

政务新媒体蓬勃发展带来多元化的信息发布方式,这些信息构建了新的社会记忆,具备归档价值。《"十四五"全国档案事业发展规划》提出的主要任务之一"深入推进档案资源体系建设,全面记录经济社会发展进程"中,包含鼓励开展新媒体信息采集的内容。

本研究对比分析国内外"集中采集＋集中整理"与"分散采集＋分散整理"两种

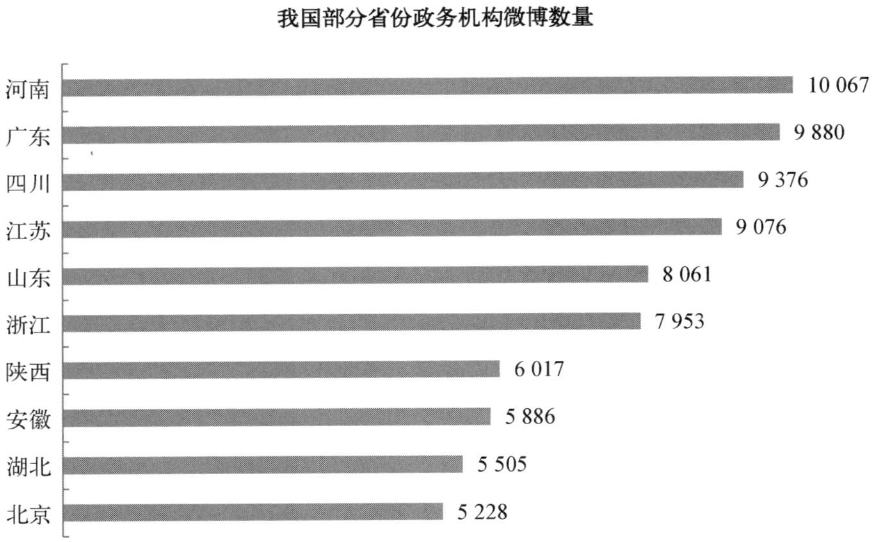

我国部分省份政务机构微博数量

省份	数量
河南	10 067
广东	9 880
四川	9 376
江苏	9 076
山东	8 061
浙江	7 953
陕西	6 017
安徽	5 886
湖北	5 505
北京	5 228

资料来源：微博(2023.12)。

图1　我国部分省份政务机构微博数量(单位：个)

主流模式优缺点，创新提出"集中采集＋分散整理"政务新媒体信息采集整理归档新模式，并在此基础上构建政务新媒体信息采集、整理、归档一体化模型，探讨模型应用各阶段业务实现策略，丰富档案资源建设，优化档案资源结构，强化档案资政服务，提升档案治理效能。

二、国内外政务新媒体信息采集整理模式

通过研究国内外政务新媒体信息采集整理实践案例，可以发现，政务新媒体信息的采集整理是一个涉及多方主体协同作业的复杂过程，主要参与方包括政府机构、负责记忆保存的机构（如档案馆、图书馆），以及新媒体平台的运营方。[2]根据主导者的不同，将现有的模式分为以档案馆、图书馆等部门主导的"集中采集＋集中整理"模式和以政府机构主导的"分散采集＋分散整理"模式。

1. 档案馆、图书馆等主导的"集中采集＋集中整理"模式

"集中采集＋集中整理"模式（见图2），是以档案馆、图书馆等机构为主导的"集中式"管理模式，即当政府机构在新媒体平台上发布相关信息时，这些信息的采集、整理以及后续的利用工作，均由国家级的档案馆或图书馆等集中统一承担。参考我国国家图书馆的WICP项目、英国国家档案馆的UKGWA项目以及澳大利亚

国家图书馆的 PANDORA 项目。

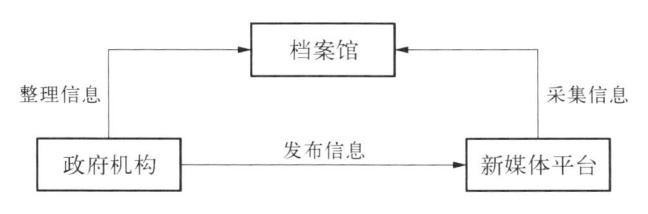

图 2 "集中采集＋集中整理"模式

"集中式"管理模式充分发挥了档案馆、图书馆等显著的信息管理专业优势,也确保档案管理过程遵循统一的标准和要求,有利于促进政务新媒体信息资源的共享交流,进一步推动资源的深入开发利用。但在该模式中,关于政务新媒体信息资源的权属问题存在模糊性。政务新媒体信息资源在集中采集和归档过程中权属是否应该发生变化,以及共享利用权力是否需要协调,仍是值得深入探讨的问题。

2. 政府主导的"分散采集＋分散整理"模式

"分散采集＋分散整理"模式(见图 3),是以政府机构为主导的"分散式"管理模式,即各级政府机构负责各自发布的政务新媒体信息的采集、整理工作,记忆机构如档案馆或图书馆则扮演着监管和长期保存的角色,专注于保存具有永久价值的政务新媒体信息。参考美国国家档案与文件管理局(NARA)政务新媒体信息采集项目。

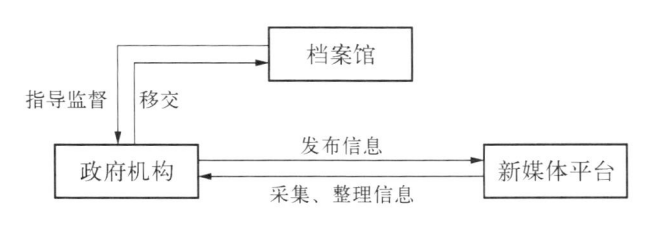

图 3 "分散采集＋分散整理"模式

"分散式"管理模式的优势在于政府机构能够实时捕获到最新的政务新媒体信息,避免了信息延迟或遗漏。同时,在"分散整理"过程中,政府部门可以根据自身的业务需求和特点,对收集到的信息进行初步的分类、筛选和整理。但该模式也具有一定的局限性,采集、整理标准和格式可能不统一,信息传播过程受阻,限制了采集的政务新媒体信息资源的广泛传播、共享交流。

三、政务新媒体信息"集中采集＋分散整理"模式

为了充分发挥"集中式"管理模式和"分散式"管理模式各自的优势,并解决存

在的问题,经过深入探究,本研究提出采用"集中采集＋分散整理"模式进行政务新媒体信息采集整理归档的思路。

1. 模式形式

"集中采集＋分散整理"模式(见图4),即档案馆或图书馆等记忆机构负责统一配置采集标准,集中采集政务新媒体信息,保证采集信息的规范性。完成采集后,按权属规则将政务新媒体信息资源以"预归档"方式分发给各政府机构。制定统一档案管理规范,指导各政府机构政务新媒体信息资源整理归档工作。各政府机构按照规定,分散进行本机构的政务新媒体信息整理归档工作。

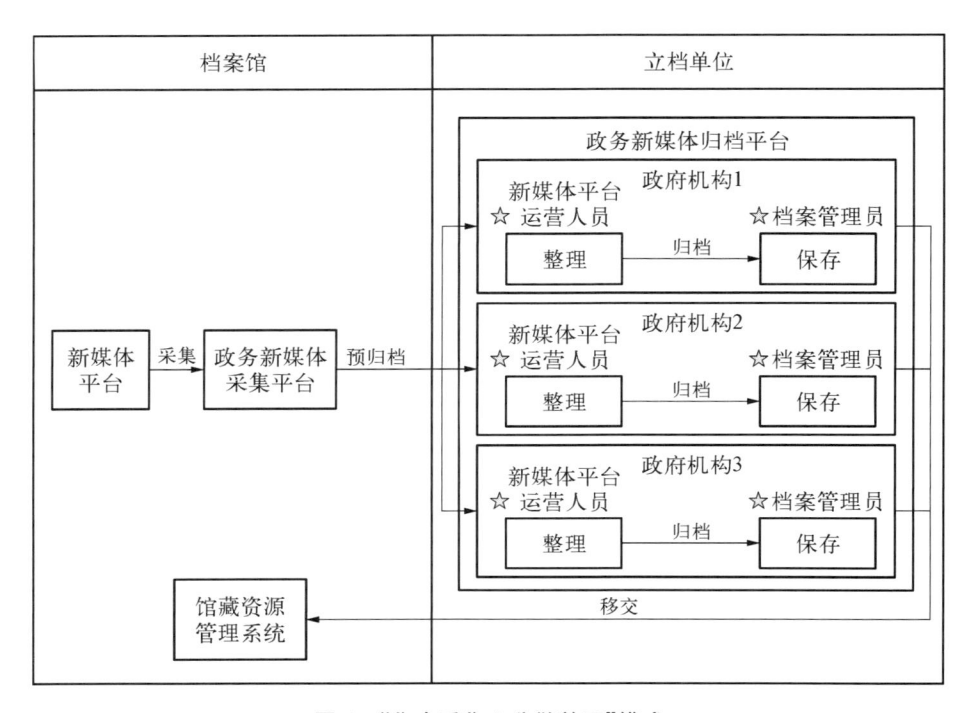

图4 "集中采集＋分散整理"模式

2. 模式优势

"集中采集＋分散整理"模式不仅确保了政务新媒体信息的统一采集和标准化管理,而且保留了各政府机构在政务新媒体信息整理上的自主性和灵活性。一方面有利于降低信息管理的成本,提高信息整理的效率,促进政务新媒体信息资源的共享互通。另一方面明晰了政务新媒体信息资源权属问题,政务新媒体信息资源主要来源于政府部门在履行职责过程中产生的信息,档案馆等机构更多承担的是保管职责,有效地维护了"谁形成,谁整理,谁归档"的档案管理理念。

四、政务新媒体信息采集整理归档模型构建

1. 基于WEB服务技术集成思想的模型构建

WEB服务技术是目前流行的分布式异构数据库系统整合技术,它将原来基于数据库的集成提升到基于服务(应用程序)的集成,从而屏蔽了数据结构、业务逻辑等一系列需要深入了解原系统的细节问题,政务新媒体信息采集整理归档模型采用WEB服务技术的集成思想,将政务新媒体信息采集整理归档过程分为两个平台进行,分别为政务新媒体采集平台(以下简称采集平台)和政务新媒体归档平台(以下简称归档平台),如图5所示。

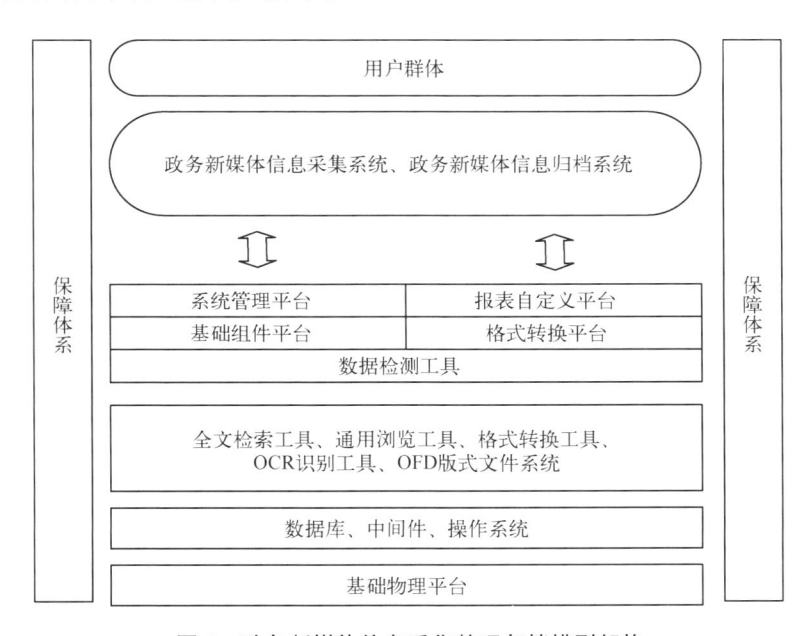

图5 政务新媒体信息采集整理归档模型架构

两个平台之间通过WEB服务技术进行连接和交互,实现信息的有效传递和管理。在归档平台中开发"预归档"接口,由采集平台调用接口,将采集的新媒体信息自动传递到归档平台中。这种模式具有高度灵活性,不同平台之间的信息交换更加灵活,可以方便地进行系统升级和扩展。同时,通过自动化和标准化的信息交换,减少了人工干预和错误的可能性,提高了信息处理的效率和准确性。

2. 模式业务流程结构

在采集平台中,档案馆负责整个采集平台的统一集中配置,包括确定采集目标、采集规则、采集频率等,采集平台以"集中采集"方式自动从目标新媒体平台中采集政务新

媒体信息。采集到的政务新媒体信息经过初步处理后，通过"预归档"接口自动进入归档平台。归档平台实现"分散整理"功能，为各政府单位提供用户账号并设置不同的使用权限。各政府机构网站、微博、微信号等新媒体的运营人员登录归档平台，负责对采集的本单位"预归档"的新媒体信息进行整理、分类和归档，档案管理员负责接收运营人员归档的信息，并进行进一步的审核和确认。具体业务流程图详见图6。

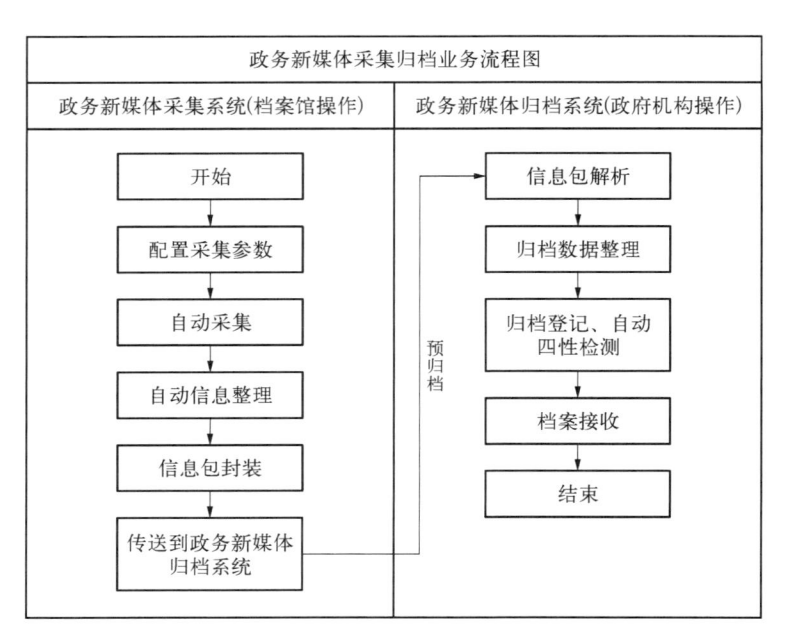

```
                政务新媒体采集归档业务流程图
    ┌─────────────────────────┬─────────────────────────┐
    │政务新媒体采集系统(档案馆操作)│政务新媒体归档系统(政府机构操作)│
    ├─────────────────────────┼─────────────────────────┤
    │         开始              │      信息包解析           │
    │           ↓              │         ↓               │
    │      配置采集参数          │      归档数据整理         │
    │           ↓              │         ↓               │
    │        自动采集            │   归档登记、自动四性检测    │
    │           ↓              │         ↓               │
    │      自动信息整理          │      档案接收            │
    │           ↓              │         ↓               │
    │       信息包封装          │        结束              │
    │           ↓              │                         │
    │  传送到政务新媒体归档系统   │                         │
    └─────────────────────────┴─────────────────────────┘
                              预归档
```

图 6　政务新媒体信息采集、归档流程

在该模式中，可以将具体的政务新媒体信息档案管理环节分为采集、整理、存储、归档四个环节。采集环节实现各类政务新媒体平台各种类型信息采集，包括但不限于政策公告、新闻动态、服务指南、公众互动内容等，做初步整理，便于呈现；整理环节实现对政务新媒体信息进行深入加工，包括分类、编号、归档信息包结构组织等；存储环节包括确定存储范围、存储元数据标准设置等；归档环节将整理后的政务新媒体信息进行归档，包括填写归档登记表、进行四性检测、接收保存等。不同环节紧密衔接，确保政务新媒体信息高效安全流转。

五、政务新媒体信息"集中采集＋分散整理"模型各业务实现策略

1. 信息采集

政务新媒体信息的采集工作由于其信息的海量性、复杂性和技术性强等特

点[3]而带来诸多挑战。由档案馆统一进行采集配置、选择采集技术、确定采集范围。在确定采集范围时，目前主要有全面采集、选择采集和混合采集等方式，每种方法都有其独特的适用场景和优缺点。全面采集优点是能够确保不遗漏任何一条相关信息，为后续的数据分析和政策制定提供全面的数据支撑，缺点是由于政务新媒体信息的海量性，全面采集可能会带来巨大的存储和处理压力，同时也可能包含大量与特定需求不相关的冗余信息；选择采集按照一定的规则标准设置采集条件，采集预定的活动或主题相关内容，优点是针对性强、减少了不必要的冗余信息，使后续的数据处理和分析更加高效，可以节省存储空间和处理资源，对于资源有限的环境尤其有利。其缺点是可能遗漏重要信息、规则设置复杂需要投入大量的精力和专业的人力等；混合采集则巧妙地结合了这两种方式的优点，既能保证采集信息的全面性，又能提高采集信息的针对性和利用率。因此，在面对政务新媒体信息的采集工作时，一般建议采用混合采集的方式，以最大限度地满足信息采集的需求。

政务新媒体采集方式多种多样，且随着技术的进步，采集方法也在不断更新和优化，主要可以分为捕获、安装插件等方式。[4]其中，捕获方式分为：（1）使用 API 采集信息；（2）通过网络爬虫抓取的方式采集信息；（3）通过捕获 URL 的方式采集信息。安装插件方式可以分为：（1）安装浏览器插件；（2）安装 Word Press 插件等。

2. 信息整理

采集后的政务新媒体信息数量多且无序的，需要各政府部门按照统一的整理规则进行信息整理。其中，分类工作建议采用以下方式：一级分类为社交媒体（MT）、网页（WY），二级分类为新媒体类型，如微信公众号（WX）、微博（WB）、新闻媒体（XW）、抖音（DY）等。根据分类规则，编制档号如下：全宗号-一级分类·二级分类-单位具体媒体代码-年度-保管期限-顺序号。保管期限表可参考《政府网站网页归档指南》（DA/T 80 - 2019）。

3. 信息存储

各政府部门按照统一元数据管理标准进行存储。设置元数据管理标准时，可以按照复用性、模块化、可扩展性、互操作性等原则[5]，主要存储内容包括以下部分：发布者信息，如发布者新媒体具体名称、所属单位、简介、所在地、粉丝数、点赞数、文章数、网址等内容；文件信息，如文件名称、发布时间、发布工具、内容、评论数、点赞数、转发数、网址等内容；保护信息，如数字签名、数字证书、来源等；存储信息，如捕获时间、采集时间、采集人、采集工具、存储时间、存储位置、备份位置等。

4. 信息归档

考虑到 OFD 格式开放、可控、永久可读、安全、易于归档和管理等特性，参考

《OFD在政府网站网页归档中的应用指南》(GB/T 39677-2020),政务新媒体信息归档建议采用 OFD 格式,确保政务新媒体信息的真实性、完整性、安全性。同时,OFD 格式已被国家标准化管理委员会采纳,并制定了相应的国家标准,采用 OFD 格式进行政务新媒体信息归档更有利于归档的规范化和标准化。

六、结语

研究政务新媒体信息采集整理归档模型及策略的目的在于提高新媒体信息采集的效率,充分发挥各参与主体的能动性,通过分平台设计、平台接口对接方式,按照业务流程设计功能实现政务新媒体信息集中采集,各单位分散整理,优化政务新媒体信息归档流程,加强信息安全管理,促进信息共享与交流,实现对政务新媒体信息的全面、准确、及时掌握和分析,为政府各项重大决策提供有力数据支持,提升档案资政服务能力。

参考文献

[1] 刘英捷,王芹.档案政务新媒体应用研究——以江苏省为例[J].档案学研究,2016(01):86-90.
[2] 张晓娟,李沐妍.政务社交媒体文件的管理模式研究[J].信息资源管理学报,2018,8(03):45-53.
[3] 黄新平.基于集体智慧的政府社交媒体文件档案化管理研究[J].北京档案,2016(11):12-15.
[4] 陈为东,王萍,王益成,等.面向 Web Archive 的社交媒体信息采集工具比较研究[J].图书馆学研究,2017(13):10-16.
[5] 曾萨.我国社交媒体文件存档元数据研究[D].西北大学,2020.

探索人工智能在档案检索中的应用途径

颜　昶　吴梦玥

上海市档案馆

摘　要：随着档案工作数字化转型的持续深化，传统档案利用中的检索方式因效率低下、难以外化、查询结果偏差等短板已经难以为继。运用人工智能技术，通过语义检索、交互式检索和自主检索等创新方式将人为因素剥离，检索服务的效率和准确性将得到显著提升，用户体验和检索效果将发生质的改变，使档案利用服务智能化成为可能。

关键词：档案检索；利用服务；智能化；人工智能

一、引言

习近平总书记在黑龙江考察时首次提出"新质生产力"的概念，强调："整合科技创新资源，引领发展战略性新兴产业和未来产业，加快形成新质生产力。"人工智能作为新质生产力重要组成部分正呈现高速发展态势。《"十四五"全国档案事业发展规划》对提升档案利用服务能力提出要求："积极探索知识管理、人工智能、数字人文等技术在档案深层加工和利用中的应用。"

传统档案利用工作以人为主，在档案利用过程中，信息系统作为检索工具为人提供辅助和支撑，随着人工智能技术的高速发展和日益成熟，智能化技术不仅可以为当下的档案利用工作赋能，从更长远的发展来看，智能化技术与档案利用服务深度结合或会为档案事业结出丰硕的成果。如何推动智能化技术与档案利用服务的融合，成为一个非常值得研究和探索的问题。

二、传统档案检索的局限

档案利用是指通过一定的方式方法，将档案信息提供给利用者，满足其利用需求的过程。在此过程中档案检索是一项必不可少的工作手段，也是档案信息资源开发利用的必要条件。档案检索方式的落后直接影响档案利用工作的效率和质量。

传统的检索工具自手工检索到网络检索都必须依靠人的驱动来工作。纸质目录需要手工翻阅，电子检索系统的每一项功能都需要人进行点击操作和筛选来运行，人必须在检索的全过程中深度参与，这种高度依赖人的方式在档案利用场景中已经越来越不能适应发展需要了。

1. 大量重复劳动，效率低下

据了解，目前国内大多数档案利用系统的检索功能使用场景是用户在检索页面上输入关键词等有关条件来进行检索。

举个例子，假设你想要在某个检索系统内找到关于"先进生产者"的信息，一般需要经过以下步骤：

确定检索范围：首先要确定关键词检索的范围——是在某个全宗、全宗群或某个指定的时间段范围，否则搜索引擎会在整个目录数据库范围内进行搜索。

确定关键字：确认关键字是"先进生产者"还是"先进工作者"。

搜索：当输入"先进生产者"时，搜索引擎会查找相应的数据库，检索包含这个关键词的目录数据。

索引：搜索引擎将形成搜索结果的索引信息，如××页××条。

排序：搜索引擎会根据关键词与结果之间的相关性、用户点击率等因素对结果进行排序。

展示结果：你将看到一系列网页链接和目录信息，它们包含了"先进生产者"这个短语，并且按照用户设定的检索条件进行相关性排序，如图1所示。

以上过程是动态的，不同用户的搜索习惯和关键词使用的准确性都会极大影响结果的准确性和齐全率。而检索产品提供方只能通过不断优化搜索算法，以提供更准确的搜索结果。

对于档案利用服务工作人员来说，这意味着每天要响应大量的类似以上的档案检索请求，不断反复检索操作，确定检索信息，等待检索结果响应，不仅准确率低，大量占用人力资源，而且长期来看这是一项重复且枯燥的工作。

对于来查档的一般用户来说，无论是写论文还是开展研究，同样需要经历这样的过程，耗费大量时间和精力，在不熟悉档案馆馆藏结构和档案内容的情况下，检索的效率必然较为低下。

随着档案资源的不断增加和档案利用需求的不断增长，以上矛盾会愈加突出。

中共上海市委教育卫生工作部关于教育卫生系统出席上海市1959年先进生产者代表大会的特邀代表名单	
档号 A23-2-431　责任者　　起始日期 1959　终止日期　　载体数量	
中共上海市委教育卫生工作部关于上海市1959年先进生产者会议特邀代表的材料	
档号 A23-2-432　责任者　　起始日期 1959　终止日期　　载体数量	
上海市教育．文化．卫生等先进单位和先进生产者代表大会筹委会办公室有关文教群英会工作的会议记录和会议通知	
档号 A31-2-4　责任者　　起始日期 195912　终止日期　　载体数量	
中共上海市委国营工业部关于开展社会主义竞赛、先进生产者运动的情况报告	
档号 A36-1-26　责任者　　起始日期 19560321　终止日期　　载体数量	
中共上海市委重工业工作部关于先进生产者运动的情况综合报告及增产节约的指示（草稿）	
档号 A36-1-45　责任者　　起始日期 1956　终止日期　　载体数量	
中共上海市委轻工部巡视组、区委工业部直属厂有关讨论先进生产者运动及改选党委会选举市党代表等会议记录	
档号 A36-2-125　责任者　　起始日期 1956　终止日期　　载体数量

图 1　关键词检索得到的结果

2. 查询结果有偏差，不全不准

目前大多数的电子档案检索系统，包括其他信息资源检索系统，是基于关键词和有关已经著录的结构化元数据，如档号、题名、时间、责任者等来进行检索的。关键词检索的方式是将人的检索意图转化为拆解后的分词，它带来一个严重的问题是将原本相对完整的检索意图碎片化了，将检索意图中所涵盖的较为复杂的语义关系转变为简单的"与"或者"或"的关系。这样必然从资源库中检索出大量与意图无关的数据，而真正的目标结果却被淹没其中。

档案信息资源库越庞大，条目数越多，全文信息越多，这种基于关键词的检索偏差会越显著。

3. 经验靠人的积累，难以外化

由于档案收集整理原则不同于其他信息资源，既要遵循文件的形成规律，保证文件之间的有机联系，又要根据载体和内容进行一定的分类和保护，尤其是开放档案中的历史档案，在完整性和延续性方面并非那么完善，因此在人工检索的条件下，要去快速定位和获取指定数据成为一项较为专业的工作。再加上不同的信息系统提供不同的操作界面、不同的操作功能，对于用户来说大大提高了使用门槛。

对于档案利用部门的工作人员来说，检索经验需要通过长期的实践和大量案例学习的过程慢慢积累，有经验的工作人员将这些经验外化为知识传授给新人也需要一定的时间，这种检索经验就很难快速转化为优质的服务能力，继而导致档案利用工作对于人的依赖越来越大。传统档案检索工具如图 2 所示。

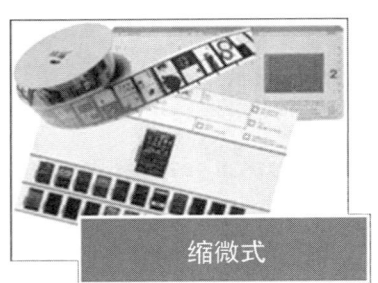

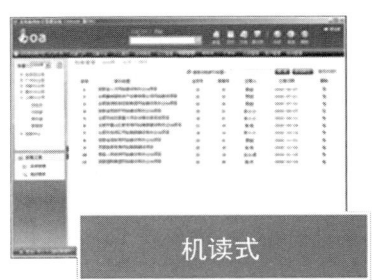

图 2　传统档案检索工具

三、人工智能在档案利用服务领域的探索应用

近年来随着人工智能技术的高速发展，以"大语言模型"为代表的生成式人工智能技术（AIGC）已经成为研究热点，其不仅能够生成自然语言文本，而且能完成自动问答、自动翻译、自动写作和绘制图表等智能化任务。生成式人工智能技术的突破性进展，不但丰富了人工智能技术的应用场景，更成为原有语义分析模型理论和能力的提升基座。将语义建模技术运用到档案检索中，有望转变目前档案检索利用工作对人和操作经验的依赖越来越大的局面，并从用户体验和检索效果上形成质的改变。

1. 从关键字检索到语义检索

传统档案检索中的关键词检索会对人的检索意图内涵造成大幅消减，导致查全和查准难的问题。自然语言处理（Natural Language Processing，NLP）是计算机科学领域与人工智能领域中的一个重要方向。它研究能实现人与计算机之间用自然语言进行有效通信的各种理论和方法。自然语言处理是一门融语言学、计算机科学、数学于一体的科学。这个过程通常包括以下几个步骤：

预处理：对原始文本进行清洗和标准化，包括去除噪声（如标点符号、特殊字符)、转换为统一的格式(如小写化)、分词(将句子分解为单词或短语)等。

词性标注(Part-of-Speech Tagging)：识别文本中每个单词的词性，如名词、动词、形容词等。

句法分析(Parsing)：构建句子的语法结构，识别短语和从句，确定它们之间的层级关系。

实体识别(Named Entity Recognition，NER)：识别文本中的特定实体，如人名、地点、组织等。

关系提取(Relation Extraction)：识别文本中实体之间的关系，如"苹果"和"公司"之间的关系是"属于"。

语义角色标注(Semantic Role Labeling)：确定句子中各个成分(如主语、宾语)的语义角色。

意图识别(Intent Recognition)：在对话系统中，识别用户输入的意图，比如"订餐""查询天气"等。

情感分析(Sentiment Analysis)：判断文本的情感倾向，如正面、负面或中性。

语义理解：结合上下文和世界知识，理解句子的深层含义，这可能涉及隐喻、讽刺等复杂语言现象。

生成响应：在对话系统或问答系统中，根据对输入文本的语义理解，生成合适的响应或答案。

经过以上处理过程，就可以将自然语言转换为机器语言，计算机就可以理解用户输入的检索条件的含义。举个例子，假设我们有以下句子："我昨天在图书馆借了一本关于人工智能的书。"

预处理：将句子转换为小写，分词成"我""昨天""在""图书馆""借了""一本""关于""人工智能""的""书"。

词性标注：识别每个词的词性，如"图书馆"是名词，"借了"是动词。

句法分析：构建句子的结构，比如"我"是主语，"借了"是谓语，"一本关于人工智能的书"是宾语。

实体识别：识别"图书馆"和"人工智能"作为实体。

关系提取：确定"我"与"图书馆"和"书"之间的关系是"借"。

语义角色标注：标注"我"作为动作的执行者，"一本关于人工智能的书"作为动作的对象。

意图识别：如果是在对话系统中，可能识别出用户的意图是分享他昨天的活动。

情感分析：分析句子的情感倾向，这里可能是中性的。

语义理解：理解句子表达的完整意义，即用户昨天在图书馆借了一本关于人工智能的书。

生成响应：如果是对话系统，可能会生成一个响应，如"哦，听起来你对人工智能很感兴趣。"如果是推荐系统，它可能会将该内容标记为重点推荐内容。

从上述例子不难看到，语义分析是一个复杂的过程，它需要结合自然语言处理的各种技术和算法，以及对语言的深入理解，图3是中文NLP技术抽取示例。随着技术的发展，语义分析的准确性和深度也在不断提高。将语义分析应用于档案检索，结合OCR和GPT等人工智能基座，可以将检索的效果显著提升一个层次，是改善档案检索工具用户体验的关键性工具，这已经成为档案界和科技界的共识。

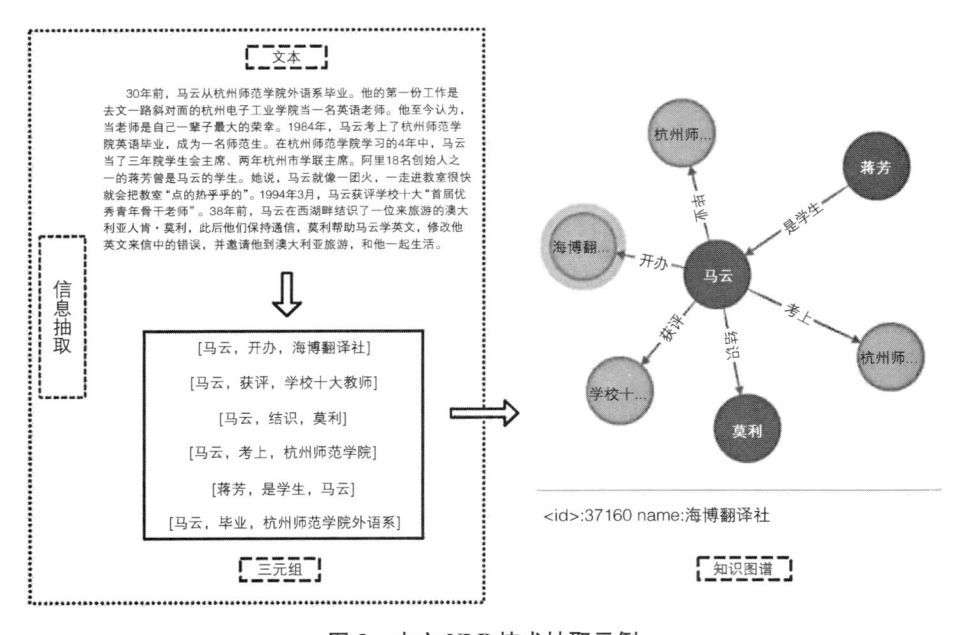

图3　中文NLP技术抽取示例

2. 从响应式检索到交互式检索

传统检索服务类似于一个提供固定功能的服务员，需要用户不断提出要求，检索服务员按照固定的模板做出响应。一旦使用人没有给出比较准确的要求，检索服务也相应给出不准确的结果，这样就造成了时间和资源上的双重浪费。

而采用交互式检索模式可以改善这种情况。当用户没有给出完整的检索目标时，交互式检索服务会主动发出确认信息，通过多轮次的问答式交互，一步一步引导用户完善查询内容,进而可以比较精准的获得查询内容。这样既能够改善用户的使用体验,又能够减少档案利用服务部门工作人员的工作压力。如图4所示即互动式问答模型实例。

图4 互动式问答模型实例

3. 从人工检索到自主检索

对于档案咨询利用服务来说,传统模式是用户通过电话联系或现场填写申请表格,然后档案利用服务人员根据表格内容人工检索,再告知结果,在这个过程中,人的因素主导了整个过程,不同的人可能会产生不同的结果或消耗不同的时间,这成为其中最大的应用瓶颈。

针对这个场景,可以采用生成式检索的模式。用户可以在线填写申请表,用自然语言描述所要检索的内容,服务端接收到申请信息后进行自动识别、分析和抽取其中的检索意图,自动调度有关检索服务获取结果,生成基于自然语言的反馈信息,并标明来源出处。档案利用服务工作人员只需要对检索结果和信息来源进行对比确认即可,不仅提升了档案咨询利用的效率,关键是降低了岗位的知识门槛,能够让更多的无基础知识从业人员加入服务行列,如图5是在线档案利用咨询服务平台。

图 5　在线档案利用咨询服务平台

四、档案利用服务智能化的展望

1. 基于生成式服务的档案利用输出

传统检索的过程是需要用户每个步骤都参与,所以用户必须坐在电脑屏幕前与检索系统进行交互操作。例如:用户想写一篇关于某个领域红色档案的研究文章,传统检索模式下,用户需要梳理自己的检索需求,并以关键词的形式逐个检索,再通过阅读全文来挑选需要的档案文件,然后通过下载或申请打印的方式获取,最后再对这些档案文件内容自己分类整理。

而自主服务模式下,用户只需要告诉检索系统,"请帮我按照以下几个主题搜集整理档案文件,并且按照时间顺序整理"。这样检索系统会自主理解用户的意图,自动调度相关的数据库,对档案进行挖掘提炼并构建知识网络,帮助用户完成任务,用户最终获得的是整理好的文件内容,中间过程都不需要参与,这样可以节省大量时间聚焦在本身的研究工作中,图 6 是生成式智能知识问答实例。

2. 基于个性化定制的档案知识中台

传统的检索对所有用户提供的是同质化的服务,无法根据用户的需求提供差异化服务,即使可以做到差异化,也只是在查询结果存储空间、分类方式等方面提供一些设置功能。

探索人工智能在档案检索中的应用途径　195

法邮大厦有哪些著名的用户或办公机构?

法邮大厦（France Post Building）的租户或办公机构可能包括以下几种类型：
1. **政府机构**：可能包括法国的政府部门或机构，例如法国邮政局（La Poste）。
2. **企业**：可能包括大型法国公司或跨国公司的法国分公司，例如电信公司、技术公司、金融机构等。
3. **律师事务所和会计师事务所**：可能包括知名的国际或国内律师事务所和会计师事务所，例如法国律师事务所、普华永道等。
4. **非政府组织（NGOs）**：可能包括国际或国内的知名非政府组织，例如环保组织、慈善组织等。
5. **文化和教育机构**：可能包括法国的文化机构和教育机构，例如法国文化中心、法国语言学校等。

图 6　生成式智能知识问答实例

人工智能技术可以在传统利用的基础上进一步为用户提供个性化服务，打造属于利用者自己的档案知识中台，形成"千人千面"的档案利用成果。

例如：用户可以设定某个全宗或主题的订阅服务。当档案资源知识库中有相关内容的更新，可以自动推送更新内容；另外，可以结合用户的研究方向做个性化推荐，结合搜索热点或知识图谱，主动为用户推荐关联更多的档案文件信息；用户甚至可以自己提交一些内容材料，要求智能检索服务帮助结合海量档案资源进行分析，寻找原文出处，提炼原文观点，查找相似内容，从而挖掘更多的潜在价值。如图 7 所示即智能档案知识中台。

图 7　智能档案知识中台

3. 基于沉浸式服务的档案利用终端

在数字化全文大行其道的时代，坐在电脑屏幕前用键盘和鼠标来操作检索系统已经成为电子档案利用的主流范式。但是从用户体验上来看，这种范式本身就有相当多的制约，采取多平台、多样化的利用终端输出档案信息成为今后重点发展的方向。

目前虚拟现实（VR）技术已经取得较大进步，如果能够为用户打造一个沉浸式环境，用户戴上 VR 眼镜，就可以在档案的历史长河中畅游。结合动作和语音的多模态互动，实现虚拟环境中的各种档案信息、视频、语音、图像与现实的用户和设备进行互动，既能有超越现实的体验，又能打通虚拟与现实的边界。如图 8 所示即 VR 技术在档案馆的应用。这将会为档案利用的深度体验带来革命式的发展。

图 8　VR 技术在档案馆的应用

数字员工（RPA）、虚拟数字人等多模态的人工智能应用端的加入，将进一步壮大档案利用服务工作力量，提高工作的效率，减轻人类的工作负担，从而将人力和工作重心转移到更重要的档案工作环节中去。如图 9 所示即虚拟数字人、数字员工已出现在我们身边。

图 9　虚拟数字人、数字员工

五、结语

随着人工智能技术的不断进步和深入应用,档案利用服务即将迎来一场革命性的变革。通过语义检索、交互式检索和自主检索等创新方式,档案检索服务的效率和准确性将得到显著提升,用户体验也将极大改善。

展望未来,基于生成式服务的档案利用输出、个性化定制的档案知识中台和沉浸式服务的档案利用终端等概念,将进一步推动档案检索服务的智能化发展。这些创新应用不仅能够为用户提供更加便捷、高效的档案资源检索体验,而且将极大地促进档案知识的传播和利用,为社会的发展做出重要贡献。

我们有理由相信,在人工智能技术的助力下,档案检索服务将迎来更加广阔的发展前景。让我们共同期待一个智能化、个性化、沉浸式的档案检索新时代的到来,为档案事业的发展注入新的活力,为知识的传承与创新贡献力量。

创新营业电子档案应用,助力客户服务品质提升

——以国网上海市北供电公司为个案

杨 翼

国网上海市电力公司市北供电公司

摘 要:随着信息技术不断发展进步,企业档案管理数字化战略转型势在必行。通过总结国网上海市北供电公司营业档案电子化平台创新应用试点的具体实践,深度挖掘电子档案价值,助力提升客户服务品质,以期为档案工作实现数字化、智能化、智慧化管理做出有益探索,为全面推广"单套制"档案管理模式提供经验借鉴。

关键词:数字化转型;营业电子档案;单套制;客户服务

一、引言

营业电子档案作为营销服务新模式下保障依法诚信经营、规范客户服务的重要凭证和法律依据,是电网企业经营管理中的重要数据资产。其保存的完整性、准确性、调阅、流转的便捷性、互动性,客户业务需求匹配分析方面的智能性等,对内将影响精益化管理水平的强化,对外将促进客户服务体验,并将为国家电网公司"一体四翼"高质量发展建设目标提供感知层数据支撑。

随着互联网、大数据、云计算等新一代信息技术迅猛发展和广泛应用,档案信息化发展进入了崭新时代。国网上海市电力公司市北供电公司(以下简称公司)运用大数据、云计算、物联网等新技术、新方法,积极推动智慧档案创新发展,坚持以客户为中心、市场为导向,主动探索应用"互联网+"理念与技术,加速转变传统营销服务模式,完善服务渠道、重塑服务流程、创新业务体系、开拓新业务应用,试点开展营业电子档案平台建设,形成了营业厅全业务服务过程电子化、流转自动化、管理集约化、考核精益化、营业业务中心平台"四化一平台"的创新型营销服务新模式,客户服务质量、效率以及办电速度得到了显著提升。通过深入开展营业档案资源开发利用,助力体现"三减"(减少流

转资料,减少临柜次数,减少办电环节)成效。同时,深度挖掘电子档案价值,发挥增值作用,推动营销业务数字化转型,为全面推广"单套制"档案管理模式提供经验借鉴。

二、实施背景

1."互联网+"电子档案深化应用是建设智慧档案、适应档案现代化管理的必然要求

为积极适应互联网时代的新要求,国家档案局在《"十四五"全国档案事业发展规划》中明确了"实施档案信息化强基工程,推动档案信息化固本强基迈上新台阶",《国家电网公司档案工作"十四五"规划》提出,要全面运用大数据、云计算、物联网等创新思维和技术,认识、管理、开发和使用档案,积极开展智慧档案建设。在此背景下,进一步深化电子档案创新应用,以更好地适应新时代对档案管理现代化的要求,是当今档案管理领域亟待解决的核心问题。

2."互联网+"电子档案深化应用是深度挖掘营业档案价值、提供优质营销服务的迫切需要

营业电子档案全过程记录了供用电双方在业扩报装、分布式电源并网、电费管理、计量管理、用电变更、用电检查等业务的办理情况,能够为营业业务办理提供重要的数据支撑和材料佐证。面对营业档案信息以几何级数增长的趋势,探索怎样借助"互联网+"改革传统营销服务模式,充分发挥电子档案复用性特性,深度挖掘档案资源价值,建立充分满足客户快捷办电需求的营销服务新流程,成为公司在移动互联网时代提升优质服务水平的迫切需要。

3."互联网+"电子档案深化应用是提升电力"获得感"、助力提升营销服务水平的内在驱动

国网上海市电力公司为大力提升营销服务水平,近年来对标国际最高标准、最好水平,全力打造"FREE"(Free 省钱、Rapid 省时、Easy 省事、Excellent 卓越)办电服务新模式。公司始终把电子档案统一管理的资源优势转变为客户价值创造的最大动力,把"互联网+"最大变量转变成档案开发利用的最大增量,以营业电子档案平台为基础,全力支撑营销业务系统和政府"一网通办"平台的办电业务,催生了电子档案开发利用的新理念、新模式。

三、创新做法

公司加快变革传统营销服务模式,形成了营业厅全业务服务过程电子化、流转

自动化、管理集约化、考核精益化、营业业务中心平台"四化一平台"的创新型营销服务新模式,客户服务质量、效率以及办电速度得到显著提升。而在营业电子档案管理创新方面,同样基于"互联网+"思维,由国网上海电力组织平台搭建、制定制度标准、统筹推行协调,公司试点深化应用智能档案管理平台,通过升级电子档案管理系统平台功能,强化各业务系统间的集成,配备先进的移动识别设备,逐步推进智慧档案建设,挖掘档案价值。

1. 创新内容

(1) 系统互联实现信息共享

营业电子档案平台系统通过与 OA 系统对接,确保电子档案来源真实性、结构完善性、安全可靠性,真正实现文档一体化管理。

(2) 技术创新助推协同高效

营业电子档案平台系统中引入电子签章、电子认证技术以及自动采集、检测、数字签名和元数据采集等技术措施,促进各部门间对电子档案信息的互信、互认,简化档案线上流转的效率,实现电子档案归档的全流程管理。

(3) 智能分析策动增值服务

营业电子档案平台系统通过与其他业务系统的集成,借助先进的移动设备,对营销档案开展大数据分析,着力坚持以客户为中心,提高用电获得感和提增服务价值。

2. 对比分析

(1) 信息化管理规避了档案物理风险

通过创建营销客户电子档案信息共享平台(见图1),重要的表证单据与营销凭证被纳入统一的信息化管理体系,可有效规避过去在管理和借用过程中各类营销原始凭证因磨损、老化、丢失和泄露而引起的损失。

图 1 营业电子档案管理平台界面

(2) 系统性优化提升了档案利用价值

营业电子档案平台系统不仅能保证用户档案数据的安全完整和长久保持,而且能通过信息化管理,使得营销档案资料便于查询、调阅和应用,提高营销档案的利用率和使用价值,更能为公司管理业务整合及企业级信息化建设提供支撑。

(3) 数据化管理提升了客户服务品质

通过营业厅电子档案平台的深化利用,可以实现营销信息资源的集中管理和纵向贯通,有助于对海量信息更高效整理与深入挖掘,推动营销基础管理向标准化、精益化、法制化发展,极大优化公司营销工作管理水平,助力提升客户服务品质。

四、实施过程

1. 全要素标准化——规范营业档案匹配管理,减少资料流转

公司梳理并确立了营业档案管理流程、数字化准则以及电子档案元数据规范方案。将客户办电数据采集标准进行统一(包括信息清单、数据格式和编码规则等),明确营业执照、供用电服务合同、工程询问单报验单、客户联系卡等42种营业电子档案资料类型,对于营业相关的电子档案和纸质档案进行全要素覆盖,确保了档案信息规范收集。同时,公司也对营业电子档案管理平台和营销业务系统接口的性能进行了优化改进,开展"四性"(真实性、完整性、安全性、可用性)检测,电子文件实现自动归档。此外,利用营销业务系统,公司可以自动从政府"一网通办"平台上获取客户提交的办电申请和相关的证照信息,并存储到营业电子档案管理平台,避免了客户在多个平台重复提交资料。

2. 全过程信息化——推进营业档案高速流转,减少临柜次数

为了让客户办电更省事,公司深入推进营业电子档案管理平台应用,试点实施客户办电档案"单套制"管理新方式,实现了从收资、整理、归档、保存、管理到使用全流程信息化。在营业网点全部配备了扫描仪、高拍仪等高清数码采集设备,确保客户办电提交的所有资料同步生成标准化的电子文件。全面开通线上受理、线上签约等功能,运用电子签名、流程引擎等技术,保证营业电子档案实时生成并实时归档。建立"内转外不转"的营业档案流转机制,通过内部跨专业线上协同处理、电子档案自动调取,以及客户在线查询、实时信息互动体验提供,实现"客户少跑路、信息多跑路"。

3. 全流程智能化——落实营业档案多元应用,减少办电环节

为了让客户办电更省力,公司积极促进基于业务流程的营业档案智能化发展

应用。通过与其他业务系统的集成，利用智能技术，将营业档案推送至业务系统"大后台"，实现信息实时流转和协同共享、客户用电申请在线审核，提高现场勘查、供电方案制订等后续环节的工作效率，减少客户等待环节，为业务部门提供更加智能的档案利用渠道。通过大数据、智能分析技术形成客户档案生命周期图谱，对客户用能需求、保电等级等进行分类评估、画像，为客户提供更加智慧的档案精准服务。通过在营业电子档案平台上建立数据分析、数据挖掘等技术应用模型，对档案资源进行比对检索、分类分析，为网架优化、线损管理、应急抢修等业务和合同管理、节能咨询、智能充电等提供更加智敏的档案增值服务。

五、效果及影响

1. 经营管理水平显著提升

通过对营业相关电子档案和纸质档案进行全要素覆盖的系统化管理，实现了线上与线下信息的一体化、标准化和精细化管理。避免了由于线上线下文档不能一一对应造成的查询、比对时间和成本浪费。通过全过程推进营业档案信息化流转，实现了客户档案从收集、整理、归档、保存、管理到使用的全过程信息化，降低了由于档案在各部门间流转确认烦琐、纸质传递遗失及等待等造成的内部损耗。营业电子档案保存的真实性、完整性达到100%；以公司为例，营业电子档案月均利用次数达到12 000次，与纸质营业档案相比，翻了近3倍。在电子化档案平台建设优化的基础上，进一步强化了供电营业档案的内部精益化管理水平。

2. 促进提升客户服务品质关键指标

通过全方位落实营业档案智能化应用，在档案信息访问渠道、电子与纸质档案借阅审批时间以及节能咨询、智能充电等业务增值服务方面，提升了客户业务智能化体验，增强了公司社会服务能力，降低了公司经营的法律风险和客户生产生活的用电信息泄露等风险。一份纸质档案的查找调阅时间从原来的10~15分钟，大幅缩短到3~5分钟。线上办电率从90.15%提升至96.43%；线上缴费率从70%提升至85%；客户满意率提升0.59个百分点，达到98.69%。业扩接电周期（高低压平均时间）由原来的7.7天减为5.4天（缩短2.3天），下降30%。客户对档案信息访问便捷性、档案调阅快捷性、新型业务匹配推荐的服务满意度达到100%。

3. 改变传统业务模式以改善档案管理现状

实现异地业务办理营销业务档案电子化，通过网络平台使档案传输、查阅和展览得以实现，克服了传统纸质档案在空间和时间上的局限。客户处理业务时不再受地理位置约束，使同城异地办理业务成为可能，提升了档案管理有序性，显著提高了客户档案可靠性,积极推动了供电公司市场营销工作。通过技术方式扫描用户信息,实现电子化存储,改变以往依赖客户手工填写的服务方式。营销档案完成电子化后,相关告知单等文件资料可在客户办理业务时,通过系统以电子文件的形式呈现,签名确认也可以通过电子签名完成,极大提升了客户服务体验,在管理客户档案和良好企业形象建立等方面都发挥了积极推动作用。

4. 减少档案管理工作量以实现减员增效

实行单套制归档模式不再需要打印和保管大量纸质文件副本,有效缓解了传统实体档案整理和库房储存过程中对人力及物力资源的庞大需求。难以转化为纸质档案的高像素图片、音视频、矢量图等既便捷归档,又显著减少档案人员工作量。

5. 整合档案信息为营业客户档案资源利用奠定基础

有效整合公司的用电客户档案资源,通过统计分析档案资源,为市场营销与提供高品质客户服务提供了数据支撑,全面而完整地整合了公司客户信息的横向数据,为充分开发和利用客户档案资源奠定了坚实基础。

六、结语

随着线上办电业务大力推广和营业档案电子化平台迭代升级,将真正构建一个可供各方分析,以档辅策的营销大数据海洋。不仅为原始凭证的长久安全保存、用户档案数据的完整性和高效利用提供了技术保障,而且为公司在电力物联网建设所需的用户侧感知层数据收集、存储、传导、分析提供了基础数据支撑。

营业档案电子化平台试点实现了线上线下业务深度融合,原有的"双套制"逐步转变为"单套制"管理模式,大幅提升了政企之间和企业内部的管理效能。优化营商环境没有完成时,只有进行时。公司建议公用事业行业把握国家档案局企业数字档案馆(室)建设试点机遇,广泛推广应用"单套制"和"互联网+"电子档案,促进客户服务品质再提升。

参考文献

[1] 国家档案局.中办国办印发《"十四五"全国档案事业发展规划》[2021-06-09][EB/OL]. https://www.saac.gov.cn/daj/toutiao/202106/ecca2de5bce44a0eb55c890762868683.shtml.
[2] 冯惠玲.走向单轨制电子文件管理[J].档案学研究,2019(1):88-94.
[3] 王燕民.以科技引领和信息化赋能推动档案工作加快转型发展——2024年国家档案局科信司工作要点[J].中国档案,2024(3):11.

某企业电子文件单套归档与电子档案单套管理理论与实践

张庆飞　吴剑铭　杨小平

上海泰档信息技术有限公司

摘　要：随着信息技术的飞速发展，电子文件和电子档案已经成为档案管理的重要组成部分。本文首先以企业为研究对象，探讨了电子文件单套归档与电子档案单套管理的理论与实践。接着，通过对企业电子文件和电子档案管理现状的分析，提出了电子文件单套归档与电子档案单套管理的策略和方法，包括完善电子文件管理系统、加强电子文件和电子档案的安全管理、建立电子文件和电子档案的长期保存机制等。同时，通过实践案例分析，验证了电子文件单套归档与电子档案单套管理的可行性和有效性。最后，对未来电子文件和电子档案管理的发展趋势进行了展望，并提出了相应的建议。

关键字：电子文件；电子档案；单套归档；单套管理

一、引言

文件和档案是历史记录，具有保存凭证、留存历史、资政育人的重要价值。随着信息化、数字化、智能化的飞速发展，传统的纸质档案管理方式已无法满足现代组织对信息高效、便捷、安全管理的需求，电子文件和电子档案正在逐步替代传统的纸质文件和档案。在这种情况下，如何实现电子文件单套归档与电子档案单套管理，已经成为档案管理领域的一个重要课题。本文结合企业档案管理系统电子文件单套制归档实践，分析当前管理现状，并阐述档案管理系统电子文件单套制归档的策略、方法和案例。

二、电子文件单套归档与电子档案单套管理的理论基础

1. 电子文件和电子档案的概念

电子文件是指机关、团体、企事业单位和其他组织在处理公务过程中，通过计

算机等电子设备形成、办理、传输和存储文字、图表、图像、音频、视频等不同形式的记录信息，依赖计算机等数字设备阅读、处理，并可在通信网络上传送的文件。

电子档案是指机关、团体、企事业单位和其他组织在处理公务过程中形成的对国家和社会具有保存价值并归档保存的电子文件，及相应的支持软件、参数和其他相关数据。

2. 电子文件单套归档与电子档案单套管理的内涵

双套制归档管理模式是指电子文件归档时，将电子版本和纸质版本一并归档保存的电子文件归档管理模式。单套制归档管理模式是指只管理一套电子档案，而不再管理纸质档案。随着信息技术的发展，各大服务平台规范化、标准化、集约化建设和互联互通，且电子档案与传统载体档案具有同等效力后，单套制归档管理模式将逐步开启。

3. 电子文件单套归档与电子档案单套管理的意义

电子文件单套归档与电子档案单套管理的意义主要体现在以下几个方面：

（1）提高档案管理效率

① 档案信息的传递方式以规范的"数字化"信息方式进行，极大地简化了档案信息的处理和传递流程；② 数字化处理手段和网络化操作使得各工作部门之间能够整体联动、协调运转，从而简化了操作程序和工作流程；③ 在单套制管理模式下，不再需要进行两套档案的相互印证和匹配比对工作，降低了工作的复杂程度，使档案工作人员能够更快捷地完成电子档案的检索和打印。

（2）降低档案管理成本

① 仅保存电子文件，降低了纸质档案保管利用所占用的空间和所需的设施成本；② 随着档案管理信息系统、决策支持系统和用户体验系统的广泛应用，单套制管理能够进一步降低档案管理成本，减少基建、设备等财政支出。

（3）便于档案的利用和共享

① 档案共享开放，多个用户或异地用户可以更便捷地查阅可开放利用的档案；② 数字化的档案信息传递和处理方式使得档案信息的获取和利用更为迅速和方便。

（4）适应信息技术发展的需要

档案信息能够以数字化形式进行存储、传输和利用，符合信息技术发展的趋势和要求。

三、某企业电子文件和电子档案管理现状

1. 企业简介

该企业是一家集科研、生产、销售为一体的高科技企业，主要从事电子信息、生

物医药、新材料等领域的研究和开发。

2. 电子文件和电子档案管理现状

该企业在2010年以前主要采用实体档案和实体文件管理方式，从2010年开始，文书档案和部分专业电子文件及电子档案逐步推行单套制管理。

（1）电子文件管理现状

① 电子文件生成量较大。企业内部有OA办公系统、项目管理系统、财务系统、科技项目管理系统、人力资源管理系统、资金管理系统、企业门户等诸多系统，近5年企业电子文件每年增幅在30%以上。

② 电子文件管理分散。由于各业务系统的相对独立性，业务系统产生的电子文件，按照各自业务特点存放于业务系统中，而且每个业务系统内部不同业务流程和管理模块的数据也相对隔离，因此该企业内部的电子文件的管理也是分散到各职能部门，没有统一的管理机构。

③ 电子文件格式多样。由于没有制定统一的电子文件管理规范，各业务系统按照自己的业务特点和实际情况建设，因此造成电子文件格式多样化。如OA系统中，根据公文的类型不同可能存在不同格式的电子文件，发文、收文、公告、请示、通知等类型公文就存在DOC、PDF、HTML、ZIP、XLS、WAV等诸多格式的电子文件。如此多的格式，不便于后期的电子文件读取、利用、统计。

（2）电子档案管理现状

① 电子档案管理系统不完善。该企业原档案系统于2013年建设，运行使用至2022年，虽具备传统档案和部分电子档案管理的功能，但是不具备单套制管理要求的相关功能，如没有统一数据归档平台，不具备电子文件四性检测、版式文件长期保存、格式转换功能不够健全等。

② 电子档案安全管理存在隐患。电子档案管理采用普通算法加密存储在物理硬盘中，没有进行定期安全检测，对服务器存储安全访问及保护缺乏相关规范。

③ 电子档案长期保存机制不健全。原档案系统虽支持光盘制作、ZIP包导出等功能，但不满足版式文件长期保存格式要求，无法导出EEP封装包，也无法将普通格式电子文件转换为OFD等长期保存要求的格式。

四、企业电子文件单套归档与电子档案单套管理的策略和方法

1. 完善电子文件管理系统

（1）建立统一的电子文件管理平台

基于该企业电子档案管理和电子档案系统上述现状，根据单套制管理要求，公

司档案主管部门科研技术部主持召开单套制管理研讨会,根据国家、省及行业档案单套制管理的相关要求,结合本单位信息技术水平及档案管理情况,决定实施单套制管理。研发电子文件统一归档平台,通过该平台把分散在各业务系统及员工办公个人电脑中的电子文件,统一接收到电子档案系统预归档库。

(2) 实现电子文件的自动化采集和归档

统一数据采集平台采用人工智能结合大数据模型,通过对企业业务场景模拟训练,实现平台自动采集各业务系统重要电子文件数据并集中推送到电子文件采集中心,文档管理员通过预定规则或者手动筛选的方式,整理出在归档范围内的电子文件,通过归档审核流程审核通过后,才能进入电子档案管理系统。

(3) 加强电子文件的分类和检索功能

通过研发集成OCR技术,对电子文件进行识别;通过人工智能大模型技术,对电子文件分类、加工、打标签。通过集成ES全文检索引擎,实现电子文件和电子档案的快速、多维度的检索。

2. 加强电子文件和电子档案的安全管理

(1) 建立电子文件和电子档案的安全管理制度

通过对企业自身情况研究分析,结合档案行业相关规范制度要求,建立适合企业自身的安全管理制度。以下安全制度可供参考:《企业电子文件和档案访问权限管理制度》《企业电子文件和档案加密规范制度》《企业电子文件和档案备份与恢复操作制度》《企业电子文件和档案存储设备维护制度》《企业网络安全与电子文件档案防护制度》《电子文件和档案审计跟踪制度》《电子文件和档案人员安全培训制度》《电子文件和档案安全应急响应制度》《电子文件和档案数据销毁制度》。

(2) 采用先进的安全技术和措施

结合当前科技发展的现状和趋势,在电子文件和电子档案单套制管理中可以采用的一些先进安全技术和措施如下:

① 区块链技术:用于确保档案数据的不可篡改和可追溯性。

② 生物识别技术:如指纹识别、面部识别等,用于限制对档案的访问。

③ 云安全技术:包括数据加密、访问控制、安全监测等,保障档案在云端存储的安全。

④ 数据脱敏技术:对敏感信息进行处理,在不影响数据可用性的前提下保护隐私。

⑤ 智能监控系统:通过摄像头、传感器等设备实时监控档案存储区域。

⑥ 虚拟专用网络(VPN):保证远程访问档案的安全性。

⑦ 数据水印技术:为档案数据添加隐形标记,便于追踪和溯源。

⑧ 人工智能风险预测:分析潜在的安全威胁和风险。

⑨ 安全多方计算技术：在不暴露原始数据的情况下进行协同计算和分析。

（3）加强人员安全培训和教育

在电子文件和电子档案单套制管理中，加强人员安全培训和教育是非常重要的，可以从以下几个方面展开：安全意识培训、法律法规教育、技术知识培训、访问权限管理培训、应急处理培训、案例分析与经验分享、定期考核与更新知识。

3. 建立电子文件和电子档案的长期保存机制

（1）选择合适的长期保存介质

电子文件保存采用在线对象存储、近线 NAS 存储、离线移动磁盘和光盘两种介质三份三地存储。

（2）制定长期保存策略和方案

在线存储采用自动化任务和管理员手动执行两种方式，对在线电子档案进行四性检测。

近线 NAS 存储采用 3－2－1 备份策略。对于长期保存的电子文件和电子档案，都需要有三个备份，其中两个备份需要储存在两种不同的备份设备上，而第三个备份则需要储存在其他地方。这样，即使其中一个备份设备出现了问题，也可以从其他备份设备或位置恢复资料。

在线电子数据每天增量转入离线存储，离线存储每周定期增量转入离线存储介质。

（3）定期检测和维护

定期对长期保存的电子文件和电子档案进行检测和维护。

五、企业电子文件单套归档与电子档案单套管理的实践案例分析

1. 项目背景

随着国家大力推进数字化改革，该企业作为科技创新的重要基地，积极推进数字化工作，实现办公自动化和业务管理自动化等各方面的数字化管理，各系统在运营中每天都会产生大量的办公及科研数据。这些系统往往各自独立，数据格式和存储方式各不相同，导致数据之间的互操作性差，归档的数据和文件难以按照电子文件要求进行统一管理和电子归档，不能实现有效的整合和利用。尤其是该企业科研数据，大多是需要利用专业的信息技术设备和软件配合，以传统载体形式归档给保存和利用带来很多不便。

自 2020 年《中华人民共和国档案法》颁布后，来源可靠、程序规范、要素合规的电子文件在归档后的电子档案获得了法律保障。2024 年《中华人民共和国档案法实施条例》又进一步细化了"电子档案"的条件。因此，探索规范前端业务系统，形

成符合"电子档案"要求的电子文件归档与管理的研究显得尤为重要。

2. 建设目标

(1) 总体目标

以电子文件归档和电子档案管理为主线,通过集成科研生产平台的科技项目管理系统、公文管理系统、科研成果管理系统、财务管理系统等业务系统,实现主要业务系统电子文件实时动态采集、归档,达到归档电子文件安全存储与有效利用的目的。

(2) 具体目标

① 建设电子文件归档平台。

② 电子文件与电子档案元数据管理。

③ 实现与主要业务系统集成。

④ 电子档案业务管理。

⑤ 电子文件电子档案全生命周期四性保障。

⑥ 安全保密体系建设。

3. 项目建设内容

(1) 电子文件管理及电子档案归档平台建设

基于企业档案数字档案管理系统扩展丰富电子文件管理功能模块,实现电子文件在线离线收集、整理、分类、编目、编号、归档、保存、统计、检索利用等功能。

基于电子文件和电子档案管理要求,建设电子文件归档平台。实现电子档案适时自动化采集、归档。在归档过程中按照四性检测要求对归档电子文件进行四性检验并记录检测信息。总体业务架构见图1。

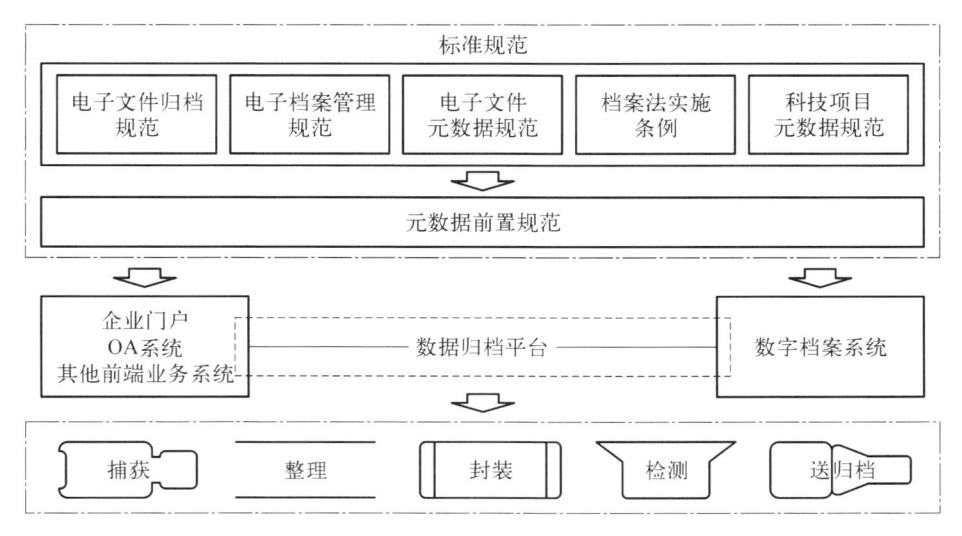

图1 总体业务架构

(2) 制定企业电子文件和电子档案元数据规范

根据企业发展战略,优化档案管理流程,以实现档案工作提质增效的目标。基于电子文件和电子档案管理规范,设置本企业元数据规范,逐步实现企业电子文件和电子档案单套制管理。

按照单套制管理要求,对部分元数据进行前置管理,即在前端业务系统中置入部分关键元数据,辅助实现单套制管理,具体元数据前置见表1。

表 1　部分用于档案前置管理的元数据

编号	元　数　据	编号	元　数　据
M40	坐标	M41	区域
M42	水纹特征	M43	地质类型
M44	电子签名	M45	签名规则
		M46	签名时间
		M47	签名人
		M48	签名结果
		M49	证书
		M50	证书引证
		M51	签名算法标识
		M52	检验结果

(3) 实现与主要业务系统集成

根据电子文件及电子档案管理目标,实现重要电子文件应归尽归,实现以下业务系统电子文件在线归档。

OA 系统：收文、发文、请示、用印申请电子文件。

科技项目管理系统：横向项目、纵向项目全过程科研项目电子文件,具体包括项目可研阶段、立项阶段、合同阶段、实施阶段、项目成果评价及项目结项等项目管理全流程元数据要素及电子文件归档。

知识产权管理系统：知识产权电子文件,如成果、专利、著作权等。

采购管理系统：设备采购、固定资产采购、知识产权交易、图书文献等采购类电子文件。

业务系统电子文件归档数据流程如图 2 所示。

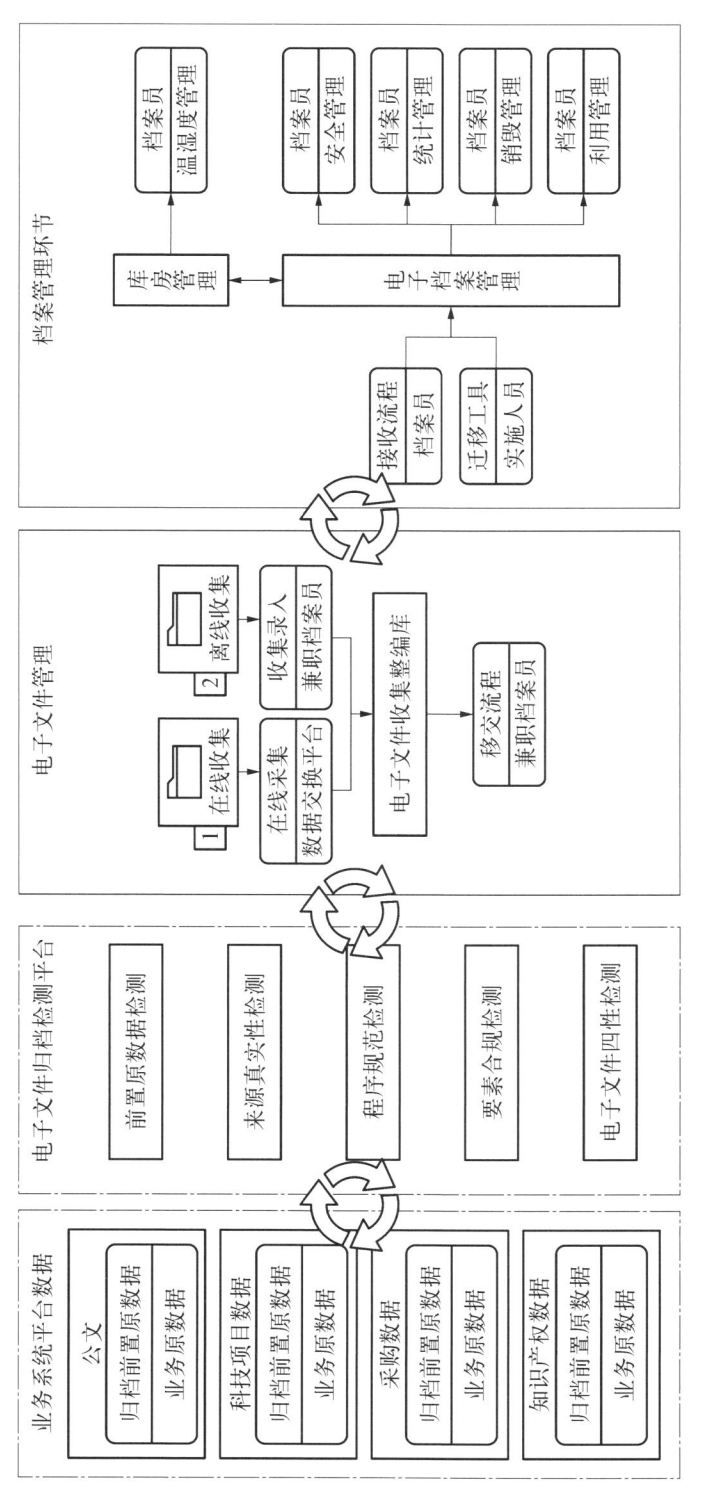

某企业电子文件单套归档与电子档案单套管理理论与实践 | 211

图 2 业务系统集成数据流向

(4) 电子档案系统设计建设

以实现电子文件和电子档案单套管理为目标,通过改造电子档案管理系统,满足单套管理基本要求。电子档案管理系统主要升级功能如下:

① 电子签名功能:通过电子签名技术可对电子文件的真实性、有效性进行验证,为四性检测提供可靠依据和保障。同时该功能可以作为服务发布,提供给前端业务系统使用,以保证电子文件在前端业务系统就具备电子签名,为归档、移交、长期保存业务中的四性检测提供必要条件。

② 电子文件四性检测功能:为保证电子文件和电子档案单套制管理各环节,可以根据业务需要,查看或者检测电子文件的真实性、完整性、可用性、安全性。四性检测功能模块,实现可根据需求配置检测项、根据业务需求进行检测任务定制、可定期自动检测,也可根据需求手动执行立即检测。检测操作会保存最近一次检测日志,并将检测结果写入电子文件检测元数据项中。

③ 档案检索利用功能:由于企业各项活动都是围绕其核心业务展开,因此各业务系统的数据也可以通过核心业务数据进行串联。通过企业核心数据,即科研项目数据这条主线,对不同地质条件、不同区域项目相关档案资料检索和对比,开发三维空间检索模块,通过集成 GIS 一张图,如图 3 所示,实现通过地图查询区域内科研项目电子档案,也可以通过项目电子档案定位项目所属区域等功能。该检索模块还可根据项目性质、时间、金额、技术要求等维度,对项目数据进行横向和纵向的对比、分析,为后期项目建设提供重要的预测、决策支持。

④ 电子文件在线安全浏览功能:支持多格式电子文件在线安全浏览。支持浏览的电子文件格式如 ZIP、RAR、DWG、PDF、OFD、DOC、XLS、TXT 等。

4. 项目实施效果

(1) 提高了档案管理效率

通过电子文件归档平台建设,使各业务系统电子文件在归档环节实现自动归档。减少档案管理人员和业务人员归档操作,降低电子文件归档错漏风险。极大提高管理效率。

(2) 降低了档案管理成本

通过电子文件和电子档案单套制管理,减少双套制管理一半以上的工作量,同时减少实体档案管理的物料、存储空间和管理成本支出。每年节省档案管理费用支出达到之前的 40%,每年节省费用 50 万元以上。

(3) 便于档案的利用和共享

通过三维地图利用方式和主题档案图形化检索利用形式,极大提高了档案利用的效率,也提升了电子档案系统的利用频度。电子档案年利用次数较升级前提

图 3　GIS 图示

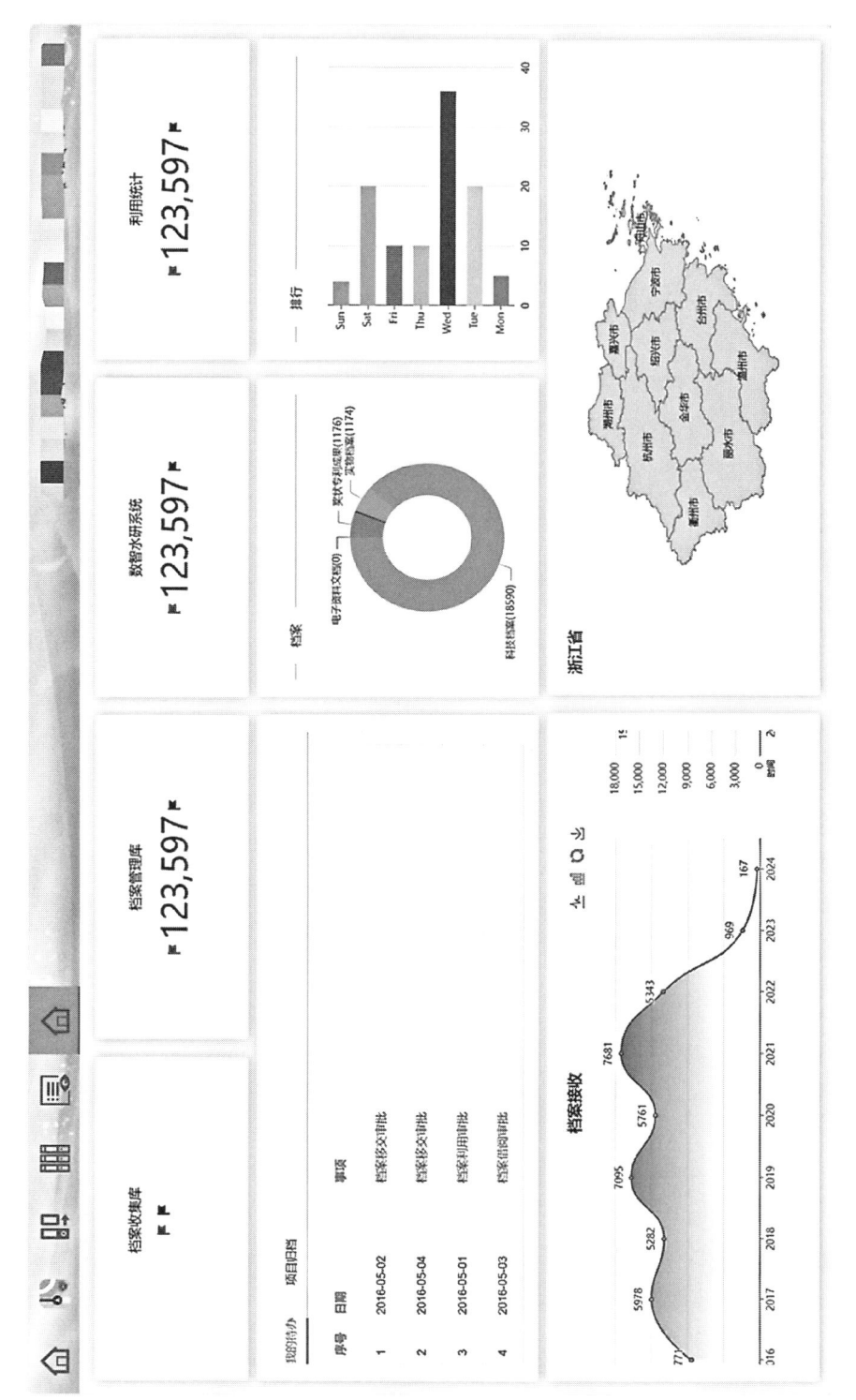

高 300% 以上。

（4）适应了信息技术发展的需要

电子文件及电子档案的高效收集及利用，符合当前信息化发展趋势，为企业数字化转型奠定了坚实的基础，为企业在未来的市场竞争中做好了充分的支撑保障。

六、未来电子文件和电子档案管理的发展趋势

1. 标准化、规范化、法制化

电子文件和电子档案管理将趋向标准化、规范化和法制化。例如，通过制定统一的电子文件和电子档案管理标准和规范，实现电子文件和电子档案管理的规范化和标准化；通过制定相关的法律法规，保障电子文件和电子档案管理的合法性和安全性。

2. 数字化、智能化、自动化

随着信息技术的不断发展，电子文件和电子档案管理将越来越数字化、智能化、自动化。例如，通过人工智能技术实现电子文件的自动分类、检索和分析，通过物联网技术实现电子档案的自动化管理和监控等。

3. 云存储、云计算、大数据

随着云计算、大数据等技术的不断发展，电子文件和电子档案管理将越来越依赖云存储、云计算、大数据等技术。例如，通过云存储技术实现电子文件和电子档案的异地备份和存储，通过云计算技术实现电子文件和电子档案的分布式管理和计算，通过大数据技术实现电子文件和电子档案的数据分析和挖掘等。

七、结论

电子文件单套归档与电子档案单套管理已经成为电子档案管理的主要趋势之一，也是信息技术发展的必然要求。本文以某企业为例，探讨其理论与实践，并提出完善系统、加强安全、建立长期保存机制等策略。实践验证其可行性。展望未来电子文件和电子档案单套制归档管理的发展，建议明确单套制归档管理的适用条件，以确保其有效实施。同时，提升归档管理的整体管理体系，特别是信息安全方面，以应对日益复杂的网络威胁。此外，加强管理人员的专业素养和技能提升，对于推动电子文件和电子档案管理的专业化、高效化至关重要。

参考文献

[1] 陈伟.电子文件管理理论与实践[M].北京：电子工业出版社,2019.
[2] 李华.档案管理学[M].上海：上海科学技术出版社,2018.
[3] 王勇.电子档案管理技术研究[J].档案学研究,2020(3):45-52.
[4] 张婷.知识挖掘技术在档案管理中的应用[J].信息与管理,2021(2):33-39.
[5] 李明.档案信息化建设的挑战与对策[J].档案与信息安全,2022(1):18-24.
[6] 刘强.档案数字化建设的关键技术与实践路径[J].档案管理,2021(4):27-34.
[7] 王磊.电子档案单套管理的实施策略探讨[J].档案学通讯,2022(2):15-22.
[8] 赵丽.档案数据灾备中心建设的研究与实践[J].信息系统,2023(1):41-49.
[9] 陈涛.档案信息化转型的现状与未来趋势[J].信息管理,2020(5):29-37.
[10] 孙晓.知识挖掘技术在档案数据中的应用探索[J].数据挖掘,2021(3):53-60.

关于建立重点档案专题数据库的思考探索

郑文超

上海市杨浦区档案馆

摘　要：重大活动和突发事件的档案属于重点档案，是国家档案资源的重要组成部分，为各级政府和人民处理重大政治经济社会工作提供重要参考依据。通过建立重点档案专题数据库，加强重点档案资源整合，是促进重点档案利用、提高重特大事件应急处置能力的有效途径。本文聚焦综合档案馆重点档案资源建设的实践，详细阐述了建立重点档案专题数据库的制度背景、利用需求和管理现状，提出了建立重点档案专题数据库的基本路径。

关键词：重点档案；专题数据库；综合档案馆

一、引言

重点档案，主要包括重要会议、重要工作、重大活动以及重大突发事件档案，是党和国家在召开重要会议、推进重要工作、举办重大活动和应对突发事件过程中直接形成的对国家和社会具有保存价值的各种文字、图表、声像等不同形式的历史记录，是党和国家奋斗和发展的珍贵记录，是深入践行"三个走向"，推动新时代档案工作现代化建设和高质量发展的重要内容。

近年来，国家、市局针对重点档案工作先后发文，做出工作部署和安排。各地区档案馆积极贯彻国家、市局要求，努力推进重点档案工作档案管理水平的提升。但当前，仍存在重点档案资源管理分散保存、重点档案资源成套性不强、重点档案资源深加工不足等问题，影响档案便捷、高效利用需求的发挥，制约档案工作的发展。

为此，建立区域重点档案专题数据库，汇集各部门在各种重点工作中形成的档案，在重点工作应对中发挥其应有的参考作用，更好地服务国家和社会，更好地发挥存史、资政、惠民的作用，具有重要意义。

二、重点档案专题数据库建设的制度背景

为适应社会发展的新需求和新变化,法律和政策不断与时俱进,及时补充和修正。2020年以来,国家层面的重点档案专题数据库建设相关要求越来越凸显和明确。

2021年1月1日开始实施的新《档案法》强调要"推进档案信息资源共享服务平台建设,推动档案数字资源跨区域、跨部门共享利用"。2021年6月,中共中央办公厅、国务院办公厅印发《"十四五"全国档案事业发展规划》,其中明确指出要开展专题档案目录建设,推动重点地区、重点单位建设专题档案数据库,建设国家级专题档案记忆库。[1] 2021年6月1日起施行的《重大活动和突发事件档案管理办法》确定了"统一领导、分级管理、分类实施、统筹协作"的工作原则,对重大活动和突发事件档案的专题数据库建设提出了相关要求。2022年9月发布的《中共中央办公厅国务院办公厅关于加强重特大事件档案工作的通知》对专题数据库建设的总体原则、建设任务、建设规范等方面进一步明确要求。同时,各地区也相继出台本区域的具体实施细则和相关制度,形成了较完备的制度体系。

这些法律制度规范体系的不断完善,给重点档案专题数据库建设提供了政策上的指引和支持,也凸显了专题档案建设的紧迫性和重要性。

三、重点档案专题数据库建设的作用和意义

1. 契合重点档案利用需求

重大活动与突发事件往往都具备时间、地点的不确定性和后果的难以预料性等特点,并与人民群众的根本利益密切相关。每当面临重大活动和突发事件时,党和政府都会第一时间进行强有力的干预,尽可能地将提高人民生活福祉的活动影响力扩大,尽可能地将灾害危机的影响力降至最低。因此,重大事件与突发事件等重点档案的利用通常时间紧、任务重、政治性强[2],具有紧迫性、共享性、成套性的特点。重点档案专题数据库的建设正好满足上述利用需求,我们可具体展开如下:

(1) 满足重点档案利用的紧迫性需求

一是利用时间紧急。突发事件的发生往往具有很强的破坏性,需要在最短时间内应对以减少损失,而应对措施的紧急性决定了采取应急措施时对档案利用的紧急性。如2020年突然暴发的新冠疫情,就属突发事件,其具有较大的破坏性,要求档案部门在第一时间快速提供档案信息。二是利用需求迫切。突发事件的突发

性,加上管理过程复杂,管理部门在突发事件管理过程中往往缺乏相应的经验,对利用突发事件档案的需求比较迫切。通过建设重点档案专题数据库,档案以数字化手段存储,档案信息的检索提取不需要调用档案实体,可以实时响应、实时检索,快速满足利用需求。

(2) 满足重点档案利用的共享性需求

重点档案的利用的另一个突出表现是跨地域、跨主体、跨层级的利用。因重大活动发生地点可能变化,突发事件发生的地点具有不可确定性,所以应对管理的主体也具有不确定性,这就决定了利用档案应对重大活动和突发事件主体的不确定性。如2003年北京抗击"非典"形成的档案,因2019年底新冠疫情暴发,该利用主体就是湖北省。河北唐山大地震形成的档案,因汶川地震发生,该利用主体就是四川省。因此,通过建立重点档案专题数据库的方式,可突破传统档案利用的时间界限和空间阻碍,实现档案的快速收集、快速共享。档案利用者则能够大大节省时间成本和经济成本,更为便捷地利用档案。

(3) 满足重点档案利用的成套性需求

重大活动,特别是突发事件具有复杂性,相关管理者需要一套成熟的机制予以应对,其中对过往重大活动和突发事件处置的经验教训总结就尤为重要,这就决定了管理者对档案信息利用需求是全过程、全方位的。如果专题数据库能够全面记录事件产生、发展、影响等全过程,则对决策者对一线情况进行阶段分析、过程预判和方案制定提供全面的借鉴参考,大大提高应急处置能力。如雷神山医院建设团队就查阅了军运会专题档案中相关供电路径图,在短短3天内完成了电网建设,其战略安排和建设措施被纳入完善公共医疗、健全社区网格管理的经验库。

2. 助力新时代档案工作现代化建设

建立重点档案专题数据库,是落实档案法治建设的需要,也是推动档案走向开放、走向现代化的有效途径。通过建立重点档案专题数据库,有利于提高档案利用效率,可以实现对档案信息的集中管理和高效检索,满足用户对档案信息的快速获取需求,促进档案资源共享,推动档案工作走向开放。同时,数据库的建设契合档案事业创新发展需要,可以提高档案部门的服务水平和能力,有助于夯实档案信息资源作为国民经济与社会发展的战略性基础信息资源的地位,为经济社会发展提供有力支持,推动档案事业的跨越式发展。

四、重点档案资源管理现状

我国档案工作的原则是"统一领导、分级管理",历次重点工作中形成的档案都得到了妥善的归档保存,但面对重点档案的利用需求,当前档案管理还存在分散、成套性不强、深加工不足等问题,直接影响档案利用效用的有效发挥。

1. 重点档案资源管理分散保存

重点工作的管理一般是政府主导及属地化,因此,重点工作也由产生地的有关单位形成并管理,待到进馆年限后交所在同级综合档案馆保管。重点工作档案资源在形成初期基本上是分散保管。这种分散保管的现状使得需要查阅利用档案时极为不便。一般来说,只有移交所在地综合档案馆后,有关档案才方便提供全社会利用。以某区2021年"不忘初心　牢记使命"主题教育档案为例,区主题教育领导小组办公室的档案保存在区档案馆,但区属各单位形成的相关档案按照档案室档案满10年进馆的时间规定,尚未到进馆时间,仍保存在各形成单位,跨单位集中利用也就无法实现。

2. 重点档案资源成套性不强

分散管理也使得重点工作档案的成套性不强。即同一重点工作形成的档案按职能分散在不同的部门或单位,使得同一重点工作形成的档案无法按事件成套管理。

3. 重点档案资源深加工不足

重点工作档案分散管理和成套性不强,直接造成重点工作档案信息深加工不足,影响档案资政效用的充分发挥。

五、建立重点档案专题数据库的基本路径设想

考虑到重点工作开展或发生后对档案利用的需求,笔者通过调研掌握重点档案资源在综合档案馆和档案室的分布及管理现状,特提出建设区域重点档案专题数据库的基本路径设想。

1. 重点档案资源专题数据库建设总体方案

突破档案进馆时间限制,将各个时期重点工作中形成的保存在档案馆、机关档案室、各企业档案部门的重点工作档案,经过数字化之后,将档案目录数据和全文数据集中至综合档案馆,形成一个重点工作档案专题数据库,按权限提供检索利用。

(1)确定专题范围。重点档案专题数据库按专题收集档案,区域内各个时期重要会议、重要工作、重大活动以及重大突发事件过程中形成的档案为管理专题对象,内容包括文书档案、照片、录音、录像等。

(2)专题数据来源。这主要包括在各个时期重要会议、重要工作、重大活动以

及重大突发事件过程中形成的保存在综合档案馆的档案,也包括保存在有关机关档案室及有关企事业单位档案室的尚未进综合档案馆的档案。

(3)建立专题数据库。在应用系统中,针对档案信息的需求特点,按照一定标准和规范,对某一重点专题的档案信息进行集中收集、分析、评价、处理、存储,建立以满足利用者个性化需求的重点的档案专题数据库模块。

2. 重点档案专题数据库建设步骤

(1)制定标准。制定区域内重点档案专题数据库建设标准,包括目录数据结构规范、全文数据结构规范、分类规范、报送规范等。

(2)下发文件。下发文件明确区域内重点档案专题数据库建设时间、质量要求、数据报送要求等。

(3)档案数据准备。纳入上报范围的有关单位按照标准规范,将保存在本单位的重点档案进行数字化,形成专题档案数据。

(4)档案数据上报。完成档案数据准备的单位通过安全渠道将档案数据报综合档案馆。

(5)档案数据汇总导入。综合档案馆将收到数据导入档案专题数据库。导入时进行相应的数据校验。

(6)成果交付。经必要的测试后可将专题数据库根据权限向区域有关单位开放。

(7)数据更新。为了使重点专题档案内容不断丰富充实,重点档案专题数据库在建成后可根据实际增加,即定期将上一年度中形成的重点档案按专题报送补充进数据库。

重点档案专题数据库的建设是运用信息技术,打破传统的档案进馆制度,提前将有关档案信息实现集中管理、全域共享,提前实现档案的跨部门利用,是档案工作服务大局的有益探索,同时也是档案管理理念、管理方法等方面的突破,有利于提升档案系统的治理能力和治理水平,助力国家治理体系和治理能力的建设。

参考文献

[1] 尚宏雁.建设共享平台 服务中心大局——河北省馆藏红色档案异地跨馆查询利用平台建设纪实[J].档案天地,2022(05).

[2] 彭德婧.信息化背景下重大活动与突发事件专题档案资源共享机制建设[J].中国金属通报,2022(09).

智慧医院档案综合管理平台建设与思考

周昱琪　徐　倩　吴　越

复旦大学附属妇产科医院

摘　要：随着智慧医院概念的不断深入，医院档案管理的信息化转型显得尤为迫切。本文通过梳理当前智慧医院档案综合管理平台的现状、建设智慧医院档案综合管理平台的意义和价值，结合人工智能、大数据以及区块链技术，以复旦大学附属妇产科医院为例探索构建智慧医院档案综合管理平台，实现档案的收集、整理、保管、利用等全业务流程管理，以满足智慧医疗、智慧管理、智慧服务的建设标准要求，基本构建起档案资源数字化、信息管理标准化、服务利用网络化、档案管理现代化的应用体系，服务一院多区管理模式，助力国家医学中心、国家区域医疗中心建设。

关键词：智慧医院；档案管理平台；信息化

一、现状调查与建设意义

1. 医院档案综合管理平台的现状调查

笔者通过在中国知网、万方、维普等数据库中进行检索，发现当前学界关于医院档案管理系统的研究取得了一些进展，内容主要集中在医院档案管理系统的设计方面，对于当前智慧医院背景下档案管理系统构建的相关研究尚少。据了解，我国大多数公立医院档案管理系统的功能局限于传统纸质档案管理模式，档案管理系统中保存的主要数据是档案目录数据库和档案数字化原文，缺少档案管理业务活动过程中的相关数据。系统控制在应用系统运行维护权限控制方面，基本上没有按照系统管理员、安全管理员和审计员的角色进行配置，缺乏对系统运行整体安全的控制，整体来看，档案系统安全管理和保障方面的功能相对较弱，需要大幅度加强。针对上述缺点和不足，智慧医院档案综合管理平台建设尚有较大研究空间。

经过调研发现,复旦大学附属妇产科医院目前已经配备单机版档案管理软件,实现目录数据的管理,但是还存在如下问题:医院的办公自动化系统和业务系统尚未实现与档案管理系统的集成和数据归档,档案整理流程落后、操作复杂、系统烦琐,日常档案业务工作量较大,效率很低。深层次、更高级、更有价值的数据未能从信息中挖掘出来,随着业务量的加大,无法支撑庞大的档案数据管理,会导致档案工作长期停留在简单保管与提供借阅的低层次水平,对管理决策和业务发展的支持服务能力不足,档案不能发挥本身的参考价值,且可能对业务造成严重的经济损失。

2. 建设医院档案综合管理平台的意义

(1) 打造智慧医院

近年来,随着新医改的持续深入,智慧医院建设的重要性日益凸显。2017年12月,国家卫生计生委(2018年3月改为国家卫生健康委)和国家中医药局制定《进一步改善医疗服务行动计划(2018—2020年)》,首次明确提出要以"互联网+"为手段,建设智慧医院。[1]2021年3月,国家卫生健康委印发《医院智慧管理分级评估标准体系(试行)》,明确医院智慧管理各级别实现的功能,为医院加强智慧管理相关工作提供参照,其中对档案管理提出具体要求。[2]当年9月,为贯彻落实《国务院办公厅关于推动公立医院高质量发展的意见》,国家卫生健康委和国家中医药局联合制定《公立医院高质量发展促进行动(2021—2025年)》,提出将信息化作为医院基本建设的优先领域,建设电子病历、智慧服务、智慧管理"三位一体"的智慧医院信息系统,完善智慧医院分级评估顶层设计。[3]复旦大学附属妇产科医院"十四五"发展规划也指出要打造智慧医院,积极运用信息技术和大数据支撑,全方位全角度为医院提供精细化的信息化管理。以上文件都为妇产科医院档案信息化工作指明了方向,现阶段妇产科医院的档案信息化建设相比医院的整体信息化水平仍存在较大差距,掣肘全院精细化信息管理的步伐。如何突破档案信息化建设的瓶颈,加快建设医院档案综合管理平台成为当前打造智慧医院亟待解决的问题。

(2) 顺应档案行业发展趋势

各行各业办公自动化系统的广泛应用产生了大量的电子文件,这些电子文件归档形成的电子档案都需要进行管理和长期保存利用。为了提升工作效率,满足国家信息化发展需要,档案部门大力推进电子文件归档工作。而此项业务工作的开展注定离不开电子档案管理系统。2017年12月,国家档案局印发《电子档案管理系统基本功能规定》对电子档案管理的核心要素——电子档案管理系统提出了规范化的要求,对各级档案部门规范使用电子档案管理系统有很强的指导作用。[4]

2021年3月,国家市场监督管理总局、国家标准化管理委员会联合发布《电子档案管理系统通用功能要求》(GB/T 39784－2021),规定了电子档案管理系统功能的总体要求,以及电子档案的接收、整理、保存、利用、鉴定、统计、审计跟踪和系统管理等关键业务环节和系统管理的通用性功能要求。[5]上述规范性文件的出台对于档案管理系统的科学化、规范化建设起到了重要作用,也进一步表明建设医院档案综合管理平台势在必行。

(3) 医院档案工作发展的内在需求

随着医院业务、规模的扩大,数字档案资源的数量急剧增长,综合档案室如果继续沿用传统的档案管理模式,就必将成为医院档案工作发展提速进程中的"瓶颈"。当前,一些医院已经在档案管理系统的建设方面做出积极探索,并取得一定的成绩。妇产科医院有着140年的发展历史,拥有丰富且珍贵的档案资源,沿用的单用户档案管理系统已不适应当前医院档案工作,开展档案综合管理平台建设,有利于更好地实现对档案信息资源的有效开发和利用,促进医院档案事业迈上新的台阶。

二、建设医院档案综合管理平台的过程

在此背景下,复旦大学附属妇产科医院与光典信息发展有限公司合作,开展医院档案综合管理平台建设。

本项目的建设目标是运用物联网、人工智能、大数据以及区块链技术,构建一个以数字资源为基础,以安全管理为保障,以远程利用为目标的医院档案综合管理平台,最终实现档案的收集、整理、鉴定、保管、检索、借阅、统计、编研等全业务流程管理,满足智慧医疗、智慧管理、智慧服务的建设标准要求,基本构建起档案资源数字化、信息管理标准化、服务利用网络化、档案管理现代化的应用体系,服务一院多区管理模式,助力国家医学中心、国家区域医疗中心实现标准化同质化管理,以智慧化建设推动智慧医院的发展。[6-7]

经过双方的共同努力,平台正式上线应用。目前,平台运行平稳,对医院档案管理的高效运行提供了有力支撑。

三、总体架构及建设成果

1. 总体架构

复旦大学附属妇产科医院档案综合管理平台总体架构如图1所示。

| 应用展现层 | 门户 | 手机端 | 第三方应用 |

| 业务应用层 | 档案应用云平台 | 档案运营服务平台 | 开放平台 |

| 应用服务层 | 首页聚合服务 | 预归档服务 | 档案管理服务 | 档案利用服务 | 档案检索服务 | 档案鉴定服务 | 数据接入服务 |
| | 档案统计服务 | 档案编研服务 | 应用管理服务 | 运营管理服务 | 渠道接入服务 | 单点登录服务 | 应用注册服务 |

| 基础服务层 | 多租户服务 | 用户角色服务 | 组织机构服务 | 日志服务 | 鉴权服务 | 存储服务 | 报表服务 |
| | 数据字典服务 | 索引服务 | 格式转换服务 | OCR服务 | 工作流服务 | 自定义表单服务 | 调度服务 |

| 平台调度层 | Docker | VM | K8S | Rancher |

| 数据层 | 电子文件 | 数据目录 | 元数据 | 聚合数据 | 日志 | 分析数据 |

| 存储层 | Mysql/Oracle/SqlSevrer | Redis | ZooKeeper | Hbase | OSS | ElasticSearch | TSDB |

| 基础设施层 | 服务器 | 存储 | 网络 |

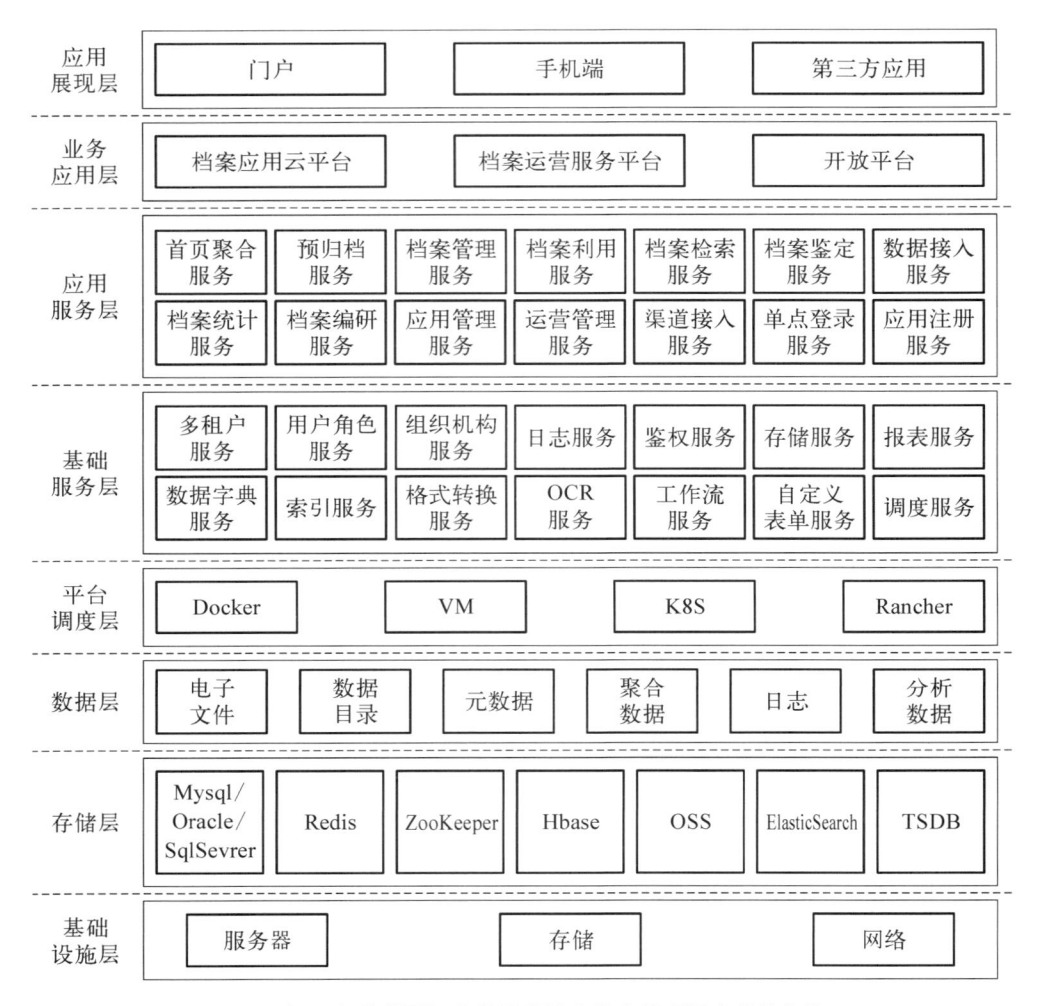

图 1　复旦大学附属妇产科医院档案综合管理平台总体架构

复旦大学附属妇产科医院档案综合管理平台总体架构共分八层，自上至下分别为应用展现层、业务应用层、应用服务层、基础服务层、平台调度层、数据层、存储层、基础设施层。应用展现层默认包含个人电脑端，同时支持手机端 H5 的定制化页面和第三方应用的接入；业务应用层涵盖档案应用管理平台，同时支持扩展接入；应用服务层提供支撑各类业务应用的应用化服务；基础服务层提供整个平台的基础服务，不与具体业务逻辑相关；平台调度层支持本地化部署及主流云平台的部署接入；数据层支持各类结构化、半结构化以及非结构化数据的存储；存储层支持对接主流存储平台；基础设施层支持主流物理机、虚拟机以及云端部署。

2. 建设医院档案综合管理平台的成果

（1）实现档案收集、管理、存储、利用的全业务流程管理

根据复旦大学附属妇产科医院档案管理与实际业务需求，依托光典信息发展有限公司成熟化、模块化的档案管理软件产品，构建了业务规范、技术先进、性能优良、功能完善、界面友好、运行安全的复旦大学附属妇产科医院档案综合管理平台，实现档案收集、管理、存储、利用的全业务流程管理。上下一体化的档案综合管理平台，实现了上下级档案业务的指导和监督，并且通过统一的平台不定期发布档案工作法律法规及相关规章制度，便于档案工作人员及时了解和掌握。同时，集中的档案数据目录，可对全医院范围内的档案数据进行维护，确保数据的安全性。

（2）实现与OA系统以及合同管理系统的全集成

复旦大学附属妇产科医院档案综合管理平台已成功与OA系统和合同管理系统实现了集成，主要完成了两个关键任务：其一是通过接口集成，OA系统中待归档的公文台账、审批流程以及合同管理系统中待归档的合同文件可以自动归档至档案综合管理平台中，进行后续整理和利用，真正实现文档一体化和电子文件全生命周期管理；其二是通过与钉钉集成，实现了钉钉平台中的用户、组织机构和档案综合管理平台的同步更新，无须手动建立组织和用户，此外，通过与OA系统集成，实现档案综合管理平台单点登录，无须重复输入用户名和密码，提升了用户体验。

（3）实现智慧检索和个性化推荐

复旦大学附属妇产科医院档案综合管理平台支持类似百度的一体化搜索功能，实现档案内容的全文检索，并提供近义词的自动联想与自动补充功能，搜索结果可根据喜好选择以传统档案列表或图文混排两种视图展示。此外，平台通过结合向量搜索引擎（Milvus）以及VGG19图片特征模型，实现了通用的以图搜图和以图搜视频功能，可进行声像档案资源检索，为利用者提供了便捷的档案获取途径。在以图搜图和以图搜视频功能基础上，平台还能够实现人脸搜图。人脸识别是对上传到系统的人脸图像信息进行分析，这一过程主要包括了人脸检测、特征提取和特征比对。平台采用MTCNN人脸检测算法完成人脸检测功能，基于MXNet的开源人脸识别库InsightFace完成人脸特征提取的功能，然后使用Milvus完成人脸特征向量的相似度检索。通过人脸搜图功能，可以在大量图片档案中，快速找到符合搜索条件的近似人像图片。除智慧检索之外，平台还具备档案个性化推荐功能，主要是通过搜索热词过滤实现近期热点栏目，基于内容协同过滤技术实现相关搜索功能以及基于Bert做文本语义特征提取，进行首页个性化推荐。

（4）实现档案综合管理平台和档案数据的安全可控

在建设复旦大学附属妇产科医院档案综合管理平台的过程中，严格遵循《档案

信息系统安全保护基本要求》《档案信息系统运行维护规范》《文书类电子档案检测一般要求》等国家相关要求,保障平台安全可控。平台提供一个完整统一的安全访问机制,通过基于角色的访问控制以及分类方案下电子档案的数据权限控制进行安全管理。为了进一步加强权限控制力度,平台还设计了基于三员分立原则的权限控制体系。"三员分立"是指系统管理员、安全管理员和审计员的分离,三个权限控制者相互独立,所授权限互不干涉。"三员分立"这种权限控制方式充分体现了权限授予的公平性与灵活性,也能避免出现一个管理员既管系统功能,又管数据的现象。此外,平台还提供了自定义水印功能,支持文字水印和图片水印,还支持水印位置自定义、水印形式自定义等,以确保档案数据安全以及数据确权。

四、建设医院档案综合管理平台的思考

1. 充分考虑平台兼容性和开放性

在建设医院档案综合管理平台的过程中,会存在多个平台间大量信息交互和信息共享的问题。因此,除了需要关注实施过程中的技术细节可行性,还需充分考虑不同技术架构和技术平台以及数据结构之间的兼容性和可扩展性,建立统一的技术标准和规范,尽可能减少技术可行性和可靠性带来的建设风险。此外,鉴于未来业务和服务需求可能发生变化,平台设计应具备足够的灵活性,确保代码可调整且易于人为设置,而非固化不变,为医院未来可能的业务变化提供必要的信息化支撑。

2. 加强平台项目的组织与实施

医院档案综合管理平台项目组织和实施机制的建立是确保项目顺利推进的关键因素。在项目的具体开发和实施过程中,构建了一个具有强大组织能力和明确职责划分的项目管理组织架构。通过制定全面的项目管理制度,确保项目实施过程中各个环节之间能够有条不紊地协调工作,将项目实施风险控制在最低限度。在项目实施过程中,对项目质量、进度、投资等关键要素进行严格监控,确保项目按计划顺利进行,对于任何非预期情况,及时进行分析并采取适当的应对措施。同时,成立了强有力的组织领导机构和执行团队,并成立了专门的项目实施小组,以统一协调各项业务活动。确保了项目实施小组成员的稳定性和全程参与,除非必要,不轻易替换项目实施人员,如确实需要进行人员变更,则通过严密的交接和监督制度采取有效控制,并确保变更人员在正式离开前有足够的过渡期和交接期,以制度和管理两方面来降低人员变动造成的风险。同时,制定和颁布一系列促进平台推广、管理、实施整个过程的规范科学的项目规章制度,保证项目过程有据可依、

有法可查。

3. 推动附属医院间档案资源共享和利用

在复旦大学附属妇产科医院档案综合管理平台建设的基础上,未来可以进一步推动复旦大学各附属医院档案管理平台的互联互通,探索附属医院间档案资源共享和利用的新模式。为实现这一目标,可由复旦大学相关部门牵头,通过建立有效的档案资源共建共享协调机制,促进档案资源在不同医院之间流动和利用,提高资源的利用效率和价值。其次,需要构建统一的档案管理框架,为各附属医院提供标准化的档案管理流程和规范。这一框架的实施有助于确保各附属医院在档案管理上的一致性和协同性,为资源共享打下坚实基础。此外,还要加强安全与隐私保护措施,在推动档案资源共享的同时,特别强调信息安全和隐私保护的重要性。可以采用先进的安全技术和严格的管理制度,确保在共享过程中档案数据的安全性和合规性得到充分保障。最后,为了确保档案资源共享和利用模式的有效性和持续性,需要建立一个反馈与持续改进机制。通过定期收集用户反馈、监测使用情况和组织评估活动,不断优化档案共享服务,提升用户体验,并确保档案资源能够得到最有效的利用。这种档案资源共建共享新模式不仅能够加强复旦大学各附属医院间的协同合作,而且成功地将档案管理平台作为连接医疗服务、教学研究与学术资源的桥梁,实现了档案资源的最大化利用和价值创造,对于推动医疗、教育和科研工作的融合发展具有重要的启示意义。

4. 助力一院多区档案管理

随着2023年9月青浦分院顺利启用,复旦大学附属妇产科医院黄浦、杨浦、青浦三浦联动的格局正式成型。一院多区的发展模式有利于推动优质医疗资源区域扩容和均衡布局,但同时也给医院管理带来巨大挑战,医院档案管理面临着档案数量激增、各院区间档案资源难以共享以及档案利用条件不便等问题。为了顺应这种变化,搭建统一的数字化档案综合管理平台就变得尤为重要,不仅可以服务于单体院区的档案管理,而且能够适应一院多区的管理模式,为医院的长远发展奠定坚实的基础。平台提供统一规范的档案管理标准,确保各院区在档案管理上的一致性。这种一致性有助于提高档案管理的效率,减少因管理差异而导致的资源浪费和信息孤岛现象。此外,医院档案综合管理平台的建立,使得不同院区档案管理由离散型转变为资源共享同质化[8],通过建立安全的网络连接和数据交换机制,各院区间可以方便地访问和利用彼此的档案资源,从而优化资源配置,提高资源利用效率。

本文系复旦大学医院管理建设重点项目(FDYGC20230103)、上海市档案科技研究项目(沪档科2435)的阶段性研究成果。

参考文献

[1] 国务院办公厅.卫生计生委 中医药局关于印发进一步改善医疗服务行动计划(2018—2020 年)的通知.[EB/OL].(2017-12-29)[2024-08-10].http://www.gov.cn/gongbao/content/2018/content_5299607.htm.

[2] 医政医管局.国家卫生健康委办公厅关于印发医院智慧管理分级评估标准体系(试行)的通知.[EB/OL].(2021-03-15)[2024-08-10].http://www.nhc.gov.cn/yzygj/s3594q/202103/10ec6aca99ec47428d2841a110448de3.shtml.

[3] 医政医管局.关于印发公立医院高质量发展促进行动(2021—2025 年)的通知.[EB/OL].(2021-09-14)[2024-08-10].http://www.nhc.gov.cn/yzygj/s3594q/202110/9eed14e125b74f67b927eca2bc354934.shtml.

[4] 国家档案局.国家档案局办公室关于印发《电子档案管理系统基本功能规定》的通知.[EB/OL].(2017-12-15)[2024-08-10].https://www.saac.gov.cn/daj/gfxwj/201910/0ae864936c3a49d1abde0e618dc47044.shtml.

[5] 国家档案局.《电子档案管理系统通用功能要求》.[EB/OL].(2021-03-09)[2024-08-10].https://openstd.samr.gov.cn/bzgk/gb/newGbInfo?hcno=4FACC0EF274CE01C8C315515398DF5A6.

[6] 石苗,杨晨,徐捷,等.基于数字化转型的智慧医院建设实践探索[J].中国医疗管理科学,2023,13(6):66-71.

[7] 许昌,孙逸凡,鲍伟,等.智慧医院发展沿革与模式探索[J].中国卫生质量管理,2023,30(10):1-5,19.

[8] 计虹,王梦莹.医院智慧管理体系构建与应用[J].中国卫生信息管理杂志,2021,18(2):164-168.

应用城建声像档案记录好中国式现代化历程

楚 雪

上海市城市建设档案馆

摘 要：城建声像档案在城市规划、建设和发展中具有重要价值。本文探讨了城建声像档案在记录中国式现代化历程中的重要作用、现实问题与应对措施以及建设路径，以期为城建声像档案的发展提供参考。

关键词：城建声像档案；中国式现代化历程；重要作用；现实问题；建设路径

一、引言

1839年人类历史上第一台照相机的诞生，为城建声像档案的发展奠定了重要的技术基础，可以说城建声像档案是随影像技术发展而诞生的产物。不同于档案的其他形式，依托于照片、影像、录音等形式记录下来的档案，更真实、更形象、更立体；不同于其他档案内容，记录有关城市规划、建设及相关活动的城建档案，能够更直观、更生动地记录下城市变迁与发展历程，更丰富、更形象地展现城市记忆。因此，应用城建声像档案记录好中国式现代化历程应当受到关注和重视。

二、城建声像档案在记录中国式现代化历程中的重要作用

1. 真实地记录中国式现代化历程，是"城市记忆"的重要组成部分

随着我国城市化进程的推进，各地城市建设如火如荼地进行，城市的面貌也日新月异。城建声像档案用最直观的方式将那些城市历史旧貌和城市建设发展过程中的重大变化真实、准确、系统地记录下来，使其成为"城市记忆"的重要组成部分。

例如，上海世博会建设工程启动后，上海市城市建设档案馆对世博会场址原貌、对每个世博展馆建设以及展览期间各片区场馆的展出情况都进行了跟踪拍摄，真实反映出整个世博会园区的演变过程。成都市"北改"工程启动后，成都市城市

建设档案馆对该工程内的重要风貌、老建筑以及重要工程节点与相关事件都进行了拍摄。[1]这些城市建设记录通过城建声像档案编研工作可以变成专题图片展览、画册和纪录片，让公众在新旧影像对比中更直观地感受到城市的发展变化和中国式现代化历程。

2. 生动形象地记录中国式现代化历程，是科普教育的重要资源

生动形象地记录中国式现代化历程的城建声像档案，是科普教育的重要资源，原因有二点：其一，城建声像档案能够利用生动的影像配合以文字说明，准确的记录与形象地呈现中国式现代化不同阶段的建设发展历程，具有较强的感染力与说服力，有助于促进公众对城市的深入了解，提高他们的综合文化素养；其二，信息技术的发展使得城建声像档案能够摆脱时间、空间的限制，通过大众媒介、以更加直观的传播形式向公众呈现中国式现代化不同阶段的建设发展历程，在传播形式、传播范围、传播速度等方面优于其他类型的传统城建档案，能够更好地践行"以史育人"的使命，适合成为科普教育的素材。

3. 充分挖掘城市文化内涵，打造专属文化品牌

上海市城市总体规划（2017—2035年）提出，"进一步挖掘上海城市丰富的文化内涵，延续历史文脉，留住城市记忆，激发城市文化创新创造活力，提升城市软实力和吸引力"。文化品牌是一座城市的金字招牌、重要标志，承载着城市精神品格和理想追求，是增强城市文化软实力的重要依托。城建声像档案生动形象、资源丰富，为挖掘城市文化内涵、打造专属文化品牌提供了充足的养料。

例如，上海市城市建设档案馆的"上海建筑百年"系列专题片，历经20年拍摄制作了四百多集，为上海的建筑积累了翔实的档案资料和影像资料，是反映上海城市风貌变迁、宣传上海海派文化和历史文脉传承的重要载体；青岛市城市建设档案馆的"口述历史、抢救城市记忆"项目[2]，真实地记录了城市建设亲历者的见闻，挖掘出独属于自己的历史底蕴。这些都充分体现了城建声像档案在中国式现代化历程中的价值。

三、应用城建声像档案记录好中国式现代化历程存在的现实问题和应对措施

城建声像档案工作起步较晚，要应用城建声像档案记录好中国式现代化历程存在许多现实问题，如对城建声像档案的重要性认识不足、投入不足、物质基础薄弱、管理体系不够健全、相应的声像档案技术规范不完善、专业人才匮乏等。鉴于城建声像档案的重要价值，必须充分认识到重要性，健全和完善管理体系，加强专

业人才培养,推进城建声像档案工作的有序开展。[3]

1. 应充分认识到城建声像档案的重要性

对城建声像档案重要性的认识应从三个方面着手。其一是城建档案管理部门,管理部门对城建声像档案的重视有助于创造良好的政策环境、提供足够的资金技术支持以及创造其他有利于城建声像档案发展的工作条件;其二是城建声像档案工作人员,工作人员的重视有助于培养他们积极工作、积极学习的状态,从而为社会创造出更多更好的更有价值的城建声像档案及相关文化产品;其三是社会公众,公众对城建声像档案的重视能够帮助他们更好地了解中国式现代化历程,体会和感悟城市文化和城市精神,也体现了城建声像档案的社会价值。

2. 应健全和完善城建声像档案管理体系

完善的城建声像档案管理体系,有助于城建声像资料的标准化规范化收集,有助于全国各地城建声像档案间的交流利用。然而,目前城建声像档案的组织管理相对松散,全国各地对城建声像档案的收集管理标准尚未完善,就工程录像部分来看,如视频编码格式,国家档案局的《录音录像档案管理规范》明确要求"录像电子文件归档格式为 MPG、MP4、FLV、AVI 等……珍贵的录像电子文件可收集、归档一套 MXF 格式文件",这样明确地规定各地在执行时高于或者等于这条标准就行,但有关工程录像图像分辨率,国家行业标准并没有明确规定,各地执行时就会参差不齐。

因此,健全和完善城建声像档案管理体系,践行标准化、规范化工作思路,明确、规范各个环节的工作标准和要求,能够一定程度上保证城建声像档案的内容和质量,更好地反映城市的变迁,反映中国式现代化历程。

3. 应加强城建声像档案专业人才的培养

由于城建声像档案的特殊性,声像档案的管理不同于其他类型的档案,对工作人员的专业性也提出了更高的要求。

首先,它要求工作人员对城建声像档案的收集内容和范围等业务非常熟悉,城建声像档案的很多内容如果错过时间没有拍摄就可能永远错过,如对建设工程的重要施工节点和工序的拍摄、新城建设与旧城改造前的原址原貌记录等,所以要及时拍摄记录。其次,它要求工作人员充分掌握接收的声像档案的技术指标与载体相关要求[4],包括拍摄质量及相应的文字说明等,以保证声像档案的使用价值。最后,由于城建声像档案资源极为丰富,是城建档案文化产品开发的重要来源,因此要求工作人员具有一定的关于策划展览画册、专题片等文化产品的能力。

所以,为了保证城建声像档案及其文化产品的质量,要加强对城建声像档案专业人才的培养,全面提高其业务水平。

四、应用城建声像档案记录好中国式现代化历程的建设路径

"提高思想站位、实现转型发展",2035年、2050年远景目标的制定,对城建档案提出了"专业馆、数字馆、文化馆"的转型新要求。在这个思路的引导下,为记录好中国式现代化历程,城建声像档案从内容到形式也有了新的建设路径。

1."更精"的工程声像档案拍摄制作服务

作为城建声像档案的重要组成部分,工程声像档案是真实、形象、生动地反映建设工程施工前原貌、施工后新貌以及在整个施工过程中各种重要活动的真实记录,是直观反映城市建设成就及开拓城市发展过程的一种重要技术手段和载体,也是记录好中国式现代化历程最重要的部分。因此必须一如既往地做好工程片的摄制服务工作,特别是要做好旧城改造和新城建设的全过程跟踪记录以及本市重大工程项目的摄制工作,努力做到服务精细、专业精深。同时可引入新的拍摄技术和方法,为工程声像档案的工作注入新的活力。针对一些特别有意义的市政重大工程项目,用更高的标准进行跟踪拍摄和制作,形成高品质的"重大工程纪实"系列纪录片或专题片。

2."更细"的优秀历史建筑记录和修缮改造的跟踪拍摄

优秀历史建筑作为一种不可再生的文化遗产越来越受到各界的关注和重视,它们不仅是城市发展历程的见证者,而且是彰显着城市的魅力与内涵的名片,对城市的优秀历史建筑文化发展及研究具有极为重要的意义。记录下优秀历史建筑的往日风采、修缮改造历程,不仅是在忠实地记录它们历经沧桑的建筑风貌,更是在记录它们受到时光洗礼后所承载的时代精神和人文情怀,留存着这座城市的记忆。

同时,也应及时了解对于一些老建筑的修缮、改建动态,进行跟踪拍摄,用镜头记录下这些优秀历史建筑从旧貌到新颜的过程,不仅是在忠实地记录它们历经沧桑的建筑风貌,更是在记录它们受到时光洗礼后所承载的时代精神和人文情怀,彰显着中国式现代化的历程,留存着这座城市的记忆。

3."更新"的声像档案记录载体与呈现方式

"摄影术生产的图像改变了档案话语的结构"[5],全景技术的发展开启了城建声像档案的新纪元。全景技术,是一种新兴的富媒体拍摄技术,它能够更完整、更客观、更全面地记录下拍摄对象的信息,拍摄内容可操作、可交互。在此基础上生成的360度全景影像,配合VR眼镜等头戴式设备,给受众以三维立体的空间感,这种跨越时空的虚拟体验使受众仿佛置身其中,实现了真实环境还原。[6]

从存档方面来说,全景技术以最新的方式进行拍摄记录,能够最大限度、全方

位、完整地保留当下的建筑风貌,为城建档案的留存、学术研究、修缮保护以及文化传播工作提供极大帮助,对保护城市建筑文化遗产、留存城市记忆、记录好中国式现代化历程也起到了非常积极的作用。

从公众服务来说,全景技术能给公众带来真实的现场感和交互体验,如果通过一副VR眼镜便能"足不出户"领略到全国各地建筑的风光——富丽堂皇的故宫、庄严肃穆的布达拉宫、风情万种的外滩建筑群,受众需求就会得到极大满足。

4."更充分"的城建声像档案资源利用

档案信息化建设催生了城建声像档案数字化管理系统。将声像档案资源便签化编目、分门别类管理,有助于在短时间内实现以需求为导向的筛选和挖掘,为资源的有效利用创造有利条件。在此基础上,搭建一个能够实现各类城建声像档案资源挖掘和利用的综合性档案资源共享平台势在必行。

该共享平台需具备以下四个特性:一是安全性,数据和资源的安全永远是数字化建设的首要问题;二是兼容性,该平台需考虑与其他计算机综合系统的兼容,以确保该平台提供服务的持久性;三是差异性,面对不同的资源利用主体与需求应提供不同的程度和类型的资源利用服务;四是成长性,该系统将随着信息技术的更新以及对声像档案需求的提高而成长,如与云计算、物联网、区块链等数字技术融合,以便实现更广阔领域的资源共享。

参考文献

[1][3] 冯金宇,付卓.声像档案在城建档案中的意义及其发展建议[J].城建档案,2021(06):52-53.
[2] 王俊刚.新时期城建声像档案的多元效用与发展对策[J].云南档案,2023(04):52-54.
[4] 郭芳.城建声像档案的现状及优化措施[J].未来城市设计与运营,2022(04):77-79.
[5] 杨光,奕宽.记录媒介演进与档案历史叙事的变迁[J].档案学通讯,2019(04):19-27.
[6] 楚雪.全景技术:开启城建声像档案新纪元[J].办公室业务,2020(07):90+94.

公共文化服务创新实践新案例
——谈上海音像资源公共服务平台建设

沈小榆

上海音像资料馆

摘　要：2023年、2024年上海音像资料馆分别与徐家汇书院、上海市少年儿童图书馆合作向公众开放"上海新闻影像库""SMG少儿影像库"。这是上海广播电视机构与上海图书馆系统合作，将上海广播电视台专业音像档案向公众开放的一次尝试，也是在公共文化服务领域携手共建的最新实践案例。这是一次跨系统跨领域的合作尝试，推出了档案为民服务、提升城市公共文化建设的新举措。

关键词：公共文化服务；创新实践；上海音像资源；平台建设

一、引言

2023年4月，上海音像资料馆与徐家汇书院联合打造了"影像上海"联名公共视听阅览室，首次开放"上海新闻影像库"。[1]2024年2月，上海音像资料馆又与上海市少年儿童图书馆合作，上线了"SMG少儿影像库"，与少图携手丰富少儿的数字阅读空间。[2]这两个产品是上海音像资料馆依托自身馆藏，以"上海音像资源公共服务平台"为技术底座，针对不同服务人群开发的音像档案专库，是上海广播电视机构与上海图书馆系统合作，将上海广播电视台专业音像档案向公众开放的一次尝试，也是在公共文化服务领域携手共建的最新实践案例。这是一次跨系统跨领域的合作尝试，推出了档案为民服务、提升城市公共文化建设的新举措。

二、上海音像资源公共服务平台的基本情况

上海音像资料馆是上海广播电视台、上海文化广播影视集团有限公司下属单位，是一家负责视听档案管理和版权服务的专业机构，是上海市唯一的专业音像资

料馆,也是全国省级广电行业中最大的专业音像资料馆,作为全国最早成立的一批音像资料馆,自1984年成立伊始,便致力于音像资料的收集、管理、开发与利用。上海音像资料馆管理着上海人民广播电台1949年开播以来,以及上海电视台1958年建台至今留存下来的广播和电视内容资源。同时,通过遍布全球的采集网络,依托海外采集、民间采集、市民捐赠、自主拍摄、机构交流等多种渠道,收集中国、主要是上海题材纪实类音像内容资源,拥有跨度一百多年、超百万小时珍贵音像资料档案,最早的影像内容可追溯至1898年。"上海音像资源公共服务平台"正是以上海音像资料馆的庞大馆藏内容为基础建设的资源平台基座,在此基础上,根据目标需求分类定制的专题库,以满足不同人群的阅览查询需要。

与徐家汇书院联合打造的"上海新闻影像库"是以现有上海广播电视台开播至今的新闻栏目资源为内容打造的专题库。库内目前整理录入了从1983年以来《电视新闻》《新闻报道》与《东方新闻》三档新闻栏目的影像档案。后续将根据情况陆续整理录入更多新闻栏目(包括民生、体育、财经等)影像档案内容,建成一个以新闻资源为核心,能为广大群众提供音像资料查询、在线视听及调用服务的互联网新闻影像数据库平台,从而最大化发挥现有新闻影像资料的价值。"上海新闻影像库"通过徐汇图书馆平台以线上图书馆的形式向社会提供视听档案公共资源服务。[3]

与上海少儿图书馆合作的"SMG少儿影像库"则是以现有上海广播电视台开播至今超180档的少儿节目为基础,以公共电子阅览室方式提供视听档案公共资源服务。目前,库内上线了深受孩子们喜爱的21档少儿栏目,其中包括《卡西欧家庭大奖赛》《画神闲》《欢乐蹦蹦跳》等耳熟能详的节目内容。[4]

三、上海音像资源公共服务平台的价值

上海广播电视机构与上海图书馆系统在档案服务于民、公共文化服务领域携手打造新案例,使专业化的"上海音像资源公共服务平台"获得了面向大众的新的应用场景;同时也使图书馆拓展了传统公共服务的范围,生长出的新的服务空间。这样的合作出于三个方面的考量,也力求在三个方面实现更高的价值:

1. 专业内容的普惠化

上海音像资源公共服务平台是建设于上海广播电视台自产广播电视节目内容上的一个网络平台基座。拿图书馆建构相比,好比是一个门户开设于网络的试听图书馆,内容是上海音像资料馆负责管理的上海广播电视台的广播电视节目。资源总量约150万个小时,随着广播节目生产进展,年增量约9.4万个小时,目前已

经实现数字化的内容约 115 万个小时。理论上已经完成数字化的内容都可以作为上海音像资源公共服务平台的后台内容。

上海广播电视台作为主流媒体,生产的广播电视节目内容是一种以音视频为呈现方式的专业化内容。音视频内容与文字、平面形态内容的互补与共建,共同形成了受众的阅览版图。而在家用录像设备、带摄像头的智能手机等民用音视频记录工具广泛普及之前,广播电视台作为音视频内容记录和生产的专业化机构,在这个内容领域的生产中具有垄断性。作为官方媒体,广播电视机构生产和发布的内容,先天具备权威性。因此,在上海音像资源公共服务平台中的音视频内容资源可以视作一种专业性较强的内容。

而按传统的节目管理方式,这些内容除了在广播电视平台上播出实现的一次性传播后,一般在广播电视台内部存录管理,不再对外开放。虽然广播电视机构通过 IPTV 等播出手段,能够实现一定程度的点播回放功能,但也有时效等约束要求,与向公众开放的公共图书馆功能有很大差异。而基于上海音像资源公共服务平台打造的"上海新闻影像库""SMG 少儿影像库"等专题库产品,能够实现在线反复调阅,以提供类似图书阅览的公共服务体验,实现了专业化内容面向社会大众的普惠化。

2024 年,上海音像资料馆计划完成 SMG 全版权历史资料的数字化采集加工,并持续扩充 AI 应用全面服务于全媒体内容生产环境。平台在 2023 年发展基础上串点成面,面向政府机构特别是各区积极实践区台合作互相赋能,面向专业机构多元拓展音像业务形成新生态,进一步面向市民公众增设公众阅览室,根据用户需求编研更多面向公众的专业影像库。

2. 内部档案的公开化

上海音像资料馆管理着包括上海人民广播电台 1949 年开播以及上海电视台 1958 年建台至今所有生产的并且通过记录载体保留下来的广播和电视内容资源。按广播电视工作逻辑,收纳的节目类别包括新闻、专题、综艺、电视剧等,涵盖了广播电视生产的各方面内容。客观而言,这批广播电视内容资源也是自新中国成立至今关于上海这个城市建设发展的音像档案。

1949 年 5 月 27 日上海解放,上海人民广播电台播出了宣布大上海解放的"上海人民广播第一声",开启了新中国上海人民广播的历史。自此以后,凡有载体记录的广播节目内容,都被保留下来,统一保存收藏在今天上海音像资料馆的库房内。1958 年 10 月 1 日上海电视台成立,上海电视台生产的电视节目内容也通过不同时代的记录载体收录保存了下来。上海广播电视台的节目,尤其是新闻类节目,报道记录了新中国成立以来关于上海的大量时政要闻、重大事件,涉及上海政治、经济、文化、民生等各个方面。这份留存在上海音像资料馆内的连续75年的声音历史档案和连续66年的影像历史档案,形成了关于上海这个城市当代建设发展的独特音像历史档案。

在建设上海音像资源公共服务平台之前,上海音像资料馆针对馆藏数字音像资源,也已经在为政府机构、企事业单位、社会团体的音像资料查询和相关音像档案提供服务,比如2023年分别与上海体育博物馆、上海城投、国药集团等单位合作完成了上海中华人民共和国体育发展史、上海城投30周年、国药控股20周年庆等项目。但与馆藏的巨大内容体量相比,这样的工作仍然是少量的,更多的历史音像档案仍然只是保管在上海音像资料馆内部,没有机会让更多的人接触和了解。

上海音像资源公共服务平台搭建完成并匹配需求形成"上海新闻影像库""SMG少儿影像库"等专题库产品之后,通过徐家汇图书馆、上海少儿图书馆的窗口,广大市民读者能够通过在线视听及调用手段,使原本收纳在内部的这批音像视听档案,能够被公众查询、了解和使用。可以说,这个平台开创性地填补了国内视听档案服务公众的缺口。

3. 服务为民的新实践

上海音像资源公共服务平台以上海音像资料馆收藏保存的一百多年、一百五十万小时珍贵音像资料为依托,与沪上实体图书馆合作,以线上图书馆的形式向社会提供视听档案公共资源服务。而上海图书系统对来自广播电视系统的内容也报以积极开放的态度。本着"档案服务为民"和"用户中心"的理念,双方合作推动了创新服务新实践。

以用户为中心的理念是现代图书馆发展的重要理念,"对人的关注已然成为21世纪中国图书馆事业发展的关键""以图书馆为中心到以用户为中心的嬗变,成为图书馆转型变革的关键所在,而后者俨然成为图书馆服务的基本准则"[5]。

对于图书馆服务的对象,提供多样化的阅读物,满足多层次的求知需求是不能忽视的,这也是公共图书馆需要不断关注和研究的。因此在媒体呼吁"时代在变化,城市在变化,图书馆应该以更主动的姿态,适应流动的人群,呼应时代的需求,让更多人在图书馆找到兴趣点和归属感,将图书馆打造成一个与城市共栖共生的空间"[6]的同时,公共图书馆也在积极以创新实践作出回应。

而上海音像资料馆努力突破传统业务,推出与徐家汇书院联合打造"影像上海"联名公共视听阅览室,与市少年儿童图书馆联合上线"SMG少儿影像库"这样的项目,也是从拓展自身公共服务效能以更好实现社会价值的角度作出的积极尝试。

从上海城市建设的角度，广播电视系统和图书馆系统打破行业壁垒，进行跨界联手合作，是城市公共服务从更加尊重人的角度出发进行的新的产品结构设计，也开辟了这一领域新的想象空间。"在用户中心的观察视角下，公共图书馆体系深度参与用户信息获取的同时，也相应承担了实现个体信息富裕化、参与教育活动和促进个体学习方面的重要职能。"[7]而上海音像资源公共服务平台建设，正是从自身的角度对这些问题进行了考量，也尝试作出解答。

上海音像资源公共服务平台的应用场景非常广泛，除面向市民公众增设公众阅览室，根据用户需求编研各类面向市场的专业影像库之外，依托该平台基座，2023年上海音像资料馆为住建委档案中心、人社局宣教中心提供多项专业音像档案服务；面向各区融媒体中心实践区台合作互相赋能，与普陀、杨浦达成初步合作意向；面向专业机构多元拓展音像业务形成新生态，先后与华东政法大学、上海师范大学签订协议，共同研究利用多元专业音像档案的深度价值；等等。

上海音像资料馆与沪上公共图书馆的合作，也将在"用户中心驱动下的知识信息自由获取与人的自由全面发展，不仅是未来图书馆的终极人文关怀，更是未来图书馆核心价值的主要内容"[8]的价值引领下，进一步建设和发展上海音像资源公共服务平台。借由平台的不断发展，上海音像资料馆将进一步履行好音像视听档案的公共服务职能，提升自身媒资服务能级，为向全社会传播海派文化，传承上海城市精神，满足人民日益增长的美好生活需要做出新努力。

参考文献

[1] 上海徐汇.世界读书日|打开你的"时光宝盒"！首家"影像上海·视听阅览室"落地徐汇[EB/OL].上海徐汇[2023-04-23 16:09].

[2] 上海少年儿童图书馆.乐享云惠|SMG少儿影像库上线[2024-02-07 14:45].

[3] 上海徐汇.世界读书日|打开你的"时光宝盒"！首家"影像上海·视听阅览室"落地徐汇[EB/OL].上海徐汇[2023-04-23 16:09].

[4] 上海文旅党建.基层动态|上海少年儿童图书馆上新特色数据库"SMG少儿影像库"[2024-02-22 10:55].

[5] 初景利,秦小燕.从"地心说"到"日心说"——从以图书馆为中心到以用户为中心的转型变革[J].图书情报工作,2018,62(13):5-10.

[6] 周娴.公共图书馆的N种立体打开方式[N].新华日报.2024-04-23,第002版.

[7] 公共图书馆的中国式现代化：建设以人为中心的图书馆之历史考察和现实映照[EB/OL].图书馆建设.网络首发论文,网络首发日期[2024-04-30].https://link.cnki.net/urlid/23.1331.G2.20240429.2054.002.

[8] 汤利光,李教明.以用户为中心的图书馆核心价值演变探究[J].图书馆建设,2017(8):4-11+20.

存量非线性化　增量前端最佳化

——构建高品质视频档案数字资源的策略探讨及对相关规范标准更新修订的思考建议

吴牧之

上海市档案局

摘　要：本文将从当前档案数字资源建设"存量数字化，增量电子化"的总体要求出发，结合现行规范标准，探讨如何构建"最高品质"的视频档案数字资源，尤其是其中反映特别重要事件、人物、环境风貌等的内容，价值特别高，应以最高品质长期保存的那部分。同时也梳理分析现行规范标准在面对"最佳品质"需求时尚存的不足之处并提出完善建议，供规范标准更新修订时参考。

关键词：视频档案；录像档案；档案数字资源；非线性化；数字化

一、引言

视频（录像，video）档案是音像档案的重要子类。其有别于以通用文字、数字、图表等为信息呈现形式的常规档案，而以连续活动图像呈现信息，具有直观性和临场感，在记录和再现中国式现代化伟大历程中发挥着独特而无法替代的作用。

档案工作数字化转型升级背景下，档案数字资源是档案资源实现全文化、数据化、智能化管理及高速传输、远程共享的基础。视频档案数字资源也不例外。档案数字资源——无论是传统载体档案的数字化副本还是原生电子档案，都以计算机（实质是存储载体的非线性化）二进制电子文件形态存在。如延伸至视频档案数字资源，其以"录像类电子文件"或"录像类电子档案"[《录音录像类电子文件元数据方案》(DA/T 63 - 2017)3.3 和 3.4]或"数字视频文件"形态存在。除关注其是否符合"四性"要求，我们还应关注其品质高低。"文件品质虽然与电子文件长期保存关系不大，但直接反映电子文件的质量，并与电子文件的开发、利用关系密切。"[1]文件品质对包括视频在内的音像档案数字资源的利用效能和体验影响更为明显。因此，其品质应尽可能高，以便为未来预留一定的技术代差冗余度。因为运用人工智能等最新技术开展画面修复、分辨率提升等技术操作，资源的原始品质越高，修复或提升上限也越高。对已形成的、特别重要或珍贵的视频，应首先收集品质最高的原始摄录素材。而对于将要形成的"增量"视频，对品质的管控应前移至摄录时技术参数的最佳选择，甚至摄录设备的购置选择。

本文将从当前档案数字资源建设"存量数字化，增量电子化"的总体要求切入，结合现行规范标准，探讨如何构建"最高品质"的视频档案数字资源，尤其是反映特别重要事件、人物、环境风貌等内容，价值特别高，应以最高品质永久或长期保存的那部分。同时梳理分析现行规范标准在应对"最佳品质"需求时尚存的不足之处并提出完善建议，供规范标准更新修订时参考。

二、对视频档案"存量"和"增量"划分的思考和建议

目前，档案界对"存量"和"增量"的共识为两者分别指代纸质等传统载体档案和（原生）电子文件。其中，"存量"以信息原始记录环节所用载体为切入，"增量"则以信息原始记录方式即是否以电子计算机二进制代码记录为切入。这一表述较适用于档案资源中占比最高、以通用文字、图表为信息呈现形式的档案。对这类常规形式档案而言，纸质等传统载体的"存量"确均以非电子计算机二进制代码（非电子文件）记录信息。但如将这一表述方式直接应用于视频档案，例如"录像带等传统载体视频档案"为"存量"视频档案，则存在一定问题：录像带并非只能存储模拟视频信号，也能存储数字视频信号。以民用级为例，20世纪80—90年代在我国家庭较普及的VHS录像带，记录的是模拟视频格式VHS的模拟视频信号，而21世纪初曾在我国家庭一度普及的DV/MINI DV录像带，记录的则是数字视频格式DV的数字视频信号。更特殊的例如HI-8录像带，既可记录其最初研制时对应的模拟视频格式HI-8，又能记录与数字视频格式DV技术指标完全一致的数字格式"DIGITAL 8"（数字8毫米）。

1. 视频原始摄录环节存储载体的分类

有必要系统梳理视频技术发展，准确把握视频的存储载体与记录方式（模拟或数字）间的关系。以视频原始摄录环节使用的存储载体划分，总体上可分为线性存储载体和非线性存储载体两大类。

（1）线性存储载体

线性存储载体即各种规格的录像带，构造上有开盘带（tape）和匣式带（cassette）两种。视频原始摄录环节使用的存储载体技术发展首先经历了录像带这一阶段。不

同于LTO等数据流磁带,录像带通常绑定专用录像格式。此"格式"有别于计算机二进制文件的"格式",它是视频技术这一发展阶段由各厂商提出的、包含一系列技术参数、硬件规格,且对应专用录像机/录放机/摄录放一体机等设备的专用名称,通常还以注册商标等面貌呈现,例如VHS、U-MATIC、BETACAM SP等。

录像带对视频信号的记录方式,又先后经历了记录模拟视频信号和数字视频信号两个子阶段。后者约源于20世纪90年代初数字录像格式的兴起。由于当时机械硬盘、光存储等非线性存储载体在存储容量、传输速率、单位成本等核心指标都无法满足视频尤其是广播级录像格式的要求,因此,录像带在数字录像格式出现的最初十几年仍扮演重要作用。

(2)非线性存储载体

随着机械硬盘、光存储、半导体存储(例如各类闪存卡、固态硬盘)等非线性存储载体技术指标不断进步,以及影音(AV)和信息技术(IT)不断融合,约2005年左右,视频原始摄录环节的存储载体出现"非线性化"或"非录像带化"趋势,以打通非线性视频编辑系统在采集环节"最后一公里"的"肠梗阻"——录像带因其线性构造,只能按1:1时长将视频原始素材采集至非线性视频编辑系统,工作效率受到制约。约2010年后,视频原始摄录环节存储载体基本完成了"非线性化"("非录像带化"),几乎不再开发以录像带为原始摄录环节存储载体的新格式新设备。

如忽略20世纪80年代至90年代初日本研发的、未引进我国的、使用LD(LASER-DISC/镭射激光光盘)存储的模拟高清视频MUSE系统这一极端特例,可认为非线性存储载体记录的均为数字视频,且以数字视频文件为存在形式。

2. 线性存储载体(录像带)记录信号形式的汇总

如前述,录像带记录的视频信号既有模拟也有数字,取决于其对应的录像格式。从民用级至广播级各主要录像带及其对应录像格式的信号记录形式如表1所示。

表1 录像带的录像格式及信号形式[2]

录　像　带	对应/记录的录像格式	信号形式
VHS(含便携VHS-C)	VHS	模拟
S-VHS(含便携S-VHS-C)	S-VHS、VHS	模拟
BETAMAX	BETAMAX	模拟
ED-BETA	ED-BETA	模拟

续 表

录 像 带	对应/记录的录像格式	信号形式
VIDEO 8	V8	模拟
VIDEO HI-8	HI-8、DIGITAL 8(与 DV 相同)	模拟、数字
U-MATIC	U-MATIC	模拟
U-MATIC-S	U-MATIC-S	模拟
BETACAM	BETACAM	模拟
BETACAM SP	BETACAM SP、BETACAM	模拟
M III	M III	模拟
DV(含 MINI DV 小带)	DV、HDV	数字
DVCAM	DVCAM、DV(标准时长/SP)、HDV(包括 HDV 1080I 和 HDV 720P)	数字
DVCPRO	DVCPRO、DVCPRO 50	数字
DIGITAL BETACAM	DIGITAL BETACAM	数字
BETACAM SX	BETACAM SX	数字
MPEG IMX	MPEG IMX	数字
MICRO MV	MICRO MV	数字
DVCPRO HD	DVCPRO HD	数字
HDCAM	HDCAM	数字
DIGITAL-S(即 D9)	DIGITAL-S	数字
D1	D1	数字
D2	D2	数字
D3	D3	数字
D5	D5	数字
D5 HD	D5 HD	数字

3. 更适用于视频档案数字资源建设的总体要求

经上述系统梳理可见,不能将录像带这一"传统载体"与模拟视频画等号。非线性存储载体(非录像带)的"增量"视频理论上不能也不必输出纸质版本,只能以电子形式归档和管理。因此,视频档案数字资源建设总体要求,应有别于通用文字、图表等形式档案数字资源建设"存量数字化,增量电子化"的总体要求,而应匹配视频档案特性,突出对视频档案数字资源品质的追求。

三、视频档案数字化的实质含义

1. 现行规范标准关于视频档案数字化的定义

《录音录像档案数字化规范》(DA/T 62-2017)和《录音录像档案管理规范》(DA/T 78-2019)两项行业标准中虽将音频、视频一体化表述,但可直接应用于单纯的视频档案或音频档案数字化,且大部分情况下视频同时包含音频,因此,去除该定义中的音频部分,视频档案数字化可表述为"对模拟视频(录像)档案进行数字化加工,使其转化为存储在磁带、磁盘、光盘等载体上的数字视频文件,并按照视频(录像)档案的内在联系,建立起目录数据与数字视频文件关联关系的处理过程。"

2. 视频档案数字化的实质含义——录像带等原始摄录环节存储载体上的视频信号数字视频文件化(电子文件化),以及目标存储载体的非线性化(非录像带化)

根据上述"视频档案数字化"定义,数字化副本(成果)以"数字音频文件和视频文件"形式存在。显然,例如将 VHS、BETACAM SP 等"存量"模拟录像格式转录为 DV、DVCAM 等"存量"数字录像格式,仍不是上述标准规范的"数字化"——这一操作虽实现了视频信号的数字化,但目标存储载体依旧为绑定特定录像格式和设备的录像带,其仍无法以"数字视频文件"形式存在。无论是模拟录像格式还是数字录像格式,如以录像带为视频原始摄录环节的存储载体,视频信号都以"磁迹"这一特殊形式而非数字视频文件存在(见图1)。因此,对"存量"视频档案而言,其数字化实质上是"信号的数字化+信号的数字视频文件化(电子文件化)+存储载体的非线性化(非录像带化)",其中,模拟录像格式的"存量"需完成上述所有三项任务,而数字录像格式的"存量"则只涉及后两项任务即"信号的数字视频文件化(电子文件化)+存储载体的非线性化(非录像带化)"。

认识这一实质的意义在于:一方面,不少对视频技术发展了解不深或未经历以录像带为原始摄录环节存储载体时期的档案工作者,往往持有"录像带都是模拟的"认知误区,不知"存量"也有不少数字录像格式;另一方面,绑定特定录像格式和硬件设备,以磁头、螺旋式扫描系统、走带系统等高精密机电制造为基础的录像带,必然面临相关设备陆续停产而无法读取的问题。

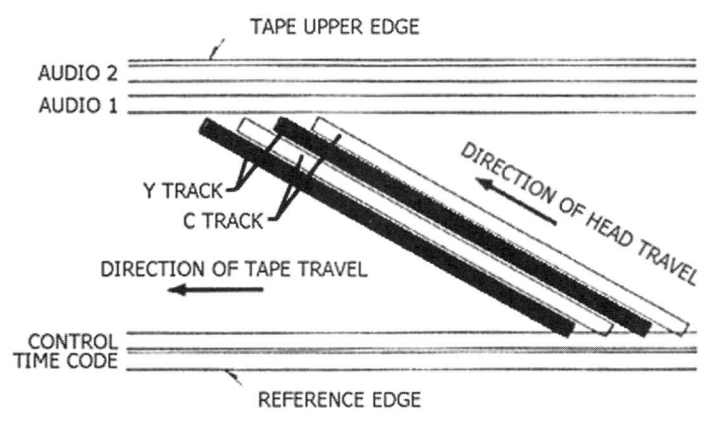

图 1　BETACAM SP 格式录像带上的"磁迹"

四、存量非线性化，增量前端最佳化

理顺视频技术发展和现行规范标准中"视频档案数字化"实质后，针对视频档案特性，就如何构建最高品质视频档案数字资源，尤其是特别重要、珍贵的视频档案，笔者提出"存量非线性化，增量前端最佳化"的总体设想，具体如下：

1. 存量非线性化

"存量"即原始摄录环节以对应特定录像格式和硬件设备的录像带为存储载体的视频档案原件。根据视频信号在录像带上的存在/记录形式又分为模拟信号（或模拟格式）的"存量"和数字信号（或数字格式）的"存量"两种情况。

（1）对于模拟信号的"存量"——信号的数字化＋信号的数字视频文件化（电子文件化）＋存储载体的非线性化

这是把录像带上的模拟信号处理转换为数字信号，并以数字视频文件形式存储于光存储、机械硬盘、半导体存储（例如固态硬盘）等通用的非线性存储载体。由于连续的模拟信号和离散的数字信号的本质区别，模/数（A/D）转换的技术参数应尽可能匹配模拟信号形成之初的状态和特点，扬长避短，例如动态流畅性是模拟录像格式的优势，其不会有早期帧间压缩技术的数字录像格式面对快速变化或复杂画面时常见的"马赛克"现象；而画面分辨率方面，如暂时存储空间紧张，则可不必一味升格"高配"。例如，民用级模拟录像格式 VHS 的实际解像力并未达到标清主级（Main Level）分辨率（PAL 制式为 720×576），而是介于低级（Low Level）分辨率（PAL 制式为 352×288）和主级分辨率之间。此外，模拟信号受音视频信号传输接口、线材等品质高低影响较明显，在数字化操作时，也应尽可能优选传输线材，以避免模/数(A/D)转换中引入过多噪声或错误。例如，BETACAM SP等广播级模拟分量录像格式的摄录放设备通常配备专业级的BNC针式接口，建议使用此类接口和线材向数字采集卡/平台传输模拟信号，而不建议使用民用级设备中的RCA莲花型接口。

(2) 对于数字信号的"存量"——"原汁原味"地采集，并以数字视频文件形态存储于非线性存储载体(非录像带载体)

这是对录像带上存储的原始数字信号不做技术参数改动，只是转移至通用的非线性存储载体，并以数字视频文件(电子文件)形态保存。某种意义上类似音乐CD"抓轨"：即将音乐CD上特殊的数字信号按音乐CD"白皮书"规定的44.1 KHz采样频率、16 bit量化、PCM等原始技术参数，采集至其他存储载体并以WAV格式(波形文件)电子文件形态存在。采集和传输数字信号的"存量"应选择摄录设备和采集设备上的数字信号传输接口，例如IEEE 1394(FireWire/火线)、SDI(通常是格式"白皮书"明确的特定传输接口)，互联后以"数字-数字"传输，而不是模拟信号的"存量"数字化操作中通过模拟视频信号传输接口传输模拟信号，再经采集设备的芯片处理转换为数字信号。以数字传输接口正确连接，采集设备及常用非线性编辑软件一般都能自动识别该数字录像格式"白皮书"所规定的各项技术参数，采集时无须改动这些技术参数，哪怕对其"高配"，也将影响品质，但可根据需要更改的两个特例是：其一，原始摄录环节采用隔行扫描(Interlace)但采集时以逐行扫描(Progressive)保存，以适应如今逐行逐点扫描显示的主流设备；其二，整盘录像带采集为一个数字视频文件，或以原始摄录环节每次"录制-停止"操作为基本单位采集为若干个数字视频文件。这两种情况不属于更改技术参数。

综合上述"存量"两种情况可见，"非线性化"不单只是最终成果存储载体变化这一字面理解，也意味着最终成果是数字视频文件，而不再以磁迹等形式保存在录像带上，哪怕是数字信号。

2. 增量前端最佳化

鉴于目前各类新型摄录设备原始摄录环节几乎都以数字视频文件形态存储于非线性存储载体，"增量"不存在"数字化""电子化"或"数字视频文件化(电子文件化)"等问题，其重点应前移至录制前各技术参数的选择，甚至摄录设备购置或更新时科学选择预算内最符合自身对视频最高品质需求的型号。"增量"视频的技术参数一般遵循《录音录像档案管理规范》(DA/T 78)等规范标准中视频的形成、归档等章节的要求。

五、现行规范标准有待完善之处

目前,涉及录像档案数字资源品质高低相关技术参数的档案工作依据性文件集中在规范标准层面,特别是行业标准《录音录像档案数字化规范》(DA/T 62 - 2017)、《录音录像档案管理规范》(DA/T 78 - 2019)的"5.2 收集要求"。此外,《电子文件归档和电子档案管理规范》(GB/T 18894 - 2016)、《录音录像类电子档案元数据方案》(DA/T 63 - 2017)及《档案工作基本术语》(DA/T 1 - 2000)等标准也涉及相关术语、数字视频文件长期保存格式等内容。

经梳理,笔者认为现行规范标准尚有需完善之处,具体如下:

1. 对视频档案的定义不够充分,未能揭示其与胶片电影、矢量图形动画等近似事物的本质区别

一方面,现行规范标准中,视频档案一般不被单独定义,而是与音频(录音,audio)一体化定义,例如《录音录像档案数字化规范》(DA/T 62 - 2017)和《录音录像档案管理规范》(DA/T 78 - 2019)两项标准中的"3.1 录音(实质是存储载体的非线性化)录像档案";甚至只是在其上位档案门类音像档案的定义中被提及,例如《档案工作基本术语》(DA/T 1 - 2000)的"2.11 音像档案",其表述为"记录声音或影像的档案,包括照片、影片、录音带、录像带"。由于现行《档案工作基本术语》(DA/T 1 - 2000)颁布年代视频原始摄录环节存储载体几乎都使用录像带,因此该表述中的"录像带"可视为视频。

另一方面,不少档案工作者将胶片电影、FLASH 等矢量图形动画/多媒体等近似事物也归为视频。此外,《录音录像档案数字化规范》(DA/T 62 - 2017)和《录音录像档案管理规范》(DA/T 78 - 2019)的"3.1 录音录像档案",其表述中的"影像"也易使人联系到胶片电影。虽然《档案工作基本术语》(DA/T 1 - 2000)"2.11 音像档案"的"照片、影片、录音带、录像带"这一表述将"影片"和"录像带"分别列举,但对缓解这一认知误区作用有限。

2. 未能根据不同类型"存量"视频揭示视频档案数字化的实质

一方面,不少非视频技术专业或未经历录像带作为主流存储载体时代的档案工作者持有"凡记录在录像带上的视频都是模拟格式"的认知误区。视频档案数字化的定义如不细分"存量"中存在模拟和数字两种情况并分别揭示各自"数字化"的实质,则对数字信号的"存量"进行"数字化"操作时,可能采取和模拟信号的"存量"相似策略,例如通过模拟而非数字信号接口传输视频信号,导致数字信号的"存量"无法"原汁原味"采集并转存至非线性存储载体的目标,是因发生了两次数字和模

拟信号转换(D/A 和 A/D 转换),降低了品质。

另一方面,《录音录像档案数字化规范》(DA/T 62-2017)和《录音录像档案管理规范》(DA/T 78-2019)两项标准"3.7 录音录像档案数字化"定义中"……使其转化为存储在磁带、磁盘、光盘等载体上……",未说明该"磁带"应是以电子文件或数据形式保存信息的、较通用的例如 LTO 数据流磁带,而不是对应特定录像格式和硬件设备、以磁迹记录视频信号的录像带。这也可能造成对模拟信号的"存量"数字化时,只进行视频信号的数字化转换,但数字化成果仍存储于录像带的情况。例如,前文提到将 S-VHS、BETACAM SP 等"存量"中的模拟录像格式转录为 DV、DVCAM 等"存量"中的数字录像格式的案例,虽然模拟信号转换为数字信号,但数字信号仍以磁迹形态记录在录像带上,显然不符合现行规范标准中视频档案数字化的目标要求——数字化副本(成果)还应是数字视频文件形态。

3. 视频档案数字化的技术参数不能满足或兼顾两种不同类型"存量"视频档案形成高品质数字资源的需要

这是视频档案数字化定义未能根据"存量"视频档案的两种类型分别揭示"数字化"实质的"副产品"。在不涉及硬件因素的前提下,影响视频档案数字化副本(成果)品质高低的"软件"因素——各技术参数在《录音录像档案数字化规范》(DA/T 62-2017)9.3.2 集中明确。如对照两种类型"存量"视频档案形成"高品质"数字资源的要求,其不足之处如下:

(1) 视频编码格式

这是指《录音录像档案数字化规范》(DA/T 62-2017)的 9.3.2(a)。其要求采用 H.264 或 MPEG-2 IBP,对特别珍贵的采用无压缩,这可基本满足模拟信号的"存量",但对数字信号的"存量"则不适用。如前文所述,数字信号的"存量"应"原汁原味"采集转存。"存量"中的数字录像格式形成之时是否压缩以及使用何种压缩编码,应维持原样。此外,标准未提及 DV、DVCAM、DVCPRO、DVCPRO 50、DIGITAL-S、DIGITAL BETACAM 等早期数字信号的"存量"大量使用的、基于 MOTION-JPEG 的 DV 帧内压缩编码。该编码信息量大于同等压缩比例的帧间压缩编码 MPEG-2,又降低了无压缩所需的巨大数据存储压力。

(2) 分辨率

这是指《录音录像档案数字化规范》(DA/T 62-2017)的 9.3.2(d)。问题在采集高清视频时分辨率不低于 1 920×1 080。而该标准 9.3.2(c)也规定画幅比与原件相同,因此需考虑高清视频发展中的特殊情况。一是日本 20 世纪 80 年代至 90 年代初研制的模拟高清格式的画幅比为 15∶9,而非后来数字高清普遍采用的 16∶9。二是数字高清视频技术并非一蹴而就达到 1 920×1 080 全高清(FULL

HD)的分辨率,而是标清先过渡到1 280×720(属高清/HD范畴但非全高清/FULL HD)。三是使用DV、DVCAM录像带记录的HDV 1080I格式,其真实分辨率为1 440×1 080,即MPEG-2压缩编码"白皮书"中第三级(HIGH LEVEL)的分辨率,通过画幅拉伸呈现16∶9画幅比。而松下的DVCPRO HD格式初期实际分辨率仅有1 280×1 080,同样通过拉伸达到16∶9画幅比效果。因此,9.3.2(d)采集高清视频1 920×1 080的分辨率下限,对一些真实分辨率不足的"存量"而言是"高配",并不提升有效解像力,还增加了存储空间。

此外,本条中采集为标清视频时设定的分辨率下限也值得商榷,例如前文提及的早期家用录像格式VHS等,实际分辨率未达到720×576(PAL制式)。如存储空间有限,采集为640×480等略低分辨率并不降低其实际解像力。

(3)色度采样率

这是指《录音录像档案数字化规范》(DA/T 62-2017)的9.3.2(e)。一是"色度采样率"这一表述不准确,一般表述为"亮度、色度采样比"或"亮度、色度采样比例"。二是标清视频采样比不低于4∶2∶0,高清不低于4∶2∶2并不完全符合实际情况。亮度、色度采样比是否达到甚至高于4∶2∶2,即色度采样数量是否等于甚至大于亮度采样数量的一半,是衡量该录像格式是否达到广播级要求的重要"门槛",而非区分标清、高清的"分水岭"。标清、高清是分辨率(严格说采样频率)不同技术代际的直观称呼,两者都包括4∶2∶0、4∶2∶2甚至4∶4∶4等多种亮度、色度采样比情况的不同格式。以标清数字录像格式为例,亮度、色度采样比4∶2∶0(PAL制式,NTSC制式为4∶1∶1)的DV格式为民用级录像格式。即便使用更可靠磁带、更宽的磁迹宽度,且配备更高规格图像传感器、镜头等硬件的DVCAM格式,因其4∶2∶0的亮度、色度采样比仍归为专业/业务级录像格式而未及广播级。亮度、色度采样比达到4∶2∶2的DIGITAL BETACAM、DVCPRO 50、DIGITAL-S等才归为广播级录像格式。新闻电子采集/新闻电子处理(ENC/ENP)用途为主的BETACAM SX格式,虽然使用MPEG-2压缩编码及较大的压缩比例,其视频码率18 Mbps低于民用级录像格式DV或专业/业务级录像格式DVCAM、DVCPRO(DVCPRO无论是PAL还是NTSC制式,亮度色度采样比均为4∶1∶1),但因其4∶2∶2的亮度、色度采样比而归为广播级录像格式。"存量"中数字高清录像格式方面,亮度、色度采样比既有4∶2∶2及最高4∶4∶4规格的HDCAM、DVCPRO HD等广播级格式,也有4∶2∶0的HDV(包括HDV 720P和HDV 1080I)等非广播级格式。三是未兼顾或细化"存量"中采用亮度、色度复合记录模式的录像格式,例如VHS、U-MATIC等模拟复合录像格式,以及D1、D3等数字复合格式。

因此,视频档案数字化时的亮度、色度采用比应符合该录像格式原始情况,尤其是"存量"中采用数字分量记录模式、有明确采样比例的数字录像格式,按照"原汁原味"采集转存至或非线性存储载体的要求,应维持原始的采样比。此外,对标清视频,如条件允许则建议亮度、色度采样比不低于 4∶2∶2,高于现标准中的 4∶2∶0,因提高色度采样数量增加色彩保真度对分辨率较低的标清视频意义更大。高清乃至 4K、8K 等超高清视频因分辨率大幅提升,4∶2∶0 的亮度、色度采样比对实际观看体验影响不像标清视频那么大,更高的亮度、色度采样比更多是在蓝幕抠图精细度等视频编辑特效等场合下发挥作用。

(4) 视频量化位数

这是指《录音录像档案数字化规范》(DA/T 62-2017)的 9.3.2(f)。8 bit 下限和 10 bit 上限也未体现与"存量"匹配合适的原则。例如,对模拟格式的"存量"而言,受限于当时技术条件下 CCD 等图像传感器、图像处理芯片等电子元器件的工艺水平和实际动态范围,8 bit 量化位数足以胜任,升格至 10 bit 不会增加细节过渡。又如,对需要"原汁原味"采集转存的数字格式的"存量"而言,量化位数也应维持原始参数。数字格式的"存量"中,仅 DIGITAL BETACAM 等极个别录像格式提供 10 bit 量化位数,其他均为 8 bit,也说明即便是数字格式的"存量",当时技术条件下的图像传感器实际动态范围以 8 bit 量化绰绰有余。图像传感器动态范围大幅提升而超越传统胶片,普遍提供 10 bit 甚至个别达到 12 bit、14 bit 量化位数,是近 10 年无须"数字化"的"增量"视频时代的产物。

(5) 视频比特率

这是指《录音录像档案数字化规范》(DA/T 62-2017)的 9.3.2(g)。标清、高清的视频比特率下限 8 Mbps、16 Mbps 未说明在何种分辨率、何种亮度、何种色度采样比、何种量化位数、何种压缩编码等条件下达到。例如,对标清而言,8 Mbps 和 DVD 影碟产品中最高规格的视频比特率一致,出处是否在此?但对于需"原汁原味"采集转存的数字格式的"存量"而言,标清、高清的 8 Mbps、16 Mbps 视频比特率下限距离视频原始素材有较大距离,例如,民用级数字标清录像格式 DV 的视频比特率为 25 Mbps,广播级数字标清录像格式 DVCPRO 50、DIGITAL-S、MPEG-IMX 为 50 Mbps,DIGITAL BETACAM 为 77 Mbps。又如,民用级数字高清录像格式 HDV(包括 HDV 720P 和 HDV 1080I)的视频比特率为 25 Mbps,广播级数字高清录像格式 DVCPRO HD、HDCAM 分别为 100 Mbps 和 144 Mbps,远高于 16 Mbps 的下限。

(6) 音频编码格式、音频采样频率、音频量化位数、声道数等视频中的音频部分技术参数

这是指《录音录像档案数字化规范》(DA/T 62-2017)的 9.3.2(h)(i)(j)(k)。

主要症结在采样频率、音频量化位数和声道数3个参数可能无法同时满足标准规定的下限或要求，即采样频率至少48 KHz，音频量化位数至少16 bit，声道数量保持原始声道数。某些数字格式的"存量"例如DV、DVCAM等格式，其音频部分默认两声道，每声道采样频率48 KHz，16 bit量化，但这些格式还允许以四声道这一特殊模式记录音频，在四声道模式下，每声道采样频率和量化位数也分别"降格"为32 KHz和12 bit。因此，数字格式的"存量"如"原汁原味"采集转存，原始摄录环节采用四声道记录模式则无法同时满足标准中各项音频技术参数的下限值。

（7）文件格式

这是指《录音录像档案数字化规范》（DA/T 62-2017）的9.3.2(l)。其规定了AVI和MXF两种数字视频文件格式。但对数字格式的"存量"而言，"原汁原味"采集转存后也存在其他格式，例如数字高清录像格式HDV从DV或DVCAM录像带中采集转存至非线性存储载体后，数字视频文件以M2T格式存在。

4. 对"增量"视频的技术参数要求尚达不到"最佳"品质要求

《录音录像档案管理规范》（DA/T 78-2019）5.2.6是录像类电子文件归档的技术参数要求，可视为"增量"视频应遵循的要求。其要求视频比特率"不低于8 Mbps"，与《录音录像档案数字化规范》（DA/T 62-2017）9.3.2中"采集为标清视频时比特率"下限相同，但大幅低于高清视频比特率下限要求。在全高清分辨率视频早已普及，4K甚至8K超高清分辨率视频也逐渐普及的当下，显然与"高品质"要求相去甚远。

5. 压缩编码和数字视频文件格式两个概念有混淆

例如《录音录像档案数字化规范》（DA/T 62-2017）的9.3.2(a)，该技术参数名称表述为"压缩编码格式"，易使人混淆压缩编码和数字视频文件格式（电子文件扩展名）这两个不同概念。AVI、MP4、MXF、MOV等数字视频文件格式（电子文件扩展名），作用类似将视频信息和音频信息及其他相关信息包装为一体的容器，与其中视频、音频是否压缩及使用何种压缩编码并不存在直接关系。例如，AVI格式的数字视频文件，其可能是无压缩视频，也可能是DV等数字格式的"存量"采集转存后形成的数字视频文件。而DV格式则使用DV帧内压缩编码，压缩比例1∶5。实际工作中，不少人混淆压缩编码和数字视频文件格式两个概念，很大原因是数字压缩技术早期，例如MPEG-1、MPEG-2等帧间压缩编码的名称，与MPG、MPEG等早期常用数字视频文件格式（电子文件扩展名）相似。

不过，数字视频文件格式也具有一定的技术时代性。例如，AVI是标清时代较通用的数字视频文件格式。进入高清时代后，MP4逐步取代AVI成为至今较通用的数字视频文件格式。而进入4K超高清时代，MOV也逐渐普及。如留意近十几年各种高清、超高清数字视频文件,几乎没有以 AVI 为文件格式的。

6. 未覆盖最新的压缩编码和数字视频文件格式

例如,视频压缩编码未能覆盖进入 4K 超高清时代用以提升 H.264 压缩效能且已普及的 H.265 编码,以及更高规格的无压缩 RAW 视频。此外,2021 年末已发布面向 8K 超高清视频的 H.266 编码势必将成为 H.265 的"继任者"。而现行规范标准只提及 H.264 这一全高清分辨率时代的"产物"。数字视频文件格式也尚未覆盖近年来已较普遍的 MOV。相信规范标准更新修订时会增加上述新情况。

7. 其他问题

例如,《录音录像档案管理规范》(DA/T 78 - 2019)5.2.2 未考虑无人机等设备通常不配备麦克风因此其摄录视频原始素材无音频信息的特例。

又如,《录音录像档案数字化规范》(DA/T 62 - 2017)9.3.1(a)对音频档案数字化采样频率下限的要求,虽不是本文研究的重点,但应指出,其 44.1 KHz 的下限值和 96 KHz 的"高配"值分别隶属于两种不同的音频采样频率体系。44.1 KHz 是基于音乐 CD 的采样频率标准,随着技术发展,后续更高采样频率均以 44.1 为基数整倍提升,例如 88.2 KHz、176.4 KHz 等;而 96 KHz 是基于 DV、DVCAM、DVD 影碟产品等数字视频中音频部分 48 KHz 的基准采样频率的 2 倍"高配"升格。因此,两者是两种体系,应取其一或并列分别表述。笔者建议选择数字视频领域的 48 KHz 音频基准体系,高配有 96 KHz 等 48 KHz 的整数倍采样频率,低配也有 32 KHz 如前文提及的 DV、DVCAM 中四声道记录模式下每声道的采样频率值。

六、相关规范标准更新修订时的建议

针对前文所述的现行规范标准中的不足之处,笔者提出以下建议,供更新修订时参考。

1. 进一步完善视频文件/视频档案的定义,以区别胶片电影、矢量图形动画等近似事物

建议对视频文件或视频档案的定义表述中,明确视频是建立在电视技术上的产物,而以化学工业为基础的传统银盐胶片电影不在此范畴,即电子影像和化学影像之间的区别。[3]也要明确名称中虽带有"电影"但使用基于电视技术的数字摄录机而非银盐胶片电影机拍摄制作的"数字电影",属于视频。此外,传统银盐胶片电影经"胶转磁"转为的视频副本也属于视频范畴。

还建议定义中明确:使用 FLASH 等矢量图形生成的矢量动画、多媒体动画同样不属于视频范畴。矢量图形的基本单位是线条和角度,其不会因画面不断放

大而模糊粗糙出现"马赛克"现象，和基本单位为像素的静止照片、视频等"栅格图像"有着本质区别。

2. 揭示视频档案数字化的实质，明确两种不同类型"存量"视频档案数字化的目标效果

视频档案数字化的定义建议可从"存量"视频档案的两种不同类型切入表述，补充相关内容，揭示将"存量"从视频信号（无论是模拟还是数字）转化为数字视频文件（电子文件）的实质。例如，对模拟格式的"存量"而言，"数字化"目标效果是"信号数字化＋信号的数字视频文件化（电子文件化）＋存储载体非线性化（非录像带化）"；对数字格式的"存量"而言，是"原汁原味"采集并转存至非线性存储载体，即存储载体的非线性化（非录像带化）的同时也完成了数字信号到数字视频文件（电子文件）的转化。

3. 需补充两种类型"存量"视频档案在数字化操作时信号连接、传输等要求

这是《录音录像档案数字化规范》（DA/T 62-2017）等现行规范标准未提及内容。按照前文所述两种类型"存量"视频档案不同的"数字化"目标效果，建议分别补充其"数字化"操作时，录像机/录放机/摄录放一体机等"存量"读取设备，与视频采集卡、采集平台等数字化处理设备之间音视频信号连接的基本要求。如操作正确，例如数字格式的"存量"通过该格式"白皮书"规定的数字信号端口连接，数字化处理平台一般会自动识别其技术参数，提供"原汁原味"以"白皮书"规定的数字视频文件格式保存的选项。否则，通过模拟信号端口连接，传输的不是原始数字信号而是模拟信号。连接原理如图2所示。

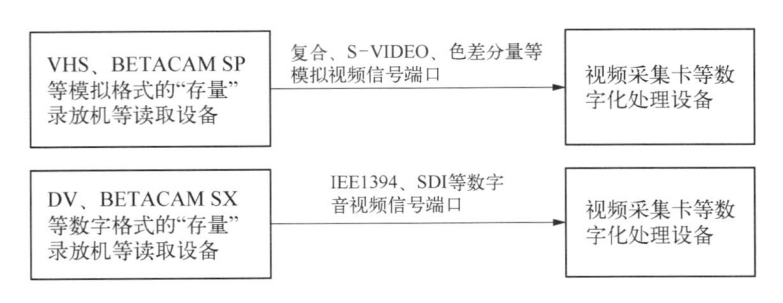

图 2　录放机连接原理

（1）模拟格式的"存量"

应根据该录像格式原生的亮度、色度记录模式——复合（composite）、Y/C 分量、分量（YUV 或 YCrCb 或 RGB），选择对应的视频信号传输端口连接录像带读取设备和数字化处理设备。模拟格式的"存量"默认的模拟视频信号传输端口如表2所示。

表 2　模拟格式默认的视频信号传输端口[4]

格　式　名　称	亮度、色度记录模式	默认视频信号传输端口
VHS、VHS-C	复合	复合端口
S-VHS、S-VHS-C	Y/C 分量	S-VIDEO 端口
VIDEO-8	复合	复合端口
HI-8	Y/C 分量	S-VIDEO 端口
U-MATIC	复合	复合端口
U-MATIC SP	分量	色差分量端口
BETACAM SP	分量	色差分量端口

表 2 中,诸如 BETACAM SP 等亮度、色度分量分开记录的录像格式,其对应的录像机/摄录机等读取设备一般会向下兼容而提供复合端口和 S-VIDEO 端口。对 BETACAM SP 进行数字化操作时,应选择该格式默认的色差分量端口传输模拟视频信号以保证原生最佳品质。此外,BETACAM SP 等广播级录像格式的设备,其模拟音、视频信号传输端口通常为较专业的 BNC 针式端口、XLR 平衡式音频端口,而非 VHS 等民用级录像格式设备上的 RCA 莲花型端口。因此,BETACAM SP 等广播级录像格式数字化时,建议优先使用这些专业端口,保证音、视频信号传输的稳定性和品质。

(2) 数字格式的"存量"

应选择该格式"白皮书"规定的数字信号传输端口连接录放机等读取设备和视频采集卡等数字化处理设备。数字格式的"存量"对应或默认的数字音视频信号传输端口如表 3 所示。

表 3　不同格式对应的数字音视频信号传输端口

格　式　名　称	对应的数字音视频信号传输端口
DV	IEEE 1394(或 FIREWIRE/火线)
DVCAM	IEEE 1394(或 FIREWIRE/火线)
DVCPRO	IEEE 1394(或 FIREWIRE/火线)或 SDI
DIGITAL 8	IEEE 1394(或 FIREWIRE/火线)

续　表

格　式　名　称	对应的数字音视频信号传输端口
DVCPRO 50	SDI
DIGITAL‑S(即 D9)	SDI
DIGITAL BETACAM	SDI
BETACAM SX	SDI
MPEG IMX	SDI
D1	SDI
D2	SDI
D3	SDI
D5	SDI
HDV(包括 HDV 720P 和 HDV 1080I)	IEEE 1394(或 FIREWIRE/火线)
D5 HD	HD SDI
HDCAM	HD SDI
DVCPRO HD	HD SDI

4. 根据两种不同类型的"存量"视频档案和建设最高品质视频档案数字资源的需求，细化完善"视频档案数字化"的技术参数

这是指对《录音录像档案数字化规范》(DA/T 62‑2017)的 9.3.2 进行必要的调整、补充、完善。建议可分别描述模拟格式和数字格式这两种"存量"视频档案各自数字化的技术参数要求，具体如下：

(1) 视频编码

这是指《录音录像档案数字化规范》(DA/T 62‑2017)的 9.3.2(a)。建议除了将"视频编码格式"这一表述调整为"视频编码"以避免与数字视频文件的文件格式(扩展名)混淆，两种不同类型"存量"视频档案各自的视频编码选择建议如下：

① 模拟格式的"存量"。由于日本研发的模拟高清技术几乎未引入国内，可认为现存模拟格式的"存量"均为标清及以下画面分辨率，因此，在存储空间充裕的前提下，建议模拟格式的"存量"首选无压缩，其次选择基于 MOTION‑JPEG 技术的帧内压缩编码(例如 DV 帧内压缩)，最后选择基于运动补偿技术的帧间压缩

编码。帧间压缩编码建议优先选择较新较先进的 H.264 等编码，而非 MPEG-2、MPEG-1 等相对老旧的编码。此外，帧间压缩编码有"IPB"和"仅Ⅰ帧"（仅 INTRA 帧/帧内帧）等不同选项时，优先选择"仅Ⅰ帧"。

② 数字格式的"存量"。按照"原汁原味"采集转存原则，如前文 5.3.2 所述正确连接对应的数字音、视频信号传输端口，该格式将以原生的压缩编码及压缩比例传输数字音、视频信号。数字格式的"存量"的压缩编码及压缩比例如表 4 所示。

表 4 不同格式的压缩编码及压缩比例

格 式 名 称	压 缩 编 码	压缩比例
DV	DV 帧内压缩	1∶5
DVCAM	DV 帧内压缩	1∶5
DVCPRO	DV 帧内压缩	1∶5
DIGITAL 8	DV 帧内压缩	1∶5
DVCPRO 50	DV 帧内压缩	1∶3.3
DIGITAL-S（即 D9）	DV 帧内压缩	1∶3.3
DIGITAL BETACAM	DV 帧内压缩	1∶2.2
BETACAM SX	MPEG-2 帧间压缩	1∶10
MPEG IMX	MPEG-2 帧间压缩	1∶3.3
D1	无压缩	—
D2	无压缩	—
D3	无压缩	—
D5	无压缩	—
HDV（包括 HDV 720P 和 HDV 1080I）	MPEG-2 帧间压缩	1∶10
HDCAM	MPEG-2 帧间压缩	1∶5
DVCPRO HD	DV 帧内压缩	1∶5

（2）分辨率

这是指《录音录像档案数字化规范》（DA/T 62-2017）的 9.3.2(d)。

① 模拟格式的"存量"。如前文所述，日本研发的模拟高清技术几乎未引入国内，可认为现存模拟格式的"存量"均为标清及以下画面分辨率。就标清而言，有主级（MAIN LEVEL）的全标清分辨率和低级（LOW LEVEL）的低分辨率。存储空间充裕的前提下，以 PAL 制式为例，建议模拟格式的"存量"均按 720×576 标清全分辨率主级（Main Level）采样。如存储空间不足，VHS、VIDEO－8 等早期格式以 640×480 等稍低分辨率采集，但不建议降至 352×288 的低级（Low Level）。

② 数字格式的"存量"。按照"原汁原味"采集转存原则，如前文 5.3.2 所述正确连接对应的数字音视频信号传输端口，该格式的数字视频信号将以原始分辨率传输。以 PAL 制式为例，数字格式的"存量"的分辨率如表 5 所示。

表 5　不同格式的画面分辨率

格 式 名 称	画面分辨率	备　　注
DV	720×576	
DVCAM	720×576	部分设备支持摄录为 16∶9 画幅比，但有效分辨率/像素不变
DVCPRO	720×576	
DIGITAL 8	720×576	
DVCPRO 50	720×576	
DIGITAL－S（即 D9）	720×576	
DIGITAL BETACAM	720×576	
BETACAM SX	720×576	
MPEG IMX	720×576	
D1	720×576	
D2	720×576	
D3	720×576	
D5	720×576	
HDV 720P	1280×720	
HDV 1080I	1440×1080	画面拉伸至 16∶9

续 表

格 式 名 称	画面分辨率	备 注
HDCAM	1920×1080	
DVCPRO HD	1280×1080	画面拉伸至 16∶9

（3）色度采样率

这是指《录音录像档案数字化规范》(DA/T 62-2017)的 9.3.2(e)。建议除了将"色度采样率"这一表述调整为更为准确的"亮度、色度采样比例"或"亮度、色度采样比"，两种类型"存量"的亮度、色度采样比例选择建议如下：

① 模拟格式的"存量"。在存储空间充裕的前提下，建议模拟格式的"存量"均以 4∶2∶2 的亮度、色度采样比例进行视频部分的采样。除特别珍贵或高品质传统胶片电影"胶转磁"后的视频副本，一般无必要升格至 4∶4∶4 的全 RGB 采样。如存储空间有限，VHS 等民用级录像格式可以 4∶2∶0(PAL 制式，如 NTSC 制式为 4∶1∶1)比例进行亮度、色度采样。

② 数字格式的"存量"。按照"原汁原味"采集转存原则，如前文 5.3.2 所述正确连接对应的数字音视频信号传输端口，该格式将以原生的亮度、色度传输/记录模式以及亮度、色度采样比例传输视频信号。以 PAL 制式为例，数字格式的"存量"的亮度、色度传输/记录模式及亮度、色度采样比例如表 6 所示。

表 6 不同格式的亮度、色度传输记录模式

格 式 名 称	亮度、色度传输记录模式	亮度、色度采样比例
DV	分量	4∶2∶0
DVCAM	分量	4∶2∶0
DVCPRO	分量	4∶1∶1
DIGITAL 8	分量	4∶2∶0
DVCPRO 50	分量	4∶2∶2
DIGITAL-S(即 D9)	分量	4∶2∶2
DIGITAL BETACAM	分量	4∶2∶2
BETACAM SX	分量	4∶2∶0

续　表

格　式　名　称	亮度、色度传输记录模式	亮度、色度采样比例
MPEG IMX	分量	4∶2∶2
D1	复合	复合
D2	复合	复合
D3	复合	复合
D5	分量	4∶2∶2
HDV 720P	分量	4∶2∶0
HDV 1080I	分量	4∶2∶0
HDCAM	分量	4∶2∶2
DVCPRO HD	分量	4∶2∶2
HDCAM SR	分量	4∶4∶4
DVCPRO HD EX	分量	4∶4∶4

（4）视频量化位数

这是指《录音录像档案数字化规范》（DA/T 62-2017）的 9.3.2(f)。

① 模拟格式的"存量"。受限于当时 CCD 等图像传感器制造工艺及实际的动态范围，笔者认为模拟格式的"存量"以 8 位(bit)量化亮度、色度的采样足矣。特别珍贵或高品质传统胶片电影"胶转磁"后的视频副本，可视需要以 10 位(bit)量化。

② 数字格式的"存量"。按照"原汁原味"采集转存原则，如前文 5.3.2 所述正确连接对应的数字音视频信号传输端口，该格式的视频量化位数将以原始数值传输。数字格式的"存量"视频量化位数如表 7 所示。

表 7　不同格式的视频量化位数

格　式　名　称	视频量化位数	备　注
DV	8 bit	
DVCAM	8 bit	
DVCPRO	8 bit	

续　表

格　式　名　称	视频量化位数	备　注
DIGITAL 8	8 bit	
DVCPRO 50	8 bit	
DIGITAL-S(即 D9)	8 bit	
DIGITAL BETACAM	8 bit 或 10 bit	该格式提供两种量化位数选择
BETACAM SX	8 bit	
MPEG IMX	8 bit	
D1	8 bit	
D2	8 bit	
D3	8 bit	
D5	8 bit	
HDV 720P	8 bit	
HDV 1080I	8 bit	
HDCAM	8 bit	
DVCPRO HD	8 bit	

(5) 视频比特率

这是指《录音录像档案数字化规范》(DA/T 62-2017)的 9.3.2(g)。

① 模拟格式的"存量"。视频比特率一般可通过画面分辨率(或亮度采样频率的绝对值)、亮度、色度采样比例、量化位数、是否使用压缩编码及压缩比例等各项技术参数计算得出,因此,明确了前文各技术参数的控制性或推荐性指标后,视频比特率无须一一列出,也无法罗列穷尽。建议此处或前文所述的 5.4.1.1 中,如模拟格式的"存量"实施数字化时进行压缩,则给出不同视频编码的压缩比例上限值/最大值以保证视频品质,例如,使用帧内压缩的,压缩比例不超过 1∶5;使用 H.264 编码的,如相对静止或低速运动的画面,或画面内容简洁,压缩比可不超过 1∶10,如高速运动或内容繁杂的画面,压缩比应不超过 1∶5。

② 数字格式的"存量"。按照"原汁原味"采集转存原则,如前文 5.3.2 所述正确连接对应的数字音视频信号传输端口,该格式将以"白皮书"规定的、也是其原始

的视频比特率传输视频信号。数字格式的"存量"视频比特率如表 8 所示。

表 8　不同格式的视频比特率

格 式 名 称	视频比特率
DV	25 Mbps
DVCAM	25 Mbps
DVCPRO	25 Mbps
DIGITAL 8	25 Mbps
DVCPRO 50	50 Mbps
DIGITAL－S(D9)	50 Mbps
DIGITAL BETACAM	77 Mbps
BETACAM SX	18 Mbps
MPEG IMX	50 Mbps
HDV 720P	25 Mbps
HDV 1080I	25 Mbps
HDCAM	144 Mbps
DVCPRO HD	100 Mbps

（6）视频中音频部分的技术参数：音频编码格式、音频采样频率、音频量化位数、声道数等

这是指《录音录像档案数字化规范》(DA/T 62－2017)的 9.3.2(h)(i)(j)(k)。

① 模拟格式的"存量"。音频量化位数升格"高配"至 24 bit 值得商榷。由于模拟格式"存量"的音频部分几乎不存在高于 CD 的音质(采样频率 44.1 KHz，量化位数 16 bit)，结合当时电声技术的实际表现，因此笔者认为 16 bit 的音频量化位数足矣。高于 CD 音质的音频多是 21 世纪以来更高采样频率、更高量化位数的纯音频产品如 SACD、DSD 等高质量音乐光盘发行物，而视频中的音频部分品质提升多以增加声道数和前期录音标准如杜比全景声(Dolby Atmos)等实现，但每声道的采样频率和量化位数鲜有大于等于 96 KHz、24 bit 的情形。

② 数字格式的"存量"。按照"原汁原味"采集转存原则，如前文 5.3.2 所述正

确连接对应的数字音视频信号传输端口,该格式将以原始的音频部分采样频率、量化位数、声道数、编码等传输音频信号,无须一一明确各技术参数的控制性指标。

(7)(数字视频文件的)文件格式

这是指《录音录像档案数字化规范》(DA/T 62－2017)的9.3.2(1)。建议增补例如 MPG(MPEG)、M2T 等格式,并可分别说明各种数字视频文件格式的适用对象,例如:由于模拟格式的"存量"几乎均为标清及以下画面分辨率,建议数字化后形成的数字视频文件以 AVI 为格式,因 AVI 是标清时代数字视频文件较通用的格式。如使用现行规范标准中推荐的 MPEG－2 编码进行视频压缩的,一般以MPG(MPEG)作为数字化后的数字视频文件格式;如该 MPEG－2 编码压缩后的视频要制作成标准 DVD 影视光盘,则以 DVD 影视光盘"白皮书"规定的"VOB"作为数字视频文件格式。而 HDV 等高清数字格式的"存量"经"原汁原味"采集转存后,自动形成 M2T 等现行规范标准未提及的数字视频文件格式。

5. 建议提高特别重要、珍贵的"增量"视频摄录环节的技术参数指标

《录音录像档案管理规范》(DA/T 78－2019)5.2.6 录像类电子文件归档技术参数要求部分,应面向当前和未来一段时期,不但应提高"不低于 8 Mbps"的视频比特率下限值(或明确 8 Mbps 适用于标清及以下分辨率视频),且建议分别给出分辨率、亮度、色度采样比例、视频量化位数、压缩编码等各主要技术参数的要求。笔者建议不同品质要求下各技术参数指标如表 9 所示(以 PAL 制式为例)。

表 9　技术参数指标

技术参数	最低品质/下限	主流品质	最高品质
分辨率	1 920×1 080	3 840×2 160 或 4 096×2 160	7 680×4 320 或 8 192×4 320
亮度色度采样比	4∶2∶0	4∶2∶2	4∶4∶4
量化位数	8 bit	10 bit	12 bit、14 bit
编码	H.264	H.265、H.266	PRORES RAW
帧率	25 FPS	50 FPS	100 FPS
视频比特率	全高清:17 Mbps 4K:100 Mbps 8K:200 Mbps	全高清:100 Mbps 4K:400 Mbps 8K:800 Mbps	全高清:200 Mbps 4K:1 Gbps 以上 8K:1 Gbs 以上

需指出的是,在视频摄录时,不一定每一项技术参数均达到表 9 某一档品质所

列各项技术参数的要求，而可综合使用，但应无任何一项技术参数低于上表"最低品质/下限"列的各技术参数要求。举例来说，某科研院所购置了一台可拍摄 4K 分辨率下每秒 25 帧、50 帧、100 帧（4K25P、4K50P、4K100P），以及 8K 分辨率下每秒 25 帧（8K25P）的摄录机。在拍摄重要的科学试验视频时，由于场景布置简单而涉及事后流畅的慢速回放观看研究，因此科研院所选取 4K 即 3 840×2 160 的画面分辨率、每秒 100 帧（100FPS）的参数拍摄，而未选择该设备最高的 8K 分辨率但每秒仅 25 帧的规格拍摄。但该单位在拍摄以静态画面为主、强调画面精细度的重要展会、产品展示时，则选择最高的 8K 即 7 680×4 320 画面分辨率，但每秒 25 帧的参数拍摄。

补充建议：摄录设备如提供 LOG（GAMMA）记录规格（但未提供 PRORES RAW 等记录规格）且本组织、本机构具备相应的视频制作技术能力的，建议优先选择 LOG（GAMMA）等规格记录，以充分发挥 CMOS 等图像传感器的最大动态范围。

参考文献

［1］李明华.数字档案室建设概论［M］.北京：中国文史出版社，2016：20.
［2］陈犀禾.数字电视制作［M］.上海：上海大学出版社，2001：23.
［3］李念芦.影视技术概论［M］.北京：中国电影出版社，1999：17.
［4］陈犀禾.数字电视制作［M］.上海：上海大学出版社，2001：23.

声像档案资源一体化管理探索
——以上海城投集团为例

徐青萍　周　丽

上海城投(集团)有限公司

摘　要：以声像档案从收集到利用全过程管理为指引，在对声像档案资源保存管理现状调研分析的基础上，围绕声像档案资源收集前端控制、声像档案管理标准建设、声像档案资源管理平台建设等进行探索实践，以期为企业声像档案管理探索提供借鉴。

关键词：声像档案；档案管理；开发应用

一、引言

信息技术的飞速发展和5G时代的到来，使得声像档案资源在形态、类型上呈现出多样化发展趋势，其数量也呈指数式增长。对于声像档案资源的研究也日益成为学者关注的重点，主要包括声像档案资源制度建设、整理编目、长期保存等管理研究[1][2][3][4]，新理念、新技术应用下的声像档案资源整合利用研究[5][6][7][8][9]和声像档案资源的开发利用[10][11]及评价研究[12]等。但在具体实践中，围绕企业声像档案资源管理现状开展探讨研究的还较少。上海城投作为全市重要的功能保障类国有企业，三十多年来在服务城市建设、服务民生保障的发展历程中，积累了大量独特的声像档案资源。据不完全统计，目前城投集团系统内照片资料约有21万张，视频及音频资源1.6万个，受限于技术、规范、管理手段的单一化，作为企业档案资源体系中最具动态直观性的声像档案资源，在采集、控制、管理、挖掘、利用等方面迫切需要一种新型制度框架的支撑。

对集团存量历史声像档案资源进行数字化抢救、增量声像档案资源的统筹规划和科学管理，有助于打破部门间、单位间的资源限制，形成统一有机的声像资源共建共享体系,探索出来的具有针对性的、可操作性的声像档案资源系统建设经验、声像档案管理制度和操作规范,对于企业声像档案信息化建设有着重要的现实意义和实践价值。

二、声像档案资源保存现状分析

城投集团所保存的声像档案资源数量庞大,内容类型较为齐全、完整,呈现出横向的业务板块与纵向的职能管理相结合的资源分布特点,基本涵盖了集团在城市建设过程中的各类管理服务活动。

1. 集团声像档案资源数量

集团本部声像档案资源主要集中在档案室,部分集中在宣传部。室藏声像档案(见图1)主要以录像带、录音带、光盘为介质,照片、视频和音频均有保存,宣传部的声像资源以数码照片和视频文件为主。从统计数据来看,本部存量视频录像带380盘、光盘371张、纸质照片14册,共728张。所有载体共包含照片约10万张,容量520 GB;视频约2 000条,总时长近500小时;音频28个,容量1 GB。

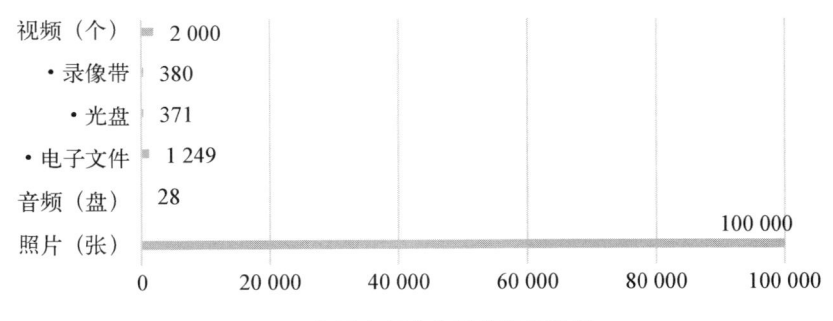

类型	数量
视频(个)	2 000
录像带	380
光盘	371
电子文件	1 249
音频(盘)	28
照片(张)	100 000

图1 集团本部声像档案资源数量

下属单位声像档案资源(见图2)以数码照片和视频文件为主,也有纸质照片和录音带等传统介质资源。其中,照片档案共有114 920张,共计3 253.26 GB;视频档案有14 390个,共计2 779.73 GB,音频档案有98盘,音频电子文件159段,共计25.41 GB。

2. 集团声像档案资源类型

档案室所藏声像档案资源内容类型(见图3)以各类会议为主,其他还包括领导调研、企业宣传和工程项目等;宣传部保存的声像档案资源内容类型以城投特色的"口述历史"和"城投讲堂"为主,其他包括了宣传片、会议活动等类型。

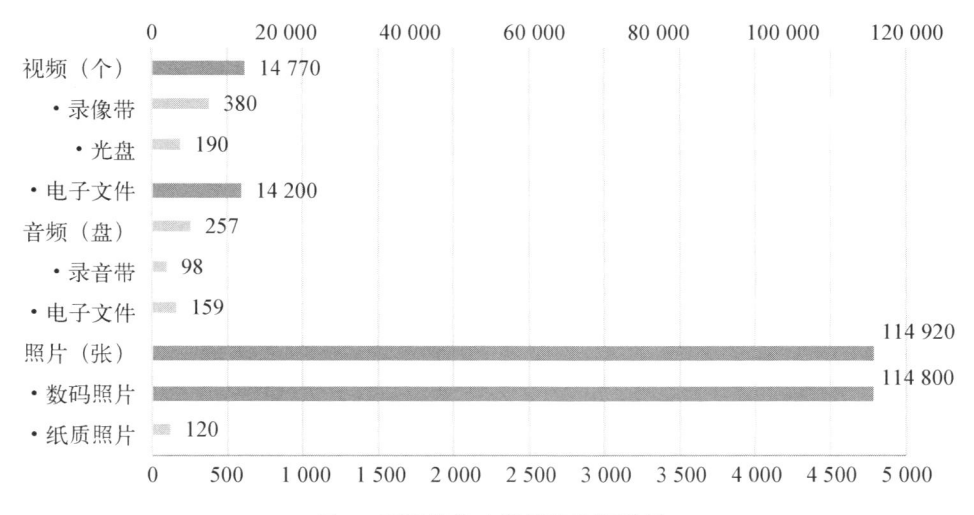

图 2　下属单位声像档案资源数量

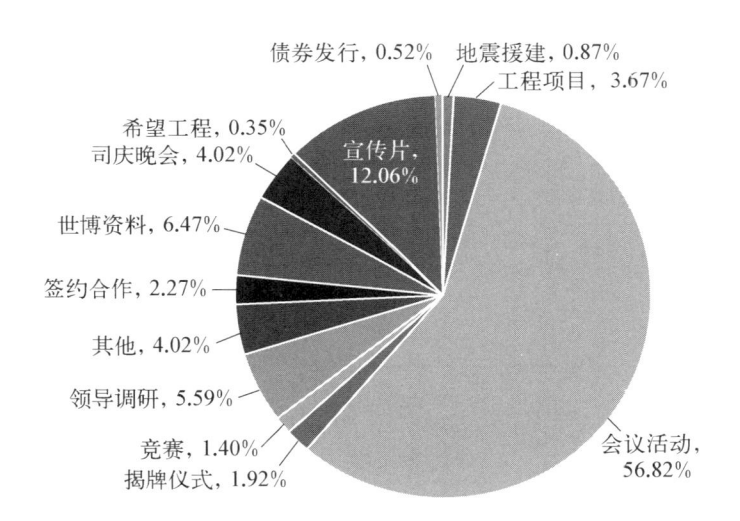

图 3　集团本部室藏声像档案资源类型

下属单位声像档案资源内容（见图 4）涉及重大活动、重要会议、领导调研、重大工程、城市运营、企业文化、对外宣传、先进表彰等类型，其中声像档案资源的主要内容是重要会议和重大活动，领导调研、企业文化和对外宣传等类型也相对较多。

3. 集团声像档案资源年限

档案室的声像档案资源年限最早为 1992 年，最晚为 2022 年，大部分声像档案资源的分布年限集中在 2002 年至 2012 年；宣传部的声像档案资源分布年限在 2012 年至 2022 年（见表 1）。

图 4 下属单位声像档案资源类型词云图

表 1 城投集团本部声像档案资源年代分布

资源种类	存储介质	记录年限
照片	数码	1992—2022
	纸质	
视频	电子文件	2012—2022
	光盘	2003—2019
	录像带	1997—2012
音频	录音带	2003—2005

集团下属单位保存的声像档案资源所涵盖的年限同样较长，覆盖了2005年至2022年，也保存了少许年代比较久远的胶片（城投水务档案室室藏）（见表2）。

表 2 城投集团下属单位声像档案资源年代分布

资料种类	存储介质	记录年限
照片	胶片（少量）数码	2005—2022
	纸质	

续　表

资料种类	存储介质	记录年限
视频	电子文件	2006—2021
	光盘	
	录像带	
音频	电子文件	2007—2021
	录音带	

总体来看，在时间跨度上，集团声像档案资源大致可分为三段：一是自集团成立至2000年左右的声像档案资源，以集团本部产生并保管的居多；二是2000年至2010年左右的声像档案资源，集团本部和各所属单位均有保管，所属单位部分移交集团档案室归档；三是2010年至今的声像档案资源，由各所属单位自行保管，集团本部根据利用需要向各单位收集。

三、声像档案资源管理及利用现状

城投集团为加强声像档案资源的规范管理和有效利用，制定了《上海城投（集团）有限公司声像档案管理细则》（以下简称《声像档案管理细则》），统筹推进集团本部及直属单位的声像档案资源管理工作，取得了一定进步和成效。但随着企业数字化转型和档案工作新要求的提出，目前集团在声像档案资源的收集力度、整理编目体系建设、保存主体管理和查询利用工作方面还有待加强，面临着一些困难和挑战。

1. 收集力度有待加强

在声像档案资源收集意识方面，直属单位收集人员对声像档案资源收集的主动性、能动性差异较大，部分单位存在收集不够全面的情况。比如集团中参与城市建设的一线单位，更重视收集验评表格、总结材料等项目档案，而忽略重点工程建设中全过程、多维度的声像资料收集，使得有保存价值的声像档案资源的收集工作较难有效推进。又如部分单位的照片、视频等声像档案资源的采集，委托第三方拍摄公司，尚缺乏明确的交付标准，服务质量不够稳定，部分第三方公司对会议内容缺乏了解，拍摄重点不突出，批量交付时重量不重质。

在收集制度层面，集团目前已有《声像档案管理细则》加以规范，但在实际落实过程中，由于人员更换等原因，收集起来难度较大。针对声像档案资源的归档范围、归档时间、归档手续、归档要求方面还需加强指导和管理。

2. 抢救保护有待推进

城投集团历史声像档案资源种类多、存量大、范围广，其中以录像带、胶片为存储介质的历史声像档案，在实际保存过程中，因其载体制成材料的快速老化、技术更新迭代、读取设备缺失、保管不善等因素，存在部分信息质量快速下降乃至消失的风险，严重影响后续的保存和利用。在现有条件下，亟须进行抢救保护处理，借助数字化手段，将声像档案复制迁移至新的载体或存储系统，使声像档案在未来仍能被读取使用并保存下来。

3. 整理体系有待规范

声像资源归档后，需围绕事由、时间、地点、人物、作者等内容进行编目和著录。在调研中发现，集团声像资源编目信息存在遗漏和缺失的情况，比如室藏20世纪90年代拍摄的照片，有的未标记人物信息，导致后续利用困难。此外，原有的声像档案整理要求仅为7项，相对简单（见表3），随着信息技术的发展，对于声像档案资源的编目细则还需进一步确定，统一、规范的编目著录体系还需进一步完善，尤其是在保证数字声像档案信息资源安全的总体要求下，必须重视声像档案资源元数据和背景信息的保存。

表3 声像档案整理要求

序号	著录项	著录说明
1	题名	是对照片内容的简要概括，以20~30个字为宜
2	照片号	是指该张照片的编号
3	底片所在	即该张照片的底片号
4	参见号	与该张照片有密切联系的其他载体形式档案的档号
5	时间	照片拍摄时间，为8位阿拉伯数字，不足8位补零处理
6	摄影者	指拍摄个人，必要时可加写单位
7	文字说明	是指对该张图像的文字说明，比照片题名更具体，或对题名未及内容作出补充

4. 保存主体有待集中

对集团声像档案资源进行安全、有效的保管，是后续提供高效利用服务、充分发挥声像档案资源价值的前提和保证。对集团声像资源保存主体认知现状进行调研（见图

5)，显示声像档案资源大多留存在拍摄者个人，或是部门单位的信息员手中，未能及时纳入集团档案部门管理范围；另一部分则由兼职档案员暂行保管，但由于部门兼职档案人员变动频繁，在工作调整过程中，未能及时清点、移交所存的声像档案资源，容易造成声像档案资源的意外遗失。多数受访者认为集团各部门、各单位产生的声像档案资源很多未能及时上交归档，分散在不同的部门和单位，甚至第三方拍摄者单位。总体而言，集团声像档案资源保存主体较为分散，移交给档案室进行统一保管的意识不强。

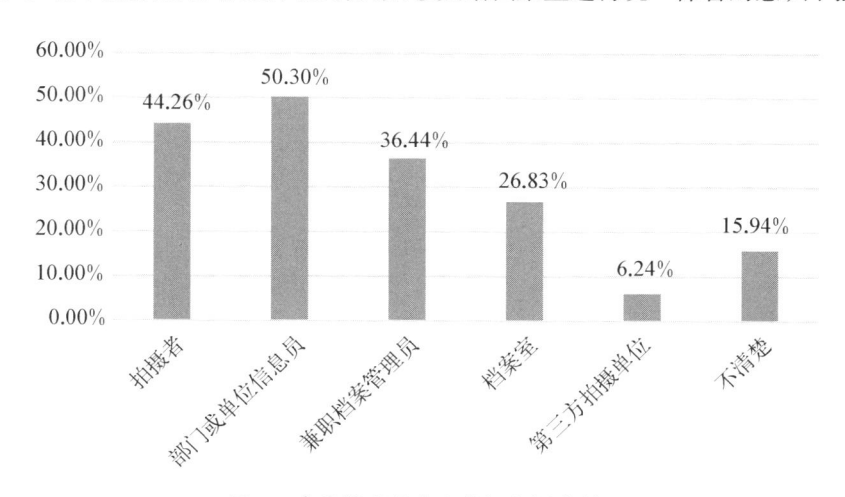

图5 声像档案保存主体问卷调查结果

拍摄者 44.26%
部门或单位信息员 50.30%
兼职档案管理员 36.44%
档案室 26.83%
第三方拍摄单位 6.24%
不清楚 15.94%

5. 利用效果有待提升

一是查询途径不便。在查询声像档案资源时，利用者一般会询问档案室和资料形成部门或单位。首先，目前已有的室藏声像档案的保存数量有限，利用者可查范围较小。其次，在声像资源可能的生产部门或单位进行查询，即使确定了相关形成部门或单位，但由于人员变动、管理缺乏连续性。因此，也无法获取相关声像资源，还需继续寻找保管方。甚至有时会因线索中断、无法追溯而被迫停止查询。

二是利用效果不佳。目前集团室藏声像档案大多数是脱机保存在磁带、录音带、光盘等存储介质上，在利用时需确认库存载体和原播放软件，或其与新设备的兼容性，即声像资源的安全读取问题。此外，这种人工读取传统存储介质的声像资源的方式费时费力，并且随着声像资源的反复使用，容易造成介质损耗，导致后续利用的难度增大。

四、声像档案资源一体化管理实践探索

1. 前端控制，完善声像档案资源收集方式

前端控制管理理念，是指档案管理工作提前介入电子文件的形成和归档管

理[13]，根据文件生命周期理论和全程管理原则，对电子文件从生成到归档的整个过程进行统一规划和要求。

城投集团原有的"声像档案归档范围和保管期限表"有5个一级类目和11个二级类目，总体上概括性强，但二级类目细分不够，导致在实际执行过程中可操作性较弱，声像档案收集效果不理想。在调查、分析、鉴定等基础上，修订形成了全新的"声像档案归档范围和保管期限表"，共涉及8个一级类目和27个二级类目，收集范围更广，收集内容更为完备，实践指导性强，更便于声像档案的收集。

同时制定《声像档案资源收集管理操作指南》，主要从拍摄技术方面采取措施加强前端控制，确保声像档案资源的真实性、规范性和可用性。以照片档案收集为例，要求拍摄的照片尽可能多地反映活动内容、主题和人物信息。为控制照片档案的质量，以培训形式加强拍摄技术指导，制定拍摄技术要求（见表4）。如领导调研活动中的全景照片拍摄应当体现会标、主要领导、参会人员等会议规模，中景画面为主席台领导，近景画面为主要领导发言半身照。从源头上保证数码照片的拍摄质量，做到高质量拍摄、准确整理相关照片信息，确保后续数码照片归档完整。

表4　照片档案收集拍摄技术效果要求（部分）

分类	细目	内容说明	关键词	拍摄技术要求	场景示例及说明
领导调研	会议调研	国家领导、省市级、厅局级领导调研活动	工作调研、领导姓名、工作职务、调研主题	全景画面应体现会标、主要领导、参会人员等会议规模；中景画面为主席台领导；近景画面为主要领导发言半身照	20××年×月××日，××领导到集团调研，集团党政领导参加会议（全景）

2. 统一著录，建立声像档案资源编目规范

声像档案资源元数据能够保证声像档案数字化信息的真实性、完整性、可用性及安全性，便于声像档案的管理、保存和利用。传统环境下，声像档案的著录内容较少，以人工著录为主。但在数字环境下，档案著录活动复杂化，扩展为元数据管理，通过元数据方案从不同角度对信息进行描述和揭示，帮助实现声像档案信息的管理、查询共享。

在元数据方案的制订上,参照录音录像档案管理规范、照片档案管理规范相关标准,结合城投集团保存的照片和音视频档案特点,同时借鉴音像资料管理部门的实践经验,编制了城投集团声像档案元数据表。以照片档案编目为例,参照《照片类电子档案元数据方案》(DA/T 54-2014)[14],从元数据满足管理需求和利用目标的角度出发,声像档案管理部门与职能部门和直属单位之间进行多次沟通与协调,在减少元数据冗余、增强元数据之间的互操作性的基础上,结合城投集团照片档案的特点,共选取45个元数据项进行著录,从而避免了声像档案元数据过量采集与存储空间的浪费,减轻著录编目人员工作量,同时提升声像档案元数据集合的质量。

3. 平台赋能,建立声像档案资源库

平台作为一个由多主体交互作用、数据与技术驱动的复杂适应性网络生态系统[15],利用供给与需求双侧之间的连接与反馈机制,将分散的资源、信息、知识有效聚集起来。在机制与路径上,平台主要是通过多主体协同共生、结构深化、资源整合重构等来实现具体赋能。城投通过建设声像档案资源管理系统平台(图6),采用资源整合、协同管理方式来实现本部与下属10家直属企业的声像档案资源的统筹和开发。

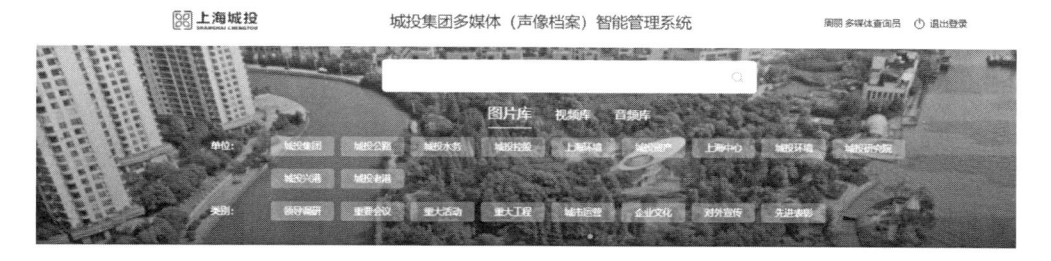

图6 "1+N"多媒体(声像档案)智能管理系统

在资源整合方面,对城投集团本部历史室藏声像档案进行数字化转存,具体包括对本部档案室存量视频录像带380盘、光盘371张(含照片和视频)、纸质照片14册728张、视频逾2 000条(总时长近500小时)、音频28条(容量1G)的数字化转存和著录标引。同时通过集团本部与下属单位的共同建库,"上下结合",以下属二级单位为主体,收集整理本单位历年照片视频的工作,系统建设中专门设置二级单位的标签,全方位展现城投集团改革发展进程,实现"内外结合",与项目建设单位SMG合作,收集集团外部新闻宣传报道音像资料,作为历史资料收录于系统,进行有益补充。

在协同管理方面,充分发挥该平台的声像档案资源管控与统筹能力,将资源入库、资源审核、资源出库等流程整合到一个体系，推进集约化管理和信息共享水平。在系统前端提供一个横跨集团本部和所有直属企业的统一的声像档案资源检索利用平台，根据声像档案形成单位和内容进行分类，同时开发精准检索和全文检索功能，使用户能够通过题名、关键词、内容描述等要素进行图片、视频、音频档案的浏览和检索，从而快速查找到自己所需的信息，提升档案利用效率，充分满足用户的利用需求，实现声像档案资源共享。

五、结语

对城投集团声像档案资源和管理现状进行调研，在此基础上开展历史声像档案抢救保护，同时强化前端收集控制，探索声像档案编目规范，共建资源平台来加强对直属企业声像档案资源的统筹管理，过程中形成的一套具有城投集团特点、符合实际应用规律、值得复制推广的编目、管理、交付标准，在城投系统和档案行业领域具有普及和辐射意义。

参考文献

［1］张美芳.面向音视频档案保存与利用的分类编目研究［J］.档案学通讯，2018(1)：93-96.
［2］李冰.声像档案长期保存中的风险识别与评估［J］.档案管理，2023(2)：48-51.
［3］张美芳，刘江霞.模拟声像档案抢救与保护主要障碍研究［J］.档案学通讯，2017(3)：67-71.
［4］李美芳，王彩虹，李顺发.声像档案资料管理模式创新与实践——以广州市国家档案馆为例［J］.中国档案，2022(1)：40-41.
［5］张美芳.面向数字人文的声像档案信息资源组织利用的研究［J］.档案学研究，2019(4)：72-76.
［6］吕元智.视频档案资源多层级语义标注框架构建研究［J］.数字图书馆论坛，2021(11)：13-20.
［7］吕元智.基于视频单元的视频档案资源多维语义关联聚合研究［J］.档案学研究，2023(1)：66-74.
［8］吕元智.基于用户交互的数字视频档案资源精准化服务模式构建研究［J］.档案学研究，2021(1)：78-86.
［9］Muehling M, Korfhage N, Mueller E, et al. Deep learning for content-based video retrieval in film and television production［J］. Multimedia Tools & Applications, 2017, 76(21)：1-26.
［10］李小春，王勇.基于馆藏资源的企业档案文化价值开发研究［J］.档案学研究，2017(S2)：15-17.
［11］刘迎春，覃吉宣.高校校史声像档案利用探讨［J］.档案学研究，2017(S2)：113-115.
［12］刘江霞.模拟音视频档案数字化质量控制研究［J］.档案学研究，2018(1)：101-106.

[13] 王英玮,陈智为,刘越男.档案管理学[M].中国人民大学出版社,2021:16-17.
[14] DA/T 54-2014,照片类电子档案元数据方案[S].
[15] 范如国.平台技术赋能、公共博弈与复杂适应性治理[J].中国社会科学,2021(12):131-152.

上海市档案馆馆藏录音录像档案数字化抢救工作探究

徐颖珺　张建明　朱建晨　杜文洁

上海市档案馆

摘　要：传统模拟录音录像档案的抢救与保护工作是各级档案部门面临的难点。本文介绍了上海市档案馆录音录像档案的馆藏情况,从工作原则、数字化标准、流程、技术参数、平台搭建、长期保存、条目著录等方面介绍了数字化抢救工作,分析了当前录音录像档案抢救与保护中存在的涉及档案载体、读取设备、数字化抢救、标准规范、人才资金等方面的问题,并提出了相应的解决对策。

关键词：录音录像档案;档案数字化;档案保护

一、引言

传统模拟录音录像档案(以下简称录音录像档案)作为声像档案的重要组成部分,是国家机构、社会组织以及个人在社会活动中形成的具有保存价值的录音、录像等记录材料,是党和国家的重要档案资源。与文字相比,声音和影像可以更大限度地跨越时空、文化和语言的阻隔,以更为直观和动态的方式保存证据、传承记忆和传播文化。

然而,一方面档案部门缺乏科学有效的保护手段,技术研究也不够深入,对录音录像档案的管理明显滞后于传统的纸质档案;另一方面录音录像档案载体寿命短、易消磁,播放设备逐步更新淘汰,档案内容无法读取的风险也日益加大。因此,开展录音录像档案的抢救与保护工作迫在眉睫。

早在2012年,上海市档案馆便对馆藏录音录像档案进行摸底调查,按照载体分门别类,制定了数字化抢救工作方案和技术标准,购置读取和转换设备,搭建数字化转录平台,分批推进录音录像档案的抢救保护工作,截至2023年底已完成全部馆藏录音录像档案的数字化抢救工作。

二、馆藏情况

1. 档案内容

上海市档案馆馆藏录音录像档案形成于不同的移交单位，产生于不同的年代，时间跨度大，最早的产生于 20 世纪 40 年代。馆藏录音录像档案主要是中共上海市委、市人大、市政府、市政协等领导机关和市级各部委办局在各自的公务活动中产生的，记录了上海新中国成立以来各个历史时期的重要党政活动。其内容有历届党和国家领导人及市领导的讲话，有市党代会、市人代会、市政协、市总工会等的重要会议，有 2005 年上海先进性教育活动等重大事件，有 1998 年世界中学生运动会、2001 年 APEC 会议、2003 年福布斯论坛、2010 年上海世博会、中国上海国际艺术节等重大活动，还有成都路高架沿街旧貌等城市风貌。从档案内容看，馆藏录音录像档案所涉及人物、事件、活动的重要程度决定了其具有非同一般的重要价值。

2. 档案数量

上海市档案馆馆藏录音录像档案原来没有独立的全宗，20 世纪 90 年代起，从馆藏各个全宗中将录音录像档案抽出后，重新组合形成了现在的 H 全宗群。其中 H2 全宗是录音档案，共 5 824 卷；H3 全宗是录像档案，共 921 卷。后续进馆的录音录像档案没有集中保管，散落在各个全宗里，包括 879 卷录音档案和 1 113 卷录像档案。因此，上海市档案馆馆藏录音档案共 6 703 卷，录像档案共 2 034 卷。

三、数字化抢救情况

1. 工作原则

从保护档案、紧迫程度、利用需要等多方面的因素考虑，上海市档案馆录音录像档案数字化工作主要遵循以下基本原则：一是按照珍贵档案、重点档案、特色档案、利用率高、形成时间长的档案优先数字化的原则，分批选取录音录像档案进行数字化；二是档案数字化工作必须保证档案原件的安全，最大限度减小档案的磨损；三是必须保证档案数字化成果的真实性、完整性、有效性。

2. 数字化标准

上海市档案馆根据《录音录像档案数字化规范》(DA/T 62 - 2017)、《录音录像类电子档案元数据方案》(DA/T 63 - 2017) 和《录音录像档案管理规范》(DA/T 78 - 2019)，制定了《上海市档案馆音视频档案数字化抢救工作技术规范》和《上海市档案馆音视频档案数字化项目设备及场地使用管理规定》，规范人员管理、场地管理、设备管理、数据管理、档案实体管理等方面,从而确保档案实体安全、信息安全,有效保障数字化工作质量。

3. 数字化抢救流程

数字化抢救工作流程如图 1 所示。

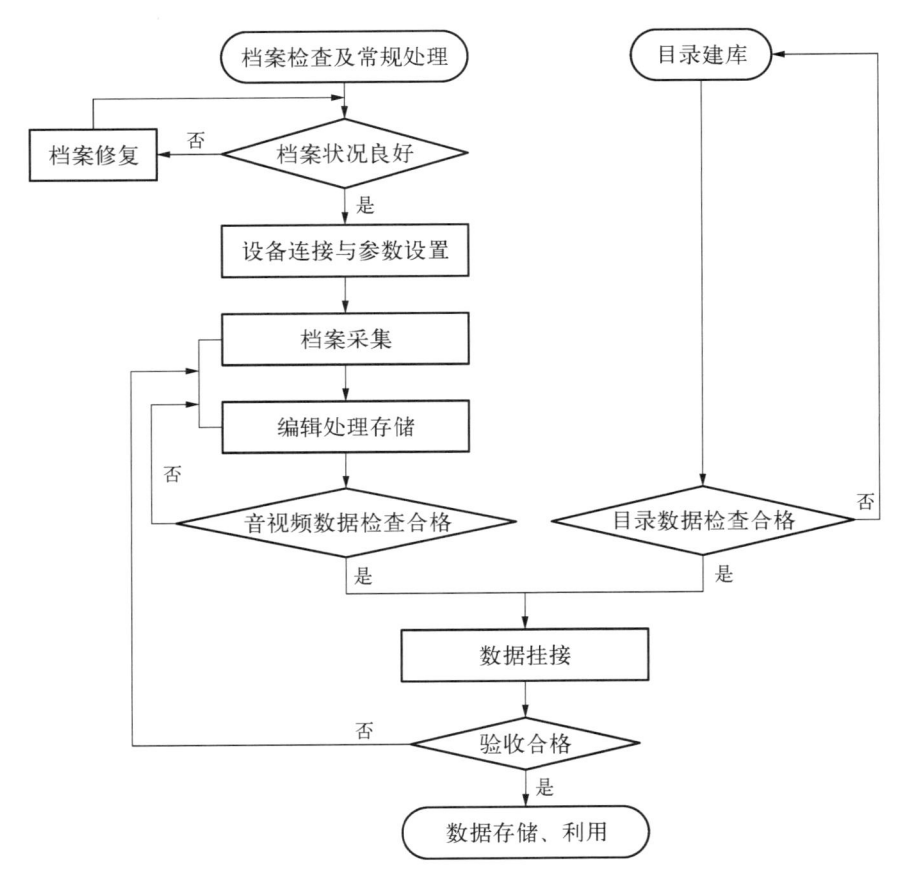

图 1 数字化抢救工作流程

4. 数字化技术参数

按照国家标准确定数字化技术参数:录音档案的数字化文件保存版本的格式为 WAV 格式,采样率 48KHz,通道立体声,分辨率 32 位,利用版本的格式为 MP3。录像档案的数字化文件保存版本的格式为 MXF 格式,mpeg2 编码,25 Mbps,720×576;利用版本的格式为 MP4 格式,H.264 编码,1.5 Mbps,720×576。

5. 转录平台搭建

上海市档案馆搭建了 1 间录音档案数字化抢救工作室和 1 间录像档案数

字化抢救工作室，每间工作室分别设 4 个工位，工作室配备了完备的数字化采集转换设备，搭建了专用的数字化网络。数字化采集转换设备主要包括图像电脑工作站、各类型录像机、各类型录音机、存储服务器等，设备清单如表 1 所示。

表 1　录音录像档案数字化转录平台主要设备清单

序号	设 备 名 称	功　　能	数量（台）
1	图像电脑工作站	对录音录像带进行采集、编辑、导出	8
2	各类型录音机	播放录音带	10
3	各类型录像机	播放录像带	6
4	存储服务器	存储数字化成果	2
5	数据流光盘驱动器	备份数字化成果	1

6. 数据长期保存

录音录像档案数字化信息存储模式的选择既影响着档案的生命周期，又关系到数字信息的存储成本和信息安全。上海市档案局考虑到音视频数据所占空间容量较大，采用分级存储的模式。利用版本的 MP3 格式音频和 MP4 格式视频采用磁盘阵列作在线存储，挂接在资源总库；保存版本的 WAV 格式音频和 MXF 格式视频采用 SONY 的 Optical Disc Archive 档案级海量数据流光盘（型号 ODC5500R）作离线存储，该光盘单盘容量 5.5 T，保存期限可达一百年，适合音视频数据的长期安全保存。

7. 条目著录

将档案信息从原始载体中转出，容易使人们对转移后的档案产生怀疑，因此著录信息就变得格外重要。上海市档案馆将数字化抢救形成的数字文件，以"案件号-全宗号-目录号-盘面"的格式编制文件名，原始档案中的所有信息包括从属信息均进行系统著录，著录内容包括题名、责任者、摄录者、摄录日期、时间长度、文件大小、原始载体等。

8. 数字化成果

上海市档案馆录音录像档案数字化抢救工作最终产生 13 668 个数字化文件（单套），数据容量 39.1TB。具体如表 2 所示。

表 2 录音录像档案数字化成果统计表

档案类型	档案数量（卷）	数字化文件数量（个）（单套）	数据容量
录音档案	6 703	11 624	WAV 格式 5.9 TB MP3 格式 769 GB
录像档案	2 034	2 044	MXF 格式 30.5 TB MP4 格式 1.9 GB
合　　计	8 737	13 668	39.1 TB

四、存在的问题

1. 载体格式与读取设备更新迭代，种类繁多

录音录像带档案载体经过一个多世纪的发展，种类繁多且年代久远。由于当时缺少统一的行业标准，因此各厂商"各自为政"，纷纷推出独家的录音录像记录技术与设备。主要录音录像档案载体的出现及消亡时间如图2所示。

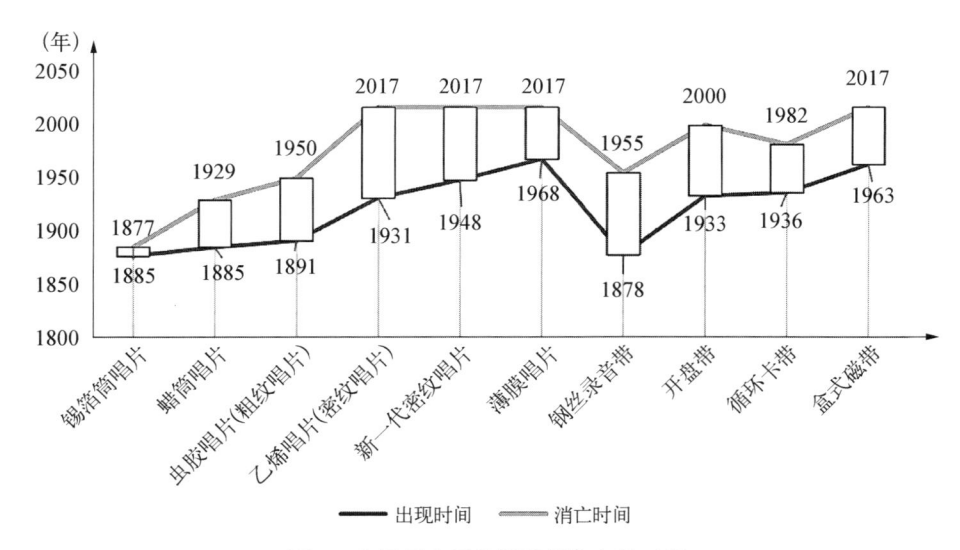

图 2 主要录音录像档案载体存续时间

由图2可见，录音录像档案载体有蜡筒、唱片、钢丝录音带、胶片、开盘带、盒式录音带、录像带、磁盘等。产品推陈出新之后，旧的设备就不会再生产，致使其设备损坏后找不到配件和人员进行维修。各厂商录音录像格式不兼容、技术更新换代快、播放设备老化缺失等因素，都给数字化工作带来了很大障碍。

2. 录音录像档案载体易老化,寿命短

录音录像档案载体的组成材料和理化性能导致了其具有易老化、寿命短的缺陷。绝大多数录音录像档案的带基和黏合剂是高分子化合物,随着时间的推移,这些高分子化合物会发生氧化降解而失去原有的性质,导致磁带的老化。灰尘会使记录信息的磁层磨损,重放时出现信号跌落、噪声增大等问题。同时,因为保管不善,如过高的温湿度和不正确的摆放方法会使磁带变形、变脆、发霉或产生复印效应,从而造成重放信号的丢失或失真。实践证明,质量较好的录音录像带的保存寿命一般为 10 年,20 年以上的磁带均已超过保存寿命,处于濒危边缘。

3. 库房环境控制水平良莠不齐,需进一步改善

相比于传统的纸质档案,录音录像档案及数字化副本的存储载体有着更为苛刻的温湿度要求,此外还有防火、防潮、防磁、防尘、防紫外线、防有害气体、防有害微生物等要求。[1-4]实地调研发现,大多数档案部门配备保存录音录像档案的专用库房并采用防磁柜,但仍有一部分档案馆由于资金有限,没有条件建立专门的录音录像档案库房,将录音录像档案与纸质档案并存,这样非常不利于录音录像档案的保管保存。

4. 数字化抢救进度慢、质量低、著录不全面

(1) 各地的数字化抢救工作进度慢、差异大。近几年,全国不同单位纷纷开展录音录像档案的数字化抢救工作,但遵从的依据、采用的技术路线、选择的方法等各有不同。2017 年,辽宁省档案馆开展"声像档案数字化研究与实践"课题,排摸了录音录像档案的数字化抢救工作开展情况,仅有 4% 的档案馆完成全部馆藏录音录像档案的数字化,部分档案馆受技术、设备、人才限制,尚未开展录音录像档案的数字化抢救工作,各地数字化抢救进程慢。[5]另外,各地的数字化工作流程、技术参数、存储方式差异较大,没有形成统一的标准。

(2) 数字化文件未进行修复,信息质量低。录音录像档案载体由于年代久远,普遍存在带基材料老化、磁带复印效应、磁粉脱落、磁层霉变或粘连等现象。数字化后的音频出现串音、噪声、失真等问题;视频存在信息无法读取,画面呈现模糊、雪花、条纹等问题。对于这样的情况,必须通过适当修复才能实现信息的长久保存和可读利用。而档案领域缺乏专业的人才和技术,对于问题档案开展修复研究和实践的单位非常少,导致数字化音视频文件质量低。

(3) 著录不全面、不规范,检索利用困难。录音录像档案的数字化抢救往往重视转录,而忽略了信息的详细著录,殊不知必须按照全面的元数据方案进行分类、编目才算真正的数字化抢救。当前普遍存在的问题是档案部门在著录时选择简单粗放,缺乏深层次的著录,如录像、录音材料以自然盒(盘)为单位,只注明责任者、

地点、时间、内容、密级、时长、编号等，而缺乏对片段、场景、镜头等的描述，在查找具体内容或具体画面时较为困难，导致今后检索利用的准确率和方便程度不高。

5. 数字化后存储载体不耐久，长期保存困难

目前，录音录像档案数字化产生的音视频文件主要存储在硬磁盘、磁带和光盘上。硬磁盘用于档案数字资源的在线存储和在线备份，磁带、光盘用于档案数字资源的离线备份。但是，硬磁盘的寿命一般为5年左右，磁带的寿命在10年左右，档案级蓝光光盘的寿命在30年左右。现有的存储备份介质的寿命与录音录像档案资源长期保存的要求相差甚远，存储备份介质本身并无法满足录音录像档案长期保存的要求。

6. 标准出台不应时，操作缺乏遵循

我国在20世纪90年代，不同领域开始了录音录像档案保护工作相关标准、规范的制定工作，出台了相关的档案行业标准与规范。1995年出台了《磁性载体档案管理与保护规范》(DA/T 15-95)；2017年《录音录像档案数字化规范》(DA/T 62-2017)、《录音录像类电子档案元数据方案》(DA/T 63-2017)发布；2019年《录音录像档案管理规范》(DA/T 78-2019)发布，为我国档案部门科学、规范开展录音录像档案数字化工作提供了有力的理论与技术支撑。但相比于国际水平，我国在录音录像档案保护方面的标准化建设仍然落后，缺少指导性、可操作性强的规范标准与操作规程。

7. 缺少专业人才与资金

与纸质档案相比，录音录像档案需要软硬件平台设备的支持，包括不同格式的录音录像机、存储服务器、图像电脑工作站、音视频采集处理软件等，因此更需要专业的人才队伍和一定的资金支持。

五、对策建议

1. 推进规章制度建设，规范录音录像档案管理

各级档案行政管理部门应及时根据工作需要，在广泛调研的基础上，结合工作实际，制定完善录音录像档案管理、抢救与保护的相关标准及规范性文件，突出指导性、科学性、实用性及可操作性。

2. 开展职业技能培训，提高管理人员专业水平

加强对档案管理人员档案专业知识与业务技能的培训，要求其熟练掌握包括录音录像档案在内的各种类型档案相关业务知识，同时注重了解档案行业最新的前沿技术，不断提高管理人员业务能力。

3. 加大基础设施建设，改善库房保管条件

大力加强基础设施设备建设，为档案实体的保管提供安全、科学的保管环境。特别是录音录像带等特殊载体的档案，更应按照国家规范提出的相关保管条件要求，采取建设防磁库房、购买专业防磁柜、开展定期检查等措施，保证档案安全。同时，还要加强录音录像档案的日常管理，延长档案寿命。

4. 加快推进数字化，抢救珍贵档案资源

由于录音录像档案的载体无法作为长期保存介质，因此必须进行迁移。只有数字化技术才是抢救与保护录音录像档案内容最有效、最彻底的办法。因此，一方面，要摸清家底，全面了解档案的保管、受损情况；另一方面，采取科学的手段与措施，开展录音录像带档案的修复保护及数字化工作，抢救珍贵档案资源。

参考文献

[1] 全国档案工作标准化技术委员会.DA/T 15-95 磁性载体档案管理与保护规范[S].国家档案局档案科学技术研究所，航天工业总公司档案馆，1995.

[2] 全国档案工作标准化技术委员会.DA/T 75-2019 档案数据硬磁盘离线存储管理规范[S].国家档案局档案科学技术研究所，浙江省档案局，2019.

[3] 全国档案工作标准化技术委员会.DA/T 74-2019 电子档案存储用可录类蓝光光盘(BD-R)技术要求和应用规范[S].国家档案局档案科学技术研究所，清华大学光盘国家工程研究中心，2019.

[4] 全国档案工作标准化技术委员会.DA/T 21-1999 档案缩微品保管规范[S].国家档案局档案科学技术研究所，中国档案学会档案缩微复制技术委员会，2019.

[5] 声像档案数字化研究与实践[EB/OL].[2024-04-25]. https://www.saac.gov.cn/daj/kjcgtg/202105/dc0e3107cd8b439098f55206f465cb6d/files/d8c439a64e2e44c295b7e1d348596c9d.pdf.

数字人制作及其在档案文化传播中的应用

杨安荣　曹义敏

上海阿吉必信息技术有限公司

摘　要：随着人工智能技术的不断发展和元宇宙概念的兴起，数字人在娱乐、教育、电子商务、客户服务、社交媒体和直播等领域已经得到广泛应用。本文旨在探讨数字人在档案文化传播中的创新应用，通过分析数字人制作过程及其在档案行业的潜在应用场景，展望数字技术如何为档案文化传播提供新的动力。

关键词：数字人；档案文化传播；虚拟主播

一、数字人技术简介

数字人技术是一种结合人工智能、计算机图形学和计算机仿真等先进技术，创造出具有人类外观和行为特征的虚拟人物的技术。[1]这些虚拟人物可以在数字空间中进行交互、表达和行动，为用户提供丰富的体验和互动。

从2010年至今，随着虚拟现实、增强现实、人工智能等技术的发展，数字人技术的应用范围不断扩展。[2]它不仅在游戏和虚拟现实领域用于创造游戏角色和虚拟形象，而且在人工智能领域也被用来开发虚拟助手和机器人。在教育领域，数字人可以作为虚拟教师，提供更加生动的教学体验。[3]在文娱领域，数字人已经作为虚拟偶像、虚拟主播等身份出现，吸引了大量粉丝。金融服务领域也开始利用数字人进行客户服务和产品推广，以提供更加智能化、个性化的服务体验。

在档案领域，数字人在档案馆的数字服务中扮演着用户与场馆之间数字交互的信息媒介角色。通过提供数字馆员AI咨询服务、数字档案解说、阅读推广以及针对特殊群体的个性化服务，虚拟数字人为读者带来了更加人性化、智能化和便捷的档案馆服务体验，极大地改善了档案馆的服务效率和质量。[4]

二、数字人制作过程

1. 制作流程

数字人的制作是一个复杂且专业的过程,涉及多个步骤,主要包括绘制原型、建模、动画、合成等多个环节。[5]首先,设计师需要根据应用场景和用户需求,设计出符合主题的数字人形象,包括面容、发型、服装等细节。然后,通过3D建模软件将设计好的形象转化为三维模型,并进行材质贴图、骨骼绑定等处理,以及为数字人添加动作和表情,使其更加生动逼真。最后,通过驱动技术,将数字人的动作和表情与实时语音、文本等信息进行同步,实现数字人的交互和智能化。数字人制作全流程如图1所示。

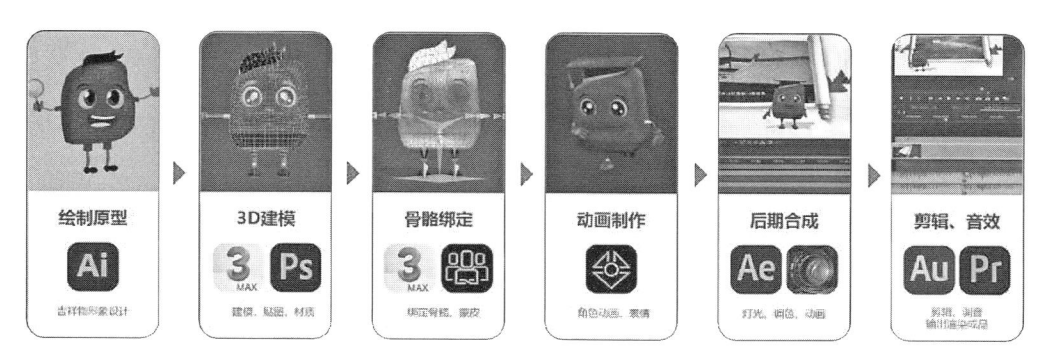

图1 数字人制作全流程

2. 绘制原型

绘制原型是数字人制作过程中至关重要的第一步,它为整个项目设定了基调和方向。这个阶段的目标是创造出一个既符合应用场景需求,又能传达特定理念的角色形象。

首先,要了解数字人将在何种场景中使用,如教育、文化、客服、广告等。探讨角色所要传达的核心理念和价值观,这将影响角色的性格、行为和外观。接着,根据角色的应用场景和理念,开始构思角色的外观特征,包括风格(如现实主义、卡通风格)、服装、发型等;确定角色的基本属性,如年龄、性别、体型等,这些属性将影响角色的动作和语言风格;还可以设计角色的个性特征和常见的表情,这些将帮助角色在动画中展现出独特的性格和情感。最后,绘制角色的原型图,尝试不同的设计元素组合,形成初步的视觉概念,选择和搭配色彩方案,确保角色的视觉效果与其角色定位和应用场景相匹配。

3. 3D 建模

建模是指通过 3D 建模软件将数字人的基本形状和结构创建出来的过程,而细节雕刻则是在基础模型之上添加更多的细节,即为角色添加材质贴图,包括皮肤、衣服、眼睛、皮肤纹理、肌肉线条等,它们共同构建了角色的三维形态和外观特征。

(1) 建模阶段

使用 3D 建模软件,从基本的几何体开始,逐步构建出角色的头部、身体、四肢等主要部分。根据角色设计思路,调整模型的比例和结构,确保其符合设计意图和解剖学原理。优化模型的拓扑结构,确保网格分布均匀,便于后续的动作捕捉和动画制作。

(2) 细节雕刻阶段

在 3D 建模基础上,通过雕刻软件细化角色细节,如面部特征和肌肉线条。接着制作材质贴图,涵盖皮肤纹理、衣物和眼睛反光,增强模型的真实感。展开 3D 模型为二维 UV 贴图,确保贴图准确映射,细节精确。在 UV 贴图上绘制高质量纹理图像,包括皮肤细节、衣物纹理和头发层次,提升模型的视觉质感。

3D 建模如图 2 所示。

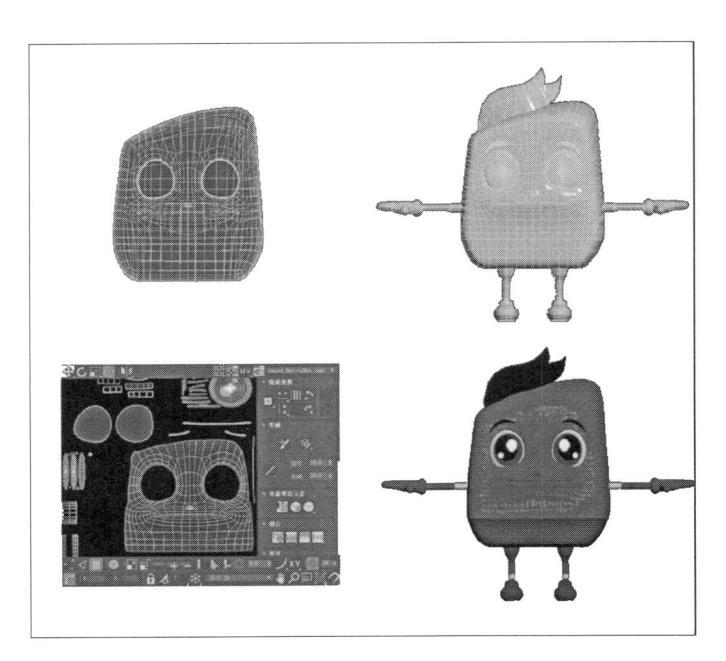

图 2　3D 建模

4. 骨骼绑定

通过骨骼绑定技术,将数字人的骨骼与 3D 模型绑定,让数字人模型具有可移动的关节和自然的动作,使其具有活动性和表情。

在3D建模软件中,创建数字人模型的骨骼系统,包括骨骼、关节和控制器的设计,还需考虑角色动作范围。随后进行蒙皮,将模型网格与骨骼系统连接,使模型的顶点随骨骼移动变形,形成自然动作和表情。再为每个顶点分配权重,确保动作流畅自然。骨骼绑定制作如图3所示。

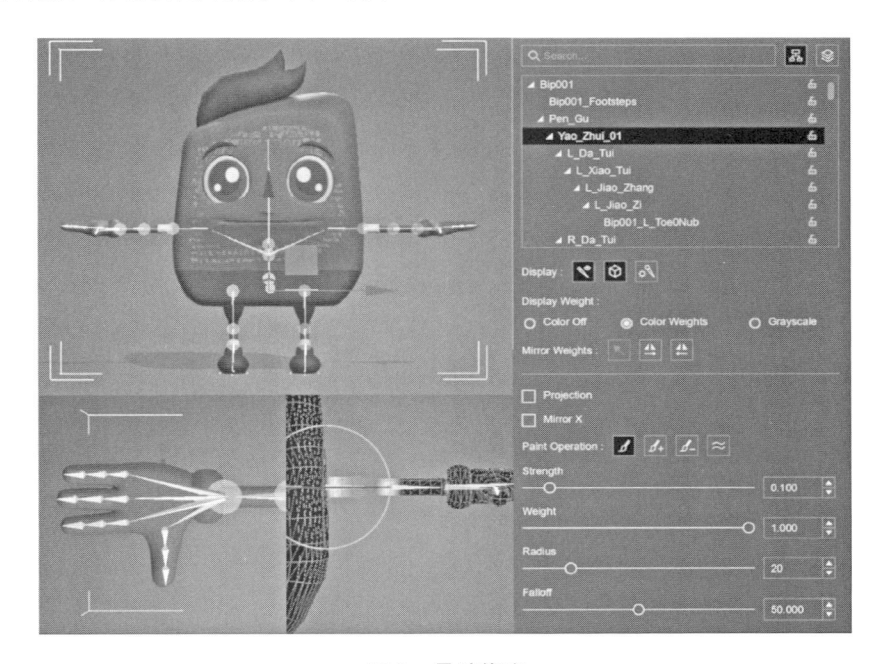

图 3　骨骼绑定

5. 动画制作

动画制作涉及为数字人添加各种动作,它使得数字人在虚拟世界中的行为更加自然和真实。这个过程不仅需要动画师的创造力和技术能力,而且需要对动作捕捉技术的理解和应用。

(1) 动作设计

根据角色需求规划动作和表情,如行走、跳跃以及面部的喜怒哀乐。

(2) 动作捕捉

通过动作捕捉技术记录真人的动作,使用光学、惯性、电磁或计算机视觉系统捕捉数据,并进行清理优化以确保动作的真实流畅。

(3) 动画制作

在3D建模软件中,通过设置骨骼和绑定系统控制数字人的动作,利用关键帧精细调整动作和面部表情,实现自然流畅的动画效果。

图 4 为动画制作界面。

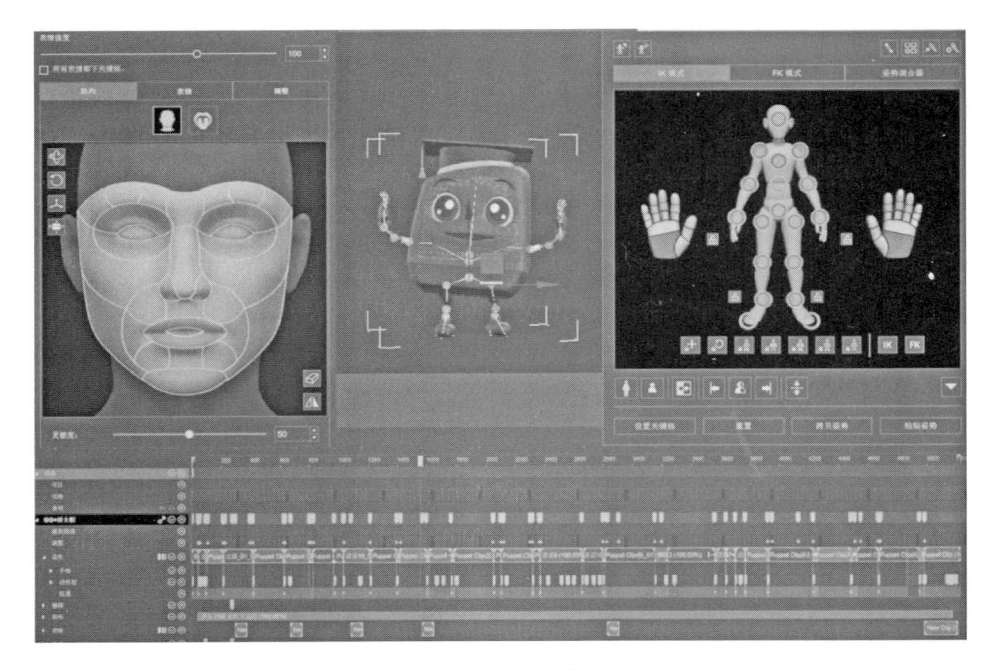

图 4 动画制作

6. 后期合成

将数字人与背景视频进行合成并输出为 2D 动画是一个涉及多个技术环节的过程。这个过程不仅要求对数字人模型和背景视频进行精确的匹配，而且需要对场景、灯光和其他视觉效果进行细致的处理。

首先，在数字人模型的合成准备中，要确保模型完整并已优化，包含纹理、材质和动画等细节，并选择或制作高分辨率的匹配背景视频。接着，分析视频场景的光照、时间等元素，在合成软件中设置相应的光源，进行色彩校正，以实现视觉一致性。最后，利用合成工具将数字人无缝融入背景，添加阴影和反射效果以提升真实感，并考虑输出参数进行高质量渲染，确保最终动画的清晰度和兼容性。后期合成界面如图 5 所示。

7. 剪辑和音效添加

剪辑和音效添加是提高数字人视觉质量和真实感的最后阶段，需要设计师和后期人员的紧密合作。

（1）细节调整

在合成后，对每一帧进行细致的检查和调整，修正任何不自然的边缘、光照不一致或其他视觉问题。

图 5　后期合成

（2）特效添加

根据需要，添加额外的视觉效果，如粒子效果、动态模糊、镜头光晕等，以增强场景的动态感和视觉吸引力。

（3）声音设计

还可以为动画添加音效、背景音乐和对话，以提升观众的沉浸感。

剪辑和音效添加如图 6 所示。

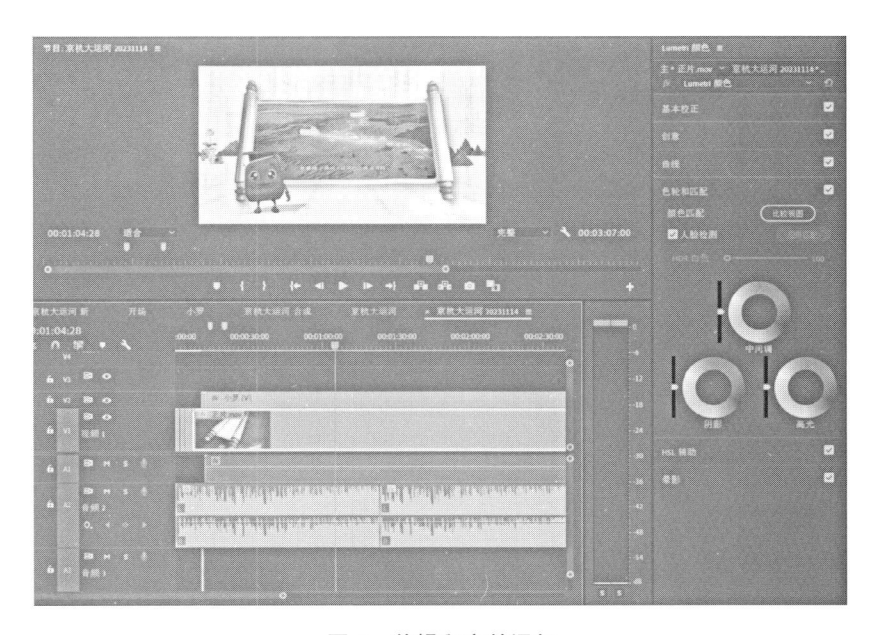

图 6　剪辑和音效添加

数字人的制作是一个非常专业、费时费力的过程，其中凝聚着创意、美术、建模、动画设计师们的心血。在数字人的制作过程中，各个环节之间需要不断沟通和协调，以确保数字人的质量和效果达到最佳状态。

三、数字人在档案文化传播中的应用

2024年1月发布的《中华人民共和国档案法实施办法》对档案文化传播提出了明确要求，其中第七条指出："县级以上人民政府及其有关部门，应当加强档案宣传教育工作，普及档案知识，传播档案文化，增强全社会档案意识。"第三十七条指出："国家档案馆应当根据工作需要和社会需求，开展馆藏档案的开发利用和公布，促进档案文献出版物、档案文化创意产品等的提供和传播。"

数字人技术无疑是一种非常生动、有趣、酷炫、带入感极强的展现和交互手段，必将为档案文化传播带来全新的体验和全面的提升。数字人在档案文化传播中的典型应用场景包括但不限于数字人IP形象、数字人分身、虚拟主播等。

1. 数字人IP形象

为档案馆（室）等机构定制化设计制作的专属数字人IP形象，是一种创新的文化传播方式。通过将档案文化元素融入数字人形象中，可以创造出独特的文化符号，增强档案文化的记忆点和辨识度。

例如，可以设计一系列以历史人物或重要档案为主题的数字人形象，通过这些形象讲述档案中的故事，传递档案文化的价值和意义。数字人也可以作为虚拟导游，为访客提供详细的档案信息及其背后的历史故事介绍，以教育公众。随着档案展览的更新和变化，数字人形象的讲解内容可以同步更新，以保持信息的时效性和关联性。图7为数字人导游。

还可以将这些数字人形象设计成表情包。表情包因其简洁、直观、易于传播的特性，在社交媒体上广受欢迎。用户在使用这些表情包时，不仅能够表达自己的情感和态度，而且能够在不知不觉中传播档案文化。对于档案文化机构来说，也能提升自身的曝光度，增加用户的参与感和互动性。图8为数字人表情包设计案例。

2. 数字人分身

交互式数字展厅通过3D模型、图文、语音、视频等多样化的展示手段，将多种形式的信息融合在一个互动空间内，使得文化传播变得更加直观和生动。用户在交互式数字展厅中可以创建并设置自己的虚拟角色，即"替身"。在浏览展览的过程中，用户可以根据个人喜好在第一人称视角和第三人称视角之间自由切换。第一人称视角提供了一种身临其境的沉浸体验，让用户仿佛亲身处于展览之中；而第

图 7　数字人导游

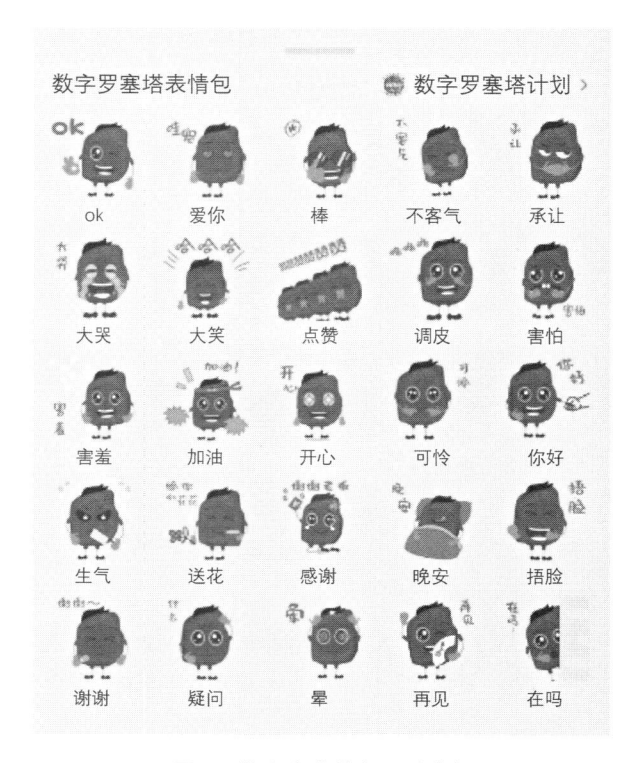

图 8　数字人表情包设计案例

三人称视角则为用户提供了一个更宽广的观察角度,不仅能够观察到周围环境,而且能关注到自己的角色形象。

此外,交互式数字展厅还配备了聊天室功能,使得所有在线的用户能够实时交流,分享各自的感悟和见解。

数字人分身不仅增强了用户的参与感,而且为文化交流提供了一个开放的平台,使得展览体验更加丰富和多元。交互式虚拟展厅中的数字人分身如图9所示。

图9 虚拟展厅数字人分身

3. 虚拟主播

借鉴娱乐和电商直播中的虚拟主播方式,将数字人技术应用于档案社媒直播,可以为档案馆(室)等机构带来全新的互动体验和传播方式。虚拟主播生成示意如图10所示。

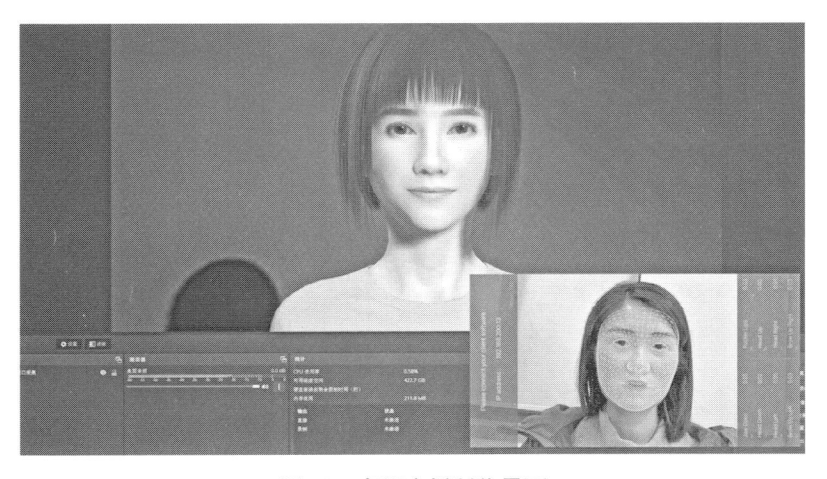

图10 虚拟主播制作界面

(1) 虚实映射

利用3D建模和虚拟现实技术,创建与实体档案馆(室)相匹配的虚拟场景,使观众能够在直播中体验到仿佛身临其境的参观感。通过虚实映射技术,数字人可以在虚拟场景中展示实体档案的数字化版本,让观众能够近距离观察和了解珍贵的档案资料。

(2) 人机互动

数字人可以实时响应观众的提问和反馈,提供即时的信息查询和讲解服务,增强直播的互动性和参与感。结合人工智能技术,数字人可以根据观众的兴趣和行为提供个性化的内容推荐和服务,满足不同观众的需求。

(3) 直播内容创新

定期举办专题直播活动,如档案解密、历史事件回顾等,结合档案资料讲述历史故事,以生动有趣的方式传播档案文化,提供深度内容,增加观众的黏性。

四、结论

随着数字技术的不断发展和应用场景的不断拓展,数字人技术在档案文化传播中的应用将会更加广泛和深入。可以期待数字人技术能够更加精准地还原历史人物和事件,实现更加真实的历史再现;同时,数字人技术还可以与VR头显、AR眼镜等穿戴设备结合,打造更加立体、沉浸式的档案文化传播场景。此外,随着人工智能技术的不断发展,数字人技术还将实现更为智能化的交互和响应,让观众在欣赏档案文化的同时,获得更加个性化和智能化的服务体验。

参考文献

[1] 黄国荣.虚拟数字人在高职教育中的应用[J].数字技术与应用,2024,42(02):36-38.
[2] 李晶晶.虚拟数字人艺术表现研究[J].辽宁经济管理干部学院学报,2023(04):43-45.
[3] 覃祖军,杨静.元宇宙中国教育范式研究视角下虚拟数字人辅助的双师课堂教学范式实践探索[J].中国现代教育装备,2023(2):1-5.
[4] 徐祥伍.AIGC+虚拟数字人:人工智能时代档案馆数字服务新展望[J].档案,2023(10):9-14.
[5] 孟君.科幻电影的技术进化和语言失灵——关于动力技术与悬置技术的再阐释[J].学术论坛,2020(1):50-62.

近现代地图类档案修复探索

孟 烨　任翘楚

上海市档案馆

摘　要：近现代地图类档案常因纸张酸化及折叠保存等因素产生严重破损，而寻找相匹配的修补材料，成为修复的一大难点。本文以一幅北洋时期《矿区图》的修复为例，介绍了档案修复的全过程，为近现代地图类档案的修复提供了新的对策。

关键词：近现代地图；档案修复；纸浆补洞

一、引言

近现代地图类档案所用的纸张通常为施胶较重的机制纸，比一般档案纸张更厚、幅面更大，按卷归档时经常被折叠到A4或者16K大小，与文书档案装订在一起，保管时间久了，容易出现折痕断裂的现象。档案修复人员在修复档案的过程中，经常发现折痕断裂处存在不合适的修复加固材料，如玻璃胶带、美纹纸胶带、医用胶布等，这些材料老化速度快，容易出现变硬、发黄、脱落等一系列的问题[1]，严重者甚至会造成信息丢失，影响档案的安全。

合适的修复用纸要求其厚度、颜色、物理性能都与档案纸张本身相似，但由于地图类档案所用纸张的特性，目前用于修复档案的手工纸，无论其厚度、颜色、光滑度等都难与施胶的地图类档案纸张相匹配，修复用纸的小众需求也使得档案修复人员难以找到厂家生产类似纸张。上海市档案馆自2002年开始引入纸浆补洞机进行档案修复，经过多年实践经验的积累，对纸浆补洞机进行重新设计升级改造，简化了操作步骤，提升了工作效率。纸浆补洞机工作原理类似于手工造纸，除直接对档案进行补洞修复外，也可根据需求选择合适纸浆造出新的纸张用于修复[2]。本文以1917年《北洋农商部发给矿商黄焕廷安徽泾县试探煤矿执照及通知（附矿区图）》中的附件（以下简称为《矿区图》）的修复与保护工作为例，探索近现代地图类档案的工作所面临的问题及对策。

二、基本情况

1. 简介

北洋政府时期(1912—1928年)是中国早期矿业法规形成发展极为重要的时期,也是中国近代矿业法规的独立发展时期,它承接了清末的矿业立法,逐渐形成了我国本土化的矿业法规的基本体系,对中国矿业的发展,尤其是对近代煤矿的开采起到了重要推动作用。[3]《矿区图》及相关档案不仅是这段历史的见证,而且从侧面展示了当时的经济、法制等社会风貌。

2.《矿区图》情况

整卷档案由封面、封底、通知、执照及《矿区图》组卷而成,装订线在右侧,三眼档案装订。其中《矿区图》为机械纸,尺寸为 57×41.8 cm,厚度为 0.07 mm,右下角装订,经过多次折叠以符合归档装订尺寸 29.5×21.2 cm。《矿区图》上字迹类型多样,包括印刷字迹、毛笔字迹、红色印章字迹、浅黄绿色颜料、深绿色颜料、蓝色颜料等,具体状态如图1所示。

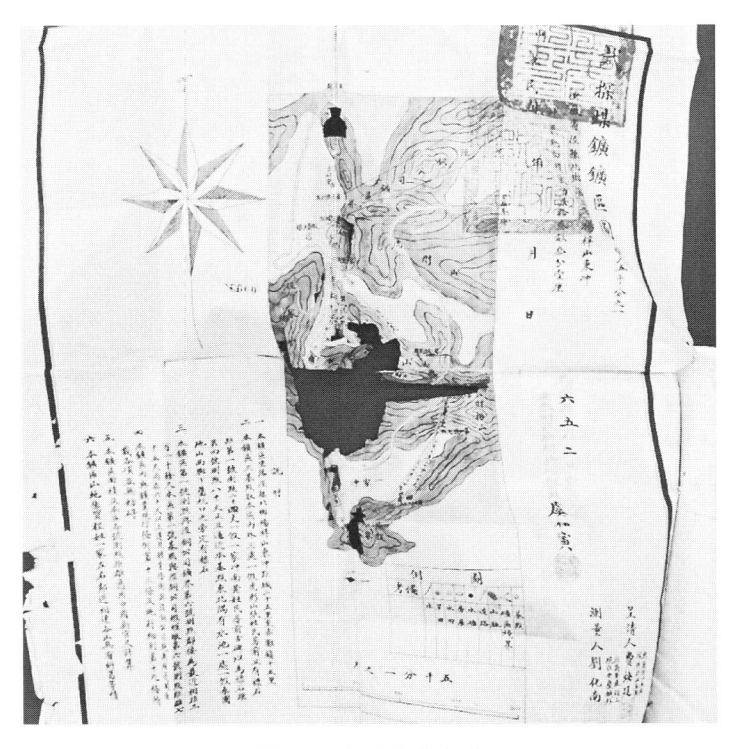

图1 《矿区图》修复前

三、修复方案的制定

1. 破损鉴定

根据《纸质档案抢救与修复规范》(GB/T64.1－2017 42468－1)第1部分"破损等级的划分"对《矿区图》进行检测鉴定。该档案属于严重破损，存在多处折痕、破裂，中间地图部分纸质脆化，部分残缺，影响档案信息识读。背面由三条加固用的胶带连接着几片小碎片，胶带粘贴得有些歪曲，导致《矿区图》无法平整展开。左下角有四处残缺，四块小残片由糨糊粘连在封底上，应为人为撕裂。

（1）pH值测定

使用科霖pH30酸碱度测试计，在《矿区图》纸张边缘、中间共五个点进行测量，取五次测量结果计算平均值，结果为4.60。其中深绿色颜料字迹部分酸化严重，导致周边纸张颜色变深、发生脆化。

（2）字迹溶解性实验

在修复前进行溶解性实验，以测试《矿区图》的字迹在水的影响下是否会产生晕染褪色现象。用棉签蘸取纯净水，在各种不同字迹上轻轻擦拭，观察棉签上是否有颜色残留。通过多点测试，结果表明：印刷字迹、毛笔字迹和红色印章字迹不会产生晕染褪色现象；浅黄绿色颜料、深绿色颜料、蓝色颜料等颜料字迹有轻微褪色现象，但不会晕染，无须进行颜色的加固，不可长时间浸泡清洗，但可对其进行润湿。

（3）胶带去除实验

使用无水乙醇作为溶剂对胶带局部进行测试，发现该胶带的胶面在浸润酒精后黏性会减弱，较容易揭去。用棉签蘸取无水乙醇对贴胶带处的正面字迹进行溶解性测试，发现不会产生晕染褪色现象。因《矿区图》贴胶带处已经严重酸化发脆，所以需在其正面用薄雁皮纸保护加固，尽量减少在揭除胶带时可能发生的碎裂和移位，以还原原始状态。

2. 修复方案制订

（1）建立修复档案

拍摄影像资料并建立修复档案，对《矿区图》的修复工作进行全面记录。

（2）选择修复材料

《矿区图》残缺部分有三种颜料字迹分布，且主要为深绿色颜料，从纸张质地、颜色等角度分析，馆内现有修复用纸均不匹配。考虑到档案的唯一性和凭证性，不可进行全色补笔等操作，决定通过纸浆补洞机制造一张颜色相近、质地相似的补纸用于残缺部分的修补。

(3) 确定纸浆配比

选择浅绿、深蓝两种色宣及桂圆黄色封面纸,通过调整不同面积比例来调配不同的纸浆颜色及纸张纤维成分,选取最为合适的比例来制造补纸。试验数据见表1。

表1 纸浆配比试验数据

材料	组别						
	第一组	第二组	第三组	第四组	第五组	第六组	第七组
浅绿色宣	5份	5份	10份	20份	20份	20份	20份
深蓝色宣	2份	1份	1份	1份	1份	1份	1份
桂圆黄封面纸					1份	3份	5份
水(ml)	500	500	500	500	500	500	500

比较试验结果,第七组纸张干燥后颜色及纸质与《矿区图》残缺部分较为匹配,将其确定为制造补纸纸浆的最佳配比。

(4) 模拟机械纸质感

纸浆补洞机可以造出一张没有帘纹的新纸,但其纸质仍较为松软,表面光滑度不如《矿区图》这类地图纸张。使用砑石对造出的纸进行砑光,可以使纸质变得紧实、表面变得光滑。砑光加工后的补纸,其纸质、厚度和光滑度均可与《矿区图》档案原纸的质感相匹配。

四、修复过程

1. 制造补纸

根据《矿区图》残缺面积,预估所需补纸尺寸,按照试验得出的纸浆配比选取三种纸料,撕成小块,浸泡12个小时,使其纸张纤维吸水膨胀,放入打浆机打成混合纸浆。

打开纸浆补洞机,向水箱注入规定容量的水,打开进水泵和下水阀,使修复槽底部留有一定量的水。在修复槽底部放上一张高密度聚乙烯合成纸,合成纸中间根据所需补纸大小裁切,形成造纸区。在合成纸上盖上透水滤网,注意排出滤网中的气泡。用一张比造纸区大一圈的非编制棉聚酯材料充当纸帘，放入修复槽，完全盖住造纸区，注意需捏住一边轻轻摆放，不能产生气泡。放下压平用的塑料格板并压上重物，打开进水泵和上水阀，从上方注水至修复槽标准水位。倒入混合纸浆，用一手压住塑料格板，另一手拿走重物。边按住塑料格板，边用手将纸浆搅拌均匀。待纸浆在修复槽中分散完全，打开抽水泵和下水阀，同时快速掀起塑料格板，待水完全抽干，纸浆在造纸区形成一层均匀的纸张。平稳盖上另一张非编制棉聚酯材料充当保护纸，手指同时捏住纸帘和保护纸的两角，取出并平放到羊毛毡上，再盖上一层羊毛毡，用压板压住，送入压力机吸潮压平。待补纸半干以后从纸帘上取下，换上吸潮纸继续压平。

补纸完全干燥平整后，使用砑石均匀砑光。补纸制作完成后，确定厚度、颜色、质感等均与《矿区图》残缺处相匹配。

2. 拆卷、清洁

将整卷档案旧装订线剪断去除，在装订区右下角用铅笔编写页码。使用软毛刷轻轻除去《矿区图》表面灰尘。

3. 揭胶带

在《矿区图》正面用羊毫笔蘸纯净水将薄雁皮纸贴在碎片表面进行保护加固。翻身后用灌水笔装无水乙醇对矿区图背面贴胶带处进行涂抹，浸润一部分胶带即使用镊子揭开，直到将胶带完整揭除。

4. 拼对碎片

将《矿区图》正面向上放在隔糊纸上，用细水雾喷润，抚平折痕，用羊毫笔蘸纯净水把揭胶带时薄雁皮纸保护的小碎片逐一准确拼对回原位。全部拼对准确后，用镊子轻轻揭去小块薄雁皮保护纸，用棕刷将一张薄雁皮纸刷在《矿区图》正面进行定位保护。

5. 修补破损

在《矿区图》正面盖上另一张隔糊纸，整体刷平后翻身，揭去背面隔糊纸。使用稀糨糊，在《矿区图》背面用制作好的补纸将缺损处补全，裁去多余补纸，搓平搭口，其余断裂处用薄雁皮纸粘贴加固。背面修复完成后，盖上背面隔糊纸，翻身回正面，用稀糨糊将从封底揭下的四个小残片还原到缺损位置，垫一层吸潮纸刷实固定。确定破损处都被修复完成后，揭去隔糊纸和正面保护用薄雁皮纸，将《矿区图》夹入吸潮纸，干燥压平。

6. 脱酸

使用不锈钢喷壶在《矿区图》背面均匀喷涂有机脱酸液，检测并记录脱酸后的 pH 值。脱酸后平均 pH 值达到 7.5，纸张具有足够的碱储量，这一结果可为后续跟踪检测提供参照。

7. 裁切装订

用美工刀将《矿区图》四周修复后产生的多余废边裁去。按照原本的折痕折叠整齐，擦去铅笔编写的页码，用档案三眼装订法将整本档案重新装订成卷。

修复后的《矿区图》见图 2。

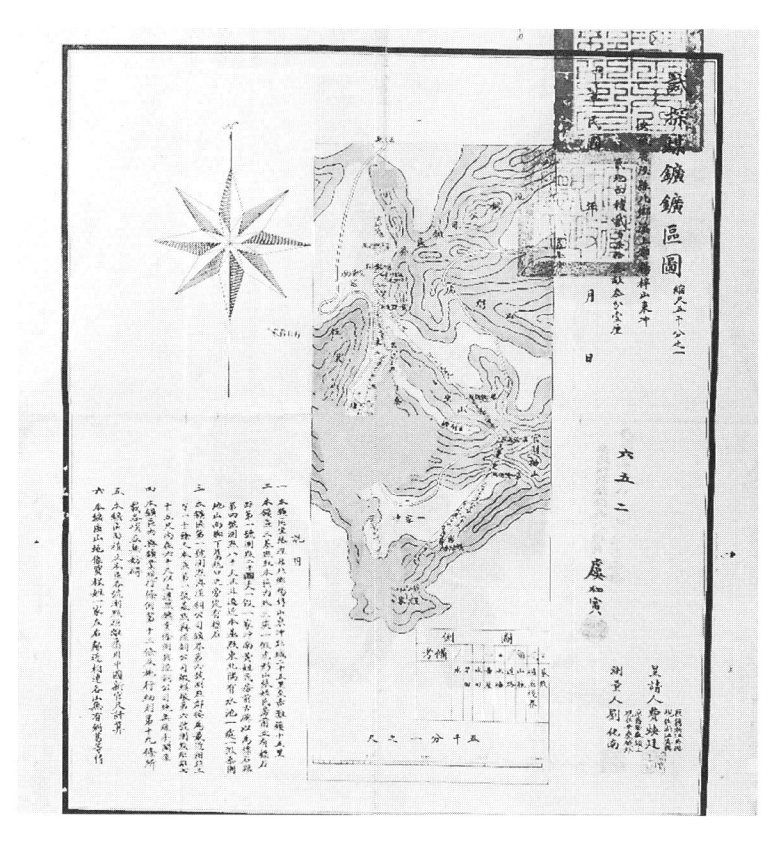

图 2 《矿区图》修复后

五、修复总结

使用纸浆补洞机制造的补纸，没有修复用手工纸常见的帘纹，经过砑光加工后，均匀光滑，整体质感、颜色和厚度都与《矿区图》比较一致，修补残缺处后，既能和原纸和谐统一，又能看出修复的痕迹，符合了"最小干预"和"修旧如旧"的原则。

近现代地图类档案修复中，如何配补纸是一大难题，在条件允许的情况下，使用纸浆补洞机自行制造相匹配的补纸是一个很好的解决方案。在确定纸浆配比时,需注意纸张纤维成分,尽可能使用与原档案纸张纤维类似或接近的纸作为原料。纸浆补洞机造好的补纸仍缺乏机械纸施胶后的光滑质感,本文探索性地使用砑石砑光工艺,使补纸表面光滑,整体质感更加接近原档案纸张,得到了不错的效果。在档案修复中,经常遇到各种困难,只有不断开拓创新,将传统修复与科技结合,才能助力档案保护事业高质量发展。

参考文献

[1] 张美芳.地图修复用纸适用性的研究[J].档案学通讯,2013(1):79-82.
[2] 张建明.纸浆修复档案操作规程研究[J].中国档案,2014(3):58-59.
[3] 孟子寻.北洋政府时期中国矿业法规评述[J].沧桑,2014(4):48-50.

基于大模型人工智能技术提升核电科研档案合规性的研究

钱 燨

上海核工程研究设计院股份有限公司

摘 要：基于大模型的人工智能技术日新月异，在文档领域的应用也处于高速发展阶段，本文从核电科研档案合规性审查的难点、痛点出发，提出基于大模型的人工智能审查解决方案，包括模型设计、数据准备、模型搭建、训练与评估以及实际应用等方面，初步建立一套切实可行的解决核电科研档案合规性检查难题的业务框架和系统框架，为类似的文档合规性检查工作提供借鉴。

关键词：大模型；人工智能；档案合规性

一、引言

大模型是指具有大规模参数和复杂计算结构的机器学习模型，这类模型通常由具有深度学习功能的神经网络组建，其本身具备数百亿甚至数千亿的数据。研究大模型的目的是通过海量数据来学习事物复杂的模式和特征，提高模型的表达能力和预测性能，使得大模型具有强大的泛化能力，能够处理复杂的任务和数据，可以对未见过的数据做出准确的预测。基于核电科研档案复杂的合规性检查要求，在人工难以满足检查需求的情况下，引入大模型人工智能检查技术，实现核电科研档案的高效、准确的合规性检查，整体提升核电科研档案管理质量和效率。

二、大模型技术的阶跃

1956 年，计算机专家约翰·麦卡锡提出"人工智能（AI）"概念，AI 发展由小规模专家知识向基于机器学习的方向发展。1998 年，现代卷积神经网络的基本结构

LeNet-5诞生,机器学习的方法由浅层机器学习模型向深度学习模型发展,为自然语言处理、计算机视觉等领域的研究奠定了基础。2017年,Google提出了基于自注意力机制的神经网络结构——Transformer架构,奠定了大模型预训练算法架构的基础。2020年,OpenAI公司推出GPT-3,模型参数规模达到了1750亿,成为当时最大的语言模型。2023年,OpenAI公司发布超大规模多模态预训练大模型GPT-4,具备了多模态理解与多类型内容生成能力。2024年,OpenAI公司推出首个文本生成视频模型Sora,该模型能够理解场景中不同元素之间的物理属性及其关系,从而深度模拟真实物理世界,生成具有多个角色、包含特定运动的场景。

大数据、大算力和大算法的结合,大幅提升了大模型的预训练和生成能力以及多模态多场景应用能力。发展至今,大模型主要可以分为以下三大类:(1)语言大模型(NLP),用于处理文本数据和理解自然语言,该模型基于大规模语料库进行训练,以学习自然语言的各种语法、语义和语境规则,代表模型为GPT系列(Open AI)。(2)视觉大模型(CV),用于图像处理和分析,此类模型通过在大规模图像数据上进行训练,可以实现各种视觉任务,如图像处理、目标检测、姿态估计、人脸识别等,代表模型为VIT系列(Google)。(3)多模态大模型,用于处理多种不同类型数据的大模型,例如文本、图像、音频等多模态数据。这类模型结合了NLP和CV的能力,以实现对多模态的综合理解和分析,从而能够更全面地理解和处理复杂的数据,代表模型为Sora(Open AI)。

三、核电科研档案合规性的困顿与出路

传统科研档案的管理主要遵循档案法以及配套的档案管理法规标准。核电科研档案在遵守传统档案法规规范的同时还需要遵守核安全相关的法规规范,这对核电科研档案的合规性管理提出了更高的要求。

1. 核电科研档案合规性要求

核电作为一种高效、可持续的能源,具有长期稳定供电、运行成本低、碳排放量低等优势特点。但是,核电站的运行过程中也可能发生核事故或核泄漏,对人类和自然造成危害。核电具有的这一特殊的双面性,使得全球都怀着非常谨慎的态度发展核电,在我国专门颁布了《中华人民共和国核安全法》、核安全法规HAF、核安全导则HAD等组成完善的核安全管理体系来确保核电的安全、高效发展。在这一法规制度体系下,主要的法规文件均提及了对于文档合规性的管控要求。如《HAF003核电厂质量保证安全规定》单独设置了两个

章节"文件控制"和"记录",对文档和记录的编制、审核、批准、发布、分发、变更、收集、贮存和保管提出了顶层的合规性要求。如《HAD003-06 核电厂设计中的质量保证》单独设置了"文件管理"和"质量保证记录"两个章节,对设计文件和记录的编写、审查、批准、发布、分发、变更、积累、存档和贮存提出了具体的合规性管理要求。

2. 合规性检查的痛点

核电科研档案在充分理解和吸收传统文档管理要求和核电文档管理要求的情况下,通过人工检查的方式全面落实合规性要求。核电科研档案的全生命周期主要划分为编制、校核、审核、审定、批准、一次入库审查、电子签名、二次入库审查、入库保管等节点。科研档案合规性检查主要依托"一次入库审查"和"二次入库审查"节点开展,该节点由文档人员通过人工来检查文档的合规性。核电科研档案数量庞大,在保证质量的前提下,文档人员日均审查量正常值在 200 份左右,理想状态下每日入库文档量均衡,文档人员可以完成审查工作。实际操作中,各个核电科研项目均存在日入库量不能均衡的情况,更有在月末节点前集中入库的情况,每日入库量达到 1 000 份左右,进而导致入库审查节点时间紧迫,文档人员必须在极短的时间内完成一系列检查任务,在每月末处于超负荷工作状态。该问题引起的直接结果为文档入库延期影响核电项目研究进度,或者造成入库文档质量低下,无法满足合规性要求,为核电项目管理带来质量风险。

3. 合规性检查的出路

鉴于人工检查效率和质量无法满足实际需求的情况,需通过基于大模型人工智能的方式实现核电科研档案合规性的检查。通过研究科研档案合规性检查的业务需求和大模型人工智能的实现要求,确定了业务逻辑层与系统实现层相结合的解决方案。业务逻辑层首先对科研档案类型开展梳理,确定了纯图册-图样目录、纯图册-图纸、虚拟图册-图样目录、虚拟图册-图纸、设计变更和文件共 6 类需进行合规性检查的科研档案;其次针对 6 类科研档案分别划分需开展合规性检查的位置,主要包含目录区域、图签区域、内容区域、会签栏、首页、续页、封面、扉页、修改记录页、设计输出开口项记录页、目录页、正文页等;最后确定具体检查项,针对 6 类文件的每一个检查位置确定具体的检查项,针对每一个检查项确定检查内容、基础数据来源、检查方法、错误案例、检查方式、检查时间等内容。业务逻辑层最终输出形成如下的文档合规性检查矩阵,总计六大类 162 个检查项,如图 1 所示,作为系统实现层的业务输入。

文件类型	检查位	检查项	检查分类	数据来源	检查方法	错误案例	检查方式	检查时间
纯图册——图样目录	目录区域	序号	手填准确性	人工填写	序号连续	错误、颠倒、重复	自动	批签前
		图纸编号	手填准确性	人工填写	与图签信息比对	错误	自动	批签前
		图纸名称	手填准确性	人工填写	与图签信息比对	错误	自动	批签前
		幅面	手填准确性	人工填写	与图签信息比对	错误	自动	批签前
		张数	手填准确性	人工填写	与图签信息比对	错误	自动	批签前
		版次	手填准确性	人工填写	与图签信息比对	错误	自动	批签前
		空行	手填准确性	人工填写	判断目录空行	目录有空行	自动	批签前
	图签区域	版次	属性准确性	从系统属性带入	与系统属性比对	未带入、错误	自动	批签前
		日期	属性准确性	从系统属性带入	与系统属性比对	未带入、偏移	自动	批签前
		状态	属性准确性	从系统属性带入	与系统属性比对	未带入、错误	自动	批签前
		工程号	属性准确性	人工填写	是否填写并符合逻辑	未填、出现其他	自动(需判断)	批签前
		子项号	属性准确性	人工填写	是否已填，图册内是否一致	未填写、错误	自动	批签前
		专业	属性准确性	人工填写	是否已填，图册内是否一致	未填写、错误	自动	批签前
		阶段	属性准确性	从系统属性带入	与系统属性比对	未带入、错误	自动	批签前

图 1　科研档案合规性检查矩阵

四、大模型人工智能合规性检查的实现

人工智能合规性检查的实现必须依赖大模型，基于科研档案合规性检查业务需求，并考虑后续的扩展性应用，需建设多模态的科研档案大模型。科研档案大模型的建设主要分为模型设计、数据准备、模型构建、训练和评估、应用等步骤。

1. 科研档案大模型的设计

科研档案大模型的设计主要考虑模型处理的任务类型、模型架构以及模型层次结构三方面的内容。任务类型方面，通常依靠大模型处理的任务有文本生成、图像处理、目标检测、人脸识别、视频生成等，科研档案大模型主要涉及文本生成、图像识别、图像分类、图像分割等任务。模型架构方面：基于任务类型选择适合的模型架构，常用的有DNN(深度神经网络)适用于各种任务，如图像分类、语音识别和自然语言处理；RNN(循环神经网络)适用于语言模型、文本生成等任务；CNN(卷积神经网络)适用于处理图像数据，通过卷积操作和池化操作来提取图像中的特征。科研档案大模型主要采用DNN(深度神经网络)。在模型的层次结构方面，主要是确定模型的层数以及每层的神经元数量。通常模型的层次结构由输入层、隐藏层以及输出层构成，合理地选择神经网络的层数以及隐藏层神经元的个数，会在很大程度上影响模型的性能。对于简单的数据集，一层甚至两层隐藏层已经足够，过多的隐藏层可能会导致数据过于拟合。科研档案大模型由于需要处理图像和生成文本，因此层数上设置大于两层。每一层的神经元数量也需要合理设置，隐藏神

经元数理应在输入层的大小和输出层的大小之间,最佳数量需要不断试验进行微调。

2. 科研档案合规性数据准备

在模型搭建之前需要依据业务需求准备适合的数据集。基于前期大量人工对于科研档案合规性检查数据的积累,以此开展大模型数据的准备工作。首先,开展数据收集和清洗,收集符合任务需求的数据集,并进行数据清洗和预处理,包括数据去噪、标准化、缺失值处理等,主要聚焦于人工对科研档案检查后形成的历史错误案例数据并提供对应的正确数据案例。其次,划分训练集、验证集和测试集,将数据集划分为训练集、验证集和测试集,通常采用的比例是70%用于训练、15%用于验证、15%用于测试。再者,开展数据增强,为了增加模型的泛化能力,可以采用数据增强技术,如旋转、翻转、裁剪等方法来扩充训练数据集。最后,进行数据加载和预处理,使用适当的数据加载器将数据加载到模型中,并进行必要的预处理,如图像的大小调整、文本的编码等。

3. 科研档案大模型构建和训练

在大模型搭建之前,需要选择合适的深度学习框架,如 TensorFlow、PyTorch 等,依据深度学习框架定义模型的结构,包括层次结构、参数初始化等。定义损失函数:根据任务类型选择合适的损失函数,如交叉熵损失函数用于分类任务等。选择优化算法:选择合适的优化算法来更新模型参数,如随机梯度下降(SGD)、Adam 等,整体需按照模型设计的要求完成模型构建。

在模型构建完成后,需要进行训练和评估来优化模型的性能,主要包括设置训练参数:确定训练过程中的超参数,如学习率、批大小等。前向传播与反向传播:在训练过程中,通过前向传播计算模型的输出并计算损失,然后通过反向传播计算梯度并更新模型参数。批处理和迭代训练:将训练数据划分为小批量进行训练,并迭代多轮直到达到指定的训练轮数。验证集监控:在训练过程中,定期使用验证集评估模型的性能并进行监控,以便在过拟合发生时及时调整模型。测试集评估:在训练完成后,使用独立的测试集评估模型的性能,包括准确率、精确率、召回率等指标。

4. 大模型人工智能合规性检查的应用

大模型人工智能合规性检查的应用主要通过既有业务系统和大模型相结合实现。应用过程主要分为科研档案结构化、大模型处理、合规性结果输出、人工校验、结果反馈等过程。首先在业务系统中部署与科研档案大模型的系统接口,在业务系统进行文档流转,流转至"入库审查"节点前开展文档结构化处理、依据科研档案合规性检查矩阵对入库审查节点的文档进行分析识别,针对需要检查的内容提取对比基准值,识别结果与对比基准值进行比对,分别从系统逻辑、单页逻辑、全文逻辑进行分析比对检查。检查结果经过人工校验后形成文档审查意见,文档审查意见反馈至大模型,完成整个合规性检查过程。文档审查意见返回大模型后进行自主学习,通过大模型神经网络不断提升人工智能检查的准确性,逐步替代人工核验过程,最终实现全过程的人工智能合规性检查,应用逻辑关系如图2所示。

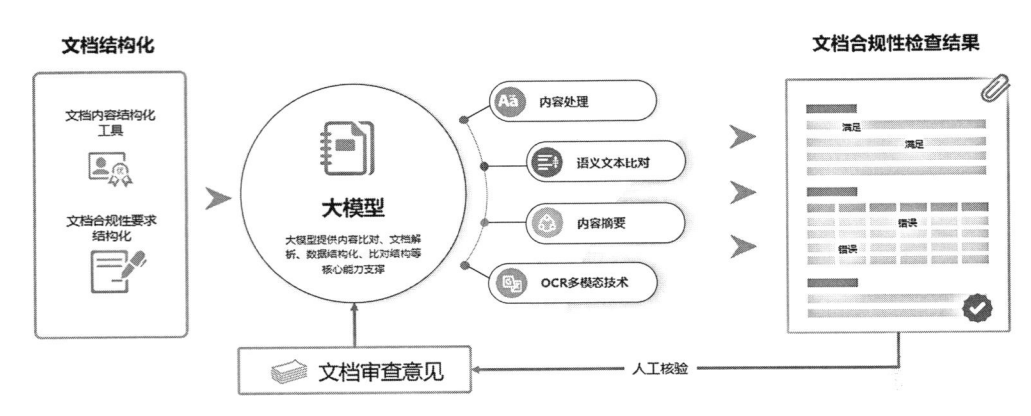

图 2　大模型人工智能合规性检查应用逻辑

五、结语

从20世纪50年代首次提出AI概念至今,大模型经历了数次技术的阶跃,其本质上是一个使用海量数据训练而成的深度神经网络模型,基于巨大的数据和参数规模,实现了智能的涌现,展现出类似人类的智能。大模型人工智能技术在文档领域的应用正处于萌芽时期,其技术本身以不可阻挡之势在不断地迭代和阶跃,如何利用好最先进的技术,在文档领域发掘出高价值的应用场景在很长一段时间内将成为文档工作者的核心研究任务之一。在数字化背景下,文档人员不再局限于传统文档管理,必须掌握最前沿的科学技术,发掘管理难点与痛点,借助科技自我救赎、自我升华。

参考文献

［1］郭全中,张金熠.ChatGPT的技术特征与应用前景［J］.中国传媒科技,2023(1):159-160.

［2］刘茜,刘清渭,等.AI赋能与人机耦合:AIGC时代的社交机器人［J］.传媒.2023(10):23-25.

［3］韩娜,漆晨航.生成式人工智能的安全风险及监管现状［J］.中国信息安全,2023(8):69-72.

[4] 杨强,胡心宇.基于图像识别技术的核电文档智能化应用实践[J].电力大数据,2019(11):58-63.
[5] 徐雯.高校文书档案管理标准的困境及应对措施[J].大众标准化,2021(22):4-6.
[6] 李戈,彭鑫,王千祥,等.大模型:基于自然交互的人机协同软件开发与演化工具带来的挑战[J].软件学报,2023,34(10):4601-4606.

未来产业科研档案管理工作质量提升探索

张新娴

国科量子通信网络有限公司

摘 要：本文从未来产业科研档案管理工作相关概念出发,透过不同的发展视角剖析了未来产业科研档案管理工作质量提升的重要意义和现阶段实践中可能遇到的问题,并从宣传指导、新技术和新方法应用、价值创造、对外交流与学习等维度提出了未来产业科研档案管理工作质量提升的方法路径,以期通过档案管理助力未来产业科学健康可持续发展。

关键词：未来产业;科研档案管理工作;质量提升;探索

一、引言

2024年1月,工业和信息化部等七部门发布的《关于推动未来产业创新发展的实施意见》提出,未来产业由前沿技术驱动,当前处于孕育萌发阶段或产业化初期,是具有显著战略性、引领性、颠覆性和不确定性的前瞻性新兴产业。大力发展未来产业,是引领科技进步、带动产业升级、培育新质生产力的战略选择。[1]现阶段发展未来产业成为国家实现产业技术追赶,在前沿技术领域抢占高地的一个重要机遇期。

由于未来产业相关新技术、新产品、新业态、新模式等尚处于培育和发展初期,而其又往往属于前瞻性领域,因此加快未来产业与档案管理的密切结合,提升未来产业科研档案管理工作质量,推进全社会科技档案信息资源积累和利用,积淀未来产业培育和发展重要历史记忆,对于推动我国未来产业培育和发展、服务企业创新发展和现代化建设具有极其重要的意义。

二、未来产业科研档案管理工作相关概念

根据我国《科学技术研究档案管理规定》有关释义,科研档案是指科研项目在

立项论证、研究实施及过程管理、结题验收及绩效评价、成果管理等过程中形成的、具有保存价值的文字、图表、数据、图像、音频、视频等各种形式和载体的文件材料以及标本、样本等实物。科研档案工作是科研管理的重要组成部分和科研活动的重要环节。[2]

未来产业科研档案管理工作是指对在未来产业培育和发展实践活动过程中形成的各种形式和载体的科研档案的收集、整理、归档、鉴定、利用、统计、销毁、信息化等全生命周期管理工作，既包括对科研档案实体的管理，也包括对科研档案信息资源的管理。当前，我国正处于积极把握全球科技创新和产业发展趋势，重点推进未来信息等六大方向产业发展的重要进程中。可以说，无论是对于未来产业来说，还是对于档案行业来说，未来产业科研档案管理工作都是一个全新且关键的领域，因此，现阶段加强对未来产业科研档案管理工作质量提升的探索研究非常重要。

三、未来产业科研档案管理工作质量提升的意义

未来产业以传统产业的高端化升级和前沿技术的产业化落地为主线，具备高成长性、战略性、先导性等特征，其发展在引领科技进步、带动产业升级、培育新质生产力等方面具有十分积极的意义，将有效推进社会技术创新、推动经济和社会全面发展，是当前和未来很长一段时间内的一个重要发展命题。

与之有机共生的科研档案，能够准确完整地记录未来产业培育和发展的真实面貌，具备原始记录性，是涉及面广、数量繁多、增量明显且不可替代的一大类社会重要信息资源。未来产业科研档案管理工作质量提升，不管是对于未来产业培育和发展，抑或是对于档案行业发展，甚至对于经济和社会发展，都具有非常重要和宝贵的意义。

1. 助力未来产业培育和发展

对于未来产业培育和发展而言，未来产业科研档案管理工作从无到有、从小到大，相关工作质量得以有效提升。一方面，能够较好地反映量子技术、生命科学等前沿技术发展的清晰脉络，积累前沿技术相关原始数据，加强关键核心技术知识产权保护，为未来产业进一步发展奠定强大基石；另一方面，能提供方方面面的重要凭证，为下一步技术迭代、产品更新、市场推广等提供有力支撑，淋漓尽致地发挥档案管理作用，实现档案管理助力未来产业跨越式发展的美好图景。

2. 高质量推进档案行业发展

对于档案行业发展而言，未来产业科研档案管理工作是档案管理的一个新型重要应用场景，未来产业科研档案管理工作质量提升是档案行业积极主动适应技

术、经济和社会发展的重要体现，也是档案行业未来保持鲜活生命力的重要保障，能够在新的时期为新的技术、产品、业态、模式等发展提供强大的推动力。同时，随着数字社会的深入发展，档案行业对于大数据、人工智能等新技术、新产品的需求日益迫切，积极应用新技术、新产品也是档案行业高质量发展的应有之义。未来产业中部分前沿技术能够与档案行业发展紧密结合起来，形成强大的作用力，从而通过未来产业培育和发展来实现档案行业的变革与发展，让档案行业不断汲取能量、永葆生机。

3. 积极推动经济和社会发展

对于经济和社会发展而言，如前所述，未来产业培育和发展的重要性已不言而喻，而未来产业培育和发展过程中形成的科研档案作为与前沿技术和产品等联系最直接、知识密度最高的核心档案门类，相关管理工作质量提升能够更好地推动未来产业培育和发展，从而能够更加积极地服务于经济和社会发展，在经济和社会发展过程中发挥独一无二的作用。

四、未来产业科研档案管理工作中可能遇到的问题

在当前积极培育未来产业、加快形成新质生产力的良好氛围下，未来产业科研档案管理工作已经具备了一定的社会基础，但因属于新事物，相关调研显示，未来产业科研档案管理工作可能在管理思路、管理方式、管理结果和交流合作等方面仍存在一些有待提升之处，需要科学面对并加以改善。

1. 管理思路

未来产业科研档案管理工作重视程度有待提升。就前沿技术的产业化落地相关实践而言，由于脑机接口、量子信息等未来产业大多比较新颖，处于培育期，往往没有形成完善的科研档案管理工作思路，如无重大项目推进，企业经营管理层不一定能够充分认识到自身科研档案管理工作的重要性；同时，大部分科技人员和管理人员往往忙于技术创新、产品研发和市场开拓等工作，也不一定能够意识到日常工作中形成的科研档案管理的重要意义，对科研档案管理工作重视度有所欠缺，需要档案部门不断宣传指导。

2. 管理方式

未来产业科研档案管理工作相关方式方法有待革新。未来产业中不少行业尚未形成明确的产业链生态，初创企业较多，尽管有些企业通过各种宣传或者既有经验可能已经认识到了科研档案管理工作的重要性和紧迫性，也已经制定了科研档案管理工作的规划、制度等，但受到企业规模、资金资源、人员专业化程度等方面因

素的影响，往往更倾向于选择传统的、低成本的科研档案管理方式，暂时无法投入足量资金资源进行方式方法的全面革新。

3. 管理结果

未来产业科研档案管理工作的结果效用有待凸显。未来产业中部分企业并没有配备专业化人员研究科研档案管理工作相关绩效，对科研档案管理工作的结果无法科学评估，导致科研档案管理工作的结果效用无法显现，资金资源投入与科研档案管理工作产出之间的关系无法切实厘清，这为未来产业科研档案管理工作持续推进带来了困扰。例如，因企业大多以营利为目的，某一阶段科研档案管理工作的结果效用不明显，极有可能影响后续资金资源投入决策，从而无法保障科研档案管理工作的持续推进。

4. 交流合作

未来产业与传统优势产业、战略性新兴产业等领域的科研档案管理工作交流有待增进。这些领域依托于多年发展实践，科研档案管理工作已有不少积淀与成果，相关管理思路、管理方式、管理结果等有很多值得未来产业科研档案管理工作部门学习借鉴之处。但在实际工作中，未来产业中不少企业主要着眼于现阶段发展壮大、技术实力提升和经济效益增长，在科研档案管理方面疏于对外学习交流与合作。

五、未来产业科研档案管理工作质量提升的方法路径

1. 加强宣传指导

为提升科研档案管理工作质量，首先要加强对未来产业科研档案管理工作的宣传和指导，提高关注度，从源头上创造条件。因为未来产业的培育和发展对于推动高质量发展至关重要，而未来产业培育和发展过程中直接形成的科研档案能够生动体现核心技术和核心竞争力，科研档案管理工作具备极其重要的价值和地位。因此，档案部门可以联动未来产业相关主管部门，通过举办展览、开发档案文创产品等，多途径、多角度地加强未来产业科研档案管理工作的宣传和指导，推进产业链上下游各企业提高重视。积极投入人员、资金和资源等，为未来产业科研档案管理工作质量提升奠定坚实基础。

例如，在档案部门的宣传和指导下，已有部分前沿技术转移转化企业认识到了科研档案管理的重要意义，专门编制了科研档案管理的有关规划、制度，并配备了专业的档案管理人员和档案管理设施设备，投入了不少资源，为未来产业科研档案管理工作质量提升保驾护航。

2. 应用新技术、新方法

结合新时代新技术、新方法发展情况，在未来产业科研档案管理工作中积极应用自主可控、成本合理的新技术、新方法，勇于尝试并不断结合行业特点进行创新。众所周知，新技术、新方法在推动社会生产力进步、推进行业发展方面能够发挥关键作用，同样地，新技术、新方法在未来产业科研档案管理工作质量提升方面也能发挥十分重要的促进作用。

新技术、新方法很多来自未来产业，未来产业中的大部分企业天然地更能接受新技术、新方法，而且应用的便捷度更大、推广性更强。例如，在未来产业科研档案管理工作中，使用人工智能、量子等新技术、新方法，加强与自身业务系统的对接融合，对于科研档案分类鉴定、科研档案安全传输等都有着非常明显的效果，为未来产业科研档案管理工作质量提升提供了技术和方法保障，对于提高科研档案管理效率、彰显科研档案管理价值十分有益，值得充分应用并推广。

3. 促进价值创造

提高未来产业科研档案利用水平、积极创造经济和社会价值，是未来产业科研档案管理工作质量提升最为关键的动力源泉。未来产业自身具有明显的特殊性，一方面，未来产业对于培育和发展有着非常迫切的愿望；另一方面，因受发展体量、市场成熟度等因素限制，未来产业培育和发展的难度显而易见，因此，企业会优先将资源投入在技术研发、市场推广、项目管理等方面。这种情况下，档案部门只有积极提高科研档案利用水平，为企业自身和未来产业发展创造显著价值，才可能获得更多青睐和资源倾斜。

例如，在国家大力支持未来产业培育和发展的大环境下，相关企业可以积极利用自身的科技创新优势，主动开发科研档案信息资源，并将其与有关部门的政策支持联系起来，积极申报资质荣誉、争取相关项目、推进市场推广，为企业软实力提升、研发能力提高和收入增长等带来明显效益，从而更有效地提升企业科研档案管理意识，为未来产业科研档案管理工作提供动力。同时，企业还要争取畅通未来产业科研档案信息向科技人员流动渠道[3]，为科学技术进步提供丰富的原始信息，推动科研档案信息资源的直接利用。

4. 加强对外交流与学习

加强对外交流与学习，有的放矢，促进未来产业科研档案管理工作质量的整体提升。科研档案管理工作与其他管理工作类似，需要不断地加强对外交流与学习，促进新的管理策略的形成、管理方法的积累。只有以发展的眼光看待未来产业科研档案管理工作，不断推进跨企业、跨行业交流与学习，主动精进相关知识与技能，才能更加直接、有效地提升未来产业科研档案管理工作质量。

例如，企业不局限于未来产业领域，通过借助有关部门力量，设置科研档案管理工作交流主题，主动与生产制造、金融创新、能源电力等优势行业联合组织科研档案管理工作交流会、企业档案馆参观、档案专家访谈等专业活动，对标优秀企业在科研档案管理方面的思路、策略、技术、方法等，结合自身和行业发展特点加以吸纳、改进，走出适合未来产业科研档案管理工作发展的新道路。

六、总结

新事物的发展总是离不开思想上的重视、资金资源上的投入、新技术和新方法的应用以及开放共享的交流学习，只有不断地思考总结，才能持续地创新发展。由于未来产业的重要定位、培育和发展现状，科研档案管理工作在不同行业、不同企业中可能存在管理思路、管理方式、管理结果和交流合作等方面的问题，需要进一步从宣传指导、新技术和新方法应用、价值创造、对外交流与学习等维度不断优化，从而真正推动未来产业科研档案管理工作质量提升，为未来产业的科学、健康、可持续发展提供强有力保障。

参考文献

[1] 中华人民共和国中央人民政府.工业和信息化部等七部门关于推动未来产业创新发展的实施意见[EB/OL].[2024-05-23]. https://www.gov.cn/zhengce/zhengceku/202401/content_6929021.htm.
[2] 中华人民共和国国家档案局.科学技术研究档案管理规定[EB/OL].[2024-05-23]. https://www.saac.gov.cn/daj/xzfgk/202112/2618b69465e5469e9165116ddc1190f8.shtml.
[3] 蔡盈芳.论新质生产力与科技档案工作[J].中国档案，2024(04)：8-9.

数字交互语境下的城建档案探秘类文创设计路径探析
——以"探秘虹桥路"互动解谜游戏设计为例

冯 时

上海市城市建设档案馆

摘 要：当前探秘类档案文创设计领域，交互性、智能化开发不够；对城建档案差异性优势认知不足，致使鲜有交互性较强的城建数字档案探秘文创。本文以"探秘虹桥路"游戏设计为例，从三方面切入，探讨数字交互语境下，如何进行城建档案探秘类文创设计：设计思路上，自构建档案人情感互动体验，基于城市更新行动打造规划线路，提升互动参与感；设计方法上，通过设计要素整合和交互对话，呈现文化遗产信息，并使形式语言与建筑文化相呼应；设计媒介上，基于 VR 全景展示，调动参与者多感官，以营造空间沉浸感。

关键词：城建档案；文创设计；交互游戏；数字媒介；实景探秘

一、引言

交互设计基于数字媒介，是"定义、设计人造系统的行为的设计领域，它定义了两个或多个互动的个体之间交流的内容和结构，使之互相配合，共同达成某种目的"。[1]这种设计模式关注用户与产品间的交流，横跨认知心理学、人机交互、平面设计、人类学、工业设计等多学科。因而，基于数字交互理念的探秘类城建档案文创产品和服务设计，某种程度上是对探秘游戏参与者行为的设计，需要基于城建档案资源和城市实景，发挥数字技术的互动性，借助多学科视角，探寻受众与环境、文本间的交互行为，重视用户的情感体验。

国内外已有一些学者意识到探秘类档案文创设计具有较高的文化、历史和经济价值，有利于充分挖掘档案资源，创新档案服务方式，塑造档案文化 IP，传播档案文化和精神等。如法国国家档案馆设计寻宝配对档案游戏，里根总统图书馆和博物馆为学生设计教育任务型解谜游戏《寻找邦妮和克莱德》(The Search for Bonnie and Clyde),我国苏州中国丝绸档案馆与和博物馆解谜大师共同开发的《第七档案室》解谜游戏等。[2]它们寓教于乐,通过关于档案的探秘游戏,开展沉浸式教育,不仅发挥了档案机构的教育功能,而且满足了公众对档案馆多元化、个性化的消费需求,拉近了档案馆与公众的距离。

但目前探秘类档案文创设计普遍存在两点问题:一是交互性有待进一步提高,对档案的智能化、个性化开发还不够;二是开发主体仍以综合档案为主,对专业档案,如城建档案,缺乏足够关注,也正因此,游戏场景多囿于展馆内部,很少将街区实景作为探秘场所,也就忽略了城建档案游戏化开发在展现城市更新成果、激活历史文化遗产等方面的独特优势。

针对这两个问题,上海城建档案馆基于数字交互理念,依托馆藏特色,将虹桥路历史文化风貌区作为探索主场,于2023年6月独立开发了"城市的记忆·探秘虹桥路"城市实景互动解谜游戏(以下简称"探秘虹桥路"),高度重视跨媒介平台下,受众、空间与文本间的交互行为,不失为探秘类城建档案文创开发的良好开端。

因此,本文在数字交互语境下,以"探秘虹桥路"互动解谜游戏为个案,以城建档案文化传播为导向,探索城建档案探秘类文创设计新路径,以期为未来此类文创开发提供参考。

二、具身认知与城市更新:设计理念的交互性

1. 具身认知中档案人精神的情感互动体验构建

"探秘虹桥路"互动解谜游戏在故事宇宙的搭建中,通过背景、角色和情节设计,强化具身认知,从而给予受众作为"档案人"的高度代入感,及"为国守档、为党管史、为民服务"奉献精神的情感认同。

一方面,角色设定强调"档案人"的身份认同,认知动力机制设计注重"守护档案"的情感互动体验。首先,鉴于受众无法亲历历史事件,实景解谜设置了"守护城建档案的时空旅行者"这一角色,但角色身份并非一开始就如此设定,受众起初只接受了"调查员"这一类似侦探的身份,任务是寻找自己身上的秘密,随着解谜进程中线索不断累积,他们才会逐渐意识到自己的真实身份是"档案守护者"。这一过程建构了虚拟自身全程在场,他们从上海城建档案馆出发,去探寻自我,最终又返回馆里,完成将"图纸"交馆保存的任务,揭开了历史的面纱,解开城市之谜。其次,建立大脑、身体、实景解谜环境三者耦合的认知动力机制,强调认知过程非线性、混沌、涌现的动力机制。[3]由此,"探秘虹桥路"的剧情和谜题间存在"3+2+1"种关

联,保证谜题和剧情紧凑穿插,结合剧情线性叙事和谜题节点式叙事,让受众在环环相扣的线索中,以"猎奇"和"悬念"为双重驱动,循序渐进地认识到城建档案的价值,进而产生"守护档案"的使命感和文化认同感。

另一方面,故事脚本用双重时空凸显今昔对比下的城市更新成果及城建档案事业在其中的重要性。其一,"探秘虹桥路"互动解谜通过设定双重时空的故事背景,展现了城市更新前后宏大的地理、社会、文化和历史情境对比,受众在与多维时空的互动中见证城市变迁历程,认知城建档案对城市规划、建设与管理的基础支撑作用,体现复合叙事性。其二,物理实体空间和文化心理空间紧密联结,此探秘文创以街区物理空间的历史文化风貌变迁为表征,其背后蕴含的是社会风尚、审美趣味及文化思潮等文化心理空间的转化。

2. 基于城市更新行动的规划线路打造互动参与感

线路规划上,基于数字人文技术和"15分钟社区生活圈"理念,探秘点位的选取注重街区更新中的互动参与感。具体而言,以"独具红色文化、海派文化或江南文化特色"为基准、"相邻点位非机动车5～15分钟可达"为限定、"建筑空间在情景演绎上更具互动参与感"为要求,借助生成式人工智能进行全网数据挖掘与文本分析,最终筛选出虹桥路历史文化风貌区中较有代表性的多处历史文化遗产点位,展现街区变迁史和城市更新成果。

值得一提的是,线路设计上,区别于其他档案类、文博类探秘文创,基于城建档案的城市实景互动解谜不再局限于场馆内,而是将整个历史文化风貌区,乃至整座城市变身为解谜舞台,用街上的建筑、景观和装置作为破解谜题的关键,让扑朔迷离的剧情上演在寻常街道,大力挖掘城市真实街道背后的故事,并用主题化和解谜的方式介入城市居民的日常生活,这会让市民玩家更有参与感、亲近感。同时,"实景解谜＋打卡护照＋线上解谜"三位一体的互动框架更添趣味性,在点位的今昔对比中,受众通过角色与实景的互动,仿佛亲历城市更新与改造。

三、遗产开发与文化传播:设计手法的交互性

1. 要素整合和交互对话并行下的文化遗产信息呈现

首先,设计要素提取上,整合特色档案资源、编研成果资源和建筑空间资源,实现文化遗产的多元信息融合与呈现。以上海动物园相关的谜题为例,谜面的地图为上海城建档案馆馆藏档案"关于虹桥路的扩建"(档号 U1-14-4893),反映了1938—1939年虹桥路沿线部分区域桥涵修缮施工情况,这张图纸意味着虹桥路在近代上海西区道路网络中的价值不断提升。回溯其更久远的历史,虹桥路曾是一

条非正式的"赛马道"。而正如谜面上展示的白兔版"纸猎赛马",历史上,上海动物园起初是高尔夫球场,曾常作为虹桥路上纸猎赛马的必经地。玩家需要通过检索道具书,也就是当时上海城建档案馆新发布的编研成果《城市的记忆:城建档案中的虹桥路(1901—1949)》(以下简称"道具书"),方能获取谜题的知识背景,了解到纸猎赛马运动在沪西地区的开展,为虹桥路的辟筑埋下了伏笔。这项运动的持续开展也影响着虹桥路沿线风貌的形成,逐渐演变成谜面地图中那般风貌,后又历经多次扩张与改造,才演化成玩家在实景探秘时所见的景象。因而,谜面的一幅图示,蕴含丰富的文化遗产信息,不仅整合了馆藏特色档案、编研成果和实景空间资源,而且串联了虹桥路从野蛮生长,到开辟、建筑、延伸、再到修缮拓宽,直至成为历史文化风貌区的发展轨迹(图1)。

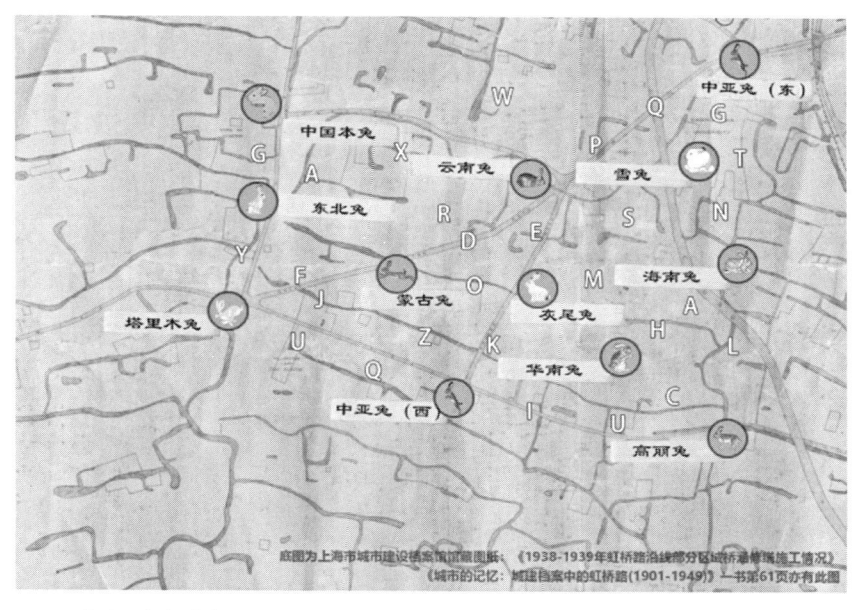

跟我来一场纸猎赛马吧!"虹桥路"上一些地方被撒上白兔型纸片,请在正门视线范围内,从西边的起点出发,沿着"兔迹"赛马,奔向终点时,你就知道该写什么了。

图1 谜面整合馆藏图纸、编研成果和实景空间资源等呈现多元文化遗产信息
图片来源:活动"打卡护照"。

其次,线上验真、提示与讲解采用交互式对话机制。玩家与虚拟角色通过人机交互进行隔空对话。一旦在对话中验真,就将自动弹出下一站地点,并得到一条终极谜题线索;每个关卡都有一次线上提示机会,按谜题指示即可获取;另外,关于文化遗产信息的解读以第二人称视角进行,这些为受众提供更温情的陪伴,也在涉及大段城建档案和城市历史人文知识科普时,不显生硬和无趣。

2. 形式语言与建筑文化相呼应的城建档案文化传播

一是建筑美学的多维转化。平面化的档案图纸、谜面图示与立体化的建筑空间巧妙结合，多角度、全方位展示建筑艺术特征。例如，"打卡护照"（任务书）中，将所有点位的建筑立面、构件及花饰信息提取简化为几何图示谜面，受众需要反复比对建筑外立面及立体装置、几何视觉图形，及道具书中的图文信息，特别是档案图纸信息，方能寻得规律，补全几何谜面中的缺失要素（图2、图3）。这种对形态的反复感知，将有助于多维度、全方位加深受众对建筑风格和特色的理解。

图 2　实景构件审美特征的抓取

图片来源：王业欣处理。

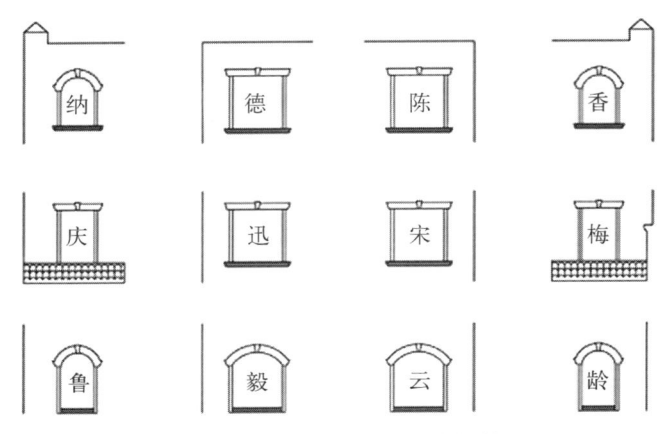

图 3　几何图示谜面的形态提炼

图片来源：王业欣绘制。

二是形式语言背后的文化隐喻巧妙传播城市文化。依托文本，将建筑遗址外立面设计特征和特定历史节点的建筑文化特色相融合，时空联动，有助于追溯城市记忆。以罗别根花园的谜题设计为例，由于该别墅立面形式有较强的对称性，左右两侧仿佛互为半身，而罗别根花园与沙逊别墅也是这种亲密关系，它们都建于1932年至1934年间，业主都是20世纪二三十年代上海滩著名房地产商、英籍犹太人维克多·沙逊，因而常被称为"姐妹花园别墅"。（如图4）故在设计谜题时，关键词设为"姐妹"，玩家在观察别墅实景时，需要找到立面对称轴上的大窗是最大黑色色块，结合图示上对单词的翻折处理，只看图示对应区域的对称轴左侧，破译出关键词"sister"（图5、图6）。这道题的设计就考量了建筑、平面形式语言与建筑内涵的互文性，此处，二者通过隐喻，实现了建筑"能指"（signifier）和"所指"（signified）的结合。

图4　罗别根花园实景
图片来源：作者自摄。

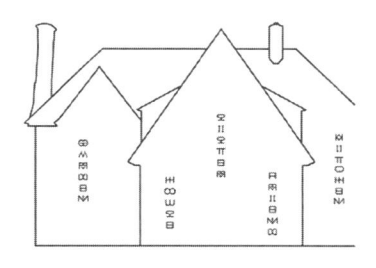

图5　罗别根花园谜题
图片来源：活动"打卡护照"。

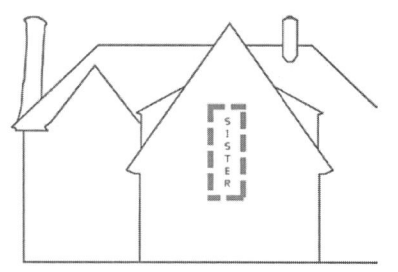

图6　罗别根花园谜题解析
图片来源：王业欣处理。

四、全景探索与通感体验：设计媒介的交互性

1. 基于 VR 全景的立体编研成果展示

搭建遗产信息互动体验界面平台，为受众提供更具个性化、自由度更高的编研成果探索方式。

城建档案作为一手史料，是较原始的记录，知识片段存在弱文本性，传统编研方式侧重于对其文本系统性、关联性的挖掘与组织，多为静态内容，且单向输出为主，叙事形式较线性化、平面化，用户交互性不足。

而城建档案记录的却是立体的城市与建筑，若能开发立体编研成果展示渠道，就将利于充分挖掘城建档案价值，也可让受众化被动输入为主动学习，体会城建档案的魅力。

如"探秘虹桥路"互动解谜以《城市的记忆·城建档案中的虹桥路（1901—1949）》这一编研成果为核心资源，基于 VR 技术，利用全景图像，搭建互动体验界面平台，在谜题讲解中动态呈现文化遗产的外观细节和编研信息，让受众在 VR 场景中实现个性化的自由探索，如观赏建筑装饰、参加虚拟导览、与实景解谜联动等，从而实现遗产的沉浸式体验和编研成果的立体阅读。

2. 多感官融合下的空间沉浸感营造

通过视觉、听觉及触觉等多感官的调动，使受众沉浸式体验实景空间和虚拟空间。

身体与外部环境交互所获得的真实知觉反馈，将大大增强受众的"超真实临场感"(Tele-existence)，探秘文创设计需要通过多感官的融合，尤其是视听空间与视触空间的增强，来强化知觉在场。[4]

"探秘虹桥路"互动解谜在视听空间方面，借助线上多媒体交互，将关于城市人文历史的有声阅读和剧情介绍融入零散的事件线索和时空转场中，以便受众在凝视实景或探索虚拟空间时，耳畔回响着文化遗产的历史信息，提升在场沉浸感，进而增进受众对城建档案事业的情感共鸣。

在视触空间营造上，充分利用建筑空间资源，例如在原美华新村的谜题设计时，玩家需要触摸建筑装饰，比对图示视觉信息，才能快速重构谜面中被打散的装饰元素。（如图 2、图 3）这种视觉和触觉的通感有助于受众深刻感受该建筑的西班牙式审美特征。

五、小结

综上所述,本文在数字交互语境下,以"探秘虹桥路"互动解谜游戏设计为例,从其设计理念、设计手法、传播媒介三个方面探究其开发路径。

该案例对城建档案探秘类文创设计具有一定启迪意义。一是可借此拓宽城建档案文化消费产业链,实景解谜活动与解谜实体书协同发力,有效实现档案馆经济效益增收。二是有利于城建档案文化 IP 塑造,推动档案文化和城市文化传播迁移,也即显性文化图式上导入多层次感知体系,隐性文化科普上通过探秘行为加深知识巩固,抽象档案人精神上促进意象与情感的内化。

参考文献

[1] 李洁.传统文化元素中的视觉传达与表现研究[M].长春:吉林出版集团股份有限公司,2022:125.
[2] 刘芮,张丽华.互动数字叙事视角下档案游戏化开发路径探析——以《第七档案室》为例[J].档案学研究,2023(6):102-109.
[3] 麻彦坤.理论心理学发展与进路[M].北京:商务印书馆,2020.
[4] 徐鸣,马晓昱.红旅纪念馆探秘文创设计的在场构建——以《五十号档案》互动解谜书为例[J].装饰,2023(9):139-141.

论数智时代档案文化建设路径
——以上海音像资料馆艺术视听档案为例

贺 僖

上海广播电视台版权资产中心（上海音像资料馆）

摘 要：在数智时代背景下，档案文化建设的创新与发展成为推动档案工作高质量发展的重要力量。上海广播电视台版权资产中心（上海音像资料馆）是上海市唯一的专业音像资料馆，也是全国省级广电行业中最大的专业音像资料馆，以其丰富的视听档案资源、前瞻性的数字化布局和智能化的技术应用，成为传媒行业中档案文化建设的先行者。本文将围绕上海音像资料馆艺术视听档案的资源库建设、新媒体传播、社会大美育实践的实际案例，探讨数智时代档案文化建设的创新与发展。

关键词：数智时代；艺术视听档案；新媒体传播；社会大美育

一、引言

随着大数据、云计算、人工智能等数智技术的迅猛发展，传统的档案管理模式正在经历深刻的变革。这些技术的融合应用不仅极大地提升了档案信息的处理效率和安全性，而且为视听档案的数字化、智能化管理提供了可能。同时，新媒体传播的迅速崛起为视听档案的广泛传播和普及开辟了新的途径，使得这些珍贵的资源能够跨越时空的界限，触达更广泛的受众。当下，社会公众对文化美育的需求日益增长，渴望通过多样化的渠道和形式，深入了解文化艺术的历史脉络，感受艺术创作的独特魅力，从而提升审美水平。艺术视听档案作为记录艺术成就、传承艺术精神的重要载体，其建设与运用显得尤为重要。

二、档案数字化与智能化：优化艺术视听档案管理

自 2006 年至今，上海音像资料馆通过大规模的数字化工作，将传统的视听档

案转化为数字档案，构建了庞大的数字视听档案库——媒资网。数字化技术的应用不仅提高了档案管理的效率和精度，更为档案资源的长期保存和开发利用提供了有力保障。自2020年起，人工智能提质修复功能、智能推荐功能的陆续研发与应用，使得档案资源的检索和应用更加便捷和精准，进一步推动了档案管理的创新发展。

随着深度学习在图像超分辨率领域的飞速发展，特别针对艺术视听档案中的珍贵影像资料，利用对抗生成超分辨率网络（SRGAN）为基础，结合语义分割概率图和迭代校验内核（IKC）技术，尝试研发创新的图像超分辨率生成模型。这一模型不仅具备强大的图像处理能力，更能够智能识别影像资料中的目标物体，如艺术家们的面部表情、画作细节或文艺表演中的动作等。通过深度学习，模型能够精准地捕捉这些细微之处，并在超分辨率生成过程中保持其原有的艺术特质，使得生成的超高清图像在纹理和细节上更加真实、生动。

为了进一步优化模型的性能，以广电媒资大数据为基础，精心制作了IFTV（Images From TV）数据集。该数据集专门针对广电领域的常见应用场景进行了优化训练，特别是在人脸和文字较多的场景中表现卓越。这使得模型能够在多个场景下都达到令人满意的图像超分辨率效果，为艺术视听档案中的影像资料提供了更加清晰、逼真的展现方式。

三、档案挖掘与整理：凸显艺术视听档案特色

上海音像资料馆在档案挖掘与整理的过程中，特别聚焦于画家、音乐家、戏曲家等艺术家的视听资料，致力于构建具有鲜明艺术特色的视听档案库。这一过程中，上海音像资料馆深入细致地挖掘了艺术家们的活动影像、经典作品演绎资料，并进行了系统的整理与分类。

1. 以真实性与艺术性为采集准则

在挖掘环节，上海音像资料馆不仅关注资料的丰富性和多样性，更重视其艺术价值和文化内涵。通过广泛搜集和筛选，确保所收录的视听资料能够真实、全面地反映艺术家的艺术成就和创作过程。侧重艺术家创作发展的各个阶段的影像资料挖掘，尤其是跨越世纪的老艺术家，涵盖老、中、青时期人物影像的资料更为珍贵，为后续运用开发，讲好故事做资料储备。在档案挖掘实际工作中，艺术家的黑白影像资源最早可追溯至20世纪30年代，彩色影像最早可追溯至20世纪40年代。档案中的艺术影像来源经过了一系列考证工作，对其采集渠道、影像历史背景、人物面部识别等多方面进行论证。

2. 以艺术价值与历史意义为编目细则

在整理过程中，上海音像资料馆依据艺术视听档案的特点，对资料进行了细致的分类和编目。通过对艺术家们的艺术风格、创作理念、历史背景等方面的深入研究，揭示出档案背后的艺术价值和文化意义。这些具有独特艺术价值的视听档案，不仅丰富了档案库的内容，而且为历史人文的研究提供了重要的参考，成为档案文化价值体现的重要环节。

其间，发现了一批珍贵影像资料，比如，1959年小提琴《梁祝》相关人物及演出资料，含有俞丽拿、何占豪、陈钢、丁善德、孟波、谭抒真、袁雪芬、范瑞娟8位艺术家中青年时期罕见活动影像；1948年琵琶演奏家杨大钧拜师画家齐白石的珍贵影像，完成事件发生的时间、地点，影像中齐白石的年龄之谜考证等。珍贵影像的每一帧画面可能都蕴含着历史意义，对于影像的编目要求更为细致，应结合相关文献资料进行精细化编目。

3. 以音乐家影像资料为例

依托媒资网对已数字化音乐家在上海时期的人物活动影像及节目资料进行全范围梳理，甄选出声画质量优良的一批影像资料，并对影像资料的年代、时长分布、版权信息、原保存介质等进行梳理汇总，最后依据上述信息对影像资料进行综合价值评估。

（1）侧重"视"与"听"双重维度

在统计各年代影像资料的过程中，不仅记录了影像的时长，而且特别注重了"视"与"听"双重维度的考量。在"视"的维度，细致统计了人物活动影像的每一帧、每一秒，确保捕捉到艺术家们生动的艺术瞬间；而在"听"的层面，则精心记录了影像中是否包含了音乐家作品的现场演奏或演唱，以及珍贵的口述原声，力求还原艺术家们真实的艺术表达与声音魅力。通过这种全方位的挖掘与整理，旨在为艺术文化的传承与发展留下最完整、最真实的记录。

（2）精细化版权管理

版权信息方面，以严谨的态度，细致甄别影像资料的版权属性。依据翔实的资料来源、合同等材料，逐一辨别每份资料的版权归属，确保版权信息的准确无误。借助版权资产系统，进一步将版权属性精细分类，涵盖完整版权（有限制）、完整版权（无限制）、共有版权、仅播映权、无版权、版权不明、公共版权、限制版权（采集资料专用）以及混合版权等多元情形。这一精细化的版权管理，不仅有助于保护各方的合法权益，而且为后续的艺术视听档案利用与传播奠定了坚实的法律基础。

虽然艺术视听档案的数字化进程已规模化、成熟化，但是对于数字视听档案中影像资料的原保存介质仍旧是档案研究的重要部分。因为原保存介质对于判断影像资料的价值和质量具有一定参考意义。

（3）参考原保存介质

原保存介质方面，划分为三个时代阶段（图1）：首先是"胶片存储时代"，涵盖上海电视台于1958年成立之前的早期阶段，以及随后的1958—1982年，这一时期见证了影像资料的初始积累；接着是"实体带存储时代"（自1983—2009年），这一时期见证了存储技术的显著进步；最后是"高清数字时代"（自2010年至今），标志着影像资料进入了一个全新的数字化、高清化时代。

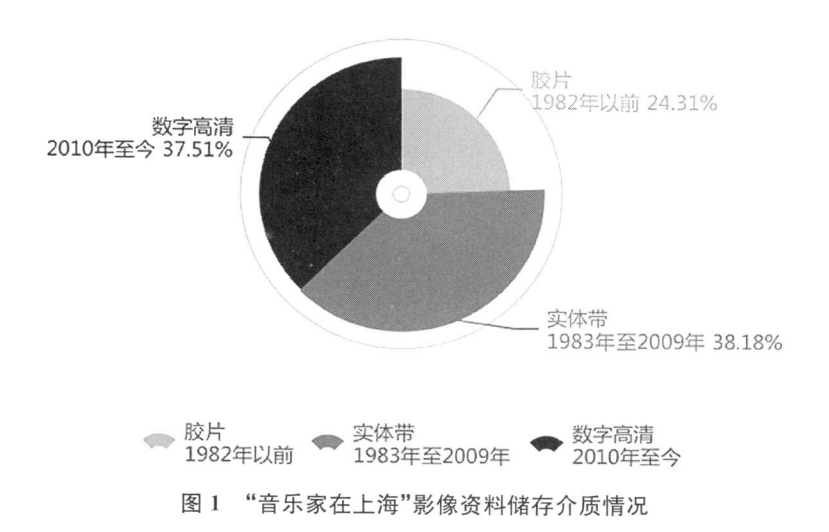

图1 "音乐家在上海"影像资料储存介质情况

以上划分基于上海文广集团的发展历程和储备介质的演变，使我们能够清晰地鉴别影像资料的来源、稀有度以及声画质量。

四、档案文化传播路径：构建艺术视听档案新媒体传播矩阵

上海音像资料馆致力于档案文化的传播与传承，积极利用新媒体平台，构建多元化的艺术视听档案新媒体传播矩阵。这一矩阵通过短视频等新媒体形式，将档案文化的独特魅力展现给更广泛的受众群体。

以"音乐家在上海"系列视听产品为例，以人物系列短视频为首发形式，在"影像上海"官方微信公众号和视频号（主平台）、上海音像资料馆官网、百视TV移动客户端等平台同步推出。与此同时，与短视频相配套的图文内容也一并发表，这些内容不仅展示了视频中影像资料的出处，而且深入挖掘了资料背后的故事，充分发挥了上海音像资料馆的编研特长。

在《音乐家在上海》系列视听产品的传播过程中，通过精准的内容推送和

互动反馈机制,实现了档案文化与受众之间的深度互动与沟通。音乐家的人物选题与其诞辰节点、重要事件节点紧密相关,因此一经发布便受到了市场的广泛关注。该系列视听产品被"学习强国"、上海音乐学院、贺绿汀中国音乐高等研究院、澎湃新闻、上海侨联、天使知音、SMG发布、SMG思研汇、经典947、阿基米德等相关机构多平台转载转发,并收到了众多有合作意向的单位的联络(图2)。

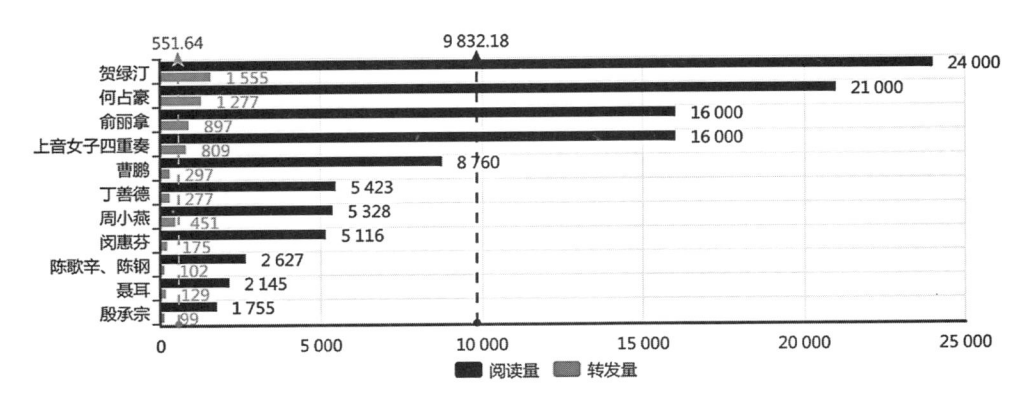

音乐家	转发量	阅读量
贺绿汀	1 555	24 000
何占豪	1 277	21 000
俞丽拿	897	16 000
上音女子四重奏	809	16 000
曹鹏	297	8 760
丁善德	1 277	5 423
周小燕	451	5 328
闵惠芬	175	5 116
陈歌辛、陈钢	102	2 627
聂耳	129	2 145
殷承宗	99	1 755

注:最大值参考线 551.64 与 9 832.18。

图 2 "音乐家在上海"系列短视频主平台阅读量和转发量(单位:次)

注:统计时间跨度 2022 年 7 月至 2023 年 7 月。

"音乐家在上海"系列视听产品的成功,不仅为上海音像资料馆在艺术视听档案的挖掘、研究和展示开拓了新的道路,而且基于影像资料馆藏,该系列视听产品后续还将得到进一步的开发利用。这一创新性的尝试,不仅拓宽了档案文化的传播渠道,更提升了其传播效率和影响力,为档案文化的传承与发展注入了新的活力。

五、档案文化在公共文化服务领域:创新"艺术影像+社会大美育"模式

开创"艺术影像+社会大美育"模式,通过将艺术视听档案中的影像资料与公共文化服务资源相结合,策划系列主题观影活动和主题美育展览。通过播放艺术视听档案中的经典影像资料,结合专业讲解和互动环节,为公众呈现了一个丰富多彩的视听盛宴。观众在欣赏影像资料的同时,还能深入了解其历史背景和文化内涵,感受影像艺术的独特魅力。其目前已分别在徐家汇书院和静安区图书馆落地。

未来,该模式还具有广阔的拓展空间和应用前景,可以为更多的人群提供个性化的文化服务和审美体验,继承与发扬档案文化。让艺术影像进校园、进白领公寓,积极投入运用在更广阔的公共文化服务领域。

六、结语

经过本文的深入讨论,我们探索了档案数字化与智能化、艺术视听档案的特色挖掘、新媒体传播矩阵的构建,以及"艺术影像+社会大美育"模式的创新。这些努力不仅提升了档案管理的效率,而且丰富了公众的文化体验。未来,我们仍需继续开拓数智时代的档案文化建设路径,利用艺术视听档案这一宝贵资源,推动档案工作向高质量发展迈进。

参考文献

[1] 贺僖.全媒体时代历史影像资料研发路径创新——以《音乐家在上海》系列视听产品为例[J].全媒体探索,2024(02):70-71.

[2] 李昂.基于对抗神经网络和语义分割技术的图像超分辨率系统的研发和应用[J].有线电视技术,2019(11):28-33.

国家文化数字化战略下档案文化数字化传播的困境审视与优化策略

黄 星 周林兴

上海大学文化遗产与信息管理学院

摘　要：《关于推进实施国家文化数字化战略的意见》为档案文化数字化传播提供了深刻的战略指导和行动指南。文章在深入解读国家文化数字化战略精神的基础上，立足主体维、内容维、技术维、受众维4个方面构建分析框架，系统剖析档案文化数字化传播的现实困境，并聚焦锻造主体数字素养、擦亮内容品牌标识、建构技术应用场域、优化受众整体体验等向度提出档案文化数字化传播的优化策略，希冀为以档案文化数字化传播助益国家文化数字化战略凝聚力量。

关键词：国家文化数字化战略；档案文化；数字化传播；受众需求

一、引言

当前，数字科技对人类生产生活、学习工作等领域带来巨大冲击，推动人类社会从数字化生存走向数字化传播。[1]2022年5月，中共中央办公厅、国务院办公厅印发《关于推进实施国家文化数字化战略的意见》（以下简称《意见》），对推进国家文化数字化建设作出了战略部署，提出加快推进文化数字化传播布局，为深推档案文化数字化传播提供了战略指引。[2]同年11月，习近平总书记在中国共产党第二十次全国代表大会报告中明确提出"实施国家文化数字化战略，健全现代公共文化服务体系，创新实施文化惠民工程"[3]，从国家文化数字化战略高度指明了档案文化数字化传播的发展前路。2023年10月，习近平文化思想首次提出，成为推行国家文化数字化战略、开创档案文化数字化传播新局面的根本遵循与行动指引。[4]档案文化数字化传播是指从数字环境、媒介平台和社会受众之间的协调发展出发，借助数字信息技术将档案文化以数字化的设计手段、数据化的即时表达、可视化的呈现形式，依托数字媒介平台向社会公众多感官、多维度、多方位传递档案文化的全过程。[5]面对当前文化数字化加速演进的发展大势,如何重构档案文化数字化传播格局、增益国家文化数字化战略已然成为档案领域面临的重大时代课题,对于推动档案文化创造性转化和创新性发展、铸就社会主义文化新辉煌、建设社会主义现代化强国具有重要理论意义和实践价值。

二、国家文化数字化战略下档案文化数字化传播的困境审视

1. 档案文化数字化传播主体数字素养亟须提升

档案部门工作人员作为档案文化数字化传播的"主力军",其数字素养与技能的高低关乎着档案文化数字化传播效果的优劣。国家档案局公布的权威统计数据显示,在2018—2022年全国各级档案主管部门和综合档案馆的专职工作人员当中,具有博士研究生学历的平均人数仅有107人,具有硕士研究生学历的平均人数只有2 465人,具有大学本科学历的平均人数却高达4 558人,由此可见大学本科学历是档案专职工作人员队伍的主体力量,平均人数占比超过60%,其中具备档案学专业程度的档案专职工作人员分别为8 141人、7 170人、6 657人、6 684人、7 638人,只占总人数比重的17.54%、17.28%、16.26%、16.15%、18.13%。[6]据此,可以看到,现有档案专职工作人员的文化程度参差不齐、专业程度总体偏低,使得其档案数字化管理与应用能力相对不足、数字信息技术应用不够纯熟,进而导致档案文化内容与多数字媒体的匹配度往往不高、多数字媒体之间的交互程度较为低下,如此不仅难以确保档案文化数字化传播活动的高效推进,而且易于出现"数字鸿沟""信息孤岛""数字迷雾"等不良现象,进一步加剧档案文化数字化交流与传播的时间、地域及空间限制。[7]此外,当前档案文化数字化传播主体大多"半路出家",主要由传统档案管理人才转型而来,其虽然具备一定的专业知识能力,但能够熟练运用文化数字化传播系统的复合型、创新型人才较为紧缺,如此一来,极易致使在档案文化数字化传播活动过程中出现档案文化内容失真、用户隐私数据泄露等现实问题,这也进一步昭示着提升档案专业人才队伍的数字素养与技能迫在眉睫。

2. 档案文化数字化传播内容形态表达有待优化

随着国家文化数字化战略的实施,档案文化数字化传播生态格局发生颠覆性变化。为顺应文化数字化发展进程,变革档案文化信息内容和表达方式是提升档案文化数字化传播效果、形塑档案文化数字化良好传播生态格局的时代必然和现实使然。从实际情况来看,目前无论是档案文化数字化传播内容形态还是档案文化数字化传播表达方式,仍然未能突破传统形式的束缚。一方面,档案文化数字化传播内容形态存在失衡。《意见》强调,不仅要"汇集文物、古籍、美术、地方戏曲剧

种、民族民间文艺、农耕文明遗址等数据资源""关联思想理论、文化旅游、文物、新闻出版、电影、广播电视、网络文化文艺等不同领域的文化资源数据",更要"关联文字、音频、视频等不同形态的文化资源数据",从而"提升高新视听文化数字内容的供给能力"[8]。然而,在"流量为王"的时代,国内大多数档案馆为博取更多曝光率和关注度,乐于聚焦时事政治、重要人物、社会热点等具有较强时代性和时效性的档案文化进行数字化传播推广,较少针对古籍手稿、民俗方言、戏剧民风、文物古迹等历史性较为厚重的档案文化资源进行数字化展演推介,表明档案文化数字化传播内容结构平衡尚待调适。另一方面,档案文化数字化传播表达方式趋同单调。如不少省级档案馆官网的档案文化数字化传播仍然属于简单的文本堆积,缺乏二次挖掘和深度开发利用,在一些档案文化数字化传播过程当中,只是单纯将档案文化资源的数字化视觉图片上传,不仅画质较为模糊、内容辨识困难,而且在档案文化叙事表达方面缺少艺术性和人文关怀,逐步呈现同质化倾向,从而容易引发档案用户的审美疲劳。[9]

3. 档案文化数字化传播技术应用风险日益突出

数字技术是国家文化数字化战略的重要引擎,是档案文化数字化传播的核心驱动,国家文化数字化战略背景下档案文化数字化传播的可持续发展离不开数字技术的支撑与赋能。但值得注意的是,数字技术是一柄双刃剑,其在赋能档案文化数字化传播的同时,也不可避免地带来诸多安全风险。一方面是档案文化数字化内容失真之困。在当前的技术环境下,由于网络安全、信息安全始终无法得到最佳保障,因此只要档案文化资源经过数字化处理后存储于互联网上,无论是传统网络平台还是云平台抑或是新兴数字展播平台,档案文化资源安全问题都无法规避。具体而言,档案文化资源在数字化传播过程中,极易遭受人为使用智能化技术进行破坏、虚构篡改且不留痕迹,这不仅将会造成数字档案文化内容虚假、污染、失真等问题,出现档案文化数字化传播的真实性隐患[10],而且容易引发社会公众对档案文化数字化传播的信任危机,降低社会公众对档案文化的信任度。因此,如何保障文化数字化背景下数字档案文化资源不因技术变革而影响其安全可信迫在眉睫。另一方面是档案用户隐私信息保护之弊。数字技术的迅猛发展,为人们创造充分享受数字档案文化自由便利的同时,也带来隐私信息泄露的危害。例如,用户在官方网站、微博、微信公众号等数字化平台中进行档案文化体验和消费时会留下自身的 IP 地址及一些隐私信息,这些隐私信息极为容易被不法分子运用黑客技术窃取,从而致使档案用户个人隐私信息失控传播。

4. 档案文化数字化传播受众感知体验相对欠佳

《意见》强调要以增强人民群众获得感和体验感为公共文化数字化工作成效的

衡量标尺,明确揭示了提升档案文化数字化传播实效的最终目标导向,即增强受众感知体验。然而,现实情况却与《意见》的预期效果存在较大差距。一方面,对受众需求把握相对不足。揆诸当下,不仅档案文化数字化传播平台之间的数字档案文化资源之间存在相互割裂,主要推送传统档案文化编研成果,难以满足受众多样化的档案文化数字化需求,而且大多数档案文化数字化传播平台的服务功能仍然停留于用户查询、在线留言等较低层次,未能充分识别受众心理需求,结合受众实际需要提供更具针对性、个性化和差异化的档案文化数字化服务,这与多元互动、高效便捷、品牌优质的档案文化数字化服务要求相去甚远。[11]另一方面,受众沟通反馈渠道有待畅通。档案文化数字化传播作为一项交互性与互动性较强的文化数字化服务工作,既需要加强档案文化数字化传播平台与受众之间的沟通反馈,也需要强化受众之间的互动交流,适时改进和优化档案文化数字化传播工作。总体来看,当下档案部门与受众之间以及受众与受众之间的交流互动相对较少,其一体现在档案文化数字化传播平台栏目设置查找存在不便,其二体现在档案部门对受众的咨询回复不及时、受众之间的互动不积极,这无疑加大了档案部门获取受众需求反馈信息的难度,进而导致受众欠感知体验改善面临障碍。[12]

三、国家文化数字化战略下档案文化数字化传播的优化策略

1. 主体向度:锻造档案文化数字化传播主体数字素养

首先,加大人才引进工作力度。人才是践行国家文化数字化战略的原动力,也是促进档案文化数字化传播高质量发展的守护者。文化数字化时代,档案部门要密切关注数字时代公共文化服务机构的发展走向,最大限度释放融入文化数字化的发展潜力,积极发挥机构属性和政策法规优势,广泛吸纳具有档案学、传播学、社会学、数据科学等学科背景的专业人才加入档案管理工作队伍,构建档案文化数字化人才智库,形成档案文化创新型人才集聚效应,为实现档案文化数字化传播跨越式发展提供坚实人才保障和智力支撑。

其次,固化终身教育培训制度。档案部门"应当对工作人员进行必要的职业生涯规划,制订高端紧缺文化人才培养计划,通过与高等院校共建培养基地,利用岗前培训、在职培训、进修深造等方式,为档案工作人员搭建终身学习平台,提供终身教育,为工作人员的个人职业发展预留空间"[13]。例如,福建省福州市档案局不仅采用专题培训、专家讲座、师徒传授等方式,帮助档案工作人员全面掌握档案数字化建设、传播与服务等业务流程,而且创造性举办"福建省档案系统首届数字工匠技能大赛",旨在以赛促学,不断增强档案管理人员的数字素养,更好适应数字时代

档案工作发展需要。[14]

最后，完善人才考核评估体系。文化数字化转型背景下，档案文化数字化传播实效的考核评估指标不应仅仅以用户的阅读量、点赞量、评论数和粉丝数来衡量，而应采取定性与定量相结合的方法，通过合理扩展考核评估主体、更新考核评估内容、完善考核评估手段、设置考核评估周期等多样化渠道，以全面客观、科学长远的发展眼光来考量档案文化数字化传播的效果，并针对考核评估效果进行一定的奖惩，以充分调动档案工作人员的积极性和主动性。[15]

2. 内容向度：擦亮档案文化数字化传播内容品牌标识

首先，深挖档案文化数字化传播特色IP符号。档案文化数字化IP符号具有较高辨识度、自带流量、较强知名度和传播力，有利于提升档案文化数字化内涵精神的识别度，汇聚档案文化数字化传播粉丝社群，推动档案文化创造性转化和创新性发展。档案部门需贯彻国家文化数字化战略指示精神，立足馆藏数字资源禀赋和区域发展定位布局，采取"人-物-事-时-地"数字档案文化资源关联标识符，并运用移植、分割、变形、嫁接等数字艺术手法再现档案文化元素，推进"商、养、学、闲、情、奇"等档案文化数字化要素察觉，推动档案文化资源向数字符号化、数字场景化、数字叙事化转化，打造档案文化数字化传播专属品牌IP，从而加快档案文化数字化跨界传播能力出圈辐射速度。[16]

其次，助推档案文化数字化传播内容全媒呈现。在文化数字化浪潮的深入推动下，传统媒体与新兴媒体融合互渗、交相辉映，为档案文化数字化传播带来全新发展良机。档案部门应紧扣国家文化数字化战略任务要点，依循档案文化数字化传播内容差异，集成运用报纸、杂志、电视、广播等传统媒体平台和门户网站、官方微博、微信公众号、今日头条、抖音短视频等新兴展播平台，建构多元立体、全域辐射的档案文化数字化传播全媒体矩阵，以全景式、多领域、大跨度的视角展现数字档案文化内容，大幅强化档案文化数字化传播的表现力、吸引力和感召力，真正提升档案文化数字化传播实际成效。[17]

最后，面向公众精选档案文化数字化传播主题。社会公众是档案文化数字化传播的享受者和评判者。只有顺应社会发展需要、贴近公众日常生活、符合主流价值观念的档案文化数字化主题内容才能真正走进社会公众内心、飞入"寻常百姓家"。因此，档案部门在筹划档案文化数字化传播主题时，要挖掘社会发展所需的文化资源、选取社会公众喜闻乐见的题材、关注契合人民群众生活的素材，结合传统文化节日、重要纪念日、社会时事热点等背景，以多样化艺术表达手法和媒介呈现形态，营造档案文化数字化广域传播态势，不断拓展档案文化数字化传播的延伸触角，切实提振档案文化数字化传播社会影响力。

3. 技术向度：建构档案文化数字化传播技术应用场域

首先，坚持实施移动优先发展战略。《意见》指出要"为移动终端等'小屏'量身定制个性化多样性的文化数字内容""推动'大屏''小屏'跨屏互动"[18]，重点突出了移动互联网在文化数字化传播服务中的重要地位。权威统计数据显示，截至2023年底，我国网民规模达到10.92亿人，其中手机网民规模高达10.91亿人，网民中使用手机上网的比例更是高达99.90%。[19]可见，以智能手机为典型代表的移动终端已然成为社会公众享受文化数字化传播服务成果的主流方式。因此，唯有积极响应移动优先发展战略，才能推进档案文化数字化传播工作纵深发展，进一步增强档案文化数字化传播的辐射力和覆盖面。

其次，严格遵循数字技术选优原则。《意见》提出要"集成运用先进适用技术""集成全息呈现、数字孪生、多语言交互、高逼真、跨时空等新型体验技术，大力发展线上线下一体化、在线在场相结合的数字化文化新体验"[20]，有力强调了档案文化数字化传播应当遵循数字技术选优原则，发挥先进性、适配性数字技术在档案文化数字化传播中的关键驱动作用，更好推动档案文化数字化传播迈向智慧化、智能化发展阶段。如档案部门可探索运用人机交互、数字孪生、元宇宙、区块链等较为安全智能的数字信息技术，针对不同数字档案用户利用需求，打造具身与离身相结合、多维时空相互交织的档案文化数字化传播服务体验新场景，从而实现档案文化数字化传播效力大幅提升。

最后，切实守牢数字伦理道德规范。《意见》提出要不断"加强文化数据安全保障"，实现"文化数字化全链条监管"[21]，为档案文化数字化传播夯实数字伦理规制。一方面，档案部门要借助哈希算法、时间戳、非对称加密、区块链监测、防火墙等安全防护技术对数字档案文化资源库群和档案文化数字化传播平台进行安全审查与维稳，保证其安全可靠、便捷易用、高效运行。另一方面，档案部门要选用数据脱敏、用户画像、同态加密、隐匿式标签、聚类算法等加密保护技术提高数字档案用户隐私信息密级强度，确保数字档案用户在享受档案文化数字化传播服务中的隐私安全。

4. 受众向度：优化档案文化数字化传播受众整体体验

首先，精准迎合受众动态心理需求。档案部门应秉持档案文化数字化成果全民共享的基本原则，把受众的需求偏好作为档案文化数字化传播的根本出发点与落脚点，在深入调研受众动态化需求的基础上，全面把握受众休闲娱乐、放松愉悦的心理诉求，并综合考虑不同受众的地域、年龄、职业、学历、兴趣爱好等复杂因素，针对性、差异化地为广大受众群体提供档案文化数字化传播服务，以增强档案文化数字化传播的温度和效度。例如，美国国家档案馆社交媒体传播平台将受众群体细分为历史爱好者、博物馆参观者、学习教育者、家谱研究者、业余好奇者等，并根据不同受众群体内在需求和兴趣，为其量身定制档案主题帖子和档案文化数字化服务类型，从而使档案文化数字化传播融入广大受众群体角色。[22]

其次，建立健全受众需求反馈机制。要使档案文化数字化传播保持最佳状态，必须在档案文化数字化传播主客体链条间建立高效运行的需求反馈机制，为受众与档案部门之间良性互动、受众与受众之间协调互联搭建"双向奔赴的桥梁"。为此，档案部门可综合采用问卷调查、跟踪回访、有奖回复、大数据分析技术、可视化展示技术等手段，及时了解受众真实感受及其对档案文化数字化传播服务的交互体验，进而为档案文化数字化传播提供调整改进方向和提升优化空间，从而更好丰富感知体验、增进情感认同，实现档案文化数字化传播效用最大化。

最后，重点关切弱势群体需求体验。《意见》要求"加强面向困难群体的公共数字文化服务"[23]，旨在强调档案文化数字化传播不能忽视困难群体和弱势群体，应重视困难群体和弱势群体的需求与体验。在档案文化数字化传播过程中，档案部门应当更多关照儿童、青少年、老年人、残障人士等数字弱势群体，可通过制订针对弱势群体的档案文化数字化传播工作方案、打造无障碍档案文化数字化传播服务场景、招募弱势群体加入档案文化数字化传播服务志愿等举措，有力确保弱势群体平等享受档案文化数字化服务的权益。

四、结语

在文化数字化深度推行环境下，推动档案文化数字化传播意义重大，旨在筑牢文化认同的安全防线、承接数字赋能的时代红利、彰显以人为本的发展逻辑。《关于推进实施国家文化数字化战略的意见》的颁布和实施有效化解了档案文化数字化传播的现实困境，为档案文化数字化传播指明了发展方向。基于《意见》指示精神，在全方位分析档案文化数字化传播困境的基础上，系统提出了档案文化数字化传播的行动策略，以期为践行国家文化数字化战略、助力档案文化数字化传播高质量发展提供参考。

参考文献

[1] 罗昕.数字化传播：激活中华文化时代魅力[J].传媒论坛,2023(8)：3.
[2][8][18][20][21][23] 中共中央办公厅、国务院办公厅印发《关于推进实施国家文化数字化战略的意见》[EB/OL].[2024-03-26].http://www.gov.cn/xinwen/2022-05/22/

[3] 习近平.高举中国特色社会主义伟大旗帜 为全面建设社会主义现代化国家而团结奋斗[N].人民日报,2022-10-26(1).
[4] 习近平对宣传思想文化工作作出重要指示[EB/OL].[2024-03-31]. https://www.gov.cn/govweb/yaowen/liebiao/202310/content_6907766.htm.
[5][12] 张东华,韩婧如,钟小昆.媒介生态视域下档案数字化传播的价值、挑战与策略[J].档案学研究,2023(6):136-142.
[6] 注:此为笔者依据国家档案局公布的相关统计数据计算得出。
[7] 邢变变,党少彬.受众选择"3S"理论视域下档案信息轻量化传播分析[J].档案学研究,2020(5):110-115.
[9] 张东华,高芮.视觉传播在档案信息表达中的价值阐述、现存问题与建议选择[J].北京档案,2021(2):10-14.
[10] 胡琨."互联网+"时代档案文化传播的"立"与"困"[J].档案学研究,2017(5):82-85.
[11] 吕文婷,向钰洁,马双双.国家文化数字化战略下数字档案文化资源建设:契机、困境与逻辑进路[J].档案与建设,2023(1):41-45.
[13] 苏君华.让文明得到更好的传承:公共文化服务体系中公共档案馆发展战略[M].北京:社会科学文献出版社,2021:3112.
[14] 宋帆帆,苏君华.数智驱动下档案公共服务价值共创:价值、模式与路径[J].档案学研究,2024(2):30-37.
[15] 苏君华,宋帆帆.媒体融合语境下档案信息服务质量:价值、机理及提升策略[J].档案学研究,2021(5):10-16.
[16] 周林兴,张笑玮.文化产业视阈下档案资源的开发机制与策略选择[J].档案与建设,2023(5):21-25.
[17] 常大伟,程芊慧.国家文化数字化战略下红色档案文化传播体系建设研究[J].档案与建设,2024(1):17-23.
[19] 中国互联网络信息中心.第53次《中国互联网络发展状况统计报告》[EB/OL].[2024-04-9]. https://www.cnnic.net.cn/n4/2024/0322/c88-10964.html.
[22] 张江珊.美国国家档案馆社交媒体策略发展的比较研究及启示[J].档案学研究,2018(4):117-122.

浅谈长三角地区档案文化创意产品开发与路径推广

李 娜

上海市档案局

摘　要：档案文化创意产品是档案和文化产品相结合的产物，是档案资源开发利用的重要方式之一。加强档案文化创意产品的开发与推广是满足新时代人民群众档案文化需求的重要手段。长三角地区是我国经济发展的重要区域，档案资源丰富，以长三角地区个别具有代表性的省市档案文化创意产品开发为着眼点，通过个别案例分析，对其开发现状、存在的问题及推广路径进行分析和总结，提出契合长三角区域档案文化创意产品开发与推广的建议。

关键词：档案文化创意产品；开发；路径推广

一、引言

我国各级综合档案馆是集中保管党和国家重要档案的基地，是社会各方面利用档案信息资源的中心，具有记录、保存和传播历史文化的重要职能。在当下，档案馆作为档案保管和利用的公共服务机构，除了提供传统的档案查阅服务、开展专题展览、举办公益讲座等活动外，档案中蕴藏的历史文化资源反映了一个时代的精神文化，承载了一代人的集体记忆，也是档案文化创意产品开发的丰富源泉。

2020年新修订的《中华人民共和国档案法》，2024年1月公布的《中华人民共和国档案法实施条例》，为档案文创工作的开展提供了基本法律遵循和政策支持。2021年6月，中共中央办公厅、国务院办公厅联合印发的《"十四五"全国档案事业发展规划》中提出"加强档案文化创意产品开发，探索产业化路径"的倡议，充分体现了国家层面对档案文创产品的高度重视与大力支持。

二、档案文化创意产品的定义

"文化创意产品"这一概念最早起源于英国,是指依靠创意人的智慧、技能和天赋,借助于现代科技手段对文化资源、文化用品进行创造与提升,通过知识产权的开发和运用,产出的高附加值产品。通俗讲就是能够满足受众精神需求以及吸引受众眼球的文化产品。目前,关于档案文化创意产品的定义学术界并没有明确的界定。一般认为,档案文化创意产品是以馆藏档案为素材,创造性地深度提炼和开发档案中的历史文化元素,将档案历史文化资源与艺术相结合,并融入创新设计和先进技术将其呈现在一定载体上,成为大众所接受的贴近生活、符合当下审美、具有高附加值的产品。档案文化创意产品是档案馆深入贯彻落实习近平总书记对档案工作"四个好""两个服务"重要指示批示精神的有益补充,是对档案元素的凝练和升华。

长三角地区是我国经济发展最活跃、开放程度最高、创新能力最强的区域,在全国经济中具有举足轻重的地位。自长三角一体化发展上升为国家战略以来,江苏、浙江、安徽、上海三省一市档案部门通力合作、协同推进,不断推动我国档案文化事业迈向高质量发展。本文以长三角地区个别具有代表性的省市档案文化创意产品开发为着眼点,通过个别案例分析,对其开发现状、存在的问题及推广路径进行分析和总结,提出契合长三角地区档案文化创意产品开发与推广的建议。

三、档案文化创意产品开发现状与存在的问题

档案文化创意产品是公众了解档案文化的重要载体之一。目前,各级各类档案馆,在档案文化创意产品的开发方面,与国外档案机构、国内优秀博物馆丰富的经验相比,还有较大的差距。档案文化创意产品开发还不够深入,停留在相对浅层的阶段。因缺乏相关政策的支撑,造成档案馆的文化创意产品影响力和影响范围相对有限。以笔者所在的上海市档案馆为例,近年来受到有关政策影响,在文创产品开发方面进展迟缓。上海市各级综合档案馆经费预算申请中并没有文创产品的专项经费,各馆做的文创产品往往只能在宣传经费中支出。档案文创产品的开发形式较为单一,主要以印刷品(图书、杂志、明信片)、展览等形式展现,较少尝试当下流行的、相对新颖的设计,也存在单调雷同、活力不足的缺点。如浙江省档案馆出版的体现区域地理特色的著作《台州古村落》,合肥档案馆创作的档案动画片《档案总动员》[1],内容创新性较弱,缺少创新元素,对档案故事的挖掘不够深入,开发

的目的多为科普宣传与馈赠外宾,服务的对象也没有定位于"公众",因此未能引起重视。如苏州中国丝绸档案馆通过苏州市财政市立项目形式申请了近200万元,编著出版了国内首款档案知识普及型解谜书《第七档案室》,同时开发设计了同名主题密室,这种文化创意形式在全国档案部门属于首创。但印制精美的解谜书只能拿来赠送,密室也只能用于免费体验。

四、档案文化创意产品开发与推广路径

1. 更新思想观念,支持档案文创产品开发

档案馆要自上而下、由内而外转变观念,改变社会公众对档案馆的刻板印象。完整准确全面贯彻新发展理念,给档案文化创意产品开发与推广提供更多思路。坚持开放发展,完善相关政策,争取加大财政对档案馆文化创意产品开发工作的投入,鼓励有条件的档案馆在确保档案资源合法有效利用的前提下,依托丰富的馆藏资源,结合自身实际,采取多种模式开发文化创意产品。2021年由上海市档案局、上海市档案馆出品的红色主题话剧《渔阳里的"大人物"》,以档案史料为基础,再现了1920年的老渔阳里,开天辟地的大事变如何酝酿萌发。这部话剧中充满了档案元素,服装、舞美、道具均参考历史档案设计制作,还有4名青年档案人参与演出,一经演出,好评如潮。另外,为满足群众多样化的文化需求,在财政的大力支持下,由宁波市海曙区档案馆依托馆藏档案资源开发了一套档案文创产品——《宁波府城隍庙》明信片。这套明信片唤起了一代宁波人对城隍庙的美好记忆,受到了广大市民群众的喜爱。[2]

2. 文化创意与技术赋能,挖掘档案内容

档案文化创意产品是对档案内容的生动化、具体化与形象化。档案馆馆藏资源具有独特的历史地位和重要的收藏价值,承载传递着许多历史文化信息,具有广泛的文化认同基础。利用馆藏档案资源开发文化创意产品可以实现档案资政育人的功能,并进一步提升公众对档案价值的认同。档案馆在文化创意产品设计与开发阶段,要重点分析档案文化创意产品的价值、开发特点,深入挖掘、整合档案资源,并充分应用数字技术等智慧化手段赋能新内容,使档案文化创意产品兼具科技含量、创意思维和文化内涵。以档案蕴藏的文化内涵和创意因素为载体,每一件源于档案的文化创意产品都可以进一步发挥档案馆宣传教育、普及档案知识、文化传播功能,为档案扩大宣传范围,发挥爱国主义和历史文化教育功能吸引潜在的观众群体。例如,浙江省临平市档案馆深挖利用馆藏档案元素,制作了一批具有临平档案辨识度的文化创意产品,把临平档案地籍版图、手绘地图等档案文化元素融入文

化创意产品中,打造具有临平特色的档案文化品牌,深受大众喜爱。浙江省档案馆具象化利用档案资源,以情景朗诵、歌曲联唱、小品、情景剧、穿越时空对话等文艺形式,结合视频采访、现场访谈,再现了档案所承载的历史空间和人物事迹,生动讲述了红色档案背后的故事。[3]以特有的方式体现了档案文创产品的价值,让档案走进大众生活,得到了社会各界的好评和认可。

3.传承与创新之美,丰富档案文创产品内容

首先,要学习传统,深刻理解传统,表现其信念、精神和价值观。历史是最好的教科书,档案承载着我们共同的记忆。其次,好的设计理念能够引起时代的共鸣。通过创新的设计和制作工艺,能够更好地展现出档案文化创意产品的独特魅力。最后,积极探索更富创意的"打开方式",推动档案文化创意产品进一步"活起来""火起来"。为市民提供更多可"触摸记忆年轮、感知历史温度、领略档案魅力"的优质档案文化创意产品。例如,苏州市档案馆将丝绸作为城市名片,深入研究丝绸文书、图片、影像和实物档案,做好传承与创新,陆续推出了丝绸西装、丝绸围巾等文化创意产品,丰富了档案文创产品内容,打开了苏州市档案馆丝绸文创产品的市场,并构建了苏州市档案馆专属的"丝绸"品牌文化。[4]

档案文化创意产品蕴含着深厚的历史文化信息,是唤醒民族精神和社会记忆的价值所在,也是传承和发扬中华优秀传统文化的重要途径。[5]未来,面对新的起点、新的征程,长三角地区三省一市档案部门在继续坚持以人民为中心,加强政策协同,持续深化长三角地区档案一体化服务的同时,档案部门需要积极主动地融入档案文化创意产品的开发中,立足海量的珍贵馆藏资源,从思想观念、政策支持、产品设计、跨界合作等方面,深入挖掘和提炼文化认同度高的档案元素,开发集档案、文化、创意、服务等于一体的多元化、特色化的档案文创产品,实现档案文化的传承和创新。档案文化创意产品也将肩负起宣传传播优秀档案文化知识,增强全民档案意识的重任,为长三角地区档案工作实现高质量一体化发展贡献力量。

参考文献

[1] 翁悦悦.档案馆的文创产品设计开发思考——以福建省档案馆为例[J].大众文艺,2021(21):47.
[2] 宁波海曙区档案馆.档案文创产品受欢迎[N].中国档案报(第二版,3630期),2021-01-18.
[3] 王彩莲.关于档案文创产品的认识[J].纵横实践,2023(03):254.
[4] 詹宇,朱娅妮,宫军珂.现代档案文化创意产品开发策略探究[J].山东档案,2022(04):47.
[5] 饶圆,郑冰树.广西档案文化创意产品的调查分析与开发建议[J].山西档案,2022(02):165.

高校校史文化传播的实践与思考

——以上海理工大学档案馆为例

廖 颖

上海理工大学

摘 要：校史文化传播是对校史文化建设成果的宣传推广。受媒介形态变化的影响，高校校史文化传播呈现多种传播方式叠加状态，口头传播广泛应用，书面传播日渐推广，电子传播异军突起。在此背景下，上海理工大学档案馆通过做好展馆接待、举办专项活动、开展网络宣传等途径，有效传播学校校史文化。借鉴上海理工大学档案馆的实践经验，高校开展校史文化传播需要凝练传播内容、加强部门统筹协调和优化传播方法，以进一步提升校史文化的传播效果。

关键词：高等学校；校史文化；文化传播；档案馆

一、引言

高校校史文化是大学校园文化的基本构成，具有较强的育人功能。然而，校史文化育人功能的发挥，有赖于校史文化建设成果的广泛传播。在实践中，不少高校通过各种方式推进校史文化建设和传播工作，并取得了不少成绩。但是，校史文化"重建设，轻传播"的现象在高校中并不少见，许多高校的校史展馆、校史著作和专题展览大部分时间均处于闲置状态。对校史文化建设成果进行广泛宣传推广，充分发挥校史文化的育人功能，是高校面临的一项重要课题。

由于高校档案馆与校史馆、博物馆之间的内涵与职能存在交叉的现象，因此不少高校档案馆承担了校史研究和校史文化传播的职能。据调查，上海地区20个高校档案馆中，涵盖校史研究(含校史馆或博物馆)的有16个，占比高达80%。[1]高校档案馆在校史文化建设与传播中起到了举足轻重的作用。如何利用自身优势开展校史文化建设与传播，切实发挥校史文化的育人功能，已成为高校档案馆亟待解决的现实问题。

二、多种传播方式叠加：高校校史文化传播现状

媒介形态对传播的影响是巨大的。随着媒介形态的发展变化，高校校史文化传播经历了一个从口头传播到书面传播再到电子传播叠加的进程。

1. 口头传播广泛应用

口头传播主要借助有声语言进行信息传播与交流，它在校史文化传播中起着重要的作用。比较常见的校史展馆讲解、校史课程、校史讲座等，均属于口头传播的方式。

"参观校史馆"是现阶段具有重要意义和价值的校史文化传播途径。[2]而与"参观校史馆"相配套的服务通常是展馆讲解。在实践中，为参观者提供展馆讲解服务已普遍成为高校校史工作的重要内容。讲解员通过现场讲解的方式向参观者讲述校史，几乎已经成为高校传播校史文化的必备手段。此外，不少高校开设了校史讲座和校史课程。讲授者通过口头讲授的形式向师生、校友等受众传播校史文化。例如，武汉大学以本科生公选课的形式开设"武大校史"课程，中国人民大学、中国农业大学、四川大学等高校开设校史教育公选课。[3]在一些高校，由档案馆为师生和校友举办校史专题讲座已成为一种传统。例如，南京中医药大学档案馆馆长和大连理工大学档案馆（校史馆）馆长已连续数年为学校新生做校史专题讲座。[4][5]口头传播在校史文化传播中占据绝对主导的地位。

2. 书面传播日渐推广

出版校史著作是高校校史文化最主要的书面传播方式。高校通过较长时间对档案史料的挖掘，已经形成了数量相当可观的校史著作。尤其是办学历史比较悠久且重视校史工作的高校，一般积累了一定数量的校史著作。例如，华东师范大学档案馆自2013年起策划启动的"丽娃档案"系列丛书，已经编撰出版了五大系列，即《华东师范大学志》等史志党史系列、《俞立中文集》等书记校长系列、《丽娃记忆：华东师大口述实录》等"丽娃记忆"口述实录系列、《华东师大档案馆藏名人手札》等手札文化系列，以及《王伯群与大夏大学》等前身大学系列。[6]上海交通大学党史校史研究室（2010年始与学校档案馆合署办公）早在2006年4月即110周年校庆前，就出版了校史研究系列专著18种20本，总计996万字；2016年120周年校庆前，又出版了《上海交通大学史》（1～8卷 1896—2006年），总计350万字。[7]随着高校对档案史料的进一步挖掘和高校之间交流互鉴的日趋频繁，高校编撰出版的校史著作呈现持续上升趋势，校史文化的书面传播得到日渐推广。

3. 电子传播异军突起

一方面，网络传播已成流行。据相关调查，截至2021年8月，在教育部公布的

42所"双一流"高校中,共有39所高校建立了相关的校史网站,约占"双一流"高校总数的93%。[8]部分高校校史网站还涵盖了虚拟校史馆,用户只需要访问校史网站,即可在线沉浸式地漫游校史馆。例如,吉林大学档案馆网站发布有"校史馆虚拟馆",其在线云展厅设有"画面切换""地图""语音导览"等众多功能,实现在线播放实际场馆电子屏幕中的校史视频、放大欣赏校史实物档案细节等。[9]

另一方面,新媒体传播崭露头角。微信、微博、哔哩哔哩和抖音等社交媒体平台的广泛应用,为高校校史文化传播开辟了新的路径。越来越多的高校开通了校史机构(含各类档案馆、校史博物馆)微信公众号。部分高校还将网络传播与新媒体传播结合起来,进一步提升校史文化的传播效能。例如,厦门大学、天津大学、西北工业大学等高校将VR在线云展厅与微博、微信等社交终端关联,用户可随时随地通过个人电脑端、手机端访问校史馆。[10]

三、上海理工大学档案馆传播校史文化的策略

在多种传播方式叠加已成为高校校史文化传播工作常态的背景下,高校档案馆、校史馆等相关部门为充分发挥校史文化的育人功能,积极探索校史文化传播的新路径。上海理工大学档案馆(负责学校的档案与校史工作)自2010年建馆以来,一直致力于档案编研与校史研究工作,在校史文化建设方面取得了不少成绩,包括建成了3个校史展馆,出版了一系列校史著作,举办了若干专题展览,并承担了"建筑可阅读"项目(考证学校43幢历史保护建筑的相关信息)。为了宣传推广上述校史文化建设成果,上海理工大学档案馆还开展了一系列的实践探索。

1. 做好展馆接待,讲述校史文脉

上海理工大学建有校史馆(位于军工路校区)、刘湛恩烈士故居红色文化主题馆和复兴路校区校史馆(简称"三馆"),用于展示学校发展历史和文化底蕴。为充分发挥"三馆"的育人功能,上海理工大学档案馆想方设法克服人手不足的困难,积极做好"三馆"的接待讲解工作。在具体举措上,上海理工大学档案馆主要采取了两项措施:一是搭建专门的场馆预约平台,供参观者提前预约场馆参观和讲解服务;二是组建专门的讲解员队伍,负责"三馆"的日常接待讲解工作。值得一提的是,在讲解员队伍中,除了2名专职校史工作人员,还包括档案馆负责人、部分档案工作人员和若干大学生志愿者,有效解决了部门人手紧张的难题。在大学生志愿讲解员队伍建设方面,上海理工大学档案馆与学校团委、二级学院等部门进行深度合作,通过开展理论培训、展演、讲座、实训、沙龙等方式,提高大学生志愿讲解员队伍的综合素质和讲解能力,为校史文化传播工作提供了人员保障。

2. 举办专项活动，展现校史风貌

结合重要时间节点举办专项活动，已成为上海理工大学档案馆宣传校史文化的一贯做法。在每年的 5 月 18 日国际博物馆日、6 月 9 日国际档案日、9 月 30 日烈士纪念日、10 月 30 日校庆日等重要时间节点，上海理工大学档案馆通常会举办一些专题活动，以提升校史文化的影响力。例如，2023 年 5 月 18 日和 10 月 27 日分别举办了"踏上奇妙之旅 探寻校史记忆"国际博物馆日系列主题活动和"Campus Walk 邂逅沪江园"活动（迎接学校建校 117 周年校庆系列活动之一），由学校档案馆的几位老师分头带领学生沉浸式体验百年校史。通过向学生讲解校园历史建筑的沿革及人文典故，带领学生参观校史展馆，给学生发放校史著作等方式，积极传播校史文化。自建馆以来，上海理工大学档案馆举办了多次专题展览，其中包括 2 场大型展览，分别是 2018 年 12 月举办的庆祝改革开放 40 周年图片展和 2019 年 9 月举办的庆祝中华人民共和国成立 70 周年红色记忆展。此外，上海理工大学档案馆还举办了系列校史讲座和研讨会，通过口头介绍学校历史、赠送校史著作、带领与会者参观校史展馆等方式传播校史文化。

3. 开展网络宣传，传播校史知识

上海理工大学档案馆建有独立的部门网站，用于发布学校档案与校史工作的相关信息。建馆十几年来，该校档案馆网站已进行过数次改版升级，目前在用的网站除了档案业务相关内容之外，还设有校史研究、历史建筑、口述采访、场馆预约、建筑可阅读、专题展览等栏目，成为传播学校校史文化的重要平台。

除了部门网站之外，上海理工大学档案馆还充分利用校园网、上海高校档案信息网、新闻传媒等平台开展网络宣传，将校史工作相关信息推送到相关平台上，拓宽了校史文化的传播渠道和传播范围。例如，2023 年 3 月 8 日举办的"上海理工大学复兴路校区校史馆开馆仪式"，除了发布在部门网站和校园网之外，还推送至新民晚报、光明日报和中国日报等媒体平台。2023 年 10 月召开的"校史文化育人理论与实践研讨会"，除了发布在部门网站之外，还同步推送至上海理工大学校园网和上海高校档案信息网。前文所提到的"建筑可阅读"项目，更是被上海电视台、《解放日报》、上海发布、澎湃新闻等多家主流媒体报道，得到广泛赞誉。[11]

四、上海理工大学档案馆传播校史文化实践引发的思考

从本质上来看，高校校史文化传播工作的核心是要解决三个问题，即"传什么、谁来传、怎么传"。上海理工大学档案馆通过上述策略探索出一条有效的校史文化传播路径，其实践经验值得借鉴。

1. 凝练传播内容，打造文化品牌

"内容是做好宣传工作、传播工作的根本。好的内容赋予宣传和传播以灵魂，没有好内容的宣传和传播，犹如无根之木、无源之水。"[12]因此，提升校史文化传播内容的品质就显得尤为重要。校史展馆、专题展览、校史讲座、校史课程等所涵盖内容的质量是决定传播效果的关键性因素。这就需要高校校史工作人员深挖校史资源，用心凝练学校历史和大学精神，打造校园文化品牌。上海理工大学精心打造的刘湛恩烈士故居红色文化主题馆和"建筑可阅读"项目，已成为学校的名片，前者于2023年4月入选上海市爱国主义教育基地，成为网红打卡点，后者则为校园独有的历史建筑注入了文化内涵，已经融入了校内师生的日常生活中。这些优质的校史文化传播内容必定会对师生、校友和社会公众产生广泛而深远的影响。

2. 加强统筹协调，形成传播合力

传播主体多元化是高校校史文化传播的显著特征，高校内部相关部门和部分师生实际上已成为重要的校史文化传播者，但从整体上来看，他们所开展的传播活动多为零散性的传播，缺乏顶层设计和整体规划。为此，有必要由负责校史工作的部门牵头，加强与校内外其他部门（单位）、相关群体之间的合作，形成校史文化传播合力。

一方面，通过资源共享实现部门间的合作。上海理工大学档案馆于2019年举办的"庆祝中华人民共和国成立70周年红色记忆展"，在该校本部展出后获得广大师生的一致好评。随后该展览的相关素材即被共享给其他两个校区和学校宣传部，前者对素材进行二次加工后制作成线下展览展出，供本校区的学生观看；后者则将素材制作成网上展览推送到学校官方微博上，进一步扩大了传播范围。

另一方面，要充分发挥各部门的独特优势。例如，借助宣传部的专业优势对外宣传重要的校史文化活动，通过团委和二级学院招录学生担任校史展馆志愿讲解员，借助图书馆的力量宣传推广校史著作。通过部门联动、协同发力，打破由一个部门单打独斗的运作模式，从不同角度、不同层面推动校史文化传播工作的开展。

3. 优化传播方法，增强传播效果

高校校史文化传播的受众具有多样性特征，根据身份类别可划分为教师、在校学生、校友和社会公众等几大群体，他们大多是拥有自主意识的主体，对传播内容、传播渠道等的选择具有较强的自主性。这意味着，单一的传播形式难以满足多种受众的需求。因此，高校在开展校史文化传播时，一方面要不断创新传播手段，为受众提供丰富多样的传播形式；另一方面要对不同受众群体进行深入分析，了解他们的行为习惯和喜好，根据他们的特点有针对性地选择传播内容和传播方式，通过"投其所好"，进一步提升校史文化的传播效果。唯有如此，才能最大限度满足各类受众的需求,实现校史文化的高传播、宽传播和深传播。

参考文献

[1] 廖颖.高校大档案管理模式的实践困境与突破路径——以上海地区为例[J].北京档案,2022(12):38-40.
[2] 张静.我国高校校史档案文化传播影响因素与模式研究——基于马莱茨克的大众传播模式[J].情报科学,2019(07):56-60.
[3] 郑颖熙.工科院校开展校史讲座课程的探索与实践[J].兰台世界,2020(5):74-76.
[4] 南京中医药大学档案馆新闻动态[EB/OL].[2023-10-19]. https://archives.njucm.edu.cn/5436/list.htm.
[5] 大连理工大学档案馆(校史馆)馆内新闻[EB/OL].[2023-09-06]. http://dangan.dlut.edu.cn/gzdt/gnxw.htm.
[6] 华东师大"丽娃档案"丛书入选上海市优秀档案文化传播项目[EB/OL].[2021-09-29]. https://www.ecnu.edu.cn/info/1094/58247.htm.
[7] 上海交通大学校史网[EB/OL].[2020-11-29]. https://sjtuhistory.sjtu.edu.cn/bmgk1/bmjj.htm.
[8] 梁旭莹.高校校史网络资源建设现状的分析与思考——以"双一流"大学为例[J].档案与建设,2022(02):38-42.
[9] 孙宝辉,张晓晓,张卫东.数字人文视域下高校校史档案编研路径研究[J].档案与建设,2022(07):54-57.
[10] 冯于天韫,蔡骏,蒋正清.基于数字孪生技术的校史馆VR导览设计研究[J].设计,2021(16):54-56.
[11] 市高校第二!我校"建筑可阅读 读百年上理"获第三批上海市优秀档案文化传播项目[EB/OL].[2021-10-15]. https://www.usst.edu.cn/2021/1015/c163a43738/page.htm.
[12] 潘世伟.进一步讲好中国故事增强传播力量[EB/OL].[2021-06-23]. https://baijiahao.baidu.com/s?id=1703306769718382551&wfr=spider&for=pc.

宸虹园的抢救和修复及其启示

娄承浩

上海现代建筑设计集团

摘　要：上海市虹口区武进路上的宸虹园，因地处上海公共租界的虹口而得名，俗称赵家花园。它与许多历史名人和事件有关，在旧区改造中险遭拆除。我们从档案和相关资料中寻找依据，终于使之保留下来。充实的档案和相关史料，是保护历史文化遗产最好的辩护词，在发掘、传承、创新中国文化中发挥了不可替代的独特作用。

主题词：档案作用；历史建筑保护；宸虹园；抢救；修复

近二十多年来，由于房地产快速发展，上海市中心大片街区迅速消失，近七成石库门已消失，专家呼吁推进申遗、保护老建筑。上海历史上遗留下来的大约4 500万平方米的历史建筑中，约2/3已经不复存在，1949年统计的9 214条里弄剩下不到1 000条。[①] 静安区内57处革命历史旧址，因市政建设先后拆除30处，其中16处在沪中共中央机关旧址也已拆除10处，拆除率高达62.5%。[②]

面对大拆建中一批有价值的历史建筑面临即将消失的严峻局面，笔者作为一名老档案工作者，以档案史料为依据，与政府有关方面展开沟通，说服了方方面面终于抢救了十余处面临拆除的有价值的历史建筑，其中，最为突出的就是上海市虹口区武进路宸虹园。

2014年8月3日，有个网友（@基诺）在海宁路高层拍正在动迁的武进路江西南路小区，在建筑群中发现有一处建筑与众不同，屋面呈扇形。他带着好奇通知笔者，笔者当晚查阅20世纪40年代出版的《上海市行号路图录》。第二天，笔者去现场"侦察"多次，拆房工地一片狼藉，后来我们从一扇小门进去，脚踏碎砖碎玻璃穿

---

① 郑时龄院士在2016年《建筑遗产》创刊号上撰文。
② 文史专家顾延培。

过走道,跨出窗口站在二米多水泥板上,转过身看见了正楷体水泥阴雕六个大字"赵岐峰公像堂"横匾。

后来我在家中书堆里查民国史志"稀有上海史志资料丛书"中有关宸虹园的资料,寻得些蛛丝马迹:文宝书局于1905年出版的《绘图上海杂志》中,园林类有味莼园、愚园、西园、徐园、东园、西园和宸虹园的介绍。其中宸虹园介绍,摘抄如下:"宸虹园以地为上海公共租界之虹口,故名,靶子路也,俗称赵家花园,为粤人赵某所筑,颇为西式园林,达官贵人恒假座以宴客,陈设器物亦舶来品为多。"1930年商务印书馆《增订上海指南》丙游览处-园林栏中有宸虹园简介:"靶子路111号,俗称赵家花园,粤人赵姓所筑,颇为西式园林,非有人介绍,不能往游,然可赁为文明结婚用。"可见在历史上宸虹园有相当知名度。

在宸虹园历史中人身影幢幢。其中最著名是孙中山。《虹口区文化志》载:"清宣统二年1910年六月驻沪日本总领事于此设宴招待报界经理、主笔。九月,美国实业团一行41人抵沪在此举行茶会。11月,驻英公使刘玉麟道经沪上驻此。启秀女校在此义演支援革命军。"张伟所著《西风东渐:晚清民初上海艺文界》书中记载唐绍仪与吴维翘女士1913年6月1日在宸虹园举办婚礼。唐绍仪是广东中山人,选择粤人经营的宸虹园。1911年武昌起义后,唐绍仪代表袁世凯内阁参加南北议和,1912年3月袁世凯就任临时大总统后被任命为"中华民国"首任总理,同年6月唐绍仪因不满袁世凯独裁专横而辞职,一直寓于上海。宸虹园规模不大,社会影响与味莼园(张园)相仿。

我们见到横匾上的"赵岐峰",找到《广东人在上海》,书中有介绍:"赵岐峰系粤籍富商,一生劬劳,积累起来巨款财产,晚年他有心愿,希望百年后以他个人的财产,创办一所义堂,专收贫寒生学子弟,作育人材,回报同乡社会。长子赵灼臣继承其父遗志,于1918年购入闸北新广东街一块土地,创办赵岐峰义学,学校占地3亩1分6厘9毫,学校对入学同乡子弟不仅免收学费,还免费发给课本和其他学习用品。""1928年赵灼臣因个人办学,对精力牵涉太大,将义学全部转交粤侨商业联合会管理。为给义学提供可靠的经济保障,赵灼臣将岐峰学校的房产,市房24幢附送粤侨联合会,另送业广地产公司股票100股,约值5 000两,南洋烟草公司股票500股,约值10 000元。"从上述文字分析,赵岐峰在1918年前已亡,而"赵岐峰公像堂"正是后人为纪念他而建。

后来,我们从档案中找到一批赵家花园老照片,一张张放大看后,辨认出赵家花园老照片确是宸虹园。宸虹园老照片解开许多谜团。为什么宸虹园遗屋能幸存下来,赵岐峰公像堂横匾没被敲掉?原因是沿街原来北立面后来被篡改成普通店面,南立面最精彩的墙面被杂乱搭建的棚屋掩遮了。20世纪40年代出版的老地图注明是太平洋印刷公司,赵岐峰公像堂署为"美康煤油号",说明那时戾虹园已倒闭,花园绿地则改为两江汽车运输公司停车场。新中国成立后开过厂,做过结核病院,后来又开超市、商店,利用花园空地搭建房屋开浴室和招待所,搭建室内大菜场,几乎没有空隙。七八十年过去了,已经没有多少人知晓这里原是戾虹园。

现在动迁已拆至戾虹园面前,是"拆"是"保"？微博关注热烈,众人一番挖掘收集已大大充实了戾虹园史料,也尽可能地还原历史面貌:戾虹园是个有重要历史价值的私家园林。

上海明清以来曾有许多私家园林,如愚园、徐园、露香园等,仅有地名,园址早已消失了。唯有戾虹园,不仅有遗址还有遗迹。其不仅是上海社交重要场所,也是孙中山在上海从事革命活动重要场所。《孙中山上海史迹寻踪》(王志鲜、段炼著)中专门一节讲孙中山在戾虹园。原籍广东香山的孙中山,在其新民主主义革命事业中,得到了旅沪广东人的支持。辛亥上海光复之际,在攻打江南制造局战役中牺牲的烈士多数为广东籍。

1911 年 12 月 30 日晚,广东旅沪各团体在老靶子路 111 号戾虹园宴请孙中山,次日下午 6 时,香山县旅沪同乡会假借戾虹园设宴欢迎孙中山,席间王云五代表全体旅沪同乡致颂词,孙中山致答词并与同乡数十人一一握手,合影留念(图 1)。孙中山的革命事业得到广东同乡的鼎力相助,而他也没有忘记同乡的革命友情。两天后,1912 年 1 月 1 日,孙中山在南京就任中华民国临时大总统。

图 1　孙中山先生就任中华民国临时大总统前两天在戾虹园与广东同乡合影

1912年7月22日,"中华民国"铁道协会在庱虹园召开欢迎大会,孙中山在大会上演说:"各国人民之文野,及生计之裕绌,恒以交通为比例。中国人民之众,幅员之大,而文明与生计均不及欧美者,铁路不兴,其一大原因也。今"中华民国"业已成立,发起此会,督促铁道进行,余极赞成。凡立国铁道愈多,其国必强而富。"孙中山的演说深刻阐明铁路建国与国家振兴的关系。

从史料和实物考证来看,庱虹园是有重要价值的文物建筑,在社会舆论强烈呼吁下,虹口区政府常务会议讨论了此事,决定不拆,保护起来,后来被列为上海市第五批优秀历史建筑,庱虹园终于有了保护身份。现在经历史建筑修缮后,庱虹园恢复了当年建筑原貌,已作为上海文学馆向公众开放,成为上海一个新的文化地标。图2及图3是庱虹园保护前后的照片。

图 2　庱虹园临危拆除

图 3　抢救后重生

险遭拆除的尙虹园经抢救和修复后得到重生,由此我们得到了许多启示。

启示一:档案是历史记录,是随着历史而产生,是历史的产物,反映了历史事件、社会文化和生活。许多历史建筑、文化遗址等都可以从档案中获取相关信息,包括人物、时间、地点及其相关内容等信息。所以,档案是历史建筑的见证,是再现历史建筑、恢复历史建筑原貌的有力凭据。

启示二:许多历史建筑能否列入政府保护名录,按照相关法律规定,必须符合历史价值、艺术价值和科学价值等。历史价值的评判主要依据档案史料,上海类似这样的案例还很多。因此,我们要充分发挥档案在历史建筑保护中的作用。这是档案为历史文明所做出的特殊贡献。

启示三:档案与文献史料是密切相关的,他们互为补充,互为佐证。文献史料蕴含着大量的档案信息,许多文献本身既是图书也是档案,既是档案也是文物。在历史建筑的保护中,发挥着同样的重要作用。因此,档案部门要广泛收集这类图书资料及相关实物,使之互为补充、互为佐证。在考证历史建筑和历史事件过程中,要广泛动员社会力量,充分挖掘档案史料,利用网络等社会新媒体,形成合力,使那些具有历史价值的建筑尽可能地得以保护和延续。

上海红色档案资源品牌化传播策略研究
——以短视频为例

乔晓聪

上海市档案学会

摘　要：随着5G时代的到来和信息接收偏好的转变,短视频成为传播红色档案资源的重要媒介。本文以上海红色档案资源品牌为研究对象,探讨短视频在红色档案宣传现代化中的作用、意义及优化策略。研究指出,短视频通过多样化的表现形式和快速的传播速度,有效提升了红色档案信息的传播效率,并在提高公众尤其是青少年的红色文化认知方面发挥了积极作用。同时,详细分析了短视频在红色档案资源品牌化中的作用,包括创新宣传形式、推广红色文化、提升服务水平。在此基础上,提出了彰显红色档案本色、精确塑造品牌个性、拓展红色文化传播新空间等策略,以实现红色档案资源的有效传播和品牌化发展。短视频平台为红色档案宣传事业现代化提供了新的机遇,上海档案部门应充分利用短视频的优势,扩大宣传渠道,提高档案知名度和影响力。同时,需要面对短视频创作、传播和维护的新挑战,积极探索新的红色档案品牌化宣传模式和路径。

关键词：红色档案资源；短视频；品牌化传播；档案宣传

一、引言

红色档案资源是党和国家在革命、建设、改革过程中形成的具有重大政治价值和社会价值的历史记录。从广义上来讲,红色档案资源不仅包括具有永久保存价值的革命档案,而且包括革命历史遗留下来的历史遗迹、文献资料等。上海作为中国共产党的诞生地、初心始发地、伟大建党精神孕育地,承载着不可磨灭的红色记忆和精神财富,红色基因早已融入这座城市的血脉,上海市档案局《2024年上海市档案工作要点》(以下简称《要点》)要求"持续加大红色档案资源开发利用力度,贯彻落实《上海市红色档案资源管理办法》等有关规定,进一步明晰红色档案范畴与认定标准,加大全市红色档案资源挖掘、整理和研究力度""有效发挥红色档案文献教育宣传作用"。

随着5G技术的发展和信息传播方式的变革,公众的信息接收偏好正逐渐从图文转向短视频。短视频应用如抖音、快手等迅速崛起,成为信息传播的新宠。短视频以其信息量大、适应当前碎片化阅读趋势的特点,为红色档案资源的传播提供了新的机遇。如何利用短视频的优势,优化红色档案资源的开发与利用,应对新时代的挑战,打造上海红色档案资源品牌,实现红色档案资源的有效传播利用成为亟待解决的问题。

二、短视频在红色档案资源品牌化中的作用和意义

红色档案资源是中国共产党领导中国人民在革命斗争过程中形成的,包括党和国家各级机关、民主党派、人民团体、部队等在各个不同历史时期形成的具有保存价值的原始记录,是我国文化遗产中最宝贵的财富之一。长期以来,上海市档案局高度重视红色档案资源的保护与传承,不断在发挥红色档案凝心聚力、铸魂育人、推动发展的社会功能上下功夫,多措并举,特别是以短视频的方式,不断加强红色档案的开发利用,进而构筑上海红色档案文化新高地。

1. 创新表现形式,提高红色档案信息传播效率

传统的红色档案宣传形式主要是通过图书、报刊、展览等形式进行宣传。然而,这些形式不仅无法满足公众多样化的需求,而且存在信息传播效率低、覆盖面窄等问题。相比之下,短视频作为一种全新的媒体形式,具有表现形式多样化、信息传播速度快、传播范围广等特点,可以更好地满足公众需求,提高档案信息传播效率。利用红色档案资源中蕴含的丰富故事和短视频多样的叙述手法,可以深刻地触动公众,影响公众的认知、情感和态度。创新红色档案资源表现形式,通过引人入胜的故事讲述和互动游戏等手段,积极引导用户参与到红色档案资源的发掘与利用中,从而极大地提升公众的体验感和参与度。《要点》指出"积极打造面向青少年等群体的特色品牌项目,主动融入学校'大思政课'体系建设,依托红色档案资源,构建具有档案特色的'大思政课'建设新模式。建好各级各类报纸杂志、新媒体等档案领域宣传阵地,坚持正面宣传导向,加强档案文化宣传推广,弘扬和传承上海城市历史文脉与精神品格。"创新表现形式,充分发挥各级国家档案馆爱国主义教育基地重要作用,丰富档案社会教育活动形式,通过短视频等新媒体推介广泛开展宣传活动,进而有力提升红色档案文化的传播力、辐射力和影响力。

2. 扩大社会影响,跨媒体深度叙事

可以通过生动有趣的短视频推广红色档案文化。通过短视频,各级档案部门可以将自己的文化和历史故事生动地呈现给观众,让他们更好地了解和认识红色档案。例如,很多档案部门会制作介绍自己馆藏的短视频,展示一些珍贵的红色档案资料。观众可以通过短视频了解到我党在不同历史时期的社会生活、文化艺术、科技发展等方方面面,这些内容都是档案的重要组成部分。此外,档案部门还可以通过短视频推广革命历史文化活动,推广到更广泛的受众群体中。例如,档案部门会在特定的纪念日或重大活动中制作相关的短视频,以此来提高公众的历史文化意识和认同感。2024年5月,上海市档案馆联合虹口区档案馆组织了一场名为"一江一河,见证1949大上海的波澜壮阔"Citywalk活动,邀请大家探访邮政大楼、上海大厦、海关大楼、人民英雄纪念塔等城市地标。这既与上海解放战役进程密切相关,也见证了上海解放75年来"光荣之城人民城市"的建设发展历程。整个Citywalk行程通过短视频向社会大众展示,在叙事方式的选择上,采用多样化的叙事技巧,这种利用新媒体技术对红色档案资源进行形象生动的叙述,增强受众对这些资源的理解和兴趣,不仅有助于档案部门提高自己的知名度和声誉,而且可以促进社会公众对上海解放更深层次的认识和了解。

3. 强化用户体验,提升档案服务水平

提升用户体验,关键在于深化对用户群体的洞察,并紧密结合其需求来界定红色档案资源的核心。通过精心策划的叙事脚本,将用户对红色档案资源的基本认知升华为深切的情感共鸣,从而有效触发用户主动探索和使用红色档案资源的内在动力。通过短视频,档案部门可以向公众介绍服务内容和流程,让公众更好地了解如何利用红色档案资料。应将红色档案资源与关键的红色历史事件或杰出人物紧密结合。通过对这些事件或人物进行深入的挖掘与理解,创造出强烈的情感体验,建立起红色档案资源与用户之间的紧密联系。特别应重视内容的真实性、生动性和趣味性。真实的叙述能够打动人心,生动的表达能够吸引注意力,而趣味性的融入则能够提升用户的参与度,使得红色档案资源的传播更加引人入胜,让用户在享受中学习,在学习中感悟,进而增强对红色文化的价值认同和情感投入。将短视频这一现代媒介应用于红色档案资源的开发,不仅能提高资源开发的效率,增强用户的忠诚度,而且能显著改善用户体验。更重要的是,短视频的传播力能够有效推动红色文化的广泛传播,使之在当代社会中焕发新的活力,触及更广泛的受众群体,激发公众对红色历史的兴趣和对红色精神的认同。通过短视频这一平台,红色档案资源的故事得以跨越时空,与现代观众产生情感共鸣,让红色基因在新时代继续传承与发扬。

三、短视频如何助力红色档案资源品牌化

红色档案资源,作为历史的见证,由丰富的革命档案、珍贵的历史遗迹、翔实的文献资料以及生动的影像资料汇聚而成。它们不仅承载着光荣的使命,更构成了叙事信息的宝贵财富,为应用叙事传输机制提供了坚实的基础。通过深入挖掘红色档案资源中的故事内容,采用富有感染力的讲述方式,我们可以有效地传递红色档案资源的精神内核。这种传递不仅能够深刻影响受众的认知,而且能够触动他们的情感,塑造他们的态度。红色档案资源的传播因此成为一种强有力的文化和精神的引领,激发着人们对历史的记忆、对英雄的敬仰以及对未来的憧憬。短视频平台的出现为红色档案宣传事业现代化提供了新的机遇。

1. 彰显红色档案本色,精确塑造品牌个性

上海市档案局先后制定印发《上海市档案条例》《加强红色档案资源保护和利用工作的意见》《上海市红色档案资源管理办法》,以及配套的《珍贵红色档案资源申报认定细则》《红色档案资源保护修复指南》,对开展红色档案资源专项调查和征集、建设全市统一的红色档案资源数据库、加强红色档案资源科学管理、加大红色档案史料编研开发宣传力度、完善红色档案资源保护利用工作保障机制等作出明确规定。坚持档案工作的政治属性,首创性地制定了"红色档案保护利用"专章,明确红色档案的定义范围,鼓励支持档案馆以及其他档案保管单位加强红色档案的开发,利用红色档案开展党史学习教育、理想信念教育、爱国主义教育等主题教育。因此,在塑造红色档案资源品牌时,必须依法依规,紧密依托红色档案独有的原始价值,确保传播的形式忠实于红色档案的原始凭证。借鉴品牌管理的先进理念,利用短视频平台实现信息传播的全新形式,对品牌名称、视觉标识和宣传标语进行精心的整合设计。随着社会的快速发展,传统的宣传方式越来越难以满足人们的需求,而短视频平台作为一种新兴的传媒形式,可以通过短小精悍的视频,快速传递档案部门的信息,让更多人了解红色档案重要意义。品牌名称应设计得响亮而易于铭记,使之成为人们心中深刻的文化符号,比如最近城市流行的 Citywalk,进而与红色地标结合,形成独特的品牌;在短视频封面视觉标识的设计应醒目而富有内涵,能够直观地传达品牌的核心价值;宣传标语则应简洁有力,如"逐梦光荣之城""流动的微党课、不变的初心""跟着档案学党史""红色之城人民之城"等,既能够准确传达品牌的精神追求,又便于在公众中口耳相传,深入人心。通过这样全方位的品牌塑造,打造一批批具有档案元素的"红色 IP",让档案里的红色故事有了更多元化、年轻态的传播载体,让红色档案资源的品牌影响力得以有效扩展,激发更广

泛的社会共鸣。

2. 充分发挥优势特点，助力红色档案资源品牌化

上海探索数字赋能红色档案文化品牌建设。顺应数字时代发展趋势，积极探索数字赋能红色档案文化品牌建设，"城市记忆　时光珍藏"主题陈列的序厅开场短视频、"唤醒""浦江两岸百年变迁"多媒体展厅及尾厅"上海文化"短视频应用多种数字技术，呈现红色档案独特魅力。2023年6月，在互联网端、手机移动端和市档案馆学生课堂大屏同步上线"跟着档案观上海"数字人文平台。该平台为全国档案界首创，通过短视频系统介绍了平台依托馆藏丰富文书、影像、地图、图纸等档案，综合运用人机交互、知识图谱、地理信息等数字技术，为广大市民提供多途径自主探索上海历史的数字方式，并为青少年群体提供开放式数字档案教学课堂。这些短视频充分发挥短视频信息传递效果好、互动性强、传播范围广等特点，推动上海红色档案资源的品牌化传播。系统分析优势有三点：一是短视频具有短、快、精的特点，能够快速传递信息，吸引观众的注意力，加深观众对档案文化的认知。与传统的文字宣传相比，短视频更具有生动性和直观性，能够通过形象化的方式更好地呈现红色档案文化，让观众更容易理解和接受。二是短视频平台提供了丰富的互动功能，如评论、点赞、转发等，观众可以通过这些功能与档案部门进行互动，提出自己的问题和看法，增强观众与档案部门的沟通交流。三是短视频平台为档案部门提供了更加直观的反馈机制，能够更好地了解观众的需求和反馈，为后续宣传工作提供有益的参考。随着短视频平台的发展，越来越多的人加入了短视频的观看和制作行列中，短视频的传播范围也越来越广泛。档案部门通过在短视频平台上发布红色档案视频，能够将档案文化传播到更广泛的人群中，增强社会公众对红色档案文化的认知和关注。因此要充分发挥短视频优势，让红色档案短视频有内涵、有故事、有深度，并以此为牵引，着力形成品牌化、系列化、多样化的开发利用成果。

3. 拓展红色文化传播新空间，精准提升品牌质量

上海市档案局以一系列红色档案展览展出的珍贵档案为基本素材，录制"跟着档案学党史""跟着档案看上海"系列短视频，用公众尤其是青少年喜闻乐见的形式，助力开展多维度的"四史"学习。运用"初心的传承——红色家书专题展"的展品素材，联合上海市工商外国语学校开展青少年诵读红色家书活动，邀请俞秀松烈士继子俞敏，方志敏烈士孙女方丽娜等为青少年讲述红色家书背后的故事，以此缅怀革命先烈，传承家国情怀。进一步实现红色档案文化品牌影响力的持续增长，搭建一个多维度的红色档案传播矩阵至关重要。这一矩阵旨在通过不同平台间的协同作用，形成集群效应，从而提升品牌的整体影响力。一是打造多渠道传播网络。

结合红色档案资源传播活动的独特性质,应优先选择具有官方权威性的平台构建传播矩阵。通过微信、微博、抖音等主流社交媒体平台的联合宣传,实现信息的广泛传播。同时,利用微信生态圈内的公众号、视频号与客户进行互动,实现联动宣传,增强用户的参与感和品牌的互动性。二是实现传播矩阵内的相互推广。在传播矩阵内部,不同账号主体间的相互转发是扩大影响力的关键。公众号与视频号可以通过链接互推,增加内容的曝光度和可见度。此外,通过微博转发微信公众号或视频号的链接,实现跨平台的推广,进一步拓宽品牌的传播范围。通过多平台、多维度开展互联互通的传播策略,能够更精准、有效地将红色档案资源的精神内涵传递给更广泛的受众,让红色档案文化品牌的影响力生生不息,不断扩展。

四、结语

当今,短视频已成为信息传播的新宠,为红色档案资源的品牌化传播带来了前所未有的机遇。红色档案资源,作为党和国家宝贵的历史见证,承载着不可估量的政治和社会价值。上海市档案局始终把做好红色档案开发利用工作作为必须履行的政治责任,把习近平总书记提出的"四个好""两个服务"的重要要求作为做好新时期档案工作的行动指南和根本遵循,把开发利用好红色档案资源作为档案部门深刻领会"两个确立"、坚决做到"两个维护"的具体体现,自觉担负起管好用好红色档案的重要政治责任,按照中共中央及上海市委要求,用好红色档案资源,深化红色档案开发利用,传承红色基因,弘扬城市精神品格。

总之,短视频作为上海红色档案资源品牌化传播的重要工具,其在传承历史、教育人民、服务社会中的作用不可替代。不断探索和创新,利用短视频平台,让红色档案资源在新时代焕发新的光彩,为推动红色文化传承和发展、促进社会进步作出新的更大贡献。通过档案工作者的共同努力,上海红色档案资源的品牌化发展定能开启新的篇章,让红色基因代代相传,让革命精神永放光芒。

参考文献

[1] 郜翀.红色档案资源社会共建模式与实现路径研究——基于"叙事传输理论"的分析[J].兰台世界,2024(05):45-48.

[2] 谭雨琦,冯安仪,郝钰璋.基于LAM理论的云南红色档案资源整合研究[J].兰台世界,2023(6):29-32.

[3] 张晖宇,林洁.红色文化资源在高校思想政治教育中的应用[J].中学政治教学参考,2022(45):85.

［4］赵彦昌,王琳.融媒体视域下红色档案资源开发路径探析[J].浙江档案,2023(4):26-29.
［5］陈勇,赵梓轶.基于新媒体平台的红色档案资源开发研究[J].档案管理,2022(3):39-40.
［6］周林兴,姜璐.红色档案资源开发中的叙事表达研究[J].档案学研究,2022(4):4-9.
［7］王向女,姚婧."互联网+"时代长三角地区红色档案资源开发与利用的新方向[J].档案与建设,2020(8):4-8.
［8］周耀林,张丽华,刘红.叙事传输视角下红色档案资源社会共建模式与实现路径研究[J].档案学研究,2023(1):82-89.
［9］彭庆红,孙晓丹.红色档案资源数字化开发利用的路径与梯度[J].档案学研究,2022(4):10-16.
［10］郑丽.浅谈红色档案资源的开发与利用:以韩城市档案馆为例[J].陕西档案,2023(3):41-42.
［11］彭忱.档案部门短视频运营现状与对策研究[J].北京档案,2022(10):39-40,42.
［12］吕元智.面向资源架构的数字档案资源跨媒体整合研究[J].档案学研究,2016(4):91-96.
［13］丁华东.档案与社会记忆研究[M].北京:人民出版社,2016:28-29,312-314.
［14］林峰.移动短视频:视觉文化表征、意识形态图式与未来发展图景[J].海南大学学报(人文社会科学版),2019(6):144-149.
［15］李娟.深挖红色档案资源,赓续红色血脉:单县红色档案资源归集与利用实践[J].兰台内外,2023(13):82-84.
［16］王艳.面向青少年教育的红色档案资源开发路径研究[J].情报科学,2023,41(5):131-137.

自媒体平台下红色档案宣传工作探析

徐慧琳　黄永勤

国防大学政治学院军事信息与网络舆论系

摘　要：自媒体平台为红色档案宣传提供了新的机遇，但目前还存在契合自媒体平台资源开发不足、内容建设不力、宣传模式欠缺等问题，应强化融入自媒体平台的资源创新开发、提升自媒体用户对红色档案的认同感、打造红色档案的自媒体平台宣传矩阵，切实提高红色档案宣传工作的实效。

关键词：自媒体；红色档案；档案宣传工作

一、引言

习近平总书记指出："推动档案事业创新发展，特别是要把蕴含党的初心使命的红色档案保管好、利用好。"红色档案是指中国共产党成立以来，领导相关机关组织和带领广大人民群众在革命战争、社会主义建设、改革开放、新时代等各阶段矢志奋斗实现中华民族伟大复兴进程中形成的能体现党的初心使命并且具有保存价值的各种文字、图表、声像、实物等不同形式的历史记录。[1]红色档案具有客观原始史料、内容信息丰富、红色价值导向、教育意义深刻、情感走心共鸣等特点，是传承红色基因和赓续红色血脉的重要载体。

以UGC模式为代表的Web 2.0广泛渗透到社会生活的方方面面，自媒体平台也如雨后春笋，成为信息传播的重要载体。红色档案借力自媒体平台的宣传赋能，能充分实现档案价值，扩大社会影响力。然而，自媒体平台的档案宣传与传统模式有很大区别，自媒体平台的短时性、碎片化、交互性、多媒性等特点，要求我们必须从新兴媒介的视角开展研究。目前，已有部分成果关注到此议题，比如华林[2]从构建保障机制、建设开发团队、策划开发工作、编制档案产品四个层面提出融媒体时代红色档案产品开发对策；崔浩男[3]对建党百年背景下党史档案宣传公共场域构建进行了探讨；张蕾[4]对新媒体环境下沂蒙红色档案资源开发利用进行了分析。

本文试图探索自媒体平台下红色档案宣传工作的现存问题和解决对策，以期进一步充实红色档案宣传工作的方法路径。

二、自媒体平台下红色档案宣传工作现存问题

1. 契合自媒体平台属性的红色档案资源开发不足

随着自媒体平台的迅速发展，信息传播的方式发生了深刻变革。面对如此丰富的信息传播平台，红色档案资源的开发明显没跟上步伐。一是依靠各类平台的红色档案信息资源整合力度不够。各档案馆之间的红色档案信息资源的互联互通，档案信息资源与高校教育、国内国际旅游、文学艺术等领域的信息融合还有待加强。红色档案信息资源因其极强的地域性，导致红色信息资源较为分散。大部分档案馆对于资源的宣传利用局限于本土平台的档案资源，很少有跨馆、跨地域性、跨领域性的资源联动，无法为资源的开发、再创造做数据支撑。内容的单一及其资源的分散导致红色档案资源融入自媒体平台的创新性开发存在难度。二是档案工作者对红色档案信息资源的开发能力不强。邓莉[5]曾基于"记忆重构的方式"指出："新冠肺炎疫情防控档案以其原始记录性，作为社会记忆的要素，从中挖掘、筛选出具有时代精神、传播意义的典型人物事迹、典型案例，拍摄纪录片、开设电视节目等都是记忆重构的方式。"因此，必须用最适用于自媒体平台的表达方式去重新定义红色文化传播内容。从红色档案相关账号在自媒体平台的宣传上来看，标题简单、形式单一、内容同质、更新缓慢等原因导致宣传成效不高成为这些账号的普遍现象，自媒体语言应用能力的不足导致资源融入自媒体平台的创新性开发受限。

2. 契合自媒体用户认同的红色档案内容建设不力

红色档案信息资源具有丰富而深邃的情感价值，但当前红色档案内容建设却无法实现自媒体用户对红色档案的价值认同、情感认同。一是自媒体用户缺乏对红色档案信息资源的内容认同。当前多数自媒体用户潜意识里认为档案仅指学籍档案，对档案的种类及其重要性的认识极其匮乏，对红色档案的价值认同更是无从谈起。2023年"母亲误拆高三女儿档案学籍"的视频在自媒体平台上引发广泛讨论，本以为档案不可私自拆开是极少数人不知晓的事情，但评论区很多网友都表示在看此视频之前，自己也不知晓这一基本常识。对档案本身理解存在的偏差，映射出自媒体用户档案意识的薄弱，档案知识的匮乏。可见，自媒体用户对红色档案的理解也基本停留在"雾里看花，水中望月"的阶段，自媒体用户对红色档案的利用需求还有极大提升空间。二是红色档案内容建设脱离用户需求。自媒体平台本可为

红色档案的宣传工作提供广泛的群众基础,但粗犷式的红色档案利用服务与自媒体用户精细化的利用需求之间的矛盾,降低了自媒体用户对红色档案的利用率,削弱了自媒体用户对红色档案工作的价值认同,红色档案利用群体单一性的特点逐渐显现。石郦冰[6]就国际档案日活动的调查发现国际档案日活动的参与者多是档案领域的人,加上活动类型传统、缺少新意,活动主题统一、过于死板,活动宣传不足、受众有限等问题,导致宣传活动成为"档案圈内人"的自娱自乐,采取何种途径去提升大众档案意识、提高档案文化认同就显得尤为重要。

3. 契合自媒体信息传播的红色档案宣传模式欠缺

当前,红色档案传统意义上的宣传模式无法与自媒体平台深度契合,从而失去了自媒体平台信息传播的持久性和内生动力。一是自媒体更注重用户群体的信息传播和扩增效应,目标用户群体定位不清晰,导致自媒体平台下的红色档案宣传工作缺乏群众基础。大多数红色档案App账号无法利用大数据分析功能对现有用户、潜在用户及流失用户等进行有效数据分析。自身账号"用户画像"的难以形成导致自媒体平台下的红色档案宣传工作缺乏群众基础。自媒体平台下红色档案宣传的多向互动性特点无法呈现,从而影响到自媒体用户本身自带的裂变式传播效应。二是红色档案宣传缺乏平台联动,无法形成关联性强的矩阵式宣传模式。红色档案宣传工作者对自媒体平台宣传规律的不熟知,促使大多数红色档案自媒体账号呈单点式发展模式,无法形成横向传播和纵向传播相结合的矩阵式宣传模式。

三、自媒体平台下红色档案宣传工作对策建议

1. 强化融入自媒体平台的资源创新开发

为促进红色档案资源在自媒体平台上的有效传播,增强红色档案的影响力。针对当前资源的整合力度不够、资源开发能力不强等问题,档案工作者必须强化融入自媒体平台的资源创新开发。一是实现跨域融合发展,提高红色档案信息资源整合力度。一方面以行业领域为中心链条,加强档案与旅游、历史、教育、文学艺术等领域的结合,打造集红色档案、红色旅游、红色课堂、历史研学、文学创作等于一体的信息深度融合发展格局,促进红色档案信息资源的跨域创新开发应用。例如,《长空之王》片尾制作的彩蛋,以真实录音档案为参考依据,并进行影视加工再创造。因其强烈的真实感受,使观众对录音的原型人物产生浓厚的兴趣,进一步使红色档案得到有效宣传。另一方面以行政地区为节点,将相关性历史事件进行串联,组成区域关系网,打造区域地标式档案文化基地。依靠数字人文技术建立红色档案信息资源专题数据库,完成红色档案信息资源的有效整合,为融入自媒体平台的

创新性开发提供信息支撑。二是依托各种艺术手法和新兴技术赋能内容创作,提升档案工作者对红色档案信息资源的开发能力。可根据用户兴趣、社会热点、特定节日、典型人物、重要事件、特殊地点等有效地对红色档案信息内容进行选择性整合提炼。一方面通过灯光、色彩、配乐等进行场景烘托,运用各种景别、视角、运镜等拍摄手法,采用不同的叙事结构,选择合适的蒙太奇,对红色档案信息资源进行加工再创造。比如抖音平台的"探影局档案"账号,就是以4K/高清修复上色技术对珍贵影像进行修复还原,通过短视频编辑、纪录片配音等方式进行艺术加工,来向用户介绍朝鲜战争、北洋军阀时期、日军侵占京津冀等地区的史料。另一方面可利用AI技术再现英模人物,采用社会网络分析、知识图谱等技术全方位展示英模人物的社会关系和奋斗历程;通过VR技术、3D建模深度还原历史场景,运用无介质全息空中成像技术与影像进行互动,实现用户的沉浸式体验。

2. 提升自媒体用户对红色档案的认同感

红色档案承载着宝贵的精神财富。针对自媒体用户缺乏对红色档案信息资源的内容认同和红色档案内容建设脱离用户需求等问题,档案工作者必须寻找有效途径丰富红色档案内容建设,提升用户对红色档案的价值认同、情感认同。一是提高档案工作者的社会服务意识,为普及档案知识、提升档案意识助力。一方面,档案工作者要树立主动服务的意识,积极掌握各行业领域动态,提前把握需求动向,实现对红色档案宣传工作的前端控制。充分利用自媒体平台,打造线上档案查询便捷通道,提高红色档案资源利用效率,在利用中促进红色档案价值认同、情感认同。另一方面,借助相关自媒体平台,采用动漫短片、微剧情等创作方式进行红色档案知识普及、红色档案应用案例宣讲。常态更新红色档案工作新闻动态,与线下红色档案宣传工作形成合力,为普及档案知识、提升档案意识助力。二是制定针对性的宣传策略,为红色档案内容建设满足用户需求创造条件。一方面充分利用数据分析和人工智能技术,将红色档案信息资源对用户进行精准推送。结合年龄、职业、学历、爱好等特征,开发针对不同层次不同用户的红色档案宣传方案。另一方面,通过评论、私信、弹幕等信息与用户建立密切联系,从转发频率、点赞量中充分了解用户需求,在互动数据中不断调整优化红色档案宣传内容,为满足用户需求、提升红色档案价值认同创造条件。

3. 打造红色档案的自媒体平台宣传矩阵

聚焦目标用户群体定位不清晰、缺乏平台联动等问题,应尽快打造出适应自媒体平台的红色档案宣传模式,发挥自媒体平台信息传播的持久性和内生动力。一是创建红色档案账号的"用户画像",依靠自媒体用户实现对红色档案的裂变式传播。首先通过SDK埋点等方式获取有效的静态数据(如性别、年龄、地域、职业等)

和动态数据（如访问率、收藏率、点赞、评论和转发量等）。其次采用分类、聚类、关联规则挖掘等数据挖掘算法和数据建模对数据进行分析处理，完成用户的筛选、分配与跟进，实现"用户画像"的基础创建。在稳定的"用户流"中，依靠平台与用户、用户与用户之间的多向互动性特点，实现对红色档案的裂变式传播。以抖音账号为例，可通过某个话题在评论区以@的形式链接到多个相似视频，使用户与用户之间建立联系，在完成裂变式传播的基础上实现信息的有效集成。二是加强平台的多向联动，形成关联性强的矩阵式宣传模式。发挥"多个平台一个账号"的横向宣传和"一个平台多个账号"的纵向宣传优势，携手打造红色档案内容生态圈。充分利用电商、直播平台吸引潜在用户，加强对红色档案文创产品的开发，制作类似以红色档案为系列的盲盒、笔、本、手账等实体衍生品，以及游戏里的一些虚拟周边等。实现红色档案的产业化发展，将红色档案宣传工作渗透到自媒体平台的各个方面。

四、结语

习近平总书记在西柏坡参观时曾动情地说："看着一幅幅图片，一件件实物，一封封电报，一个个故事，我的思想又受到一次深刻教育。"红色档案是中国共产党"艰辛而辉煌奋斗历程的见证，是最宝贵的精神财富"[7]。以人工智能为代表的技术浪潮正深刻影响档案工作，信息传播方式也日新月异，档案宣传工作面临由"面对面"向"键对键"、"纸对纸"向"屏对屏"、"一对多"向"多对多"、"文字稿"向"多媒体"的变革，我们必须紧跟时代发展，拥抱技术创新，强化融入自媒体平台的资源创新开发，提升自媒体用户对红色档案的认同感，打造红色档案的自媒体平台宣传矩阵，切实提高红色档案宣传工作的实效。

本文系2024年度上海市档案科技研究项目《基于知识图谱的红色档案资源开发研究》（沪档科2418）阶段性成果之一。

参考文献

[1] 黄永勤,杨安莲,平硕.基于本体理论的红色档案知识服务探索[J].浙江档案,2023(5)：44-47.

[2] 华林,刘凌慧子,李浩嘉.基于融合媒体的红色档案产品开发[J].档案与建设,2022(7)：34-36.

[3] 崔浩男,戴柏清.建党百年背景下党史档案宣传公共场域构建[J].山西档案,2022(1)：81-87+80.

［4］张蕾,刘旭光.新媒体环境下红色档案资源的开发利用研究——以沂蒙红色档案为例[J].山西档案,2021(5):118-127.

［5］邓莉,汤玲玲,王运彬.基于社会记忆观的新冠肺炎疫情防控档案征集工作探析[J].山西档案,2020(6):147-153.

［6］石郦冰,赵跃.档案文化与认同的进阶——近年来中国"国际档案日"的所见与所思[J].山西档案,2020(6):36-43.

［7］习近平.用好红色资源 赓续红色血脉 努力创造无愧于历史和人民的新业绩[J].求是,2021(19):4-9.

信息化背景下设计院档案文化生态建设的创新路径

张元科

中广核工程有限公司

摘　要：数字时代的到来,新质生产力正逐渐摆脱传统增长路径,成为符合高质量发展要求的关键力量。作为生产力的载体和科技创新的主体,设计院在推动新质生产力发展中扮演着重要角色。档案工作作为设计院生产和发展中的基础性环节,对于构建与新质生产力发展相适应的档案信息文化生态建设具有重要意义。本文将从理论层面探讨设计院档案信息文化生态建设的内涵、特点及其与企业高质量发展的关系,并结合实际案例,分析档案文化生态建设在设计院中的实践应用与成效,为设计院的创新发展提供有力支撑,并为推动高质量发展贡献档案力量。

关键词：档案;文化;信息化;生态

一、引言

"文化"在《辞海》中的解释为：人类社会历史实践过程中,所创造的物质财富和精神财富的总和。档案文化的定义确实可以从不同的视角来阐述。若我们着眼于狭义的档案文化,它可以被理解为一种独特的记录与呈现形式,即那些直接承载着人类物质文明与精神文明历程的档案信息及其物质载体。这些不仅仅是纸张上的文字或图片,更是历史的见证,是文明传承的桥梁。我们谈论广义的档案文化时,它不仅涵盖了档案实体文化,而且进一步扩展至人类为了有效管理和利用这些实体文化成果所进行的一系列活动,以及这些活动过程中所创造出来的档案文化。

档案文化,作为人类文明的珍贵印记,始终是推动社会进步的重要力量。进入21世纪以来,随着经济和科技的迅猛发展,我们迎来了一个全新的时代,档案事业也在这个时代中焕发出新的生机与活力。

新修订的《中华人民共和国档案法》自2021年伊始正式生效,紧接着,《中华人民共和国档案法实施条例》也于2024年3月1日起施行,这一连串的举措无疑象征着档案事业翻开了一个崭新的历史篇章。这部法律不仅为档案工作设定了更为严格的标准,更强调了保障档案信息发展需求的重要性,特别是在信息化迅猛发展的时代背景下,档案文化的传承与发展更是得到了特别的关注。在创新中寻求突破,通过实践推动档案文化的普及,我们期待档案事业能够迎来更加繁荣的明天。档案法修订彰显了立法在现代化治理中的引领作用,为档案工作明确了新的发展方向,并进行了必要的调整与补充,为档案事业的蓬勃发展奠定了坚实基础。其中,新版档案法增设"档案信息化建设"章节是一大亮点,该章节明确了电子档案的法定地位及其重要性,为电子档案的管理提供了坚实的法律后盾。同时,也对电子档案的安全管理要求和信息化系统建设提出了明确规范,为档案工作的数字化转型和信息化发展注入了强大动力,推动档案事业迈向更加智能化、高效化的新时代。

在信息化时代的浪潮下,众多企业的档案部门也逐渐得到了重视。通过运用信息化手段,档案部门不仅加强了档案文化成果的流转和存储,而且形成了新信息化档案文化成果生态。这种生态的形成,不仅提高了档案工作的效率和质量,而且为企业的生产和发展提供了有力的支撑。

作为科技档案工作者和企业档案工作者,我们需要准确理解新质生产力的内涵和要求。我们要全面把握新质生产力发展的方向,深入贯彻落实习近平总书记对新时代档案工作的重要指示精神。通过构建与新质生产力发展相适应的科技档案工作体系,为新质生产力的发展提供有力支撑,为高质量发展贡献档案力量。

二、信息化生态下企业档案文化建设路径

1. 档案文化建设的目标

(1) 提升前沿信息技术档案管理系统

加强前沿信息技术下档案管理系统的真实性、完整性、可用性和安全性,从而带来档案人员工作理念和档案理念的革新,业务处理模式要更具有前瞻性。前沿信息技术作为档案文化建设的一具神兵利器,其信息化属性能提高传统纸质档案成果在面向客户端展示优越性。在前沿信息技术的环境下,文件的生成就能通过企业文档管理系统进行编写,编写者通过在初期的知识累积后,在编写新的文件时可充分利用原有的知识积累,在数据分析、原型比对等数据上提供强而有力的数据保障,大大提高工作效率。校、审、批人员可通过企业云服务,对新编写的文件进行校、审、批,降低了跨专业文件综合工作的难度。正因为文件的生成基于同一平台,其策划、实现以及形成的过程中会产生大量的过程文件,这些文件就是在工作过程

中的智慧结晶,对档案系统的真实性、完整性以及可用性是很好的体现。即使文件的生产过程均基于信息化的生产平台,也容易受到恶意的攻击或破坏,一旦数据发生泄漏,其所带来的损失就是巨大的、是深远的。从企业出发,打造数据的安全屏障必不可少,所以是基于传统的服务器的防火墙抑或是物理隔离,也可以是云服务的铜墙铁壁。

(2) 信息文化生态下如何成功地塑造出新型的档案行为模式

首先档案行为即档案人员通过不同媒介对档案信息进行收集、管理、开发以及提供利用的行为,其主线为档案信息全生命周期,由档案产生单位、档案人员、档案信息以及档案利用单位相互作用所产生的新型行为模式。档案人员作为档案行为的主体,行为目标为档案信息,其专业知识、专业能力、专业作风以及专业精神等对档案信息的质量至关重要。在信息文化生态下,需要兼容并蓄,对传统技艺和新时代信息技术进行有机的融合,故新时代的档案人员需要具备专业的档案知识,更需要跟上时代的步伐大量吸收前沿的信息技术,从而在行动上提高认识。以此为基础通过大量的研究和实践,构建出新时代档案人员的专业能力。认同并遵守崇高的档案职业道德素质是做好档案工作的基础和前提,展现档案人员的专业作风,促进档案文化建设真实、规范、科学、健康地可持续发展。提高自身专业精神,调动档案人员的创造性和积极性,不断提高自身素质,增强企业档案部门人员之间的沟通和协作,促进企业各部门工作效率的提高。

2. 档案文化建设的内涵

新型的档案文化建设正从各个方面极大地影响着我们。

(1) 在物质层面上,信息文化生态下新型的档案管理,注入了大量的科技元素,有内容的数字化、大数据分析、云服务、区块链以及数字化立体成像等技术,从而给传统的档案文化建设带来了大量的服务器和实现这些技术的硬件设备,使得信息文化生态与档案文化相辅相成,加快新时代的档案文化融合。

(2) 在行为层面上,信息文化生态下,档案从业人员可以从过去的手工作业中解放出来,传统的机械性重复性工作将大大减少,档案从业人员所需要面对的由纸质转为电子,在信息系统中对档案的生成、接收、检查、著录、分发利用以及存档进行操作,这就充分要求我们的档案人员,需要具备操作现代化的信息设备的能力,以加快信息文化生态数据的处理速度,既节约了物理存储的空间,又能为企业从成本、生产等方面进行优化,从而为提高企业的经营效益服务。

(3) 在制度层面上,信息文化生态下,前沿信息化技术在企业档案系统中的应用和进化的过程中,都须符合《中华人民共和国档案法》(以下简称《档案法》)以及档案行业标准的约束和引导。自1988年实施以来,《档案法》历经多次修订以适应新时代需求。2015年修订草案提出，经2019年讨论通过，至2020年正式获批，新《档案法》于2021年1月1日正式施行。其中，"档案信息化建设"专章的设立，标志着我国档案数字化转型的法律化，是我国档案信息化建设历程中的重要里程碑，为未来的档案工作提供了坚实的法律支撑。另外，由于政策导向，档案信息化服务型企业蓬勃发展，大中型企业也开始注重档案部门的作用，对信息化人才的需求也日益增加，如国家档案局一直在推行的数字档案馆，极大地促进了企业的积极性。

（4）在精神层面上，前沿的信息技术给档案人员带来的不仅仅是档案理论和档案实务的变革，更是给档案人员从思维上带来新的冲击。一方面，传统的档案业务的开展都依靠实物媒介进行接收、检查、著录、入库以及利用等。而前沿信息技术带来的档案业务，无须任何档案实物文档，只需要利用阅读器，比如电脑、平板抑或是手机就能完成，所以这是一个全新的互联网思维，操作安全便捷，能实现灵活端到端的移动式办公，给档案人员更大的自由度和舒适度。另一方面，档案转为信息化数据，档案人员对档案数据的挖掘能为企业在后续项目开展、研究以及推广起到充分的数据支撑，协助企业决策层作出合理的应对决策。

三、核电企业信息化生态下的档案文化建设分析

随着《档案法》的修订通过，信息化在档案工作中的作用日益凸显。电子文件成为修订法的核心。作为核电设计领域的领军企业，我们积累了大量设计过程文件。这些文件的归档对于智慧资本的积累至关重要。我们通过分类与知识管理，将这些宝贵资源融入日常工作，形成智慧循环，推动企业持续创新与发展。

1. 核电企业信息化生态下的档案文化建设存在的问题

核电工程建设是一种建设周期长、投资额大、参建单位众多、安全质量要求严苛的项目。反映在核电设计领域，设计文件具有数量大、类型广、版次多、关系复杂、保存时间长、多种保管介质的显著特点，拥有核工程型号研发、工程设计、在役退役服务及新能源电力设计能力。我们是中国首家提供核电站核岛、常规岛及电站辅助设施一体化设计、咨询服务的高新技术企业，是中广核创新发展的核心力量，持续推动核电、火电及新能源工程领域的科技进步。

2. 核电企业信息化生态下的档案文化建设方案与实施建议

（1）企业档案信息文化建设实施方案

核电企业（设计院）在信息化生态下，档案文化建设需持续创新内涵，以适应不同发展阶段的需求。信息化数据时代要求我们注重档案文化的多样性和层次性，灵活调整策略。我们应深入研究前沿信息化技术，依托平台构建涵盖基础设计、详

细设计、设计采购、施工及项目管理的综合管理体系。这一体系以设计文档为核心，实现数字化利用、归档与交付，从而丰富和完善设计院的内涵建设，确保核电设计工作的高效与精准。

（2）企业档案信息文化建设实施建议

设计院档案信息化建设需要围绕基础建设、功能建设、平台建设以及用以输出的设计院宣传来实施，如图1所示。

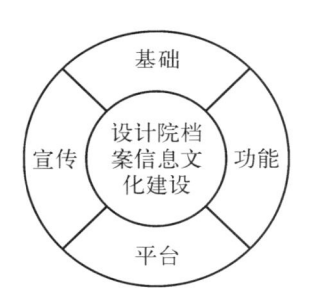

图1 设计院档案信息文化建设的内容

信息化浪潮之下，设计院档案信息化建设愈显重要，它是档案文化建设的核心，也是现代档案管理不可或缺的一环。核电设计院作为信息化建设的先驱，始终致力于档案文化建设与资源利用的探索。我们深知，档案资源的合理开发与利用是文化建设的核心，是档案工作的基石。因此，我们持续努力，夯实基础，力求在档案建设中抢占制高点，推动设计院档案文化的繁荣与发展，为设计院的创新与进步提供坚实支撑。在设计院档案文化建设中，大力推行档案信息化建设是档案文化建设的重要前提。我们的档案信息化建设应遵从设计院信息化建设的主要脉络，这样有利于档案信息化建设作为一个长期的可持续发展项目，成立专项经费，促进档案信息化设备设施的完善，开发档案信息化系统，维护信息化系统的服务，开展档案信息化资源长期保存和实践的研究，启动档案信息化资源长期保存的解决方案，促进便捷可行的多方协同运行平台的深入研究。

为了更适应新时代的要求，设计院档案信息化功能建设要在前期做好需求收集，切实将其落到实处。核电建设所涉及的上下游产业众多，需要综合考虑设计院内部的功能需求，同时兼顾设计院间的业务功能需求，并充分符合法律法规及行业标准，最后做到功能的可拓展性，为设计院后续的档案信息化功能需求做好延展。

档案信息化平台建设涵盖多个关键管理子平台，如基础设计、详细工程设计（含设计管理、文档控制）、设计采购、施工以及项目管理（含进度、技经、质量管理）。该平台将文件生成至成品归档的全过程纳入系统化管理，确保设计生产文件的规范性和系统性。这一创新模式有效整合了设计文件的全生命周期，显著提升了管理效率，弥补了传统手工作业的局限，为核电设计院的档案管理带来革命性变革。

四、结语

树立核电设计院特色档案文化，夯实严慎细实的工作作风。核电设计院档案工作要把握好档案信息文化的内涵和意义；严格按照设计院的文化建设的主要脉络，落实具体工作；认真并仔细地梳理流程，确保档案信息文化建设落到实处；促使档案信息文化建设从主观认识到行为模式上都有显著的改善和提高。

总之，新档案法的出台给予档案信息化一个有力的支持，正处于新时代的我们，需要以档案文化为主体，围绕前沿信息化技术的特点在各行各业中与档案文化建设相结合，缔造出因地制宜的档案文化建设。

参考文献

[1] 王英玮.档案文化论[J].档案学通讯,2003(02).
[2] 王姝姝.关于档案文化建设的几点探讨[J].文档安全,2018-10-05.
[3] 王爱华.推进档案文化建设打造档案文化精品[J].城建档案,2021(02).
[4] 孙权.移动网络技术下事业单位档案文化建设策略[J].黑龙江档案,2020(06).
[5] 巩立丽.深挖企业档案资源 打造企业档案文化[J].城建档案,2019(04).
[6] 王玥瑄.企业档案信息资源文化价值开发研究与思考[J].档案学研究,2020(01).

档案展览展品征集的途径、原则和方法
——以上海市档案馆征集工作实践为例

章永哲

上海市档案馆

摘 要：展品征集是档案展览的基础性工作，在一定程度上影响着档案展览能否办得成功和精彩。为了征集到高质量的展品，国家综合档案馆可以通过联合办展、精准征集、依靠民间、远赴重洋等途径开展征集工作。在此过程中，档案馆应坚持"三面向"原则，即坚持面向社会、面向重点单位、面向有关文化单位。此外，还应坚持档案、资料、实物"三位一体"以及局馆协同、"双管齐下"的征集工作思路。

关键词：档案展览；展品征集；途径；原则；方法

一、引言

近年来，随着国家综合档案馆对外服务功能的强化和国际交流的增加，档案展览工作在档案工作大局中正发挥着越来越重要的作用，表现在档案展览数量越来越多、质量越来越高、影响越来越大。《"十四五"全国档案事业发展规划》提出要"通过展览陈列、新媒体传播、编研出版、影视制作、公益讲座等方式"开展档案开发利用和宣传工作，其中，档案展览被放在了首要位置。近年来的工作实践证明，档案展览是最直观、最有效的开发利用和宣传方式。[1]档案展览让档案工作从幕后走向了前台，让"封存的历史"得以教育后人，指引前进，在服务大局、服务中心工作、服务经济社会发展、服务民生中有着十分重要的作用。[2]如果把档案展览比作一道文化大餐，那么展品征集工作就是为这道大餐准备好上乘的食材。从某种意义上来说，能不能征集到有分量的展品，在很大程度上决定了该展览能否办得成功出彩。

二、开展展品征集工作的主要途径

从上海市档案馆工作实践来看,征集展品主要通过以下几种途径开展。

1. 联合办展,优势互补

国家综合档案馆可以联合有关机构,达成合作办展协议,合作各方共同提供高质量的展品。档案征集面向的是各行各业、千家万户,不能仅靠档案馆"单打独斗",而应该秉持"众人划桨开大船"的思维,加强与宣传、党史、纪念馆、财政等相关部门的联动联通,集合各方优势资源,整合力量,共同发力,推动征集工作落地见效。[3]

金融档案是上海市档案馆的特色馆藏之一,在充分挖掘馆藏8万多卷(件)金融档案资源的基础上,上海市档案馆曾经联合有关金融机构举办了"上海金融百年档案展"。上海市银行博物馆、中国银行上海市分行成为该展览的协办单位,并为展览提供了数量众多的珍贵展品。其中,银行博物馆提供了108件珍贵展品,包括50两"上海"银锭、俄国道胜(升记)50两银锭、1920年汇丰银行股票、1921年华俄道胜银行股票、1937年中国通商银行股票、1929年上海商业储蓄银行存折、1932年上海和丰银行汇票(收款人为蔡廷锴将军)等。

与有关机构联合办展近年来已成为上海市档案馆的工作常态,如"光荣之城 人民城市——庆祝上海解放75周年红色档案文献展"与中共上海市市级机关工作委员会、中共上海市委党史研究室合办,"红星照耀中国——外国记者眼中的中国共产党人"与中央档案馆合办,"海上家风——上海市好家训好家风好家庭风貌展示"与上海市文明办、上海市妇联合办,"上海创新发展档案展"与共青团上海市委员会合办等。

2. 瞄准富矿,精准征集

对于馆藏中没有的档案资源,国家综合档案馆可以分析研判在哪些机构、哪些个人手中可能存有该档案资源,有针对性地开展征集工作。例如,上海市外办作为上海市外事工作的主管部门,保存着大量的外事活动的照片,上海市文化艺术档案馆保存着大量的文艺界的档案资料等。当办展需要外事活动的档案资料或文化艺术活动的档案资料时,就可以向上述单位开展征集工作。

为赴英国举办"印象上海"展览,上海市档案馆从市外办征集到了57张上海与英国有关城市官方以及民间交流的珍贵历史照片,其中包括1992年时任上海市市长黄菊出访英国的照片、1996年时任上海市市长徐匡迪同英国伦敦城市长查尔斯·特利签署上海市政府与伦敦城促进谅解和合作议定书的照片、1998年时任英国首相托尼·布莱尔为申花足球俱乐部负责人签字的照片等。当展览在英国展出时，这些历史老照片引起了众多参观者的兴趣和共鸣，取得了良好的社会效果。

3. 依靠民间，拾遗补阙

上海市档案馆在筹办"上海金融百年档案展"时，发现展品结构中实物展品较少，于是工作人员联系了上海市收藏协会，请该协会发动会员提供有价值的展品，并最终从多位热心的民间收藏家处借到了多件珍贵展品。

收藏家余榴梁提供展品101件，包括珍贵的第一版人民币35张和第二版人民币6张，此外还包括具有较强上海地方特色的代价券37张以及民国时期上海部分银行发行的纸币22张；收藏家邱金刚提供展品28件，为民国时期的老股票，包括上海译报社股票、苏省铁路股票、上海永安公司股票、萍乡矿务公司股票等；收藏家赵善荣提供展品8件，为沪市"老八股"股票，即飞乐音响股票、延中实业股票、爱使电子股票、豫园商场股票、申华电工股票、真空电子股票、飞乐股份股票和浙江凤凰股票，"老八股"在本次展览中集体亮相，唤起了许多老上海人的回忆；收藏家张剑明提供展品24件，包括多张民国时期上海保险公司的保单和有关文件信函、镒大钱庄木牌、民国时期上海若干金融机构的办公业务用品和纪念品等。

4. 远赴重洋，开辟新域

上海自开埠以来国际化程度一直较高，中外交往频繁，因此有大量与上海有关的档案、实物和音像资料散存于境外。上海市档案馆乃至国际档案界有关组织都高度重视在世界范围内征集与上海有关的珍贵档案的工作。2011年5月6日，英国伦敦城市档案馆馆长德波尔·詹金斯女士发送电子邮件给上海市档案馆，内容是4月12日在上海召开的2011年国际档案理事会城市和地区档案馆处执委会会议记录。该记录的第八项把上海收集散失在境外各地档案的试点项目列为这个执委会的新项目。在此背景下，上海市档案馆工作人员多次远赴境外进行征集。卡尔·马克思给友人的亲笔手稿，英国外交部关于1896年孙中山伦敦蒙难事件的文件，尼姆·威尔斯和艾格尼丝·史沫特莱等美国记者对毛泽东、周恩来和朱德等的采访记录，第一个抵达延安的欧洲记者拍摄的那段激情燃烧岁月视频……这些原收藏在世界各处的档案文献和影像资料而今汇聚在上海市档案馆里。[4]征集回来的这些珍贵档案资料在多个展览中都发挥了重要作用。

三、开展展品征集工作坚持"三面向"原则

1. 面向社会，广泛征集

因为各种原因，有一些较有价值的档案资料散落民间。档案馆在收集展品的

时候,应当重视将有关信息通过各种渠道发布出去,充分发动社会各界提供展品。在筹办"创新发展 档案见证"展览期间,上海市档案馆将有关信息通过上海市收藏协会送达有关收藏家,并最终从多位热心收藏家手中借到了许多有价值的展品。在该展览中,有一块展区颇为吸引眼球,摆放着"老三件"等代表着"上海制造"辉煌历史的众多实物展品。其中,凯歌牌9寸电视机、上海牌手表、钻石牌手表、华生牌电风扇、海鸥牌照相机等展品都由收藏家冯建中提供。

2. 面向重点单位,有针对性开展征集

在开展展品征集工作的时候,先做预判,需要征集的展品有可能在哪个单位或个人保存着,有针对性地开展征集工作。如果征集对象是行政机关、事业单位、国有企业等,那么上海市档案馆会制发公函,商请对方协助提供有关展品。近年来,上海市档案馆赴国外举办了多个展览,其中展出的大量与外事活动相关的历史照片都由上海市外办提供,而每次向外办征集照片时,上海市档案馆都会正式行文发函给对方。

3. 面向有关文化单位,全市协同,资源共享

作为向社会公众提供文化服务的机构,档案馆应同有关文化单位、博物馆、图书馆、文化馆、纪念馆等保持良好的合作关系,为这些单位提供馆藏档案资源的利用,同时也可以在办展时请这些单位提供有关展品。加强与图书馆、博物馆、纪念馆等部门(单位)跨界合作,打破行业边界,整合优质资源,提升服务效果。[5]双方的工作人员可以促进社会公众对历史事件或人物的多视角理解。[6]上海市档案馆筹办赴俄罗斯举办的"印象上海"展览时,就从上海市图书馆征集到了《安娜·卡列尼娜》《白痴》《被侮辱与被损害的》等数十本俄罗斯著名作家著作早期中译本的封面照片。

四、开展展品征集工作应坚持"三位一体"和"双管齐下"思路

1. 坚持档案、资料、实物"三位一体"

顾名思义,档案展览陈列肯定是以档案(档案复制件)为展览主体。[7]档案展览因其展出档案内容的原始性、真实性、唯一性,能够最大限度地触动参观者的内心深处,这是档案展览的一大亮点。[8]同时,为了让展览形式更为丰富,增强展览的生动性和吸引力,档案馆在举办展览的时候可以适当增加实物展品在档案展览中的比重,使得展览中的档案、资料、实物三类展品之间保持合理比例。

档案展览中的档案一般以文件为主。是否采用档案原件进行展览,对此,存在不同的观点。有观点认为,在展出条件合适的情况下,一般采用原件进行展示,以

体现展品的权威性和真实性。也有观点认为,为保护档案原件,宜采用复制件在展览中进行展示。在实践中为保证档案原件的安全,用"仿真件"来替代原件的展出,成了共同的首选。[9]

档案展览中的资料一般以公开发行的出版物为主,强调孤本以及与展览主题的关联性。实践中,在档案展览中采用名人著作进行展示的情况较多,著作往往是名人的文学或学术成就的综合体现,能够较好地反映名人的文学创作、科学研究等经历以及成果。在上海市档案馆举办的"创新发展 档案见证"展览中,展出了我国著名血液学家、国家最高科学技术奖获得者王振义院士的代表著作《肿瘤的诱导分化和凋亡疗法》,司法改革代表性人物、上海市高级人民法院原副院长邹碧华的代表著作《要件审判九步法》,新时期专家型工人的代表性人物李斌的著作《工人专家李斌》等,较为直观地集中反映了上述人物的人生经历和学术成果,取得了较好的展览效果。

档案展览中的实物展品往往是展览的"亮点"。实物展品是整个展览中生动、形象、直观的宣传工具,在展览中是最能引起观众兴趣的展品之一。[10]在选用实物展品时应强调其文物价值,选取代表性、典型性、艺术性相结合的实物展品往往能取得比较好的展览效果。在上海市档案馆举办的"创新发展 档案见证"展览中,展出了王振义院士获得的国家最高科学技术奖证书原件,许多观众都是第一次"零"距离地看到国家最高科学技术奖证书,这一展品给他们留下了深刻的印象。

2. 坚持局馆协同,"双管齐下"

在开展展品征集工作时,上海市档案馆的职能部门和上海市档案局的职能处室密切合作,发挥各自优势,确保展品征集工作信息畅通、渠道畅通。通过面上的业务指导与联系,充分发挥各自资源优势,互通有无,共同做好展品的征集工作。

在这方面,上海市档案馆着力建设档案资料目录中心,和市档案局一起努力将上海全市不属于进馆范围的重要的档案资料的目录收集起来,明确有关档案资料的所在。如果举办展览有展示有关档案资料的需要,就可以在档案资料目录中心进行查询,按图索骥,查到该档案资料所在单位或个人后,再有针对性地去联系征集或借用事宜。其中,上海市档案馆金融档案资料目录建设是工作重点之一,上海正在努力建设国际金融中心,全市范围内金融机构数量众多,但由于体制的原因,很多金融机构的档案不属于上海市档案馆的进馆范围。在这种情况下,上海市档案馆和档案局一起,将许多金融机构档案资料目录收集进馆,既方便筹办展览时查询,又为社会各界利用者集中查询金融档案资源提供了便利。

五、结语

目前,随着各级国家综合档案馆不断扩大开放,昔日较为"神秘"的档案部门与市民们的互动越来越频繁。越来越多综合档案馆把举办红色档案展览作为展示自身为党管档、为国守史、为民服务的重要渠道。[11]不仅仅是红色展览,档案馆举办的各种档案文献展都较为生动地展现了档案部门的工作成果,同时也具有较好的爱国主义和社会教育意义。展品征集工作无疑是影响展览成功举办的重要因素之一,有重量级的展品展出,会让展览更为精彩出众。国务院颁布的《中华人民共和国档案法实施条例》已于2024年3月1日起施行,有了新的顶层设计和制度安排。在此背景下,如何不断扩大档案馆征集工作的影响力,不断为档案馆的展览征集到更多更精彩的展品,这一问题值得不断思考。

参考文献

[1] 王尹芹,宁雪芹.运用新发展理念做好新时代档案展览工作[J].档案记忆,2023(7):49-51.
[2] 陈然然.新时代举办档案展览的意义和策略[J].贺州学院学报,2020(6):136-140.
[3] 张蒽."抢"字为先 服务为本 特色为要——关于做好档案征集工作的思考及探讨[J].四川档案,2023(3):17-18.
[4] 郑泽青.寻觅散存在境外的"上海记忆"[J].中国档案,2012(7):76-78.
[5] 林红,赵书.档案展览的跨界合作策略研究[J].四川档案,2024(1):33-35.
[6] 殷复青.文物档案信息资源共享与利用研究[J].兰台内外,2024(10):13-15.
[7] 彭玉.论档案展览的"档案味"[J].档案时空,2018(12):18-20.
[8] 杨梓楠.档案展览服务主题教育的实践与思考——以"老一辈革命家的家教家风"主题档案文献展为例[J].中国档案,2023(6):40-42.
[9] 钱进.档案仿真复制的意义与价值[J].档案与建设,2008(1):11-13.
[10] 塔拉.浅谈展览馆展品的征集与保管[J].内蒙古艺术,2015(1):97-98.
[11] 张镇升.综合档案馆红色档案展览特点、困境及出路[J].山西档案,2022(4):76-80.

融媒体视域下档案文化"破圈"传播研究
——以热播剧《繁花》为例

周 枫 陆云雯

海通证券股份有限公司

摘 要：档案作为社会文化的重要组成部分，应不断融入社会，助力提升国家文化软实力。本文以热播剧《繁花》为例，梳理了《繁花》剧中的档案参与和围绕《繁花》的档案文化再生产，并从对象价值、媒介价值和动能价值角度分析了档案文化"破圈"传播的动因，提出通过立足档案特性、聚焦社会热点、促进媒介融合、加强跨界合作来促进档案文化"破圈"传播。

关键词：档案文化；文化传播；"破圈"传播；融媒体；《繁花》

一、引言

党的二十大报告指出，要"发展社会主义先进文化，弘扬革命文化，传承中华优秀传统文化，满足人民日益增长的精神文化需求，巩固全党全国各族人民团结奋斗的共同思想基础，不断提升国家文化软实力和中华文化影响力"[1]。档案作为一种最原始、最真实、最可靠的信息资源，是文化的"母资源"，蕴含着先进文化、革命文化、传统文化的优良基因。如何更好地发挥档案的影响力，将"死档案"变成"活资源"，实现优秀传统文化的"活化"与"展演"成为近年来档案部门关注的热点。2024年年初，央视电视剧《繁花》热播，至今话题热度不减，并在各类新媒体上引起了档案文化的"破圈"传播，凸显了融媒体在提升档案文化传播效能方面的巨大价值。

二、《繁花》剧中的档案参与

《繁花》讲述了改革开放初期以青年阿宝（宝总）为代表的小人物的成长故事，剧中不仅有较多的档案参与，而且引发了档案文化的再生产、再传播。

1. 作为内容提供商的档案部门

20世纪90年代后,档案部门利用丰富的档案资源制作了不少具有时代意义的经典佳作,如《共和国的脚步》《抗战史上的今天》《国家记忆》等红色纪录片、专题片,真实、全面、生动、形象地再现了党史、国史、军史等。近年来,随着社会档案意识增强,档案文化传播正加快走出"档案圈子",融入大众文化宣传,为不少优秀文艺作品提供了珍贵素材。以近期火爆的《繁花》为例,剧中充分复制了20世纪90年代的上海风情,让人仿佛置身于那个时代,引发了无数观众的共鸣与回忆。如此真实的历史还原,离不开上海市音像资料馆提供的大量真实影像档案。

从用途上看,《繁花》剧组利用的影像档案包括两种类型:一是查阅档案,用于历史场景参考。为了帮助《繁花》剧组"在艺术创作中真实还原历史",并描摹"时代变迁下城市发展图景",上海音像资料馆提供了超60个、累计1800分钟以上的历史影像素材,包括地标性城市形象(如黄河路、外滩、和平饭店等)老照片、重要历史场景影像(如股票交易、外贸活动、市民生活场景等)。[2]凭借这些丰富的影像档案,剧组在影视基地1∶1复刻搭建20世纪八九十年代老上海的城市街景,再现了彼时上海滩浓郁的烟火气与时代感。二是购买影像版权直接用于剧情。如《繁花》大结局彩蛋中,为了呈现更真实的效果,剧组直接使用了1994年印海蓉在外滩现场报道东方明珠电视台亮灯的新闻视频,引发了观众对当年东方明珠亮灯的集体回忆,推动剧情进入一个新的高潮。

2. 围绕热点的档案文化再生产

在传播学中,存在着一个"博得眼球—引起关注—传递信息"的传播链条。《繁花》热播后,引发了社会对剧中元素及20世纪90年代生活的高度关注。在这股热潮中,档案部门没有止步于简单地仅为热播剧提供档案,而是结合热点进一步挖掘库藏档案资源,实现档案与剧中情节的"互动"与"联动",借助"圈外人"对剧情背后故事的探索让档案"跳出纸面",并通过公众号、抖音、报刊等不同媒介实现剧中热点的"再次发酵"与档案文化的"再生产"。根据与剧情关系,档案文化再生产可分为直接生产与间接生产两种形式。

直接生产是指紧密结合剧情,对剧中档案元素的进一步解读。例如,海通证券、申万宏源、上海证券等券商围绕剧中频繁出现的股票认购证、国库券、股票交易等场景,结合公司历史进行了专业化解读。又如,海宁市档案馆结合剧中多次引发笑点的"海宁皮革城",以库藏三份珍贵档案文件,再现了海宁皮革企业勇闯上海滩的故事。间接生产是指对影视剧背后的故事进行档案宣传。尽管剧情中档案元素是有限的,能够直接联动宣传的场景可能相对较少,但档案之间的联系却是广泛的。从这个意义上来看,围绕热播剧的档案文化宣传要素是无限的,剧中建筑、饮食、文化乃至背后相关的一切元素，都可成为档案化叙事和演绎的空间。如《繁花》热播后带动黄河路成为时下上海最热门的打卡地，黄浦区档案馆通过展示馆藏中不同年代黄河路街景、苔圣园、国际饭店、粤味馆的对比，1993年黄河路小吃街网点分布一览表等大量珍贵档案[3]，钩沉出一段段吃在黄河路的生动往事，展现了黄河路的独特记忆和起起落落，不仅结合热点进一步宣传了档案资源和档案部门，而且为档案与文旅融合贡献了"档案力量"。

对于档案部门而言，热播剧的传播面更广、艺术水平更高、社会反响更强烈，为热播剧提供珍贵馆藏档案，并围绕热播剧开展档案文化宣传，能够使档案受众群体进一步扩大、社会档案意识进一步提升、档案资源价值进一步凸显、档案部门影响力进一步增强。

三、档案在文化"破圈"传播中的价值诠释

"破圈"原意是指"原本属于某个领域的明星、明星的粉丝或与之相关的'圈内事件'突破'次元壁'进入另一个领域并受到广泛关注"[4]，后逐渐用来表示某种文化形式和文化内容在不同网络群体之间流动分享的现象。《繁花》等热播剧之所以能够推动档案文化"破圈"传播，根源在于档案在文化传播中的重要价值。

1. 档案是文化传播的优质对象

文化是一个国家、一个民族的灵魂。挪威档案学家列维·米克伦在第十二届国际档案大会上的报告——《从职业到专业：档案工作者的职业特性》中写道："档案的重要性在于它不仅仅是一种信息，而且是人类进行各种活动的记录，反映人类所获得的知识和经验，是反映人类文化和文明的基础。没有档案的世界，是一个没有记忆、没有文化、没有法律权利、没有历史的世界"[5]，这充分说明了档案是历史活动的原始记录，是历史文化的发展见证，是历史文明的永续积淀，在保育文化基因、传承文化遗产、滋养文化血脉中发挥着重要作用。

从甲骨金石到简牍帛书，从唐开元档到清朝玉牒，从黑白照片到泛黄手稿，档案承载着丰厚的历史文化内涵，因而成为文化的"母资源""元资源"，成为文化传播之"核"，如"近现代中国苏州丝绸档案作为丝绸文化的载体，以其深厚的传统文化底蕴、精湛的工艺水平，诠释了中国历朝历代不同的精神风貌及主要内涵，翔实地记录了人们在传承和发扬丝绸文化道路上的奋斗足迹，是我国民族文化的象征，更是整个中华民族宝贵的文化遗产"[6]。一向被视为"故纸堆"的档案能够"破圈"传播，其缘由在于档案本身就是一种珍贵的文化资源，具有很高的文化价值。

2. 档案是文化传播的重要媒介

档案不仅是文化资源的载体,更是文化传播的重要媒介。文化无法通过生物遗传而传递,人们对文化的了解,主要是通过史书、档案和文物等实现的。"今世赖之以知古,后世赖之以知今",说的就是档案在文化传承中的重要作用。"档案中凝聚着历史文化积淀的成果,而今人利用档案创造的新的文化成果作为历史文化的精粹,成为当今文化的组成部分,又通过档案为后人的文化创造积淀了丰厚的历史文化营养,使原文化产品增加了新的价值表现出明显的传承特性,使人类文化自身衍生出独特的历史继承性"[7],因此档案是人类文化传承的纽带和桥梁,连接着现在和未来。没有档案,文化的变迁将缺乏证据而成为猜想,就会出现文化断层乃至逐渐湮没。

相比其他资源媒介,档案既具有社会文化的共性,又具有其特殊之处,因而在文化传播和传承中发挥着独特功效。独具的原始性是档案资源最具价值之处,可靠的真实性是公众最为关注的点。原汁原味地还原历史,"回放"过去,是档案资源的"立身"之本,也实现了文化宣传与档案价值的互促共赢。《繁花》剧中黄河路、和平饭店、至真园、股票认购证等地标性街区、建筑和所发生的事件,已经成为众多市民的集体记忆。在《繁花》与历史记忆之间,档案作为一条纽带将它们重新紧密相连。更加重要的是,档案资源的利用,能够有效地避免常识性错误乃至歪曲历史、美化历史人物等现象的发生,增强影视剧的真实性与可信性。

3. 档案是文化传播的新质动能

凡是过往,皆为序章。档案不仅承载着文化的延续,也正逐渐成为新的传播动能并涵养着文化的发展。《繁花》热度传递到档案领域后,档案部门围绕剧中的档案元素和背后的档案故事开展了一系列宣传,不仅是对剧情的丰富和补充,而且进一步助推了影视剧的热度,实现了档案部门与影视剧在文化传播上的交流互动与正向反馈。近年来,通过档案文创产业、档案文旅融合等项目,档案的文化传播效能日益凸显,如中国丝绸档案馆以"中央文库"真实历史为背景,推出档案教育文化创意项目"第七档案室","以解谜书、实景解谜活动等为承载形式,借助丰富的馆藏档案资源,结合游戏互动体验,将档案知识、解谜游戏、文艺创作等巧妙融为一体,成为当之无愧的档案'爆款'"[8],得到了圈内外的广泛关注和高度好评。

此外,随着数据的要素价值日益凸显,档案数据在文化传播中的动能效用将更加突出。传播什么?如何讲述?谁来宣传?宣传时点?这些都可通过档案数据来进行挖掘、筛选和预测,如《长安十二时辰》的主演就是优酷视频基于用户观影数据和全网舆情分析,实现的精准选角,最终传播效果也相当完美。

四、对档案文化"破圈"传播的启示

通俗来讲,档案文化传播就是让社会有更多、更广的受众能够认识到档案的价值与作用。"跨圈"乃至"破圈"无疑是消除"信息茧房",扩大受众范围,促进档案文化传播的重要途径。档案文化宣传中,档案部门应抓住热点,让档案资源与更多群体产生连接、建立关系、扩展受众,促进档案文化"破圈"传播。

1. 立足特性,提升档案文化资源活力

"只有民族的,才是世界的"。同样,只有真正建立覆盖人民群众的档案资源体系,才能更好地促进满足人民群众需求的档案文化传播,推动档案文化从档案领域走向社会、走向公众。从档案文化传播特点及效果考虑,应着重强化以下三点:

(1) 内容上,进一步加强对民生档案的收集。《繁花》剧组利用档案时,提出查找全面反映当时老百姓日常生活场景的档案资源,如当时年轻人和老年人分别喜欢穿什么衣服?市民如何煮饭、煮饭环境如何?如何放烟花、看花灯?可见档案利用需求呈现出多元化、大众化、生活化趋势。随着"以司法-行政管理为基础的档案工作向建立在更广泛的公共政策和利用基础上的社会-文化档案概念的变化"[9],在面向人民群众的档案资源建设中,应进一步加强民生档案资源建设的覆盖面,更好地留存各类"城市记忆""乡土记忆""草根记忆""特色记忆"。

(2) 形式上,进一步加强对声像档案的采集。当前,"'视觉'超越语言成为文化的中心,实现了人类文化的改造和转型,视觉文化占据了当今文化的主导地位"[10]。声像档案作为视觉文化的原始记录,能够跨越时间和空间限制,以一种更直观、更鲜活、更生动的形式再现历史瞬间。如《繁花》剧组提出查找"符合条件的声音",如售票员的喊声、电车的叮叮声、轮渡的汽笛声、球迷喊叫声音等,并将其直接使用于剧中,更好地丰富了剧情。

(3) 整理上,进一步提升档案数据化程度。信息爆炸时代,热点往往突如其来却又转瞬即逝。面对浩如烟海的档案资源,如何在第一时间找出所需档案,对档案资源的数据化、语义化、关联化、平台化提出了更高要求,唯有精细化管理,方能做到以不变应万变。例如,上海音像资料馆建立了"百年上海影像库",能够快速、精准地调出《繁花》剧组所需音像档案。档案资源建设中,档案部门可"聚焦地域特色文化、民风民俗文化、革命文化、中华优秀传统文化等强文化符号,提取馆藏档案资源中具有历史传承、人文精神、社会认同价值的档案文化元素、符号和标识,并按照统一标准开展关联零散的档案资源数据基础性工作"[11],从而实现档案资源的多维分类与有机聚合。

2. 聚焦热点,打造档案文化宣传品牌

信息爆炸时代,流量就意味着影响力。档案部门不仅要关注热点,更要抓住热点、打造热点,推出具有广泛社会影响力的档案文化精品,讲好档案故事、增强文化自信。

抓住热点,促进档案文化宣传。社会热点事件具有热度高、传播快、关注广、可引导等特点,档案部门应增强热点敏感度,紧跟热点、力求实效、实时推送,第一时间掌握宣传主动权,做到有故事、有温度、有能量的档案文化宣传,并力求通过社会热点吸引眼球并再次发酵,于无声处打破档案"小圈子"和社会"大圈子"的隔阂。如"2021年暑假,电影《长津湖》热播,央视新闻抖音号紧跟热点,发布了一条名为'长津湖战役真实影像'的视频,截至2023年底,该视频获得62.2万个点赞、1.6万条评论、3万条转发"[12]。

孵化热点,打造档案文化IP。从《长安十二时辰》到《繁花》,当前档案文化的破圈更多的是从其他行业被动传递到档案行业,鲜有从档案行业"跨圈"甚至"破圈"的典型案例。融媒体时代,品牌化探索或讲述文化故事成为潮流,如故宫博物院深入挖掘自身馆藏资源并加以开发,打造了"我在故宫修文物""上新了·故宫""故宫特色文创"等IP产品,并在视频网站、微信、微博等平台推送既符合受众审美,又蕴含文化内涵的传播内容,成功打造了"故宫"这一博物馆品牌。[13]这也启示档案部门应提升"市场导向""文化体验"理念,开发更多面向用户需求、富含文化底蕴的档案文化产品,打造档案文化传播IP品牌,让更多的优质档案文化从档案行业走向社会、走向公众。

3. 新旧融合,丰富档案文化传播媒介

传统档案文化传播方式以文献编纂、档案展览、档案讲座等为主,形式、内容较为单一,受众面较为狭窄,传播效果大多局限于档案"圈内"。在一项关于"互联网新形势下哪种传播方式更为可行"的调研中,"选择'传统图书阅览'有36人,占29.75%;选择'新媒体载体传播'有85人,占70.25%"[14],可见人们对新媒体传播的认可度更高。新媒体时代,人人均可是阅读者、生产者和传播者,这极大丰富了传播效率与覆盖面。《繁花》热播后,不同主体从不同角度对剧中档案元素进行了解读,往往剧情刚播出,第一时间即有相关文章在新媒体发布,实现了剧情与档案的协同联动。因此,随着"两微一抖一手一书"等为代表的新媒体平台已成为流量热点的发源地、生产者与主要传播渠道,也应成为档案文化宣传的重要阵地。

融媒体时代,媒介之间的边界变得更加模糊,传统媒体与新媒体的相互交融为文化传播提供了新的途径。档案部门应立足于媒介融合,在守好传统宣传阵地的基础上,充分运用好新媒体平台,通过新旧融合、线上线下融合实现不同媒介之间的同频共振、相得益彰。如上海市金山区档案馆围绕"上海湾区"城市品牌建设和公众关注热点，构建了包括金山广播电视台、澎湃新闻、《新民晚报》等传统媒体和"金山记忆"公众号、哔哩哔哩视频网站等新媒体相结合的全方位、多层次、多声部的档案文化宣传矩阵，为挖掘历史积淀、传承金山记忆、打响城市品牌、激发文化认同贡献了档案部门力量。

4. 跨界合作，实现多元主体协同共建

在档案文化宣传的跨界合作上，包括资源合作、场所合作、技术合作等多种方式，如档案馆与博物馆、图书馆同为公共文化服务机构，且在馆藏资源上具有关联性、互补性，已有许多成功案例。除内容合作外，融媒体时代档案部门应尤为关注与各类媒体的工作协同和优势互补，融入主流文化宣传，打造更多档案文化宣传"爆款"。

由于工作性质和工作理念的差异，各类媒体比档案部门更了解用户需求，对社会热点的敏感度更高。尽管档案部门馆藏资源丰富，但"酒香也怕巷子深"，与各类媒体尤其是主流媒体合作，能够使档案部门更加有针对性地挖掘、开发档案资源，并借助媒体的专业水平，将用户焦点聚焦在档案上，提高人们对档案的关注度和认知度。上海市档案馆全方位运用多元化、年轻态的方式，讲述红色文化、海派文化、上海故事，为打造"上海文化"品牌、激发文化认同贡献了力量。如联合喜马拉雅电台推出的"市民朗读者：上海解放珍贵档案""历史朗读者：70年上海传奇故事"等活动音频，网络播放量超1.4亿次；与上海发布合作"记忆"专栏，累计已发布推送122篇，单篇最高点击量126万次；与澎湃新闻推出的《英雄之光丨在家书中，再忆英烈家国情怀》，被全网百余家平台转发，获国家广电总局"我们的新征程"主题好视听作品征集展示活动"短视频优秀作品"；与学习强国上海平台合作的"档案春秋"专栏，单篇最高点击量147万次；与上观新闻推出的"守护初心 涵养家风——老一辈革命家的家风故事"专题系列报道，单篇最高点击量超过200万次。[15]

《"十四五"全国档案事业发展规划》强调，"通过展览陈列、新媒体传播、编研出版、影视制作、公益讲座等方式，不断推出具有广泛影响力的档案文化产品"。融媒体时代，应更好地发挥档案启智润心、培根铸魂的功能，打造更多具有广泛影响力的档案文化精品，以社会公众喜闻乐见的文化内容和多样化的传播方式更好地传播档案文化，讲好档案故事，进一步增强文化自觉、坚定文化自信，提升国家文化软实力。

参考文献

［1］习近平.高举中国特色社会主义伟大旗帜　为全面建设社会主义现代化国家而团结奋斗

[N].人民日报,2022-10-26(001).
[2] 澎湃新闻.《繁花》幕后:哪怕一秒钟也得做足功课[EB/OL].[2024-05-20]. https://baijiahao.baidu.com/s?id=1787616451532728358&wfr=spider&for=pc.
[3] 吃在黄河路的真实历史,你了解多少? [EB/OL].[2024-05-09]. https://mp.weixin.qq.com/s/RQxtr5171fTLvY3Yddn9KQ.
[4] 崔凯.破圈:粉丝群体爱国主义网络行动的扩散历程——基于对新浪微博"饭圈女孩出征"的探讨[J].国际新闻界,2020(12):26-49.
[5] 方立霁.档案的文化价值及其历史表现[J].北京档案,2003(3):35-37.
[6] 卜鉴民,杨韫,陈鑫.近现代中国苏州丝绸档案的价值[J].中国档案,2017(1):24-26.
[7] 任汉中.论档案在的文化价值[J].档案学研究,2005(2):11-14.
[8] 陈鑫,杨韫,谢静,等.档案文化"破圈"传播实践路径——以中国丝绸档案馆"第七档案室"项目为例[J].档案与建设,2022(2):51-54.
[9] 特里·库克,李音.四个范式:欧洲档案学的观念和战略的变化——1840年以来西方档案观念与战略的变化[J].档案学研究,2011(3):81-87.
[10] 王志永.微电影:网络时代视觉文化传播的新形态[J].中州学刊,2014(5):163-166.
[11] 周林兴,张笑玮.国家文化数字化战略背景下档案馆的建设导向与发展进路[J].档案学研究,2024(1):20-27.
[12] 常大伟,程芊慧.国家文化数字化战略下红色档案文化传播体系建设研究[J].档案与建设,2024(1):17-23.
[13] 杨茉.融媒体视域下历史档案文化传播研究——基于某清代玉牒相关微博的分析[J].档案学研究,2022(5):89-95.
[14] 苏君华,龙家庆.档案文化产品传播影响力研究——以档案编纂成果为例[J].档案学通讯,2018(4):35-40.
[15] 穿越上海历史,活化海派记忆!"档案春秋"入选打响"上海文化"品牌工作创新案例[EB/OL].[2024-05-23]. https://mp.weixin.qq.com/s?__biz=MzI0MDE4NjAxNQ==&mid=2650489777&idx=1&sn=b1d9b5cb6edf425ba55e8db4b3.

大思政课视域下高校档案文化育人的实践路径思考

周亚锋

上海财经大学档案馆(校史馆)/博物馆

摘 要：高校档案资源不仅承载着厚重的历史底蕴,更蕴含着宝贵的思政教育资源。在新时代背景下,如何充分运用高校档案资源,发挥其思政育人的独特作用,已成为重要命题。文章从高校档案文化育人的现实挑战出发,从资源、场域和实践层面分析其优势条件,思考通过完善育人机制,有效融入大思政教育体系;夯实文化资本,加强档案资源研究与保护;加强身份认同,促进档案文化宣传与传播;推进数字赋能,创新档案育人的场域引领等多元形式的实践路径,为推动高校档案文化育人高质量发展提供良好借鉴。

关键词：大思政课；高校档案文化；育人

一、引言

习近平同志指出:"办好思想政治理论课,最根本的是要全面贯彻党的教育方针,解决好培养什么人、怎样培养人、为谁培养人这个根本问题。"这一重要论述为育人工作指明了方向。大思政课作为新时代育人的重要平台,承载着立德树人的根本任务。然而随着社会的快速发展,当代学生面临着诸多挑战,例如,多元文化和价值观的交织碰撞、信息真伪难辨困境、文化和身份认同危机等。如何在此背景下发挥高校档案文化育人的作用,成为高校档案馆的重要课题。

高校档案馆作为学校发展历程的见证者、校园文化资源的守护者和传承者,其丰富的馆藏资源不仅承载着厚重的历史底蕴,更蕴含着宝贵的思政教育资源,档案馆有责任和义务充分利用这些资源满足人、培养人和塑造人。[1]通过完善育人机制,有效融入大思政教育体系;夯实文化资本,加强档案资源研究与保护;加强身份认同,促进档案文化宣传与推广;推进数字赋能,创新档案育人的场域引领等多元形式,与学校的思政课程和课程思政紧密结合,切实推动育人工作高质量发展。

二、大思政课视域下高校档案文化育人的现实挑战

1. 顶层设计薄弱,长效机制不足

当前,高校档案文化育人工作尚未形成系统完善的顶层设计,思政融合程度有限。[2]其一,高校在育人工作中对档案文化重视程度稍显不足,思政融合过程中缺乏整体性的指导与规划,使得育人实施缺乏有力的制度保障。其二,档案馆与思政教学部门之间的沟通与协作机制尚不健全,存在环节跟进的堵点,未能形成长效的合作机制,一定程度上影响育人实效性。

2. 融合方式简单,育人形式单一

部分高校将档案资源融入思政教育过程中,存在简单机械结合的问题。其一,对档案资源的挖掘和利用不够充分,缺乏深度和广度,使其深层内在价值未能充分阐释,往往只将其作为思政课程的点缀或补充,未能真正融入思政核心环节中。其二,在教学中容易忽视档案的独特性和多样性,未能根据学生的实际需求和兴趣点进行有针对性的教学,缺乏创新和互动,难以激发学生的参与热情,限制了育人功能发挥。

3. 阐释方法不活,宣传影响有限

在高校档案文化育人的过程中,如何有效地阐释档案内容对于育人效果具有重要作用。[3]部分高校在阐释档案文化时,方法显得较为僵化、缺乏创新,使得档案资源及其成果转化宣传的影响有限。其一,宣传力度不够,许多珍贵的档案资源未能得到充分展示和利用。其二,宣传方式单一,缺乏创新性和吸引力,使高校档案文化走向社会的覆盖面和受关注度有限。

三、高校档案文化育人融入大思政课的优势条件

1. 资源层面:档案资源是文化育人的宝贵素材

其一,高校档案资源种类丰富、数量庞大,涵盖了教学、科研、党群、行政、基建、外事等多个类别。这些档案不仅承载着学校深厚的历史内涵和文化传承,而且具有鲜明的时代特征、高校特色以及师生群体的精神风貌等。特别是红色档案,更蕴含了丰富的教育价值,为高校档案文化育人提供宝贵素材。其二,高校档案资源具有真实性和生动性。这些学校在不同阶段形成的文字、图表、声像、实物等多种形式的真实历史记录,不仅记录了学校的发展历程、重大活动、杰出校友等,更包含了

丰富的学术成果、文化传承和社会实践信息，与学校师生的学习生活密切相连，镌刻着国家、民族、学校和师生的珍贵记忆。这使得档案资源能够以更直观生动的方式触达学生内心，引起大学生的共鸣，从而提高档案教育的感染力和吸引力。

2. 场域层面：档案馆舍是文化育人的重要阵地

其一，档案馆、校史馆等实体空间，不仅是保管档案文献的物理空间，更是具有公共文化属性的独特建筑空间，建筑风格和空间布局融合传递着高校独有的文化气息。其展厅陈列的丰富档案文献和实物档案等，不仅是学校历史的见证，更是学校文化符号和形象特征的集中体现。当师生置身其中，以展厅建筑为依托，通过亲身感知和体验，深入了解学校的文化传统和历史脉络，进而增强对学校的文化认同感和归属感。其二，随着人工智能、元宇宙等新兴技术的飞速发展，档案馆舍得以扩展其场域边界，数字空间正在成为新型文化育人生态。[4]通过数字化、智慧化的档案服务，珍贵的档案史料以更加生动形象的方式呈现，师生可以突破时空限制来重温历史记忆，感受文化魅力。档案馆舍的实体空间和数字空间相互交织与影响，共同构成一个立体、多维的场域空间，为档案文化育人提供有力支撑。

3. 实践层面：档案工作是文化育人的有力抓手

其一，高校档案馆围绕档案文化育人已积累一定的探索与实践经验。档案工作除了传统的"收、管、用"，更是一种具有教育意义的文化实践活动。特别是通过各类仪式教育、情境课堂、传统研学等活动，将档案资源与校史教育、思政教育有机融合，不仅丰富了教育内容，更增强了教育的针对性和实效性。通过因地制宜、因时制宜、因事制宜地开发利用档案资源，特别是红色档案资源，对于培养学生的爱国爱校情怀、增强文化认同具有重要意义。其二，高校档案队伍不仅专业性强，而且具备较高的文化素质和教育意识。他们深入挖掘、开发和利用档案资源，能够激活档案背后的国家精神、学校记忆和文化基因，为师生提供丰富的教育资源。这支专业队伍的存在，不仅提供了人才保障，也推动了文化育人深入发展。

四、大思政课视域下高校档案文化育人的实践路径

1. 完善育人机制，深度融入大思政教育体系

育人机制的持续完善与思政教育体系的深度融合是提升档案文化育人质量的关键。为此，高校更应积极探索、勇于创新，以充分发挥档案文化在思政教育中的独特价值。

其一，深化对档案文化育人功能的认知至关重要。高校需将档案文化育人纳入思政教育的整体战略规划，明确其在思政教育中的核心地位与关键作用。通过

优化思政教育课程设置,加强档案文化与思政课程的有机衔接,确保档案文化内容能够自然地融入思政教学中,形成一体化的教学体系。同时,高校应强化顶层设计,成立专门的档案文化育人机构和工作小组,科学规划育人工作,明确育人目标、任务与具体措施。通过明确职责与分工,确保育人工作的连贯性与稳定性。此外,建立评价与反馈机制,定期收集师生反馈,持续优化育人效果。

其二,教师应不断提升对高校档案文化的理解与运用能力。通过增强对档案文化的认知与掌握,教师能够在思政教学中更加自如地运用档案文化。通过案例分析、专题讲座、实践教学等多种形式,将档案校史中的精彩故事、杰出人物、崇高精神等元素巧妙地融入课堂,使思政教育更具生动性与说服力。深入解读档案文化的内涵与价值,引导学生深入思考、全面理解,从而有效将高校档案校史文化融入大思政课教学中,实现档案文化与思政教育的深度融合。

2. 夯实文化资本,加强对档案资源研究与保护

档案资源作为高校育人体系中不可或缺的文化资本,其研究与保护的重要性不言而喻。当前,部分高校在档案资源的挖掘与整理上尚显不足,难以形成具有广泛影响力的文化品牌。因此,夯实文化资本,强化对档案资源的研究与保护,不仅有助于提升高校的文化软实力,推动学术传承与创新,更是保存和传承高校历史记忆、学术成果的重要途径。

其一,应深化对档案资源的挖掘与整理工作。对蕴含历史、文化和学术价值的档案,我们应当投入更多精力进行深入研究,提炼其学术思想、文化精髓和创新成果。这不仅能提升档案资源的利用效率和价值,为育人工作提供丰富、有力的素材支持,而且能通过结合时代特点和学生需求,不断更新和丰富档案校史文化的内涵,使其更具时代感和吸引力。这些深入挖掘和整理后的资源,可以转化为生动、具体的教学案例和素材,进一步丰富大思政课的教学内容,提升教学质量。

其二,高校应建立完善的档案保护机制。通过制定相关政策和措施,明确档案收集、整理、管理和利用的规范流程,确保珍贵档案的安全和完整。此外,我们还应定期对档案进行清查和修复,及时发现并解决可能存在的各类隐患,为档案资源的长期保存和利用提供安全保障。通过这些措施的实施,我们能够更好地保护和传承高校的历史记忆和学术成果,为学校的文化繁荣与发展贡献力量。

3. 加强身份认同,促进档案文化宣传与传播

在加强大学生身份认同与促进高校档案文化传播推广的过程中,两者相辅相成,互为动力。一方面,加强大学生的身份认同有助于培养学生对母校文化的热爱与共鸣,进而激发他们积极参与并推动档案文化的传播与普及。另一方面,档案文化的广泛传播与深入推广又能反过来增强大学生的身份认同感与归属感,使他们

更加深入地理解和融入校园文化,自觉承担起传承与创新的社会责任。

其一,实践教育是强化身份认同的重要途径。高校应致力于营造浓厚的学习氛围,鼓励学生通过亲身参与和体验,深入了解档案校史文化的真实内涵与情感价值。通过参与校庆、周年纪念等重要活动,学生能够深刻感受到档案文化的魅力,进而增强对母校、国家和民族的认同与归属感。[5]同时,育人内容的供给应紧跟时代步伐,紧扣学生兴趣热点和认知规律,因时制宜、因人而异地推广文化精品,确保档案文化的传播更具针对性和实效性。

其二,加强与校外机构的合作与交流是实现资源共享、优势互补的关键。高校应积极寻求与校外机构的合作机会,共同推动档案文化的宣传与推广,从而提升高校档案文化在校园内外的知名度和影响力,进一步拓宽档案文化的传播渠道和受众范围。这种合作模式不仅有助于推动高校档案文化的繁荣发展,而且有助于提升大学生的综合素质和社会责任感。

4. 推进数字赋能,创新档案育人的场域引领

在数字化浪潮的推动下,我们迫切需要将数字赋能的理念深度融入高校档案育人的模式中,通过技术的创新与文化的引领,共同构建全新的育人场域。这不仅是对时代趋势的响应,更是对提升教育质量、拓展育人途径的积极探索。

其一,要强化数字技术的创新应用。在信息化、数字化技术快速发展的时代,高校档案管理必须与时俱进,积极融入大数据、云计算、人工智能等前沿科技,深入挖掘档案信息的潜在价值,进行智能分析和精准提炼。通过信息技术的应用,我们可以实现档案资源的数字化、网络化、智能化管理,打破传统档案服务的局限,打造更为多元化、便捷化的传播渠道,让档案信息以更加生动、直观的方式服务于广大师生和社会公众。

其二,充分发挥高校档案文化在育人过程中的场域引领作用。在育人过程中,要明确档案文化的场域定位和发展规划,构建特色鲜明的育人模式。通过说理性与具身性的融合,借助虚拟现实技术等,打造具有开放性、参与性、体验性、可视化的情景场域。让学生在具体的情境中深入理解档案文化的内涵和价值,使说理性内容在创新的艺术表达中得以融会贯通,从而真正发挥档案文化在育人过程中的引领和启迪作用。

五、上海财经大学档案馆(校史馆)/博物馆的探索

上海财经大学档案馆(校史馆)/博物馆(以下简称三馆)致力于将本校及本地的红色资源融入思政课程和课程思政改革,与马克思主义学院、金融学院、公共经

济与管理学院等开展紧密合作。通过创新教学方式,如沉浸式、体验式教学,思政课和专业课教师将课堂搬至场馆,使理论教育更生动、更深刻。同时,专注史料收集与编研,致力于传承上财文化脉络。通过持续11年的"口述上财历史"项目,广泛汇集校友的共同记忆,抢救性保存了珍贵的口述史料。在迎新季、校庆日和毕业季等关键节点,精心策划系列档案校史育人活动。自2019年起,三馆与中共一大纪念馆、中共二大纪念馆、陈云纪念馆等红色场馆紧密合作,成功举办了一系列高质量展览,展示了中国共产党创建历史、党章学习、廉政建设以及重要人物生平事迹等。与上海造币博物馆共同推进"大思政课"建设,扩大红色文化传播和育人影响力,为思政课教育教学提供有力支持。此外,三馆还积极与各级教育管理部门和中小学等开展合作,通过共建校外实践基地、开发特色课程和开展专题学习等多元化实践,助力构建大思政育人格局,促进思政协同育人的良好氛围和品牌效应的形成。

参考文献

[1] 谭必勇.如何拉近档案馆与公众的距离——解读西方公共档案馆公众教育职能的演变[J].图书情报知识,2013(4):85-94.

[2] 郑世通,于瑜.红色档案融入思政课多元主体协同建设模式探讨[J].档案管理,2023(5):99-101.

[3] 姚翼源.系统思维下红色档案赋能高校意识形态安全教育的创新路径[J].档案与建设,2023(6):63-65.

[4] 周林兴,黄星,潘玉琪.档案馆服务铸牢中华民族共同体意识的动因、可行性及实现路径[J].档案学通讯,2024(1):12-19.

[5] 王玉珏,牟胜男,郭若涵.档案与文化认同的价值实现:公民、社群、国家的视角[J].山西档案,2021(1):5-13.

数字化转型背景下档案文化创新建设路径探析

朱 莉

松江区档案馆

摘 要：档案文化的创新建设对增强档案的公共服务性，激活档案文化的社会化发展发挥着重要作用。在数字化转型背景下，档案文化创新建设汇聚了新的发展动力，拓宽了档案文化发展新空间，同时在信息技术的参与下，档案文化由内而外突破发展困境，以思维转变、技术赋能、跨部门协作寻求新的创新路径，从而实现更广泛更深刻的档案文化传播。

关键词：数字化转型；档案文化；文化建设；文化创新

一、引言

档案作为社会发展进程中独特的文化资源，对传承中华文明，传播中华文化，留存城市记忆，构筑集体记忆具有重要意义。纵观我国档案文化发展脉络，其呈现出政治性、国家主体性和社会公共性的相互依存的关系，档案文化作为社会群体与以原始记录性为核心的档案不断在交互过程中形成的相对稳定的，表现在精神文化、制度文化、行为文化和物态文化四个方面的社会生活方式[1]，其在社会运行过程中所产生的作用各有不同，因此档案文化的发展需要引导与形塑。

2022年5月，中共中央办公厅、国务院办公厅出台的《关于推进实施国家文化数字化战略的意见》中明确指出，到"十四五"时期末，基本建成文化数字化基础设施和服务平台，形成线上线下融合互动、立体覆盖的文化服务供给体系。[2]不难看出，就"十四五"时期以及到2035年实施的国家文化数字化部署中，文化的数字化建设成果已是满足人民日益增长精神文化需要、激活文化事业活力的重要抓手。[3]数字经济时代，数字化正引领着一场深刻的社会变革，数字技术介入了人们工作和生活的方方面面，而对于档案文化建设而言，数字化转型背景下的创新发展，无疑是档案事业变革发展、创新突破的必修课。从社会发展历程来看,档案从狭隘的官方独有到向公众广泛开放,尤其随着《中华人民共和国档案法》规定档案的开放年限从30年缩短至25年,档案面向公众、服务公众的属性越来越得以确定与认可,可以说,档案文化的公共性、服务性越显著,档案文化越能被更广泛、无差别地传播。所以,对数字化转型背景下的档案文化创新建设,需要注入新的发展动力与新的技术融合,将各类文化要素和信息经过整理、融合后参与流通与传播,从而构成社会文化总体的一部分。

二、数字化转型背景下档案文化创新的重要意义

随着社会经济与信息技术的发展,档案逐渐"飞入寻常百姓家",其作为宏观层面上维持国家机器运转的重要支撑,慢慢渗透至微观层面的社会公众的日常生活中,随着社会记忆视角的引入,档案作为集体记忆的重要组成部分,日益被公众所感知与确认。[4]一方面,在数字化转型大背景下的档案文化建设,能够再一次推动档案文化向前开放式成长,探索"破圈"新形式;另一方面,在数字技术、数据分析等技术的指引下,档案文化将获取新的研究空间与服务空间,从而更好地回馈社会,服务公众。

1. 固本培元:汇聚档案文化发展新动力

一方面,加速档案文化传播——从封闭式到开放式的成长。档案文化根植于档案内容的原始记录性,其凭证性价值与历史价值使得档案文化区别于其他文化,在一定的历史时期,档案文化因其专有和独特而封闭,其处于小范围流通与大范围限制的矛盾之中。而随着信息技术、数字技术的更迭与参与,档案文化的传播范围逐渐得到扩展,通过数字化手段形成的各类档案文化产品,使得档案文化鲜活起来,产生档案文化建设新的发展动力。

另一方面,加快档案文化"破圈"——从单一化到多元化的会聚。当下国内档案资源开发以现代文书档案为主,且公文数量多于人文资料,形式内容相对单一[5],档案文化相对呆板。而基于各类数据技术、量化分析等技术支撑,以档案原始记录性为核心的文化样态得以从单一向多元转变,获得更广泛的传播与认可,从而拉进档案与公众之间的距离,使得更多的受众认识到档案的价值与功用。

2. 继往开来:拓宽档案文化发展新空间

一方面,提升档案文化研究新效能,注入新的研究方法和研究范式。各类数字技术、新媒体技术、客户终端等在档案文化传播与推广中的作用实践,为档案文化的创新建设提供了全新的视角与方法指引,使研究方法智能化、研究范式多样化,

有助于在档案文化的理论研究中实现跨领域整合与创新,全方位提升档案文化的社会传播效应,持续加大对档案文化发展空间的探索。

另一方面,提升档案文化服务新效能,注入智能化与多样化的服务方式。如中国丝绸档案馆"第七档案室"项目,以解谜书、实景解谜活动等为承载形式[6],一下子拉近了档案文化与公众的距离,引领更多公众探索档案文化魅力,从其展现形式的多媒介化而引起公众对于档案文化的感知,起到一定宣传作用,加快档案文化传播速度,扩大档案的社会影响力。

三、数字化转型背景下档案文化创新的困境

实现档案文化创新,需要更好地激活各类信息技术的加持与注入,科技是第一生产力,创新是第一动力[7],从外部条件来看,技术的集成应用,与档案资源的科技兼容发展,需要大量的资金、技术人才的支持;从内部条件来看,档案文化的创新依赖于档案资源开发理念,传统的史料编纂与展板展览已经无法满足社会公众的文化需求[8],导致档案文化的流通与传播效果不佳。

1. 外部因素:物质基础薄弱与技术融合不佳

科技赋能档案文化创新建设重在发挥档案文化的公众服务性,利用新一代媒体技术、用户场景打造等带来档案文化的新展示与新体验,以线上线下相结合的一体化发展模式,打造用户在线体验或在场体验的各大场景,更有利于档案文化的创新发展与优化提升。而在具体的实践应用上,往往物质基础投入不足,技术的匹配与融合不仅是在前期档案资源的数据化整理与挖掘,更多地体现在后期档案资源数据库的建设与运维方面,大量的档案数据加工、数据处理与后期的档案数据管理,需要大量资金与技术人才的应用,而档案文化的人文性、开放性与多样性又难以在短时间内集中体现与回馈,所以往往在发展中局限于既有的实践格局,从而限制了档案文化创新发展的可操作性。

2. 内部因素:发展理念局限与传播形式单一

《"十四五"全国档案事业发展规划》强调,要"加大档案资源开发力度""通过开发带动保护,更好发挥档案在服务国家治理、传承红色基因、建构民族记忆、文明交流互鉴等方面的独特作用"[9],档案资源作为档案文化发展的重要内涵与重要基础,多局限于传统的展览、编研形式,发展理念也容易忽视社会公众多元化的精神文化需求,加之整体呈现形式单一、用户体验不足等原因,导致整体传播效果难如预期,而从实践上看,只有多元的文化生态,才能造就更具活力与生命力的档案文化图景[10],所以档案文化"破圈"传播实践——中国丝绸档案馆"第七档案室"项目

就突破传统模式,打造项目 IP,以"故事化"的方式予以活化,拉近了档案文献与社会公众尤其是青年人的距离,重点传递了档案价值和档案人精神两大理念。[11]

四、数字化转型背景下档案文化创新的建设路径

信息技术带来的数字化与网络化的双重变革催促着档案文化注入更加开放更加广泛的力量,一方面档案文化创新发展的路径上需要档案资源挖掘的持续深耕,另一方面更是需要技术力量的全面推动,档案文化作为精神文化、物态文化、制度文化和行为文化融贯一体的文化[12],需要与社会公众产生更多的链接与互动,构建档案文化创新发展的新流通体系与流通范围,超越时空限制加速发展,扩大传播范围。

1. 以理念转变倡导档案文化创新

在大数据时代,数据科学和数据分析技术的普及,转变了人文学科的研究方式,从以资源占有为主导转变为以数据资源的占有与数据工具的使用为导向[13],所以对技术的信任与应用,是档案文化创新发展的首要考量,正视数字化进程对于档案领域的深刻改变,尽快摒弃犹疑和传统落后的开发思维,更要注重与社会公众的互动链接,建立信任并付诸行动,主动关注公众的生活、情感、文化需求,把握住时代特点与社会流行文化是发展档案文化的重中之重。通过聚集不同主体的智慧和知识最大限度地实现数字档案资源的价值和增值,促进数字档案资源的社会利用和再利用。[14]例如,在讲解档案中的儒家典籍时,生活化的解释与大众化的内容更具有交互感,数字化作品的产生与发布,并不止步于满足公众的基本文化需求,而是以自身感知与喜好经历的多样化故事性的表达,拉近与公众的距离,构建文化场景,增强了认同感和熟悉感[15],能够满足公众较高层次的文化发展与提升需求。

2. 以技术助推实现档案文化转型

在数字化转型的时代背景下,由数据计算、量化分析等技术参与下形成的以数字化、网络化形式存储与共享的各类档案资料,是档案文化创新建设的根本所在。在技术助推的进程上,一是要以技术优化档案文化体验,包括网络技术、社会化媒体平台、各类档案文化资源管理系统等,打造公共档案文化云、"大屏+小屏"互动应用场景,充分利用 VR、AR 等新技术对档案资源进行虚拟化展示与重制,持续扩大档案资源的受众规模。例如,故宫博物院制作的《穿越故宫来看你》创意 HTML5,朱棣皇帝戴着墨镜唱着流行歌,为传统文化元素加入了时代热点。[16]二是以技术完善管理流程,不断充实更新档案资源数据库,充分应用数字人文技术、知识挖掘技术等按照各类文化需求进行专题挖掘与组合,及时补充填入新的民间

文化资源,剔除冗杂繁复的多余信息;实时更新数据管理的各项技术与运行维护技术,加强档案文化资源的数据管理与数据加工能力;同时要以优化各类技术、数据库接口等兼容力度和降低信息技术应用成本为前提,聚合各类新兴技术;充实完善档案文化资源数据库,为档案文化的创新发展提供源源不断的动力。

3. 以跨部门合作赋能档案文化创新

档案文化的建设与传播依赖于覆盖广泛的全国档案馆体系架构下的多元化、多样态的档案资源,这是档案文化充分发挥社会性与文化性的重要基础与支撑,"档案馆跨界合作是档案文化创意服务实现的必然路径"[17]。一是打破与图书馆、博物馆、各类高校等行业壁垒,建立多源、多模态档案文化资源共建共享平台,实现机构资源组织和融合,形成各主题分类的资源数据库,共同助力档案文化融入国家叙事、国家文化数字化建设战略之中。[18]二是重点加强与科技企业之间的技术交流,寻求相匹配的技术应用方案;发挥自身对馆藏资源深层次的理解优势,在整体构建理念、开发思路、项目主题、意识形态等方面主体把控与引导;尊重技术企业对项目整体设计、技术的专业能力与整体经验,丰富档案文化的观感体验。三是注重档案文化的宣传,借助各大媒体平台进行优势互补。在档案文化传播上,档案馆应积极主动与各地宣传部门交流沟通,充分应用融媒体中心的资源优势,绘制各类卡通漫画或者邀请专业演员情景演绎,依托移动终端等第五媒体的档案文化传播方式[19]活化档案文化资源,同时主动对接多家媒体合作的新闻中心平台以寻求"破圈"机遇,将档案文化拓展延伸到更多不同领域。

档案文化是人类在社会实践过程中形成的以原始记录性为核心的精神活动及其产物,是滋养中华优秀传统文化的重要源泉。档案管理部门应爱岗敬业,守正创新,实现档案文化建设与国家战略、社会发展、公众精神需求等方面协调,助力档案文化建设高质量发展。[20]

参考文献

[1] 杨千.档案文化社会化:内涵、特征与推进[J].档案学研究,2024(02):38-45.
[2] 中共中央办公厅,国务院办公厅印发.关于推进实施国家文化数字化战略的意见[EB/OL].[2024-05-29]. https://www.gov.cn/zhengce/2022-05/22/content_5691759.htm.
[3] 新华社评论员.铸就社会主义文化新辉煌[N].新华每日电讯,2022-11-01(003).
[4] 丁华东.论档案记忆理论范式的研究纲领——"档案与社会记忆研究"系列论文之一[J].档案学通讯,2013(4):20-24.
[5] 宋香蕾,洵异.档案馆文化创意产品开发的缺位与对策[J].档案学通讯,2017(03):90.
[6][11] 陈鑫,杨韫,谢静,等.档案文化"破圈"传播实践路径——以中国丝绸档案馆"第七档案室"项目为例[J].档案与建设,2022(02):51-54.

［7］［16］周林兴,张笑玮.文化产业视阈下档案资源的开发机制与策略选择［J］.档案与建设,2023(05)：21-25.

［8］贾聪聪.我国综合档案馆档案文化创意产品开发策略研究［D］.武汉：武汉大学,2018：29-30.

［9］中共中央办公厅,国务院办公厅."十四五"全国档案事业发展规划［EB/OL］.［2024-05-08］http：//www.xinhuanet.com/2021-06/09/c_1127547692.htm.

［10］加小双.档案社会化：内涵、表现与影响［J］.北京档案,2019(06)：13-17.

［12］杨千.档案文化社会化：内涵、特征与推进［J］.档案学研究,2024(02)：38-45.

［13］浅谈数字人文,以数据驱动的人文学科研究方法［EB/OL］.［2024-05-08］https：//reader.gmw.cn/2022-10/11/content_36079537.htm.

［14］连志英.数字档案资源社会化开发内涵及模型建构［J］.档案学通讯,2019(06)：27-34.

［15］周梅华,李佩锱,牟宇鹏.在线评论对消费者购买意愿的影响——心理距离的中介作用［J］.软科学,2015,29(1)：101-104.

［17］王玉珏.我国档案文化创意服务发展策略研究［J］.档案学研究,2018(06)：98.

［18］［20］苏碧莹."新的文化使命"视阈下档案文化建设的时代内涵与实践理路［J］.档案与建设.

［19］王贞.第五媒体的档案信息与文化传播［J］.中国档案,2011(5)：30-31.

勘察设计单位档案信息标签化管理探索

陈晓潜

上海市城市建设设计研究总院(集团)有限公司

摘　要：近年来，随着数字档案单套制管理的正式实施，数字档案的合法、合规性问题已得到彻底解决，勘察设计单位的档案管理逐步从面向纸质载体的实物管理，转变为以档案资源开发利用为目标的档案知识管理。"档案数据的结构化治理、档案知识产权保护、提升档案资源利用效率"等一些新的管理要求对档案管理工作形成了巨大的冲击，成为各勘察设计单位档案工作人员亟须直面的难题，本文通过工程设计档案管理中引入知识标签，从提升档案利用者的满意度出发，对档案的内容、对象等进行结构化描述，达到了创新档案管理手段，提升档案信息利用机制的目的。

关键词：知识标签、档案管理、信息化、管理探索

一、引言

以勘察设计为主营业务的设计院中，所有的生产和管理工作均以设计工作为核心，归档的科技类、管理类、会计类、工程类等各档案门类中工程设计档案占据绝对的主导地位，它来源于设计院生产经营、设计活动中形成的具有保存价值的文件材料，其真实性、凭证性、参考性一直不可替代，随着时间的推移，工程设计档案中积累了丰富的档案信息资源。

在以纸质实体文件归档的时代，这些信息资料依附于纸质实体以孤本的形式保存在各设计院的档案部门，既是设计院最宝贵的知识财富，也是档案工作不被弱化、边缘化的重要保障。而随着计算机技术不断的植入设计工作的各个环节，档案的形成、归档，档案知识的传播、利用以及档案数据的量级、类型、利用模式都发生了巨大的改变，今天数字档案已成为归档的主流介质，传统档案的优势已不复存在。如何深化档案知识挖掘、反哺设计工作、提升设计服务质量已成为各设计院档案管理人员面临的新挑战。

二、设计院档案特点

1. 知识密集、复用价值高

一般的工程项目在设计前会进行由项目最高技术负责人参加的事先指导,在指导过程中会指出项目存在的风险和可复用的历史项目。所以工程设计图纸相比其他类型档案有很高的复用价值,同类型市政或建筑类项目可以充分参考相似项目的档案并进行修改和创新就能形成新的项目成品。

在此基础上各设计院会根据经营范围和项目特点,对项目的过程记录和成品内容做很多标准化模板。以上海市城市建设设计研究总院(集团)有限公司(下简称"上海城建院")为例,在多年工作总结后,借助信息平台,将项目过程管理纳入管理平台,形成了项目管理流程共25项,又按项目规模、合同额、技术难度等分为重点项目和一般项目,将不同的项目管理方式贯穿项目全过程管理。上海城建院项目管理流程见图1。

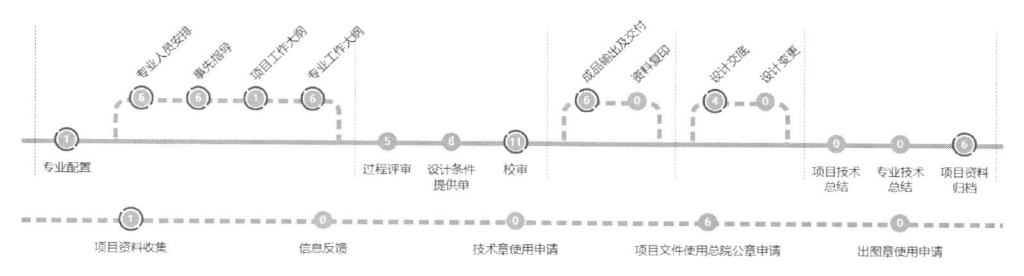

图 1　上海城建院项目管理流程

2. 档案检索手段单一

档案利用的前提是检索,所以检索水平的高低直接影响着勘察设计企业的档案利用水平。在现行的档案管理中,一般有两种检索手段:

(1) 组合字段检索

字段检索方式一直是各档案系统中最普遍使用的一种检索方式,主要方式是通过关键词进行检索,一般设计院的项目图纸检索会通过项目编号、项目名称、图纸编号、图纸名称等信息进行查询,包含单字段检索、多字段组合检索、渐进式检索等方式,设计人员可通过查询习惯和内容进行个性化设置,但也会由于项目信息模糊、时间段不确定等因素,经常出现检索不到,信息不全等状况。

(2) 全文级检索

全文检索是指计算机索引程序通过扫描文章中的每一个词,对每一个词建立一个索引,指明该词在文章中出现的次数和位置,当用户查询时,检索程序就根据事先建立的索引进行查找,并将查找的结果反馈给用户的检索方式。

近年来,伴随着信息技术的发展,档案系统实现了档案全文电子化共享,全文检索会为利用者输出海量级的检索结果,档案的查全率得到了保证,但与此同时,由于档案数据量大,文件通常以非结构化数据表现,利用者必须花大量的时间进行信息筛选,从而降低了利用者的利用效率。所以全文级检索在提高查全率的同时降低了查准率。

(3)缺少图形、图元级检索

长期以来,多数档案系统所采取的检索方式是档案编号和人工著录的元数据项作为关系型数据库进行存储,再将检索字段与之索引和匹配。但在勘察设计单位,其成品多以图纸形式表现,在现行的档案管理系统中,基本没有对图形文件的描述内容。设计单位现在的交付形式依然以二维图纸文件为有法律效力的文件,参考图和分图元级拆分图设计已成为各设计院提高设计效率的途径之一,使用 AI 技术也无法实现将整张图纸拆解成若干个图元级零件系统,再进行数据挖掘和整合。

三、知识标签

1. 标签理论

标签理论(Labeling theory)是以社会学家莱默特(Edwin M. Lement)和贝克尔(Howard Becker)的理论为基础而形成的一种社会工作理论。这种理论认为每一个人都有"初级越轨",但只有被贴上"标签"的初级越轨者才有可能走上"越轨生涯"。一个人被贴上"标签",是与周围环境中的社会成员对他及其行为的定义过程或标定过程密切相关的。因此,社会工作的一个重要任务就是要通过一种重新定义或标定的过程来使那些原来被认为是有问题的人恢复为"正常人"。[1]

现在多数博客网站有标签搜索页,最新的标签还可以上标签搜索页,如果不加标签,就不利于自己的文章被搜索到,其他用户不能通过标签分享您的文章。另外,除了百度、谷歌外,现在新兴的博客搜索如 Technorati,很容易搜到添加了标签的文章。

2. 档案标签

上海城建院尝试将标签理论运用于档案管理实践,将档案信息知识内容赋予标签,通过知识标签提升各类档案间的关联度,通过利用者的打分,区分工程项目设计质量的优劣,通过文件浏览量和下载量,识别图纸的可用性和与项目间适配性、受众面情况,根据利用者的评价标签,在海量的图纸库中找出最佳图纸,从而达到档案利用者的需求和档案资源库中海量文件的更精准匹配,形成可持续发展的档案利用生态环境。如图 2 所示,是一个利用者打分界面。

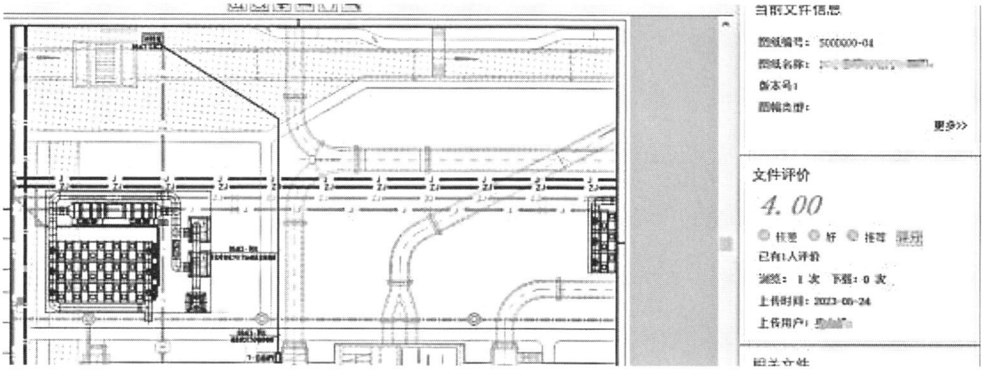

图 2　上海城建院图纸利用者打分标签

四、设计档案标签赋予的优势

1. 专业性

设计档案来源于项目设计过程,建设项目可分为立项阶段、工程可行性研究阶段、初步设计阶段和施工图阶段、施工配合阶段等。每个项目又由多个专业协作才能完成,各专业间需要相互合作,主导专业承担着项目统筹、进度策划、专业间协作、对外联系等多方面工作。每个专业有很强的硬核特性,所以每个专业领域都成立专业委员会作为最高技术领导。

上海城建院在专业档案标签设计时,需要有结构化的设计规则,在项目归档环节,采用下拉框选取标准化赋予标签的方式,确保档案标准的结构化,为后续大数据分析创造必要的条件,同时通过专业培训,将每个标签值的设计定义、填写范围、内涵外延都做了明确的讲解,直至形成规范标准。

2. 融合性

勘察设计企业是智力密集型企业,近年来,各设计院纷纷开始尝试档案管理与知识管理相融合的管理方式。档案系统,前端连接业务系统,后端连接知识管理系统,通过档案知识标签准确筛选,将契合用户需求和项目质量双优质的项目成果文件从档案系统中输出到知识管理系统,同时将项目的专业标签也输出到知识管理系统中,将优秀的项目知识扩大传播面,实现知识的分享与利用。

知识管理系统也积极与各大勘察设计网站、政府政策网站相联相通,通过自动标签赋予法将文章打上内容标签。通过学习外部同行的设计经验融合内部档案知识，提升了设计人员业务能力和水平。

3. 关联性

档案数据来源于前端的业务系统，难免形成信息的隔离性。以上海城建院为例，有OA文件处理系统、CMS项目管理系统、财务系统、人事管理系统、协同设计系统、慧智出图系统等，所以数字档案来源分散、数据结构化较差，由于前期对数据治理不彻底，因此系统间的交叉数据依然存在差异性。当传统的数字档案信息系统接收这些文件时，由于缺乏有效的资源描述对其规范，因此不同来源的文件归档成为档案资源后常常独立存在于档案信息系统的某一分类中，形成一个个"资源孤岛"。[2]

所以必须对所有进入档案系统的数字档案赋予标签，实现不论从哪个系统归档的数据都有描述，在同一标准化标签下，实现各归档文件间的有机联系。例如：输入项目名称，此项目下的所有项目信息、合同信息、图纸信息、设计人员信息、项目进程信息、成本核算信息、项目获奖信息都以关联的方式出现，形成了各系统间的逻辑关系，避免多次重复查询和由于信息不全，造成查全率不高、查准率偏差的情况。

五、设计院档案知识标签赋予法

1. 档案内容标签赋予案例

《中华人民共和国档案法》第七条中指出："国家鼓励社会力量参与和支持档案事业的发展。对在档案收集、整理、保护、利用等方面做出突出贡献的单位和个人，按照国家有关规定给予表彰、奖励。"[3]由此可见，档案工作需要全员参与。由于档案工作和档案工作人员一直处于被动的状态，因此档案工作得不到重视，但项目"标签赋予"工作正是一个最好的时机。当档案工作渐渐从档案管理部门以实物档案为中心的"供给"侧服务模式转变为以利用者为中心的"需求"导向服务模式时，正是设计院档案部门与设计业务部门和专业委员会合作的最佳时机。

以上海城建院为例，2022年与总院桥梁专业委员会合作，以业务建设的形式，共同开发和制定桥梁专业归档标签标准，从"项目总体信息""项目技术信息""桥梁结构信息""技术创新信息"四大维度对归档的桥梁专业内容设置标准化标签，由桥梁专业负责人在归档前填写信息表，专业最高领导审核或审定填表信息的准确性，再把这些信息以结构化形式进行归档，并确定了基本原则，从"关联、输入、构架、数量"四大维度规范填写规则：（1）标签的关联，以项目为单位（同一项目中的不同类型桥梁，可多选）；（2）标签的输入，以"点选"（统一的选项）+"填写"（统一选项可能无法有效涵盖的点）；（3）标签的构架，可逐级（分级的子项，点选后再点选或填写，逐步精确定位到点）；（4）标签的数量，一个项目的检索词数量，不宜太多（侧重总体,相关特征)。

2. 项目全过程标签赋予

多数工程设计单位档案管理系统所采用的标签标识法,是采用人工填写和人工著录的方式得以实现。在检索和查询时再基于关键词匹配,这种赋予方式会因为档案人员的能力而产生一定的偏差性。

在上海城建院采用有前端控制的方案,在项目各阶段所有参与项目的人员职责分时,在承接经营阶段,由经营人员对项目名称、项目编号、项目概况进行赋值,并确定项目负责人;在项目人员安排阶段,由项目负责人和设计部门领导对专业负责人、设计人等人员角色进行赋予;在项目设计阶段,由项目组人员对项目过程流程、成品图纸文件等进行把控和赋值;在费控过程中,由财务人员对项目合同收费情况、项目各项费用支出情况进行赋予;在项目结束报奖阶段,由质量部门人员对项目概况、设计特色等字段进行核对;在项目归档阶段,由档案人员进行档案关键词著录,从而实现项目全生命周期的标签赋予。

通过项目字段标签规划,打破设计院各部门间的数据壁垒,从而实现"办结归档、精准赋值、数据挖掘、反哺业务"的目标。

3. AI 技术智能标签尝试

基于人工智能深度学习的方法,上海城建院尝试分析利用者的需要,将语义网络和知识图谱相结合,对归档的文件进行智能标签处理,将图纸及文件的人工标签与智能标签相结合,如图 3 所示,及时修正标签的差错。因为标签不仅是全文(全

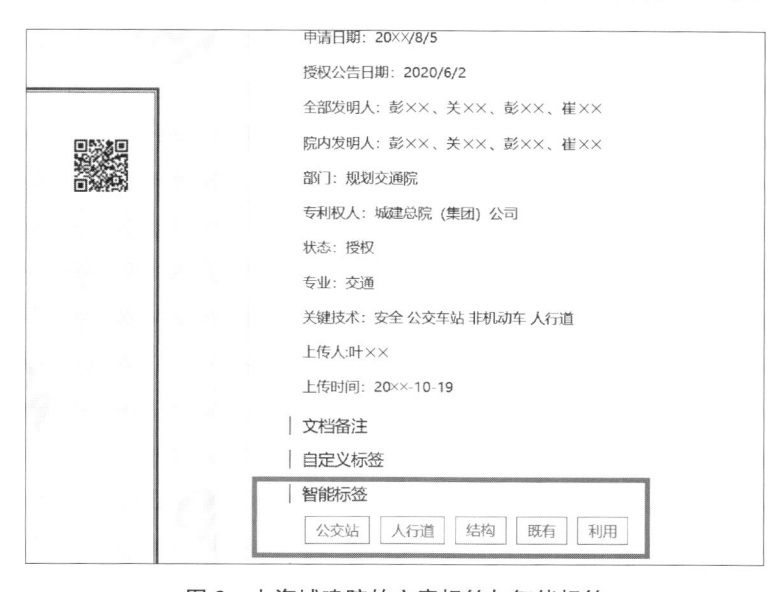

图 3 上海城建院的文章标签与智能标签

图)内容的分解,更是对档案内容的概括和表达,具有高度的专业化和含金量,也是后续档案知识资源开发利用的基础。

在上海城建院优秀成品案例库、优秀项目案例库、工程案例库建设过程中,形成了流程指向地图、业务归档成品利用效益分析法等多项成果,大大提升档案信息资源利用效率,同时以档案部门牵头,组织了多次关键词库标准化建设,档案文件也逐步从非结构化数据表述走向了结构化数据表述。

六、结语

随着勘察设计单位业务流程化及档案业务的数字化转型,档案工作已全面向以档案内容管理为主体的知识管理方向转型,创新档案管理方式,以标签赋予为抓手,提升档案管理水平,与企业技术领军人合作编制项目(或专业)关键词标签词典,实现档案利用者与档案管理者的双向奔赴,引进人工智能技术,重构信息平台,将智能标签理念深植于档案系统中,是实现档案数据资源与前端业务管理一体化管理的重要途径。

在勘察设计企业,档案管理实现自身数字转型,需要更好地体现价值,支持企业知识创新和科技发展。全员、全过程参与"标签"赋予,档案人员利用标签功能,可进一步对档案管理系统提出优化和改进需求,档案利用者通过标签,以最小的努力去获取最大的收益。[4]实现快速精准的查询,进而可根据大数据分析业务流程,实现档案与前端业务的推送,从而有效实现档案信息资源的知识化管理。

参考文献

[1] 吴梦.网络热点事件中的地域标签化现象研究[D].苏州大学,2018:7-8.
[2] 沈洁.浅谈应用标签理论提高企业档案资源利用效率[J].办公室业务,2021(7):59-60.
[3]《中华人民共和国档案法》,2021年.
[4] 王明妍.浅析新时期档案馆的服务创新[J].兰台内外,2012(6):47.

进入21世纪以来国内外科学数据开放共享研究热点与趋势分析

端木飞雪

上海师范大学人文学院

摘　要：本文以中国知网、维普、万方中文数据库收录的中文文献1 311篇及Web of Science、Scopus收录的外文文献2 794篇为样本，运用VOSviewer和CiteSpace梳理其年度发文量、核心作者情况，并通过绘制关键词共现图、聚类图、时区图来探究21世纪以来国内外科学数据开放共享研究发展趋势与前沿。发现国内外研究成果主题均具有强烈的学科领域情境和交叉融合性。本文通过揭示热点变迁和研究趋势，以期为后续科学数据开放共享研究方向提供参考。

关键词：科学数据；数据开放共享；VOSviewer；CiteSpace

一、引言

科学数据是科研活动的输出，是证实、证伪科学发现、科学观点的事实或者证据，是论证推理的基础。[1]科学数据开放共享有利于有效缩小信息鸿沟，提升决策科学性，在社会活动中具有重要作用，因此受到了国内外学者的积极关注。

国外方面，1966年美国颁布实施《信息自由法》开创了联邦政府信息公开化的先河，成为联邦政府促进政府数据和信息资源公开的范例。[2]欧盟发布实施《欧盟开放数据政策》。法国国家信息自由委员会（CNIL）通过保障数据隐私安全从而实现欧洲数据保护规则标准化。2016年，德国成立联邦数据保护与信息自由专员（BFDI），其主要职责是在高水平数据保护上实现数据大量开放。[3]2022年2月，欧委会发布《数据法》（Data Act）提案，制定关于使用和访问欧盟数据的新规。[4]国内方面，国务院办公厅于2018年印发的《科学数据管理办法》，明确"科学数据开放为常态，不开放为例外"的共享原则。[5]2020年4月，中共中央、国务院印发《关于构建更加完善的要素市场化配置体制机制的意见》，要求加快培育数据要素市场，推进政府数据开放共享、社会数据资源价值提升。[6]2020年11月3日公布的《中共中央关于制定国民经济和社会发展第十四个五年规划和二〇三五年远景目标的建议》指出,"建立数据资源产权""推动数据资源开发利用""扩大基础公共信息数据有序开放,建设国家数据统一共享开放平台"。[7]北京、上海、广州、贵州等省市政府在数据资源开放共享时间上相继做出表率,先后推出了政府数据资源开放平台以及一系列指导性文件。[8]

国内外开展科学数据开放共享的相关研究有一定基础,在科学数据开放共享的术语概念、研究内容、研究方向上已经有了初步探知,但是未来该如何拓展和深化呢?基于此,本文拟通过可视化工具,解读科学数据开放共享研究现状及内容特征,以期较为全面地呈现21世纪以来国内外科学数据开放共享的可视化图谱,为未来该领域研究与工作实践提供借鉴与参考。

二、数据来源、数据处理及研究方法

本文中文文献数据来源是中国知网、维普、万方中文期刊库;外文文献来源是Web of Science核心合集和Scopus数据库,检索方式均为高级检索。其中,中文文献检索式为{(主题=开放共享+开放获取)AND(主题=科学数据)};外文文献检索式为((TS=("open sharing"OR"open-share" OR "open and share"OR"openness and sharing"OR"open access and sharing"OR"opening and sharing"OR"resources sharing"OR"open-sharing management"OR"opening-up and sharing"OR"opening and share"OR"public sharing"OR"openness share"OR"opening usage and sharing"OR"opening and shares"OR"open sharing service"OR"open sharing system"OR"data open sharing"OR"openly sharing")) AND TS=("scientific data"OR"science data"OR"research data"OR"sciences data"OR"science datum"OR"science database"OR"scientific datasets"OR"scientific data resource"OR"scientific"OR"scientific information"OR "science dataset"OR"scientific data sharing"OR"scientific database"))。检索时设置文献时间跨度为2000.01.01—2023.12.31,检索时间为2024年5月15日。最终,手动筛选中外文献,剔除报纸、国际会议社论材料、会议摘要、信函等无效记录后,得到1 311篇中文文献和2 794篇外文文献。

本文所使用的数据处理工具是VOSviewer和CiteSpace。二者理论算法有所不同,VOSviewer在生成聚类图谱时,可以有效避免标签覆盖,图谱清晰易读[9],CiteSpace则能更好地展示某一特定领域在时间上的演变趋势,进而分析热点变迁[10]。因此,本文将利用VOSviewer生成关键词共现图来分析研究热点,利用CiteSpace的社会网络分析法生成关键词时区图与关键词突发性探测分析图来分析研究趋势。

三、研究现状统计分析

（一）文献年度发文量分析

图 1 是根据前文统计的文献数量所绘制的科学数据开放共享相关研究中外文文献年度发文图。

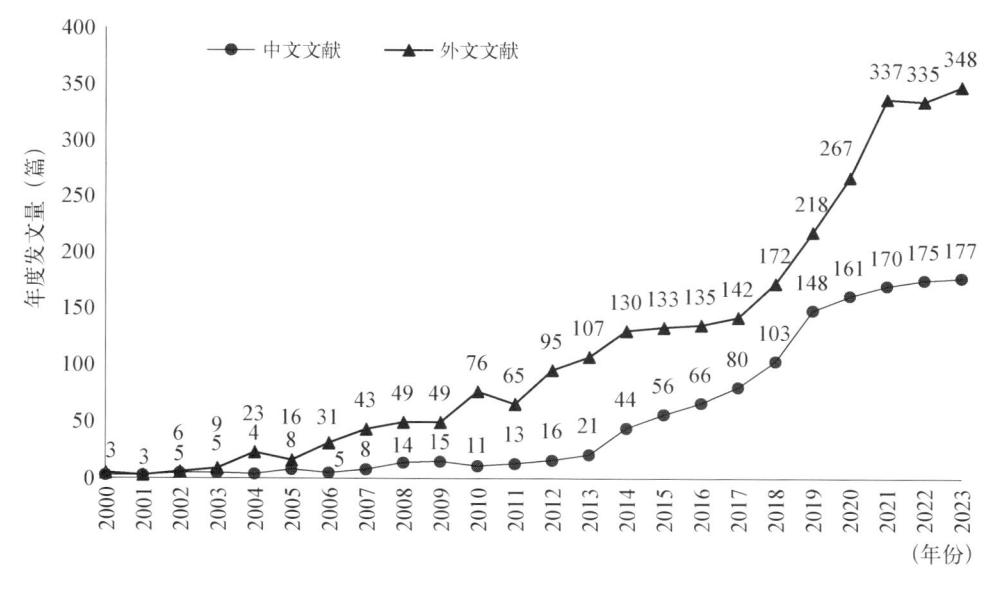

图 1　年度发文量

国外方面，早在 20 世纪末期，国外就对于科学数据开放获取以及共享进行研究。2004 年 1 月，世界经济合作与发展组织的 34 个成员国签署发布了《开放获取公共资助研究数据的宣言》，并于 2006 年 12 月颁布了《开放获取公共资助研究数据的原则和指南》。报告中明确界定了开放数据的范围与定义，并提出了 13 条原则与指导方针，以促进公共资助科学数据的低成本、高效率获取。[11] 2006—2010 年，国内外相关研究数量差距开始拉大。国内相关研究处于低产发展阶段。2011—2017 年，国外相关研究处于低速增长期。2018—2023 年，增长势头较猛。2023 年国外有 348 篇研究成果，达至高峰。

国内方面，科学数据共享工程自 2001 年底启动第一个试点——气象科学数据共享试点以来，在资源环境、农业、人口与健康、基础与前沿等领域共 24 个部门开展了科学数据共享工作,已经初具规模。[12] 2005年科学数据共享工程技术标准征求意见稿出台。2005—2013年,相关研究有所增长,但增速缓慢。之后,从2014—2018年,国内科学数据开放共享相关研究成果数递增。2018年,国务院办公厅印发《科学数据管理办法》,明确"科学数据开放为常态,不开放为例外"的共享原则,学者把目光投向该领域研究。2019年后增量较大。2023年达至峰值177篇。

(二)发文作者分析

对作者发文量进行可视化分析,析出发文量排名前十的作者,如表1所示。

表1 2000—2023年发文量前十作者

序号	中文 发文量	中文 作者	外文 发文量	外文 作者
1	14	盛小平	16	Björk, Bc
2	10	顾立平	11	Abadal, E
3	9	孔丽华	9	Schöpfel, J
4	9	邱春艳	9	Zhang, Y
5	8	邢文明	7	Wang, Y
6	7	刘桂锋	7	Zhang, J
7	7	温亮明	6	Rodrigues, Rs
8	7	高孟绪	6	Wang, J
9	7	胡良霖	5	Appeltans, W
10	7	姜晓轶	5	Liu, S

上海大学盛小平为国内发文量第一人,其著作《科学数据开放共享中的数据安全治理研究》《国内外科学数据开放共享研究综述》《科学数据开放共享中的数据权力治理研究》《开放科学环境下的数据隐私治理研究》等在业界有巨大影响力。中国科学院大学顾立平致力于研究数据权益管理、科研数据重用、数据政策等,形成了独特的研究风格。Björk, Bc作为国外相关领域发文量第一人,其专注于开放获取科学期刊出版[13]、科学期刊门户网站研究[14],并研究科学政策的出台要求减少科学出版的障碍等。[15]

利用CiteSpace分析作者合作网络,如图2、图3所示。节点越大,发文量越多;连线越多,合作越紧密。

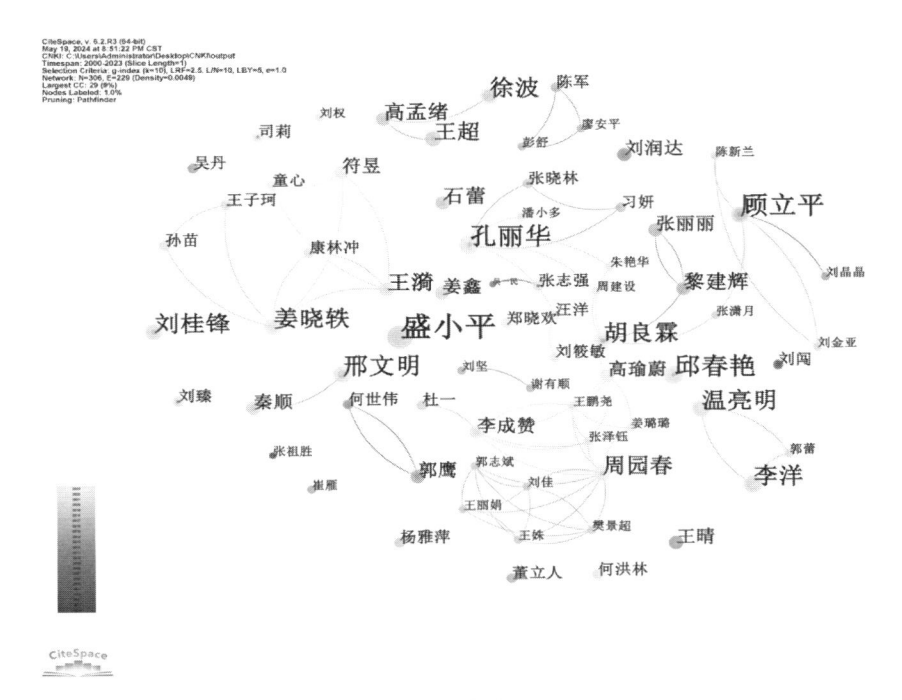

图 2　国内作者合作网络

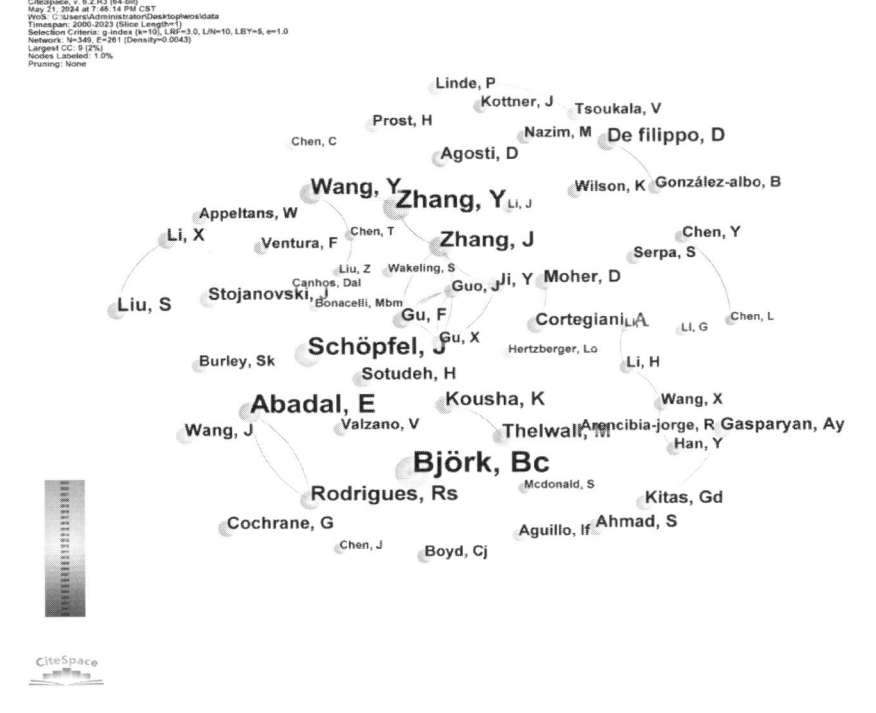

图 3　国外作者合作网络

总体来看,发文量排名前十的高产作者构成了国内外科学数据开放共享研究领域的核心作者群。以上作者均为科学数据领域著名专家,其研究方向代表了目前科学数据开放共享研究领域的热点方向与发展趋势。

四、研究热点与趋势分析

(一)研究热点分析

词频是指所分析的文档中词语出现的次数。词频分析方法就是在书目文件中提取能够表达文献核心内容的关键词并通过其频次的高低分布来研究该领域发展动向和研究热点的方法。[16]表 2 是中外文文献词频统计表。"科学数据""数据共享""大数据""open access""scientific literature""open access publishing"占据最高词频。

表 2 中外文文献前十高频词

序号	中文 词频	中文 关键词	外文 词频	外文 关键词
1	221	科学数据	724	open access
2	136	数据共享	208	scientific literature
3	125	大数据	174	open access publishing
4	108	开放共享	166	peer review
5	75	开放科学	155	access to information
6	51	数据管理	155	open science
7	44	开放获取	147	periodicals as topic
8	42	开放数据	133	medical research
9	32	科学数据管理	114	controlled study
10	29	数据出版	109	information dissemination

为了进一步探究国内外研究热点,使用 VOSviewer 强大的聚类算法生成关键词共现网络图,包括聚类图、密度图,便于发现更多富有价值的研究热点与研究方向。

1. 国内研究热点分析

图 4 是国内研究的关键词共现图,图 5 是国内研究的关键词密度图。

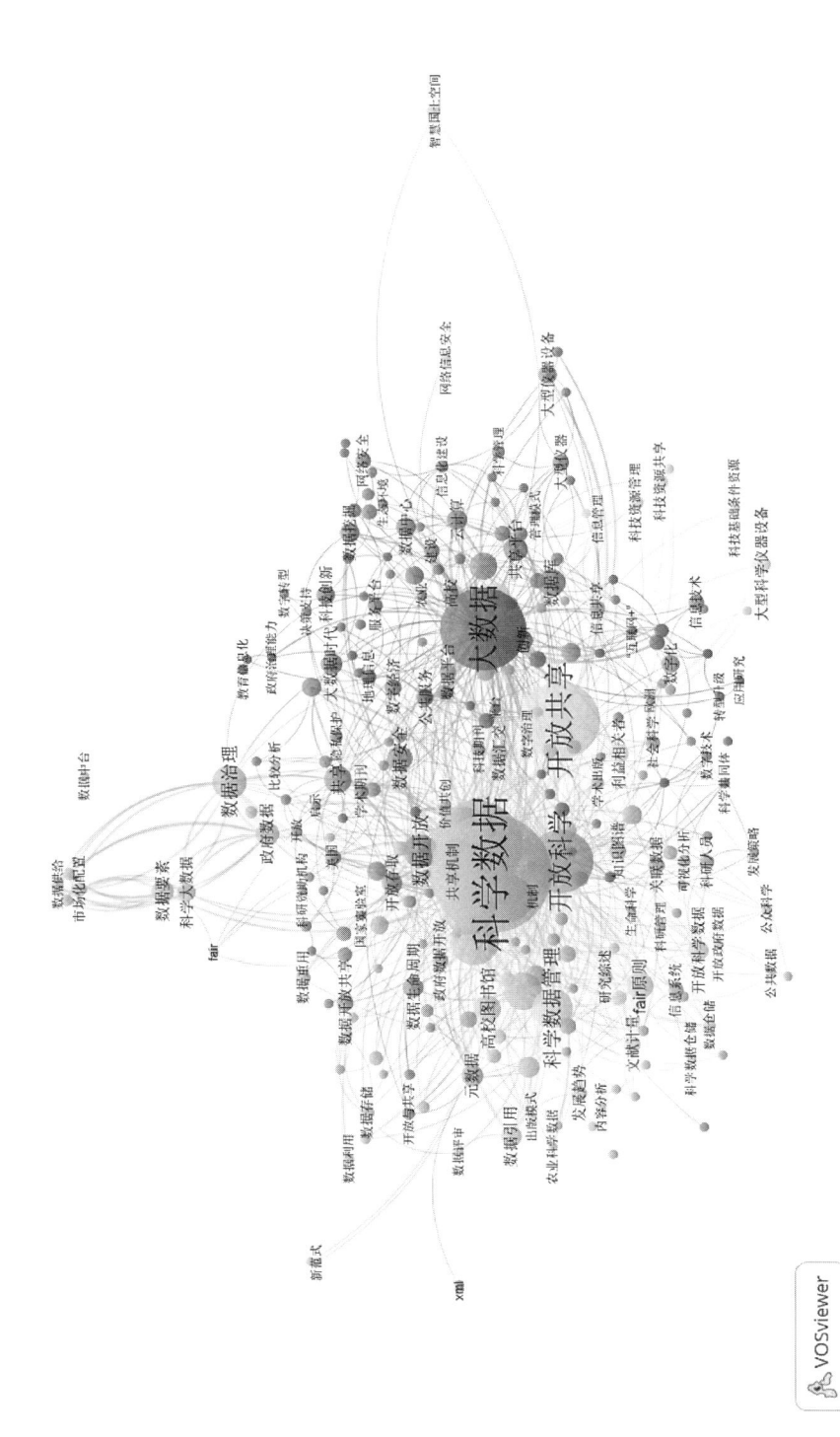

图 4 关键词共现

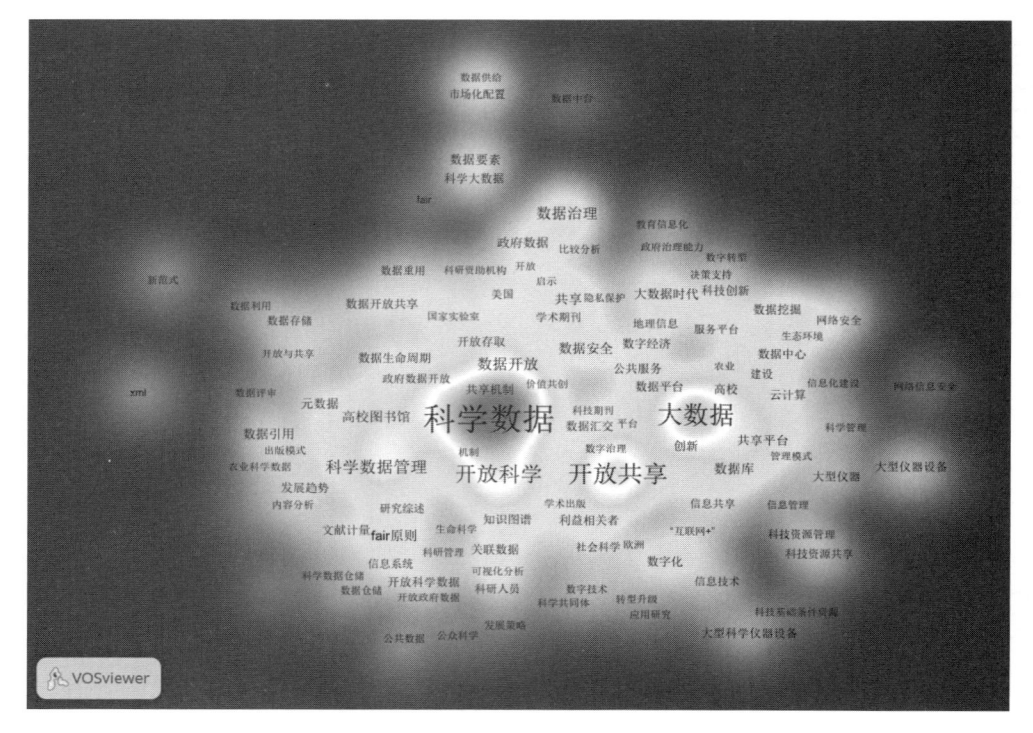

图 5　关键词密度

为了便于分析，将类簇及关键词整理为表 3。

表 3　关键词类簇

聚类编号	热　点　词　汇
0	开放共享、治理对策、数据共享、科学数据管理、模式
1	数据共享、区块链、知识图谱、数据安全、开放获取
2	开放获取、开放科学、数据管理、开放共享、图书馆
3	数据出版、数据共享、数据引用、出版模式、开放共享
4	政策、强制性、影响因素、科普教育、天文科学数据
5	文本分析、资助机构、nvivo 12、政策文本、开放共享

结合图 4、图 5 与表 3,可看出国内学者对于科学数据开放共享研究主要集中于以下几个层面:

(1) 数据开放共享

科学数据开放共享是拓展科学数据价值的重要环节。如何管理科学数据,如何实现开放共享得到学者的关注。例如,盛小平等指出在数据生命周期内,对项目研究过程中产生、收集和使用的数据进行规划管理,以确保数据质量,提高数据准确性、完整性、安全性,最大限度发挥数据价值。[17]许正鑫等指出将数据生命周期理论贯穿于图书馆科研数据管理建设全过程,致力于构建数据生态链视角下高校图书馆科研数据"多链交互"的创新管理模式。[18]邵畅畅等指出,实现科学数据管理,要建立课题库、科学数据、科研成果之间的相互关联模式,进一步协调科研档案与科学数据之间的管理流程。[19]丁晓芹等指出,科学数据已经转变为科技研究,基础科研水平开始依赖于科学数据的持续积累,以及将科学数据转换为科研成果的能力。科学数据汇交整合作为科学数据管理的重要一环,全方位、多层级的科学数据汇交对于实现国家科技投入增值、促进数据更好地挖掘利用具有重要意义。[20]

(2) 开放科学

新修订的《中华人民共和国科学技术进步法》明确了开放力度,体现出国家对开放科学的重视。国际层面的《开放科学建议书》也为国内开放科学政策提供借鉴。对此国内学者也展开相应研究。例如,唐义、肖希明在《开放科学发展历程及其存在的问题与对策》一文中运用历史研究法理顺了开放科学的发展历程,并从主体和客体两方面给出优化建议。[21]谷秀洁等分析开放科学数据相关主体,利用 Panton 原则分析开放科学数据的利用机制,倡导建立通用协议下的"科学共同体"。[22]吴建中借鉴全球知识开放运动经验,对我国推动知识开放与共享提出建议。[23]盛小平等指出科学数据开放力度有限,仍然分布在课题组、科研人员、科学家手中,因此要采取有效措施激励利益相关者参与科学数据开放共享。[24]

(3) 数据出版、数据引用

数据出版是促进数据共享的重要手段。国内学者研究数据出版与数据引用规范可以为促进科学数据开放共享提供有益参考。科学数据出版核心内容是为数据引用提供标准的数据引用格式和永久访问地址[25],是直接出版数据,能够保证数据的完整性、防止科学造假、减少跨学科研究障碍。国内科学数据出版的主要模式有数据仓储、机构库、期刊自行负责管理发表三种。在科学数据出版中要注重解决元数据格式不统一、隐私保护、知识产权保护等问题。[26]屈宝强、王凯指出数据同行评议是科学数据出版的重要方面,并从知识储备、投入时间、数据获取等方面为同行评议和质量控制提供参考。[27]

(4) 政策文本分析

近年来国内科学数据政策体系逐渐丰满,科学数据管理政策调查分析、《科学数据管理办法》解读与科学数据政策评估等研究主题应运而生。我国学者通过调查、比较分析国际组织[28]、国家[29]或科研机构[30]、世界一流大学[31]等不同组织,及人文社科[32]、医学[33]等不同学科的科学数据政策,赋能我国科学数据政策体系建设。

2. 国外研究热点分析

图 6 是国外科学数据开放共享关键词共现图,图 7 是国外研究关键词共现密度。

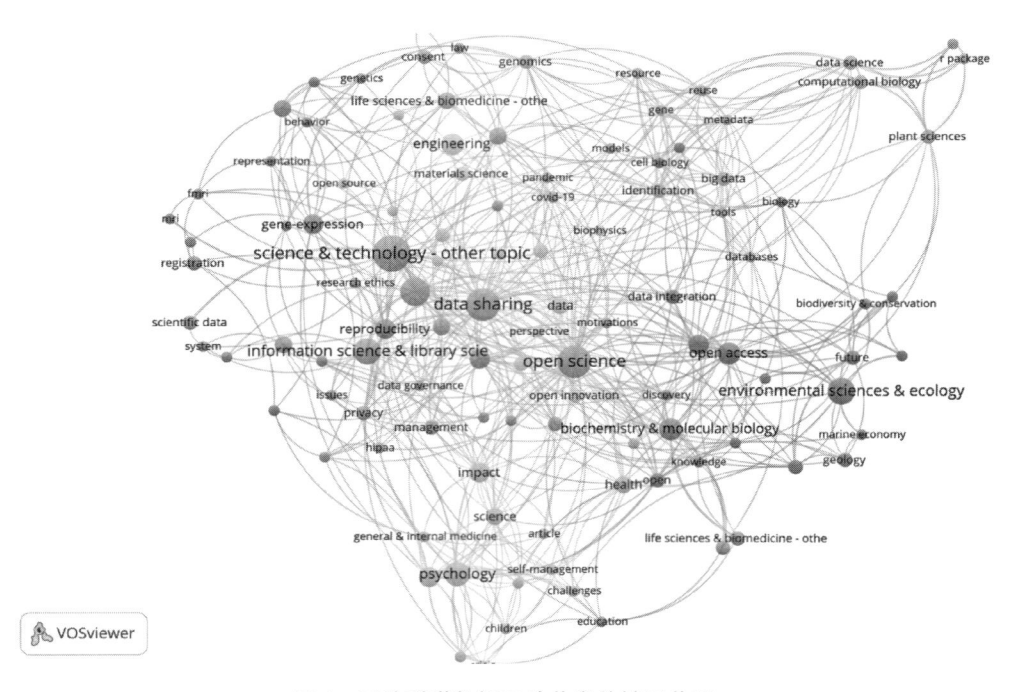

图 6　国外科学数据开放共享关键词共现

由图 6、图 7 可知,整个视图主要包括 data sharing、computer science、science&technology-other topic、psychology、biochemistry&molecular biology 等聚类。为了便于分析,将类簇及关键词整理为表 4。

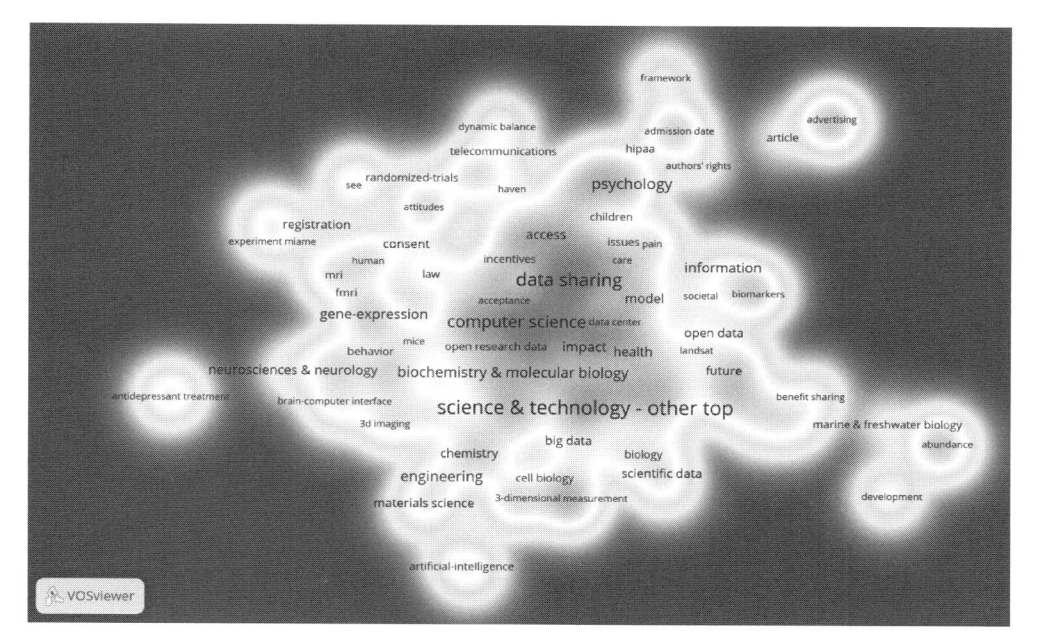

图 7　关键词共现密度

表 4　关键词类簇(外文)

Cluster ID	Top Terms
0	data sharing、brain initiative、open neuroscience、human brain project、human genome project
1	drug-target interactome analysis、drug repurposing、biotinylated dextran
2	diversity、inflammation、alzheimers disease、risk、parkinsons disease
3	data visualization、web services、semantic web、data integration、open source
4	protected areas、conservation achievements、management effectiveness、monitoring and evaluation、open-access data、databases、metadata、world wide web、data policies、data sharing、scientific competitiveness、standardization
5	open science、data science、research software、structural connectivity、functional connectivity
6	open access data、biodiversity informatics、circumpolar plants、data mining、online herbarium data
7	open-source tools、open access data sources、machine interfaces、medical imaging、deep learning performance comparison

续　表

Cluster ID	Top Terms
8	geospatial data、open access data、disaster risk reduction、energy conservation measures、urban building energy modeling
11	world wide web、semantic web、xml vocabulary、machine vision、blue obelisk、chemistry、markup、cyberinfrastructure、cheminformatics、infrastructure

结合图 6、图 7 与表 4，可看出国内学者对于科学数据开放共享研究主要集中于以下几个层面：

（1）数据共享（Data sharing）

国外学者对于数据共享研究学科领域广泛，类簇显示其在精神卫生服务、脑神经、基因学、生态学、生物医药等领域都有广泛应用。Ashwood，K. L.鼓励欧洲自闭症谱系障碍研究和临床中心统一临床特征测量方法，以促进大规模的共享与合作，利好于临床与科研。[34]在生物医学领域，P. Kim，N.开发 DiMag 开放访问资源平台促进新型纳米磁体研究，促进新型生物药剂开发。在促进数据共享手段方面，国外学者也做了大量研究。例如，Kimj 等认为执行一个精简数据传输过程和提供适当的补偿可能会促进数据共享。Wang yan yu 等指出要"分摊数据共享成本"，签订数据共享协议能够发挥更大作用。

（2）开放科学（Open science）

开放科学是一种新科学模式，基于学术间合作和各研究阶段的开放性和透明度。[35]与此同时，分析类簇背后的文章出处，发现国外学者也较注重开放科学理论研究，例如，欧洲开放科学战略在元数据标准化等层面推出数据管理计划和 FAIR 原则等。[36]在开放科学运动中，大地遥感卫星计划致力于收集地球观测数据，研究陆地卫星科学发展趋势是最新科学与应用发展的基础。[37]Molloy，J. C. 指出开放科学的共同目标是根据 panton 原则实现一个科学默认开放的世界，提升数据透明度、可重复性、效率会为社会带来更大利益，从而实现"更好的科学"。[38]Umbach 和 Gaby 指出开放科学是一个具有知识共同创造和社会创新潜力的复杂生态系统，其理念围绕公开发表研究数据的信用和认可、数据共享的意义与标准、信息知识资源的民主化获取。[39]Mons 和 Barend 等深入探讨了欧洲开放科学 FAIR 原则，从 FAIR 原则定义到传播，再到现实实施、效果分析，并试图消解公众对 FAIR 原则的误解。[40]Friesike 和 Sascha 提出了开放科学的第四种新视角的研究范式，并指出开放科学运动未来发展的五大趋势。[41]Levin，N.从英国生物医学研究人员视角出发，探讨其对开放科学理念的理解，并通过总结半结构化访谈内容得出未来关于开放科学和科学中的开放性的发展趋势。[42]

（3）开放获取数据（Open access data）

在开放获取数据类簇，以 data science、data mining 为核心主题，主要研究生物医药、数据开源、深度学习、地理空间数据等，包括"生物多样性信息学""在线植物标本数据""开源工具""深度学习比较"等关键词。例如 Paul Workman 指出开放获取不限制信息的使用的特性在药品开发领域加速新药物的开发，并利用 JQ1 这个测试案例证实了"开放获取药物发现"这一经济模式有可能会提高药物发现及其商业化的效率及收益。[43] Kevin M. Mendez 提出利用"基于 web 交互式计算实验笔记本"的形式实现开放科学资源共享，例如利用 Jupyter notebook 为科研人员提供一个中心平台来合作开发方法并执行数据分析，从而实现开放协作。[44] Ramachandran，R 等则指出采用制定开放数据软件政策、重新改造数据系统等手段让数据走出孤岛走向共享。[45]

（二）研究趋势分析

Timezone 从时间维度上演示了知识演进的视图，展示出文献的更新和相互影响。[46] 而突发性检测则是探测具有突发性特征的节点，即未来的研究方向。借助 CiteSpace 的 Timezone 来生成研究热点的时间变迁功能和突发性探测功能以分析国内外科学数据开放共享研究趋势。

1. 国内研究趋势分析

图 8 是国内研究趋势时区分布图，又叫主题路径图。

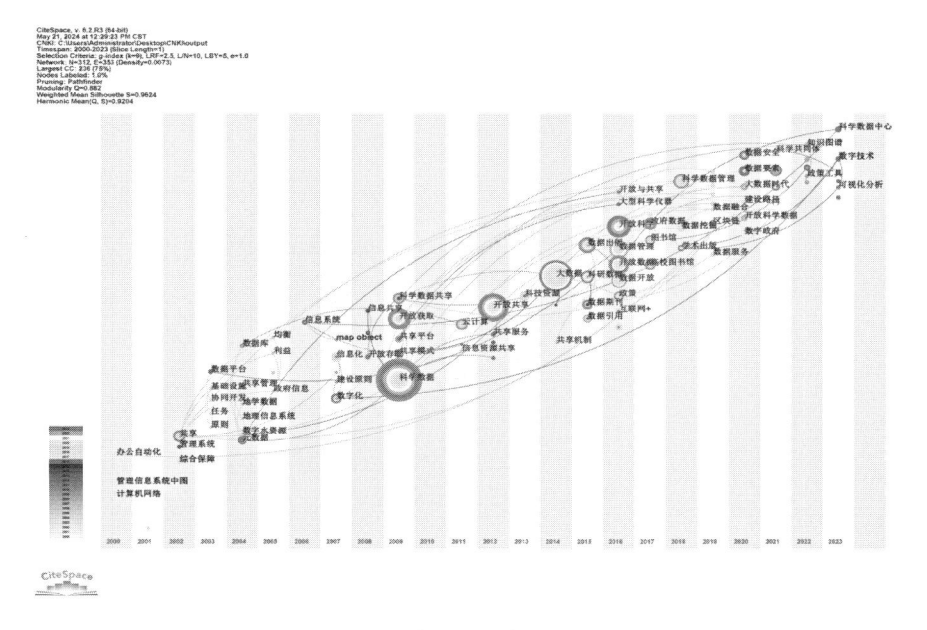

图 8　国内研究趋势时区分布

在早期阶段(2000—2008年),国内研究主要以"办公自动化""管理信息系统""中国计算机网络""任务"为主题。这一阶段的研究主题相对集中在基础的计算机应用和管理信息系统上。研究较为基础,侧重于系统的建设和初步应用,且节点数量较少,颜色偏灰暗,表明这些研究主题的影响力和活跃度较低。

在中期阶段(2009—2015年),主要主题有"云计算""地理信息系统""数据平台""政府信息""集成系统""科学数据"。随着技术的进步和应用场景的扩展,研究主题开始多样化,涉及云计算和大数据等新兴技术。此阶段开始关注数据平台和系统集成,研究的深度和广度有所提升。这一阶段节点数量增多,颜色逐渐变亮,尤其是科学数据、数据平台等节点较大且颜色鲜艳,表明这些领域研究活跃度高且影响力大。

在近期阶段(2016—2023年),主要研究主题有"大数据""开放数据""数字政府""数据共享""知识图谱""科学数据中心""数字技术"。这一阶段研究主题进一步深化,集中在大数据和开放数据的应用与管理上,强调数据共享和数字政府的建设。研究逐渐趋向于具体应用,如知识图谱和数字技术的发展。节点密集且颜色亮丽,表明这些研究主题的影响力显著且研究活动非常活跃。特别是"大数据"和"开放数据"等节点,显示出强大的研究热度和影响力。

从早期到近期,研究主题逐渐从基础的计算机应用和管理信息系统,发展到云计算、大数据、开放数据等新兴技术的应用,体现了该领域技术和应用的不断进步和扩展。近期的研究更关注于数据的开放、共享和具体应用,反映了科技和信息技术在社会各个领域中的深度融合和广泛应用。

表5是具有突发性特征的关键词列表。2017年以来,"政府数据""大数据时代""数据汇交"等词出现集中爆发,成为新兴热点。从表中可以看到,近三年的新兴热点有"开放科学""FAIR原则""数据安全""数据经济""数字化转型""数据生命周期""数据管理";持久热点有"政府数据""开放科学""数据管理",这些词出现时间较早,但研究热度持续不减,尤其是"开放科学"一词,突现强度达到了9.18,说明了其在国内科学数据开放共享研究中的重要地位。

表5 国内关键词突发性探测

序号	关 键 词	首次出现年份	强度	集中爆发开始年份	集中爆发结束年份	2000—2023年
1	政府数据	2017	2.17	2020	2023	
2	大数据时代	2020	2.07	2020	2023	

续 表

序号	关键词	首次出现年份	强度	集中爆发开始年份	集中爆发结束年份	2000—2023 年
3	数据汇交	2020	2.07	2020	2023	
4	开放科学	2016	9.18	2021	2023	
5	FAIR 原则	2021	5.5	2021	2023	
6	数据安全	2020	2.79	2021	2023	
7	数字经济	2021	2.25	2021	2023	
8	数字化转型	2021	2.22	2021	2023	
9	数据生命周期	2019	1.91	2021	2023	
10	数据管理	2016	1.81	2021	2023	

2. 国外研究趋势分析

图 9 是国外研究趋势时区分布图。

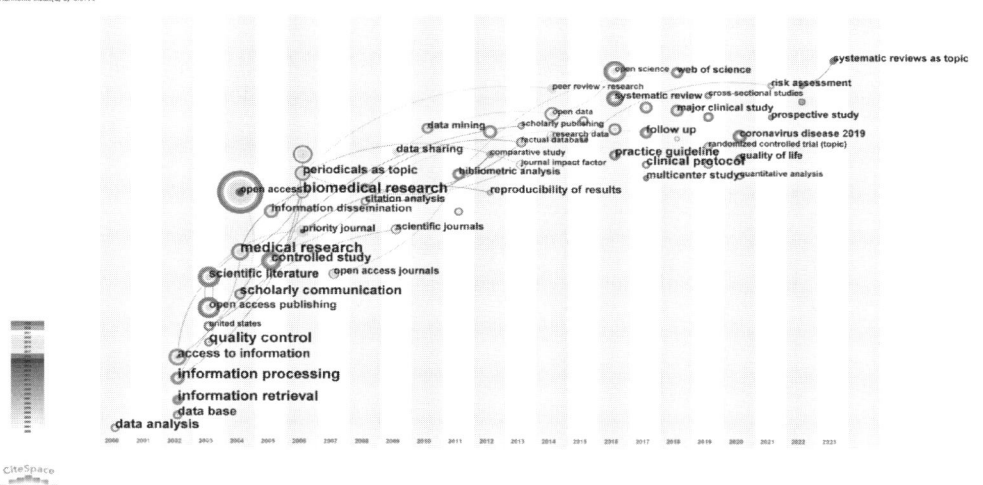

图 9 国外研究趋势时区分布

在早期阶段（2000—2005 年），研究主要集中在"data analysis""data base""information retrieval"等，这一阶段的研究主题相对集中在数据处理和信息获取方面,研究较为基础。节点数量适中,颜色较为鲜艳,表明节点研究活跃度高,热度不减。

在中期阶段(2005—2015年),研究热点逐渐转向"biomedical research""open access""data mining""data sharing"等生物医学研究和数据共享方面,研究广度加大,学科交叉特征明显。这一阶段节点较为分散,数量不如前一阶段,但节点颜色较为鲜艳,研究热度不减。

在近期阶段(2015—2023年),研究热点进一步转向"systematic reviews as topic""risk assessment""COVID-19"等系统评价和新冠疫情相关的研究。节点较多,且颜色鲜艳,表明这些研究主题的影响力显著且研究活动非常活跃。尤其是"open science"等节点,研究影响力和热度不减。

从早期到近期,研究热点逐渐从基础的数据处理、信息获取,转向更具体的生物医学研究和开放获取,然后再转向更加前沿的开放科学、应对全球卫生事件的新冠疫情、系统评价研究。

表6是具有突发性特征的关键词列表。由图可知,科学数据开放共享领域新兴热点如"risk assessment""machine learning""health care policy",这些词在2021年之后突然成为研究热点,这与社会热点例如欧盟颁布的《通用数据保护条例》的实施生效、机器学习的进展、新冠疫情发展密切相关。持久热点如"controlled study""bibliometric analysis",这两个词在很长一段时间内都有持续的研究热度,但爆发的时间段主要集中在2021—2023年,体现了该领域的重要研究情境。此外,与机器学习和深度学习相关的关键词表明,近年来技术应用在科学研究中的重要性日益增加。

表6 国外关键词突发性探测

序号	关 键 词	首次出现年份	强度	集中爆发开始年份	集中爆发结束年份	2000—2023年
1	risk assessment	2021	5.91	2021	2023	
2	machine learning	2019	5.88	2021	2023	
3	bibliometric analysis	2011	5.5	2021	2023	
4	deep learning	2021	5.91	2021	2023	
5	randomized controlled trail	2016	4.51	2021	2023	

续 表

序号	关键词	首次出现年份	强度	集中爆发开始年份	集中爆发结束年份	2000—2023 年
6	controlled study	2005	4.22	2021	2023	
7	clinical article	2019	3.86	2021	2023	
8	search engine	2021	3.73	2021	2023	
9	health care policy	2021	3.41	2021	2023	
10	fair principles	2018	3.4	2021	2023	

五、结论与研究展望

自国内外首次展开科学数据开放共享研究以来，相关的研究理论和实践应用取得了大量成果。总体来看，国内外学者均从科学数据开放共享相关理论出发，拓展并深化研究范畴，均实现了理论到实践的跨越。国外对于科学数据开放共享研究早于国内，政策体系完善，投入大，因此成果数量、研究广度、研究深度高于国内。

从计量分析结果来看，科学数据开放共享的文献在全球的发表量在 2010—2017 年呈缓慢增长趋势，2018 年后飞速增长，研究力度增强。科学数据开放共享的核心作者群已经基本形成，但各自之间的研究还局限于单位内部，尚未形成跨单位跨学科体系的合作体系。科学数据开放共享涉及各学科门类，例如地理、水资源、政府信息、云计算、生物医药等，学科门类多元化多样化，综合性增强，未来还需加强学科交叉的深度和广度。针对研究热点和研究方向变化趋势，早期国内外对科学数据开放共享的研究以基础理论为主，中后期则是与技术应用密切相关。国内外今后的研究热点应当包括"数据安全""risk assessment""开放科学""FAIR 原则""深度学习"等，由此可见未来的研究应当朝着理论与实践深度融合、细分研究领域、交叉学科的方向发展。

基于上述分析，相较于国外研究现状，作者认为在后期研究中应当着重关注以下研究重点，以深化我国科学数据开放共享理论研究与实践推进：

在宏观层面，持续推进科学数据开放共享政策、制度研究。厘清基础理论，关注政策和会议中提供的最新研究动态和趋势。识别研究新范式和总结当前学术热点，分析各国政策的实施效果，评估其对科学数据开放共享的影响,并通过国际会议和研讨会获取最新的信息和动态,以便及时调整优化研究方向和策略。

在中观层面,关注科学数据开放共享中涉及的具体问题,如开放科学、数据出版、数据引用、数据安全、政策文本分析以及跨专业融合等方面。开放科学强调科学研究的透明度和可重复性,数据出版和引用则是保障科学数据有效利用的关键。而数据安全是确保数据在开放共享过程中不被滥用或泄露的重要环节。分析政策文本,深入了解不同政策的内涵和实施效果,从而为制定更有效的政策提供依据。跨专业融合则要求研究过程中不局限于某一学科,而要结合多学科的知识和方法,提出更具综合性的解决方案。

在微观层面,注重研究相关利益主体在科学数据开放共享中的意愿、意识和阻力。通过调查和分析主体,如数据中心、科研机构、科研人员、高校和相关领域的专家等的态度和行为,理解其需求和顾虑,制定切实可行的对策以促进开放共享。例如,科研人员可能担心数据开放后会失去对数据的控制权,而高校则可能在数据管理和共享的能力上存在不足等。

参考文献

[1] 黎建辉,沈志宏,孟小峰.科学大数据管理:概念、技术与系统[J].计算机研究与发展,2017,54(02):235-247.

[2] 美国联邦政府科学数据管理政策及实践.[EB/OL].[2018-11-28]https://www.secrss.com/articles/10550.

[3] 张耀南,吴亚敏,张彩荷,等.欧盟科学数据发展政策与规划[J].中国科学数据(中英文网络版),2024,9(01):6-20.

[4] 中华人民共和国驻欧盟使团经济商务处.欧委会发布《数据法》提案.[EB/OL].[2022-03-15]. http://eu.mofcom.gov.cn/article/jmxw/202203/20220303285341.shtml.

[5] 国务院办公厅.科学数据管理办法[EB/OL].[2018-04-04]. https://www.most.gov.cn/xxgk/xinxifenlei/fdzdgknr/fgzc/gfxwj/gfxwj2018/201804/t20180404_139023.html.

[6] 中共中央、国务院.关于构建更加完善的要素市场化配置体制机制的意见[EB/OL].[2020-04-09]. https://www.gov.cn/zhengce/2020-04/09/content_5500622.htm.

[7] 中共中央关于制定国民经济和社会发展第十四个五年规划和二〇三五年远景目标的建议[EB/OL].[2020-11-05]. https://suihua.dbw.cn/system/2020/11/05/058533726.shtml.

[8] 国家发展和改革委员会.关于进一步加强政务部门信息共享建设管理的指导意见[EB/OL].[2015-07-09]. http://gjss.ndrc.gov.cn/gjsgz/201305/t20130503_684168.html.

[9] 廖胜姣.科学知识图谱绘制工具VOSviewer与Citespace的比较研究[J].科技情报开发与经济,2011,21(07):137-139.

[10] 张力,赵星,叶鹰.信息可视化软件CiteSpace与VOSviewer的应用比较[J].信息资源管理学报,2011(01):95-98.

[11] 刘细文,熊瑞.国外科学数据开放获取政策特点分析[J].情报理论与实践,2009,32(09):5-9+18.

[12] 中华人民共和国科学技术部.科学数据共享工程.[EB/OL].[2009-09-11]. https://www.most.gov.cn/ztzl/kjzg60/kjzg60hhcj/kjzg60jcyj/200909/t20090911_72832.html.

[13] Bo-Christer Björk, Welling, P., Laakso, M., Majlender, P., Hedlund, T., & Guðnason, G. (2010/06//). Open access to the scientific journal literature: Situation 2009. *PLoS One*, 5(6).

[14] Björk, B.-C. (2017), "Journal portals — an important infrastructure for non-commercial scholarly open access publishing", Online Information Review, Vol. 41 No. 5, pp. 643-654.

[15] Laakso M., Björk B.-C. Hybrid open access — A longitudinal study. Journal of Informetrics. 2016, 10(4): 919-932.

[16] 张勤.词频分析法在学科发展动态研究中的应用综述[J].图书情报知识,2011(02):95-98+128.

[17] 盛小平,田婧,向桂林.科学数据开放共享中的数据质量治理研究[J].图书情报工作,2020,64(22):11-24.

[18] 许正鑫,王齐.开放科学背景下高校图书馆科研数据管理模式探究[J].图书馆界,2023(06):1-6.

[19] 邵畅畅,刘园园.科研档案视角下的科学数据管理实践研究[J].办公室业务,2024(06):66-69.

[20] 丁晓芹,汤怡洁,徐雯.我国科学数据汇交管理现状及面临的问题[J].科技管理研究,2023,43(23):63-69.

[21] 唐义,肖希明.开放科学发展历程及存在的问题与对策[J].情报资料工作,2013(05):20-24.

[22] 谷秀洁,李华伟.从 Panton 原则看科学数据的法律属性与开放利用机制[J].图书情报知识,2012(04):88-94+102.

[23] 吴建中.推进开放数据 助力开放科学[J].图书馆杂志,2018,37(02):4-10.

[24] 盛小平,吴红.科学数据开放共享活动中不同利益相关者动力分析[J].图书情报工作,2019,63(17):40-50.

[25] 吴立宗,王亮绪,南卓铜,等.科学数据出版现状及其体系框架[J].遥感技术与应用,2013,28(03):383-390.

[26] 王丹丹.科学数据规范引用关键问题探析[J].图书情报工作,2015,59(08):42-47+53.

[27] 屈宝强,王凯.数据出版视角下的科学数据同行评议[J].图书馆杂志,2017,36(10):71-77.

[28] 张耀南,吴亚敏,张彩荷,等.欧盟科学数据发展政策与规划[J].中国科学数据(中英文网络版),2024,9(01):6-20.

[29] 张耀南,任泽瑶,康建芳,等.英国科学数据发展政策与规划[J].中国科学数据(中英文网络版),2024,9(01):21-35.

[30] 彭导琦,江洪.国家科研机构推进开放科学发展的实践经验与启示——以美国航空航天局为例[J].科技管理研究,2024,44(03):28-36.

[31] 姜鑫.世界一流大学开放科学数据政策体系框架及内容要素研究[J].现代情报,2024,44(05):153-165.

[32] 戚筠,何琳.人文社科科学数据管理与共享平台的现状研究——基于国内外对比视角[J].图

书馆杂志,2023,42(08):110-123.

[33] 钟明,钱庆,吴思竹.国外医学科学数据隐私保护实践及启示[J].图书情报工作,2022,66(24):128-139.

[34] Ashwood, K. L., Buitelaar, J., Murphy, D. etal. European clinical network: autism spectrum disorder assessments and patient characterisation. Eur Child Adolesc Psychiatry 2015, 24, 985-995.

[35] Abad García, María Francisca; González Teruel, Aurora; Abadal, Ernest; Ollé i Castellà, Candela (2022). "Spanish universities and open science: a study of barriers and facilitators". BiD: textos universitaris de biblioteconomia i documentació, núm. 49 (December).

[36] Hollmann S, Kremer A, Baebler Š et al. The need for standardisation in life science research — an approach to excellence and trust. [version 2; peer review: 3 approved]. F1000Research 2021, 9: 1398.

[37] Wulder A M, Loveland R T, Roy P D, et al. Current status of Landsat program, science, and applications[J]. Remote Sensing of Environment, 2019, 225127-147.

[38] Molloy JC (2011) The Open Knowledge Foundation: Open Data Means Better Science. PLoS Biol 9(12): e1001195.

[39] Umbach, Gaby. "Open Science and the Impact of Open Access, Open Data, and FAIR Publishing Principles on Data-driven Academic Research: Towards Ever More Transparent, Accessible, and Reproducible Academic Output?" 1 Jan. 2024: 59-70.

[40] Mons, Barend et al. "Cloudy, Increasingly FAIR; Revisiting the FAIR Data Guiding Principles for the European Open Science Cloud". 1 Jan. 2017: 49-56.

[41] Friesike, S., Widenmayer, B., Gassmann, O. et al. Opening science: towards an agenda of open science in academia and industry. J Technol Transf 40, 581-601 (2015).

[42] Levin, N., Leonelli, S., Weckowska, D., Castle, D., & Dupré, J. (2016). How Do Scientists Define Openness? Exploring the Relationship Between Open Science Policies and Research Practice. Bulletin of Science, Technology & Society, 36(2), 128-141.

[43] Paul Workman, Albert A. Antolin & Bissan Al-Lazikani. (2019) Transforming cancer drug discovery with Big Data and AI. Expert Opinion on Drug Discovery 14: 11, pages 1089-1095.

[44] Mendez, K. M., Pritchard, L., Reinke, S. N. et al. Toward collaborative open data science in metabolomics using Jupyter Notebooks and cloud computing. Metabolomics 15, 125 (2019).

[45] Ramachandran, R., Bugbee, K., & Murphy, K. (2021). From open data to open science. Earth and Space Science, 8, e2020EA001562.

[46] 陈悦,陈超美,刘则渊,等.CiteSpace知识图谱的方法论功能[J].科学学研究,2015,33(02):242-253.

上海院档案创新管理模式在科技档案信息资源深度开发中的应用

宋小晓　张慧洁　曹艳妮

上海勘测设计研究院有限公司

　　摘　要：上海勘测设计研究院有限公司（以下简称"上海院"）自1954年建院以来，一直坚持"规范、完整、高效"的档案管理原则。作为一家走在现代化前沿的科技创新型勘察设计企业，上海院在聚焦公司主责主业发展的同时，始终以习近平新时代中国特色社会主义思想为指引，主动适应新形势、新变化、新挑战。"奋进新征程，兰台谱新篇"，随着上海院组织架构的完善与业务领域的拓展，传统档案信息资源利用模式已不再适应设计企业的新发展需求。针对这一现象，上海院积极作为，主动加强档案工作的顶层设计、完善档案管理流程、创新档案资源利用方式，集成知识管理模式，有效提高了档案资源的利用效率。

　　上海院的主要产品是工程图纸、报告等，其积累的大量各类科技档案是上海院极其重要的无形资产，且具有多样性、复杂性等特点，管理难度大。上海院所做工程多是关系到民生的基础设施建设设计项目，在工程运行过程中，经常要进行设备检修、除险加固、改建扩建等，而且，国家执行设计质量终身责任制，所以，保证工程档案的真实性、有效性、归档及时性和完整保管、提供有效利用是非常重要的。

　　关键词：创新服务；档案信息资源开发

一、实施背景

　　中办国办印发的《"十四五"全国档案事业发展规划》中提到，对档案信息的需求日益增长，迫切要求加快档案开放、扩大档案利用、提供优质高效服务。"十四五"期间要深入推进档案利用体系建设，积极探索知识管理在档案信息深层加工和利用中的应用，提升档案利用服务能力，充分实现档案对国家和社会的价值。随着信息科技的发展,社会正向知识经济时代过渡,知识越来越成为一家企业的重要资产,知识管理的好坏直接影响到企业的竞争力。档案作为信息资源的重要组成部分,是勘察设计企业知识成果的积累,是项目借鉴的重要资料,以知识管理为战略思想,创新档案管理方式,是未来提供档案利用的新发展方向。2021年7月6日,习近平总书记对档案工作作出重要批示,把对档案工作重要地位作用的认识提升到了前所未有的高度,明确了新时代档案工作的总体思路和要求,深刻回答了新时代档案工作"怎么看""怎么做"的重大问题,具有很强的政治性、思想性、指导性、针对性,为做好新时代档案工作提供了根本遵循。档案作为信息资源的重要组成部分,是设计企业知识成果的积累,也是项目借鉴的重要资料,以知识管理为战略思想,创新档案管理方式,已然成为企业未来提升档案工作的新发展方向。

2020年12月,上海院形成创新案例《创新设计档案"收、管、用"关键点管控,助力公司业务实现跨越式发展》被国家档案局评为经济科技有一定推广价值案例(国家级优秀奖)。2021年12月,上海院档案中心形成创新案例《融合知识管理模式,助力优化设计企业档案信息资源开发利用》被国家档案局评为经济科技档案资源开发利用一类案例(全国经济科技档案开发利用案例最高奖)。2023年,上海院档案管理项目《知识管理模式在科技档案信息资源深度开发中的创新实践》获得三峡集团公司2022年度管理创新成果暨管理标杆表彰奖励。目前,上海院将档案资源融入知识管理进行建设,从文件到档案再到知识,从收到管再到用,既保证了档案的完整、安全,又有利于档案的开发利用。上海院对各类档案知识资源的重视和创新性管理模式得到了国家档案局的充分肯定,并形成可在全国行业推广应用的档案资源利用与开发的示范案例。

二、主要做法

(一)收集(归档)关键点——前端控制

1. 从设计工作开始保障档案源的真实性与有效性

2012年开始,通过档案管理系统与协同设计系统(业务系统)对接,从设计源头上保证出院产品在出院盖章环节实现电子版本归档。设计人员使用协同设计服务客户端软件,可以确保最终出版的产品已经过协同设计系统的设计、校核、审查流程,使出院产品电子版中带有设计、校核、审查人员的电子签名,从源头上保证了科技文件的有效性和质量安全。档案人员负责出院产品技术用章使用把关,通过前端控制设计产品质量。

2. 归档考核保证了科技档案的完整性

上海院于 2015 年制定了档案归档考核制度，该办法自同年开始实施。档案管理部门认真执行，每月对各生产部门（单位）、项目组出院产品的归档情况进行全面统计，逐条核对项目管理系统中盖章申请单内的记录与已归档的实物，并对未归档的实物档案进行催归，在上海院局域网发布归档情况季报，切实执行归档考核管理办法。依据统计分析结果，对未按规定时间要求完成实物归档的归档责任人扣除专项保证金。通过考核制度的严格执行，上海院科技档案的及时归档率、归档完整率明显提高，及时归档率由制度实施前的月均 75% 左右，提高至月均 95% 以上，且在实施半年后，基本维持在及时归档率月均 97.0% 及以上，催归后达到 100% 归档，取得了非常好的效果。上海院通过科技档案（出院产品）归档率统计和考核工作，有效地从源头上杜绝了科技档案（出院产品）的归档不完整或不及时的问题。

上海院公司归档考核办法的实施，改变过去"归档部门（生产部门）归档什么、档案部门就收什么"的被动局面。档案部门也摒弃传统的被动模式，对未及时归档的部门、项目组可以进行主动催归，对各部门归档情况进行考核，从而形成双向制约机制，确保归档资料"颗粒归仓"。

(二) 整编和服务关键点

通过档案数字化手段实现科技档案的信息化管理，通过档案数字化成果和档案管理系统的集成实现数字化档案的高效利用。2015 年底，上海院档案数字化建设项目通过招标签订外包合同，历时两年的项目建设和实施，于 2017 年底顺利完成项目验收，共完成 220 万页科技报告、31 万张科技图纸、5.85 万页合同的档案数字化工作。档案数字化建设项目的顺利完成标志着上海院档案工作迈入了崭新的信息化阶段：2015 年以前的老旧纸质科技档案、2011 年以前的合同档案全部转化为电子化和条码化管理，实现了档案的快速查询和共享的目标，提高了档案管理与利用效率，并在上海院启用新址后，顺利实现了两地办公的档案资源共享。2022 年 8 月，上海院档案数字化二期启动，目标将达到档案数字化率 90% 以上，档案中心将有更多电子档案信息资源可供各部门使用。

(三) 高效利用控制关键点

2012 年开始上海院启用了档案管理系统操作端，档案人员可根据设计人员的多样化需求在档案管理系统中快速搜索档案相关属性并可利用电子版。随着使用中发现的问题，上海院于 2017 年启动档案管理系统功能升级改造，完成组织架构、用户数据与上海院 OA 系统中的数据同步更新维护，实现了文档管理和利用的电子化，大大缩短了档案查找时间和利用时间,员工在自己的电脑客户端通过审批,可直接下载打印原文,避免原件取阅、复印、归还造成的大量重复劳动,提高了档案科学化管理和服务效率。例如东海大桥海上风电场项目前期利用相关实物及电子档案参考约 90 件次,设计过程中利用实物及电子档案资料约 500 件次。档案管理系统网页端利用为实现异地文档快捷网络利用、档案的高效利用、开发档案资源提供了重要支撑,显著提高了档案管理效率和上海院生产效率。对档案管理系统分模块设置用户使用权限,保证了档案安全。为保证异地档案资源的充分与高效利用,2018 年至 2019 年上海院档案部门在征集相关部门人员对档案管理系统网页端的使用反馈意见的基础上,档案部门联合信息部门继续推进档案管理系统员工自助网页客户端的电子版下载审批、实物借阅、借阅下载界面优化等功能改进:(1)对档案库内的数据进行利用分类权限设置,确保每个模块的使用权限符合各部门使用需求;(2)为保证上海院产品的保密性,并考虑到产品知识产权保护,确保设计人员从档案管理系统网页端自助下载的档案电子版均为加密文件,只能在局域网内打开使用。

(四) 融合知识管理应用,深度挖掘档案信息资源价值

2014 年开始上海院确立了大力推进知识管理的工作策略,将档案管理系统与知识管理系统对接。设计系统中电子文件成果可批量导入档案管理系统,档案管理系统内经筛选的电子文件以及数字化成果也可以批量导入知识管理系统,实现知识的分享与利用。利用知识管理的方式,可以使档案资源从以馆藏为中心的"供给"导向服务模式转变为以用户为中心的"需求"导向服务模式。

1. 突破性的知识入库举措

知识自动入库是上海院破解知识人工上传困境的一大创新。通过建立知识管理系统与档案管理系统间的接口,实现将经需求分析和筛选的档案数据作为工程知识自动入库。同时采集档案管理系统和各业务系统中有效信息,为工程知识自动赋予各项特性参数。知识管理系统实现了超过 90% 的数据经由档案管理系统集成自动入库,极大减轻了知识管理的人工处理工作量。自知识管理系统建设以后,知识管理系统从各个系统自动导入新知识 13 万余条,其中从图档系统自动导入科技成果(图纸、报告等)12 万余条。

2022 年上海院在广泛征集知识管理用户体验及意见建议的基础上,对知识管理系统进行升级改造,新增知识图谱、知识地图、知识大脑等服务。知识管理系统汇集上海院档案管理系统中已有的科技档案信息资源,形成以项目为中心的项目知识图谱,同时可根据项目的各类信息智能收集相关联知识为用户提供更广泛的提示、参考、联想,实现深入挖掘档案知识,提供高效个性化服务。上海院的知识图谱如图 1 所示。

图 1　上海院知识图谱

2. 多样化的档案知识服务模式

（1）检索模式的多样化

知识管理系统中的文档的精细颗粒度不同于档案系统中的粗放颗粒度，对于企业用户来说，在搜索过程中更关心的是知识管理系统中的实体对象、关联关系中的关键词要素，而非简单的传统档案中的文档名、年份、责任主体等属性要素。知识管理系统搜索引擎应充分满足搜索的常规需求，包括全文检索、精确搜索、模糊搜索、同义词搜索、拼音搜索、统计分析检索等基础服务；进一步探索联想搜索、输入关键词自动补全等功能；再进一步提供组合搜索以及搜索纠错的能力，从而实现面向档案用户的精准服务。检索模式的多样化如图 2 所示。

图 2　知识管理检索模式多样化

（2）推送模式的智能化

知识管理系统在推广使用时需对用户感兴趣或常用的档案知识进行订阅推送。用户根据分类和标签进行知识订阅，订阅后如有相关档案知识新增、修改或其他变动，系统就将实时发送信息给订阅人员；同时根据档案用户近期对档案知识的浏览、下载、收藏、评论等操作进行记录，系统根据分析统计测算出用户对档案知识的需求度和关注度，在知识管理系统相关门户及搜索界面上推送给用户相关关联知识。部分企业在知识管理系统的推广应用中还采用积分奖励模式来激励企业用户积极利用档案知识，从而提升企业用户获取档案知识的主动性，进而提升档案信息资源的利用率并体现档案信息资源的价值相关的推送服务系统（见图3、图4、图5）。

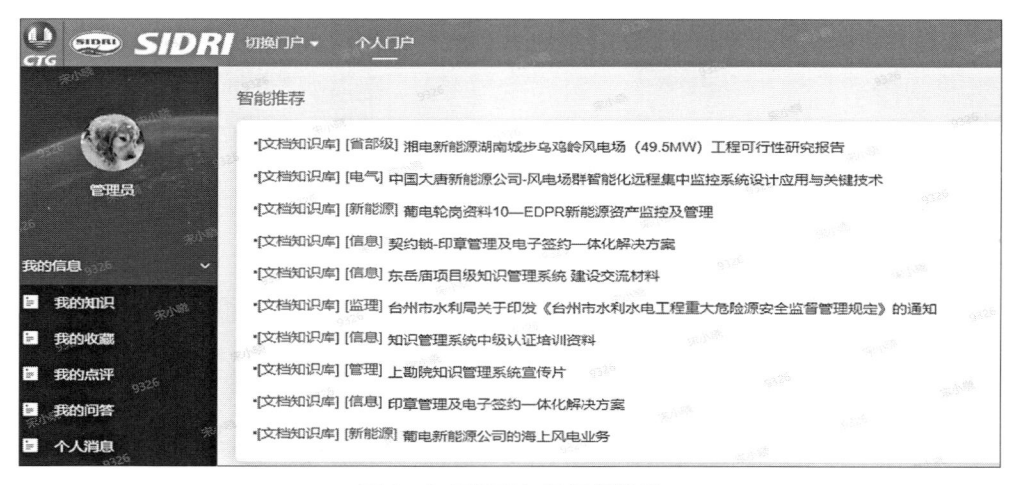

图3　知识管理知识订阅推送

图4　知识服务助手嵌入各个业务系统

图 5 个性化知识助手

（3）面向不同用户需求的知识服务应用——档案流程指引地图

上海院档案人员根据档案管理流程配置出期望的流程操作知识地图，如图 6 所示。通过表格地图、H5 地图、脑图地图或图形化的 Flash 编辑器等形式，档案人员把相关联却分散在系统或者脑海中的档案管理流程有效的组织起来，站在引导用户理解档案管理流程的角度绘制地图，档案用户可以根据档案知识地图的脉络分布快速地找到自己需要的相关知识。通过此方式可以使用户对档案管理流程更加明确。

图 6 档案知识地图示意

（4）上海院经验百问体系

通过利用档案等知识资源，知识管理系统总结提炼上海院在勘察设计、新能源、综合能源、长江大保护、智慧数字工程、总承包等过程中的常见问题，并针对各常见问题设计标准解答，形成该对应专业下的知识百问，帮助上海院各专业业务人员遇到常见问题时可快速找到标准可靠的回答，提升效率的同时减少错误。问题的数量和类型将随上海院业务及知识资源的变化而调整，进而形成一整套属于上海院的百问体系，上海院的百问体系如图 7 所示。

图 7　上海院经验百问体系

3. 全方位的知识转化运营大数据分析

上海院基于档案资源等各类知识的管理统计、考核评价、运营体系及上海院现行知识管理考核指标形成一套可视化、可操作性的指标体系，如图 8 所示。实现全院知识管理考核及运营智能化，全局感知上海院项目知识资产及利用情况、知识薄弱处，更深入全面地分析影响上海院知识管理推动建设的因素，实现上海院知识资

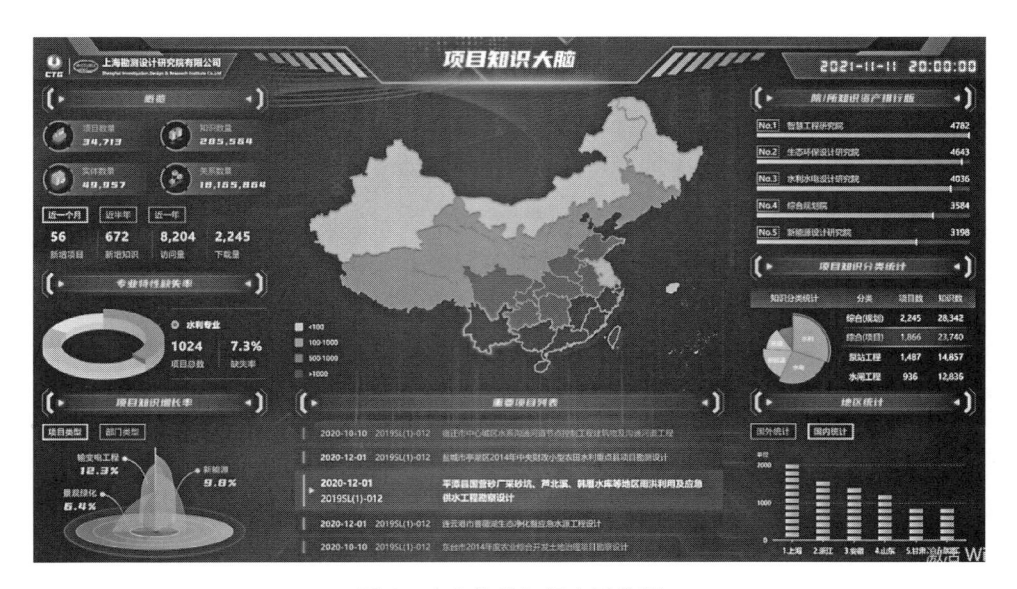

图 8　全方位的知识大屏分析

产价值增值。上海院档案人员目前联合系统开发人员通过获取档案管理系统中归档数据进而探索较全面的档案指标分析，如归档内容分析、各部门归档情况比例分析、历年归档数据对比分析、档案归档考核情况分析、档案数据利用对比分析等，将可视化档案管理指标体系用于全局感知档案知识转化及档案价值挖掘薄弱处，实现档案管理智慧化，赋能形成知识不断优化的档案及知识管理运营生态。另外，预测档案利用趋势，对每年的热点涉及的档案数据需求量进行预算，为今后的项目档案管理、档案编研等工作提供辅助决策。

三、探讨

（一）实施意义

1. 加强公司档案管理，提升档案工作质量

科技档案管理创新管控模式将有助于企业摆脱陈旧档案管理方式的弊端，加强档案源的控制，提高档案质量，提升档案利用效率，进而提升设计质量，提高工作效率和效益。只有做好档案管理流程关键节点控制，才能保证设计人员在项目档案查考利用后推进工程项目设计的高质量。通过以上系统的研究，形成一套档案管理创新方法，以提升企业的管理创新能力。

2. 创新档案利用形式，增强企业档案管理的服务功能

通过创新档案利用方式并融入知识管理模式，保证档案的真实、有效、完整、可用，与信息化利用、知识管理系统融合的高效模式，保证了员工可快捷、准确地利用到完整的档案。上海院2019年面临部分房屋产权确权问题，由于涉及历史遗留问题，未办理房屋产权登记，如何确权是一项工作难点。2019年至2021年，档案人员与办事人员及时向房屋征收机构以及法院提供了一系列房屋建造和公司沿革材料，由于档案完整可靠、提供迅速及时，因此公司顺利完成了房屋的确权工作，房产市场估值约为1 896万元人民币。

3. 推动公司经营收入增加，助力公司规模壮大

上海院公司通过积极推动创新档案管理模式，使真实、有效、完整、可用的科技档案走进设计生产任务前线，特别是在助力公司生产项目的中标、推动生产项目实施、促进生产项目的顺利结算过程中起到了极其重要的作用。除此之外，档案管理创新在上海院公司工程设计参考、质量管理、设计资质获取、投资决策等领域也发挥了重要价值。档案管理"收、管、用"关键点管控模式从2012年左右开始不断升级完善，同期开始，公司经济收益不断增长，近年来公司营业额飞速增长，设计项目

投标中标率年年攀升,公司规模连续近十年不断扩大,其中档案管理工作创新所起到的推动和辅助的作用十分重要。

4. 便捷、高效的档案信息资源利用方式助力企业技术创新

档案人员、设计人员与信息技术人员共同对上海院知识资产进行分类、梳理、入库,通过建立统一的知识管理基础平台,积累公司知识资产,形成全员知识管理共建、共享体系,实现上海院管理和技术知识化,个人知识组织化,促进知识利用与创新,避免重复无效的劳动。在前人经验基础上再创新,提高工作效率,实现业务快速响应,提升顾客满意度,通过对知识资产的统计分析,挖掘有效的数据,提供决策支持。目前上海院还在探索知识图谱、人工智能、图像识别、微服务等新兴技术在知识管理系统和档案管理系统中的应用,为公司管理提供了强有力的支撑,向技术性、知识型、创新型公司迈出了坚定的步伐。

(二) 成果应用领域及推广范围

通过研究可形成一套档案管理创新模式及知识管理系统运用成果,填补国家在此领域的研究空白,为未来可能面临的需求提前储备技术,强化公司的核心竞争力,具有很好的推广价值。通过本课题成果,提升设计行业档案管理关键技术能力及核心竞争力,支撑公司在内部创新中持续提升管理创新能力,在外部竞争中持续保持先发优势。